U0523272

厦门大学国学研究院重点资助项目
国家重大招标项目"东亚朱子学的承传与创新研究"资助项目

朱子学文库

1

东亚朱子学的新视野

DONG YA ZHU ZI XUE
DE XIN SHI YE

朱人求　〔日〕井上厚史　主编

商务印书馆
The Commercial Press
创于1897

2015 年·北京

图书在版编目(CIP)数据

东亚朱子学的新视野:汉、日/朱人求,(日)井上厚史主编.—北京:商务印书馆,2014
(朱子学文库)
ISBN 978-7-100-10736-5

Ⅰ.①东… Ⅱ.①朱…②井… Ⅲ.①朱熹(1130～1200)—理学—国际学术会议—文集—汉、日 Ⅳ.①B244.75-53

中国版本图书馆 CIP 数据核字(2014)第 217877 号

所有权利保留。
未经许可,不得以任何方式使用。

东亚朱子学的新视野

朱人求 〔日〕井上厚史 主编

商 务 印 书 馆 出 版
(北京王府井大街36号 邮政编码100710)
商 务 印 书 馆 发 行
山西人民印刷有限责任公司印刷
ISBN 978-7-100-10736-5

2015年1月第1版　　开本 787×1092　1/16
2015年1月山西第1次印刷　印张 27½
定价:58.00元

《朱子学文库》编委会

顾问 陈来

编委会主任 朱崇实

编委会副主任 陈支平 陈武元

编委

朱崇实 朱汉民 朱杰人 周桂钿 陈支平 陈武元 吴震
李甦平 蔡方鹿 何俊 田浩（美） 吾妻重二（日）
井上厚史（日） 何乃川 高令印 刘泽亮 乐爱国 杨立华
姜真硕（韩） 苏费翔（德） 杨柱才 徐公喜 方旭东
傅小凡 杨祖汉 杜保瑞 曾春海 吴光辉 谢晓东 朱人求

主编 朱人求

副主编 刘泽亮 乐爱国

明郭诩的朱子画像

朱文公自画像

從容乎禮法之場沉潛
乎仁義之府是予蓋將
有意焉而力莫能與也
佩先師之格言奉前烈
之遺矩惟閟然而日修
或庶幾乎斯語
紹熙元年孟春良日熹
對鏡寫真題以自警

台北"故宮博物館"藏朱文公自画像

目 录

朱子学的精神与未来
  ——《朱子学文库》序 ………………………… 陈　来　1
东亚朱子学研究的新课题
  ——《东亚朱子学的新视野》序 ……………… 朱人求　7

从比较视域看韩国儒学研究
  ——脉络化与去脉络化 …………………………… 李明辉　1
比較の視野からみた韓国儒学研究
  ——文脈化と脱文脈化 …………………………… 李明輝　11
真德秀《心经》与韩国儒学 ……………………… 朱人求　26
真德秀『心経』と韓国の儒学 …………………… 朱人求　49
论李退溪敬说之特征
  ——从朱子后学敬说系谱谈起 ………………… 井上厚史　81
李退溪の敬説の特徴
  ——朱子後学における敬説の系譜学から検討する—
  ……………………………………………… 井上厚史　115
退溪学在朱子学中的文化价值 ………………… 高令印　157
朱子学における退溪学の文化価値 …………… 高令印　175
朱子学在朝鲜半岛的传播与发展 ……………… 张品端　202
朝鮮半島における朱子学の伝播と発展 ……… 張品端　213
周敦颐的《太极图说》与佛教 ………………… 邢东风　230

周敦頤の『太極図説』と仏教 …………………… 邢東風 242

伊藤仁斋的"天下公共之道"与"民"之政治觉醒
……………………………………………… 高熙卓 264

伊藤仁斎の「天下公共の道」と「民」の政治的覚醒 高熙卓 288

近世日本的儒礼实践 ……………………………… 田世民 315

近世日本における礼の受容 ……………………… 田世民 342

近世日本"敬"说的容受与展开
　　——以中江藤树、山崎暗斋为中心 ………… 板東洋介 376

近世日本における「敬」説の受容と展開
　　——中江藤樹と山崎闇斎を中心として ……… 板東洋介 392

朱子学的精神与未来

——《朱子学文库》序

陈 来

在儒家思想文化史上，有两个集大成的人物：如果说孔子是上古文化集大成的代表，那么，宋代的朱子就可以说是近古文化集大成的代表。朱子是南宋著名的思想家、哲学家、教育家和大学者，后人称其学术为"致广大，尽精微，综罗百代"，在南宋以后，朱子和他的思想对中国乃至东亚的社会文化影响甚大。朱子学是行动的哲学，实践的哲学。朱子思想不仅统治了南宋以后元明清700多年的中国，而且影响到整个东亚世界，并演化为东亚世界的统治哲学。不仅如此，《朱子小学》、《增损吕氏乡约》、《朱子家礼》所倡导的日常生活礼仪也日益成为东亚民众普遍遵循的生活方式，朱子学因之成为近世东亚文化的共同信仰。

"问渠那得清如许，为有源头活水来。"在全球化的背景下，朱子学仍然焕发着生机和活力，《朱子家礼》在韩国、在中国闽台地区仍然发挥着它的部分功能，韩国和中国每年都会举行朱子祭礼来缅怀朱子的丰功伟绩，朱子学仍然存活在我们身边，仍然是我们重建精神世界的活水源头。在全球化的背景下，现代人从朱子的思想中可以学到什么东西？朱子学对现代社会和现代生活有什么意义？换言之，全球化需要什么样的朱子学？朱子学的精神怎样参与人类未来精神世界的建构？我想至少可以从以下几个方面来初步了解朱子学在全球化时代的现代意义。

1. 文化传承

朱子的文化实践可归结为一句话，就是文化传承与创新。朱子对

古代文化做了全面的整理，对四书的集结与诠释尤花费了毕生精力，是文化继往开来、传承创新的典范。朱子在孔子以后的文化传承方面做出的贡献，是近一千年以来无人可以与之相比的。今天的中华民族是由历史上的中华民族发展而来的，中华民族今天的成就是以发展了几千年的中国文化为基础的，而文化传承最核心的是价值观。以中华文化价值体系为核心的文化传承，不仅具有延续民族文化的意义，更具有满足当今重建社会价值的意义。应当学习朱子在文化传承方面的抱负和努力。

2. 主敬伦理

朱子学的学问宗旨，常常被概括为"主敬穷理"，所谓"主敬以立其本，穷理以进其知"。"主敬"是一种内心的状态，也是一种行为的状态，是"教人随事专一谨畏，不放逸耳"。从广义的内心生活态度来讲，敬畏感是一种带有超越性的内心态度和感受，其根本必归结到康德所说的对头上的星空和心中的道德律令的敬畏。头上的星空代表宇宙法则，宇宙法则加上心中的道德，这就是朱子讲的天理。主敬包含的敬畏感，是一种值得肯定的心灵境界和道德境界。从做事的角度来说，朱子学的现代意义之一，是可以为东亚社会提供一种"工作伦理"，朱子学的"主敬"精神为传统到现代的工作伦理提供了一种现成的资源、现成的伦理概念。

3. 学习精神

朱子学最为强调的是格物穷理，大学的"格物"朱子解释为即物穷理，格物穷理之方法是多种的，朱子特别强调的是读书讲学，其中特别突出学习的精神。就哲学的精神来看，朱子学可以说是孔子学习思想最大的继承、发展、推动者。朱子学的格物论可以说是对儒家自古以来的"学习"思想的一种哲学的论证和展开。今天的现代社会在教育程度上已与古代不同，以古代朱子学的标准来看，现代人的受教育程度都属"大学"，所以朱子学几乎适用于今天现代社会的所有人。现代社会越来越是一个"学习型社会"，朱子学的"学习精神"应当说给我们提供了最好的指导。

4. 教育理念

除了学习精神，朱子学的教育理念也有其现代意义。从当代大学通识教育的角度来看朱子的格致论，朱子所强调的格物和问学，很大程度上都是为了肯定经典讲论在儒学中的正当地位。朱子对经典的学习非常重视，朱子所推动的读书主要也是读圣贤之书，读经典之书。朱子学的格物致知思想更近于晚近受到大家重视的大学"通识教育"理念。因为朱子的格物说的确不是朝向某些专业的科学研究，而是重在培养学习者的综合素质，培养学习者的人文精神、道德理解、多元眼界和宽阔胸怀。这些思想都是与当代大学通识教育相通的文化资源。

5. 实践哲学

朱子不仅强调知识的学习，而且更为强调实践，这种对实践的强调，特别体现在朱子一贯提倡的"知行相须"、"力行为重"上。照朱子的讲法，致知与力行之间相互联系，密不可分，二者如车之两轮，鸟之双翼，不可偏废。但论先后，知在先，行在后。论轻重，力行为重。知而不行，就不是真知，真知一定能付诸于实践、表现于实践的。这种精神合乎19世纪以来实践哲学的发展，当代哲学对社会实践的重视和关怀已经成为一种趋势。在这个意义上，朱子学的精神和近代哲学是相通的。

6. 化民成俗

朱子的儒学思想固然着眼于成年读书人的修身，但也关注社会风俗的改善。他强调大学之教不仅与"学者修己治人"有关，也与"国家化民成俗"有关。所以，其论教育的结果，"其学焉者，无不有以知其性分之所固有，职分之所当为，而各俛焉以尽其力"。学习者经过学习，不会脱离人伦日用，而能够更加理解自己的天性和职分，在其本职位置上尽伦尽职、尽力尽心。每个人都在其社会职位上尽其力，国家自然就可得化民成俗之效。朱子是对传统蒙学教育贡献最大的人，他的著作如《蒙童须知》、《小学》、《增损吕氏乡约》以及《家礼》等，在社会上流行甚广，对儒学价值的大众化、通俗化，对培养少年儿童养成德性，对形成文明的社会礼俗，起了积极的作用。今天应当重视

朱子这方面的贡献，使朱子的这些著作与目前流行的《弟子规》一起，古为今用，在道德教育中起其应有的作用。

近百年来，我国朱子学研究在现代社会的转型中起落消长，虽然有过种种曲折，但总体上处于蓬勃向上的发展态势；尤其21世纪以来，朱子学研究开拓的范围已相当广泛，如朱子的易学、朱子的四书学、朱子的工夫论、朱子的经学、朱子的经典诠释、朱子的文学、朱子的自然学、朱子后学的研究、东亚朱子学的研究、朱子礼学的当代社会实践研究等，都出现了不少专书、论文，取得了很好的成果。这种研究的多元化和广泛性在宋明理学其他大思想家的研究中（如陆象山、王阳明）是很少见的。

在肯定成绩的同时，我们也要看到，宋、元、明、清四个朝代对朱子学的研究构成了现如今我们所研究的朱子学的整体，我们今天仅仅是对于朱熹本人的研究，也不能说是很充分的。如何发展朱子哲学研究的理论思维，提高理论地把握和处理朱子学材料的水平，关注较大范围的哲学思考，仍是朱子学研究应当持守的层面。在朱子后学的研究方面，近年来也有一些发展，只是总体上相比阳明后学的研究，还很不够。就此而言，我们要对各个朝代（宋、元、明、清时代）的朱子后学的重要见解进行分析，把他们流传下来的书籍、文献进行整理、研究。如果完成这些工作的话，对于学科的发展会有很大的建树。我们应当在不长的时间内使朱子后学的研究有一个较大的改观。进一步说，朱子后学，若只限于一传二传乃至三传的意义上，还不能穷尽"朱子学"的范围；从更广的朱子学的角度看，元明清的朱子学家思想群体都应有规划地一步步地开展其研究，成为体系，使"朱子学"理论深化和发展的历史得以呈现，使"朱子学"的研究更加丰满。

美国文化人类学家克利福德·吉尔兹（C. Geertz）曾经呼吁，我们要研究那种具有全球意义的"地方性知识"，而朱子学正是这种具有"全球意义的地方性知识"。我们认为，朱子学有三个层次，犹如一个同心圆展开的过程。第一个层次，中国文化圈中的朱子学；第二个层次，东亚文明圈中的朱子学；第三个层次，全球朱子学。中国朱子

学研究多停留在第一层次，今后我们要大力提倡和发展第二、第三层次的朱子学研究。以朱子学和阳明学为核心的"新儒学是东亚文明的共同体现"。不全面了解朱子学的各个方面，就无法了解东亚朱子学者对朱子学的承传与创新。只有全面了解中国宋元明清儒学内部对朱子哲学的各种批评，才能真正了解德川时代儒学对朱子的批评中，哪些是与中国宋明儒学的批评大致相同的，哪些是与宋明儒学的批评不同而反映了日本思想的特色。反过来，只研究朱子的思想，而不研究李退溪、李栗谷、伊藤仁斋的思想，就不能了解朱子哲学体系所包含的全部逻辑发展的可能性，不能了解朱子思想体系之被挑战的所有可能性，以及朱子学的多元发展的可能性。这样的朱子哲学的研究是不完整的。换言之，中日韩朱子学的相互交涉、相互促进，构成了东亚朱子学承传与创新的独特的风景。未来的东亚朱子学研究应填补真空，走向综合，从整体上揭示和阐释东亚朱子学的话语体系，揭示出其内在的问题意识、思想脉络和朱子学的相互交涉，并予以其思想以正确的理论定位。

反观近世东亚的朱子学（主要是韩国和日本的朱子学），20世纪80年代以来中国大陆也有不少研究，后来因学科目录中原有的"东方哲学"不再存在，使得相关研究的发展受到一些影响，现在应继续努力加强其研究。近十年来中国台湾学者尤其是新儒家学者对韩国朱子学加强了研究，取得了明显的成绩，给这一领域增添了新的动力和活力。另一方面值得注意的是，中国台湾朱子学界近年普遍出现了对牟宗三先生朱子研究范式的一些反省和讨论，也促进了朱子哲学研究在台湾地区的新的开展，并将推动整个朱子哲学研究的深化。

最近，厦门大学国学研究院、朱子学会积极吸纳全球朱子学专家和学者的最新成果，拟用5年时间出版30册左右的大型《朱子学文库》，这是继20世纪日本发行《朱子学大系》以来最为重要的一次朱子学著作的大结集，文库的作者群来自全球各地，主要以中青年学者为主，内容也以东亚朱子学研究和全球百年朱子学研究为主，我认为，这将是21世纪朱子学研究中的一件大事。

厦门大学朱子学研究有着悠久的历史传承。老一辈邹永贤教授、

高令印教授、何乃川教授在朱子学研究领域筚路蓝缕，开拓创新，为厦门大学朱子学研究奠定了很好的基础。邹永贤教授主编了《朱子学研究》《朱子学论丛》，在学术界影响颇佳。高令印教授从20世纪80年代开始从事朱子学研究，其著作《福建朱子学》《朱子学通论》等在朱子学界有一定的影响，其作品《退溪学与东方文化》《朱熹事迹考》被翻译成韩文，为韩国朱子研究者所重视。2006年，厦门大学国学院复办，复办后的国学研究院，在国学研究方面取得了引人注目的成就。厦门大学国学研究组织校内外相关科研队伍，在开展以朱子学为核心的、以中国传统文化为主要领域的科学研究方面，取得了引人注目的成绩，特别是在推动朱子学、海峡两岸国学研究与互动交流方面，成绩突出。近5年来，先后举办（包括联合举办）规模较大的国际和海峡两岸朱子学研讨会6次，出版朱子学研究专著、译著10余部。2011年9月，朱子学会在厦门大学成立，创办《朱子学年鉴》，组织举办多次大型国际朱子学会议，团结了一大批海内外朱子学研究专家，引领朱子学研究走向国际化，厦门大学朱子学研究步入了一个全新阶段。2012年和2013年，厦门大学分别获得《百年朱子学研究精华集成》《东亚朱子学的的承传与创新研究》两项国家重大招标项目，并以此为基础编辑出版《朱子学文库》，它也标志着厦门大学已经成为我国东南沿海朱子学研究的中心。

"旧学商量加邃密，新知培养转深沉。"未来的路很长很长，我们坚信，发展朱子学研究是大有可为的，我们要加强规划，抓紧开展，促进国际交流，利用目前重视文化发展的大好时机，使朱子学的研究开出一个新的局面。

是为序。

东亚朱子学研究的新课题
——《东亚朱子学的新视野》序

朱人求

近年来,东亚儒学、东亚朱子学研究开始成为一个新的学术研究领域,引起了学术界的广泛兴趣。《东亚朱子学的新视野》一书,由朱人求、井上厚史主编,系2013年1月26—28日在日本爱媛大学召开的"韩国儒学之位相"国际学术研讨论文集,中日文版,共收录《从比较视域看韩国儒学研究——脉络化与去脉络化》(中国台湾李明辉)、《真德秀〈心经〉与韩国儒学》(中国朱人求)、《退溪学在朱子学中的文化价值》(中国高令印)、《论李退溪敬说之特征——从朱子后学敬说系谱谈起》(日本井上厚史)、《近世日本的儒礼实践》(中国台湾田世民)、《伊藤仁斋的"天下公共之道"与"民"之政治觉醒》(韩国高熙卓)、《近世日本"敬"说的容受与展开——以中江藤树、山崎暗斋为中心》(日本板东洋介)等9篇韩国、中国、日本朱子学研究论文,集中展示了中日韩学者有关东亚朱子学的最新成果,开拓了东亚朱子学研究的新视野。

朱子学是中国乃至东亚的重要文化遗产,是东亚文明的重要体现。作为一代宗师,朱子又以其真知睿见和"致广大,尽精微"、"综罗百代"的恢宏格局而成为"蓄水池"式的集大成者,他的思想不仅统治了南宋以后元、明、清700余年的中国,而且影响到整个东亚世界,并演化为东亚世界共有的统治哲学。换句话说,早在700多年前,朱子思想就积极参与了东亚思想一体化进程,当时的朱子已经是世界化的朱子。概而言之,朱子思想本来就不只是"中国的朱子学",对相关

议题的讨论若以"东亚的朱子学"甚至"世界的朱子学"为立场，可能才更符合文化实际，更有利于激发学术发展的潜能。

一　东亚朱子学的界定

朱子学，顾名思义，就是指朱子的学说，这是狭义的朱子学概念。最早的朱子学指闽学，就是朱子之学。在更为广泛的意义上，它指朱子及其后学的学说。东亚朱子学，顾名思义，指朱子学在东亚，当然包括朱子及其在东亚的后学的学说。在时间的向度上，它指东亚历史发展过程中形成的朱子思想及其后学；在空间的向度上，它又具体表现为中国朱子学、日本朱子学和韩国朱子学等多种实存形态。

在《朱子学与近代日本的形成》一文中，日本大阪大学名誉教授子安宣邦认为，朱子学有广义与狭义之分。狭义指朱子本人的学问，广义则是指所有师承朱子学的后继者所发展出来的学问。日本朱子学属于后者。若按狭义来理解"东亚朱子学"，则意指探讨与原始"朱子学"之间的距离。此类议论可以区分为"真实与虚伪"、"主流与旁支"以及"正解与误解"等两层构造。辨别真伪的议论是以"真正的朱子学"是否存在为前提，然而所谓"真正的朱子学"是隐含在研究者解释后所重构出来的意义中，也就是必须取决于研究者的正统意识、本源意识后，才得以显现。有意思的是，子安宣邦称呼朱子后学所继承的朱子学为"朱子主义"，如同马克思本人的思想与马克思主义思想之间的区别。他认为，朱子本人的学问与后学所发展出的朱子主义之间，有必要做出区分。这样的区分，能够帮助我们准确理解日本的朱子学，也就是朱子主义式的学问和思想。

韩国西江大学郑仁在教授将朱子学传入韩国后的发展情况，区分为"本源朱子学"（比较符合朱子的学问）和"修正朱子学"（与朱子学说有一定差异的学问）。罗整庵是"修正朱子学"的鼻祖，李栗谷深受

罗整庵的影响，属于修正派。李退溪反对罗整庵，属于本源派。郑仁在理解的朱子学，是指朱子之前的北宋五子之学、朱子本身思想，及其在中国、韩国、日本、欧、美的发展与修正。这是一种广义的朱子学概念。

东亚朱子学是东亚儒学相关论述与研究中重要的一环。台湾大学黄俊杰教授指出，近七百年来东亚各地儒者可以阐释朱子，可以批判朱子，但不能绕开朱子。从东亚儒学的发展来看，朱子（晦庵，1130—1200）之学涵盖了中国、日本、韩国等区域。在这个区域当中，相关的儒学拓展、传承与研究呈现出两个层次的特质：第一个层次是儒学由中国经由韩国向日本的传播过程中，有着共同关切的典籍（例如《论语》《孟子》）与议题（例如"五十而知天命"、"四端七情"、"民贵君轻"等），而对议题的发挥程度与内容则彼此不同。从发展的角度来看，儒学价值理念在"同心圆"式的逐层展开时，呈现出相当的类似性；从结构的角度来看，各国朱子学思想内容在类似性中展现其殊异性，也是"理一分殊"之具体而微的表现。但是经典与议题的同源性和类似性，不能强制规范各区域的分殊表现，因而这里便涉及第二层次的"去中心化"现象。就各区域文化发展的多元化以及民族或政治之自觉而言，日韩儒者极不愿将中国儒学视为其唯一中心，而中国儒者也不能一厢情愿地将日韩儒学看作其附庸或边陲。"中心—边陲"的论述很难解释这类文化与思想的发展轨迹，即以希腊和基督教文明的发展为例，西欧与美洲大陆日后的发展，已取代这两种文明起源地的重要位置而成为新中心；而佛教在东亚与南亚的特殊发展，亦早与印度佛教分道扬镳，并在后者衰亡之后成为新的思想与信仰的重镇。实质上，这种"去中心化"的背后就是"去中国化"，这一政治立场和文化立场正是我们要坚决反对的。

美国文化人类学家克利福德·吉尔兹（C. Geertz）曾经呼吁，我们要研究那种具有全球意义的地方性知识，而朱子学正是这种具有"全球意义的地方性知识"。我们认为，朱子学有三个层次，犹如一个同

心圆展开的过程。第一个层次,中国文化圈中的朱子学;第二个层次,东亚文明圈中的朱子学;第三个层次,全球朱子学。我们认为,东亚朱子学属于第二个层次的朱子学,其问题意识来源于本源的朱子学,也必然包含本源的朱子学。东亚朱子学研究必须坚持的正确立场是"中国本位,东亚视点",或者"中国本源,东亚视点",注重东亚朱子学之间的相互交流、相互促进,区分东亚朱子学的不同表现形态。东亚朱子学是"一体多元"的朱子学,"一体"指朱子学说本身,"多元"指朱子学在东亚的不同的发展形态。

二 东亚朱子学研究的必要性和紧迫性

东亚朱子学研究的提出,是适应全球化时代的需要。朱子学是东亚文明的重要体现。早在七百多年前,朱子思想积极参与了东亚思想的一体化进程,当时的朱子已经走向了世界。近年来,东亚儒学、东亚朱子学研究开始成为一个新的学术研究领域,引起了学术界的广泛关注。东亚朱子学研究者逐渐正视中日韩和欧美朱子学的研究成果,将自身定位在"国际朱子学"的脉络之内,密切关注同领域的研究动态,对相关学术资讯的把握相当及时而准确。如何面对海外朱子学的研究成果,是今日中国大陆朱子学界整体直面的重要课题。"面对"即意味着吸收与批判,而日本、韩国学者在包括朱子学在内的中国学研究方面的长期积累与贡献,更是不容忽视的。因而,在全球化的背景下,深入展开东亚朱子学研究意义深远。

第一,组织策划东亚朱子学研究是朱子学发展的内在需要。

系统而全面地展开东亚朱子学的整体研究,比较中日韩朱子学经典文本、话语与实践的异与同,总结出其中的方法论和规律,提炼出新的理论模型,拓宽我们的研究视野和研究领域,是朱子学发展的内在需要,对于进一步推动朱子学的合作与交流、研究和发展,具有重

要的学术价值。近百年来，东亚朱子学研究在现代社会的转型中起落消长，虽然也有过种种曲折，但总体上处于蓬勃向上的发展态势；尤其是近30年来，朱子学研究异彩纷呈，取得了大量重要的学术研究成果，因此，有必要对东亚朱子学学术成果、方法论及其理论模型进行系统而全面的总结。只有这样，才能真正理清东亚朱子学研究的发展脉络，因而才有可能进一步分析其发展趋势，为未来朱子学研究奠定坚实的学术基础。

第二，展开东亚朱子学研究，有利于促进儒学以及中国传统文化的学术研究和发展。

陈寅恪指出："华夏民族之文化，历数千载之演进，造极于赵宋之世。"宋代文化之所以达到登峰造极的高度，其原因之一在于宋代儒学进入了新的发展阶段，形成了理学。朱子集理学之大成而有朱子学，所以，朱子学与儒学以及宋代文化、中国传统文化有着密不可分的联系。尤其是宋末之后，儒学实际上是朱子所诠释的儒学，文化是朱子学影响下的文化。然而，近百年来，由于种种原因，朱子学受到了太多的误解和批评。这对于儒学的研究，乃至对于弘扬中国传统文化，都是极为不利的。在全球化时代，系统而全面地展开东亚朱子学研究，在一个国际化的环境中促进中日韩朱子学的对话与交融，不仅对于朱子学的研究，而且对于儒学以及中国传统文化的研究和学术发展，都具有重要的学术价值。

第三，进行东亚朱子学研究，有利于促进海峡两岸以及东亚各国的学术文化交流，对那些企图"去中国化"、"去中心化"的东亚儒学研究起到纠偏的作用，对于重新认识东亚的历史与现实意义重大。

海峡两岸虽然社会制度不同，但同属一个中国，朱子学是海峡两岸学者共同的精神文化资源。朱子文化在明清之际传入台湾地区，成为台湾地区的统治意识形态，对台湾地区影响至深。至今，台湾地区许多书院仍主要供奉朱子而非孔子，朱子影响可见一斑。近年来，海峡两岸以及国际有关朱子学的学术交流尤为频繁，极大地促进了海峡

两岸的学术文化交流，促进了东亚朱子学和儒学研究的发展。

在肯定东亚朱子学研究的可喜成绩的同时，我们也注意到一些不和谐的声音。如台湾地区东亚儒学（东亚朱子学是其中应有之义）的"去中国化"、"去中心化"的倾向让我们倍感忧虑。澳大利亚国立大学梅约翰（John Makeham）教授指出近年来台湾地区兴起的东亚研究，乃是一部分学者为了应对"去中国化"的新形势而采取的一种"策略"。这个分析虽是外缘性的，但作为第三者的一种审视观点，值得引起重视。日本子安宣邦的忧虑也有此意，台湾关于"东亚儒学"的提出是否想取代中国大陆成为新的"文化帝国"的中心呢？回答是肯定的。台湾大学"东亚儒学"研究计划的执行人黄俊杰旗帜鲜明地指出，"东亚儒学"这个新领域本身就已经蕴含着多元论的观点。"东亚儒学"新领域之开拓，一方面超越旧"汉学"之研究方法，另一方面又挣脱"国家中心主义"的传统研究格局，实现去"中国中心论"的目的。简言之，"东亚儒学"的研究目的就是走向"台湾本土化"，以"边缘"取代"中心"，以达到"去中国化"、"去中心化"的目的，这是我们要坚决反对的文化立场和政治立场。我们认为，东亚朱子学研究应坚持"中国本位，世界眼光"，对这一错误的文化倾向起到积极的纠偏作用，回归本源，以正视听。我们坚信，作为一种思想文化之研究的东亚朱子学研究领域的深入拓展反过来对于深入了解东亚的历史和未来具有重要的意义，对于我们重新认识古代东亚和近代以来东亚的社会、政治、文化，东亚的历史与现实提供了重要的思想资源。

第四，大力推进东亚朱子学研究，有利于增强国家文化软实力，促进东亚文化一体化、经济一体化和政治一体化。

党的十七届六中全会明确把增强国家文化软实力作为长期的文化发展战略目标，而要增强文化软实力，弘扬中华文化、扩大中华文化的国际影响力是必不可少的重要工作。系统而全面地总结东亚朱子学的核心话语、具体实践及其内在规律，就是要立足于把朱子学看作中国传统文化的重要组成部分，通过学术研究，弘扬中华文化，在通过

对东亚朱子学的承传与创新研究中推动中华文化的承传与创新，推动中华文化的伟大复兴。

东亚朱子学是一门国际性和实践性很强的学问，在历史上曾经一度成为中日韩国家的最高统治哲学，影响东亚世界数百年之久。朱子学是能够在东亚地区造成广泛文化认同的普世的东亚价值源泉，对东亚朱子学进行系统研究，可以提升东亚地区文化软实力，可能建构一种能得到中日韩普遍认同的东亚思想系统，有利于提高东亚各国的文化认同感和政治认同感，促进东亚文化一体化、经济一体化和政治一体化。

第五，深入探讨东亚朱子学研究，有利于促进"东亚文化共同体"的建立，促进全球文明对话和人类未来精神的建构。

"问渠那得清如许，为有源头活水来。"东亚朱子学是东亚文化所依凭的重要精神资源，在东亚历史上曾得到东亚国家的集体认同，东亚朱子学研究对于在多元文化论的前提下重建"东亚文化共同体"无疑是一项重要且有意义的工作。在全球化的背景下，中国思想文化积极参与全球文明对话、积极参与人类精神的重构，朱子学是其中不可或缺的活水源头。全球化时代是一个文化多元的时代，也是一个文化自觉的时代。每一种民族文化只有积极参与全球对话、自觉地融入全球化的浪潮中才能自立于世界民族之林，才能获得全球文化的主导权。正是在此背景下，有必要将朱子学研究置于"文明对话"的视野，对中日韩朱子学的经典文本、话语与实践展开深入具体的研究，进而为朱子学走向世界奠定基础，同时也能使朱子学为如何应对全球化问题提供某些有益的思想资源。总之，全球化背景下的朱子学研究理应成为一种自觉的理论形态，而自觉的朱子学研究源于我们对朱子学的过去、现在和未来的关切，尤其是对时代问题、对当下现实的深切思考。展望未来的朱子学研究，畅想未来的朱子学研究，我们满怀信心、同心协力、奋发图强。

三　东亚朱子学研究的新课题

在汉语学界，我们对东亚朱子学的研究才刚刚起步，仍缺乏系统性的、代表性的研究成果。笔者认为，今后东亚朱子学研究宜在以下五个方面进一步展开：

第一，东亚朱子学的总体性研究。东亚朱子学的"东亚"应该是整体的东亚和文化的东亚。以往东亚朱子学研究多以点为主，有较多的单篇论文和少部分论文集，对东亚朱子学的总体性研究还不够。中日韩朱子学承传与创新及各自的特色，东亚朱子学的普遍性与特殊性，东亚朱子学的共同价值，东亚朱子学的问题意识，东亚朱子学的人文精神，东亚朱子学的接收模式和类型，东亚朱子学的一体与多元，走向"东亚文化共同体"的可能性，东亚文化的相互交涉，文明对话中的东亚文化，东亚文化的未来，朱子学与全球化，朱子学的当代实践，朱子学如何走向世界等都是我们迫切需要解决的重要课题。未来的东亚朱子学研究应填补空白，走向综合，从整体上揭示和阐释东亚朱子学的话语体系，揭示出其内在的问题意识、思想脉络和朱子学的相互交涉，并予以其思想以正确的理论定位。只有在全球化的境遇中，这一研究才能得以充分展开并成为现实。

第二，中、日、韩东亚朱子学的相互交涉。朱子的思想是宋代理学之集大成，并在此后元明清各时期成为中国思想的正统，成为近世儒学发展的主流。朱子学自13世纪起开始向世界广泛传播，在日本、韩国的历史上曾得到充分的发展，达到很高的水平，成为东亚近世文明共有的思想形态。在上一个千年期，朱子无疑是一位有着世界影响的杰出人物。陈来先生指出，以朱子学和阳明学为核心的"新儒学是东亚文明的共同体现"。不全面了解朱子学的各个方面，就无法了解东亚朱子学者对朱子学的承传与创新。只有全面了解中国宋元明清儒学内部对朱子哲学的各种批评，才能真正了解德川时代儒学对朱子的批评中，哪些是与中国宋明儒学的批评大致相同的，哪些是与宋明儒

学的批评不同而反映了日本思想的特色。反过来，只研究朱子的思想，而不研究李退溪、李栗谷、伊藤仁斋的思想，就不能了解朱子哲学体系所包含的全部逻辑发展的可能性，不能了解朱子思想体系之被挑战的所有可能性，以及朱子学的多元发展的可能性。从而，这样的朱子哲学的研究是不完整的。换言之，中日韩朱子学的相互交涉、相互促进，构成了东亚朱子学承传与创新的独特的风景。

第三，东亚朱子学经典文本的承传与创新。东亚朱子学的经典文本及其在东亚的传播，中日韩对朱子学文本的接纳、理解与创新，不同的朱子学文本在东亚各国的不同命运等等。例如朱子的代表作《四书章句集注》在中国和韩国作为科举教材备受重视，在日本却被《四书辑释》和《四书大全》所取代，其中的原因值得进一步探究和深掘；又如为什么《朱子家礼》在韩国和日本的接受和实践有天壤之别？为什么中、韩与日本对朱子学经典推崇各有侧重？真德秀《心经》在韩国备受推崇，为什么在日本却屡遭批评？把朱子学经典文本放进东亚特定的时空进行分析，许多被历史遮蔽的问题脱颖而出，进一步拓宽了朱子学的研究空间，进一步丰富了朱子学的理论内涵。

第四，东亚朱子学话语的同调与异趣。中国朱子学话语体系包括本体话语（体认天理、理气先后、无极而太极、理即事，事即理、理气动静、心即理、理一分殊），工夫话语（格物致知、主敬穷理、诚意正心、定性、慎独、拔本塞源、心统性情、尊德性与道问学、操存省察、已发未发、致知力行、下学而上达），社会政治话语（正君心、出处、国是、教化），境界话语（见天地之心、识仁、自得、致良知、民胞物与、全体大用）等。日本朱子话语体系包括本体话语（理气一体论、天命之性、气质之性等）、工夫话语（格物穷理、主敬涵养、静坐、全孝心法、事上磨练、智藏说等）、境界话语（如全体大用等）、社会政治话语（如神体儒用、名分大义论、夷夏之辩、国体、王霸等）。韩国朱子学话语体系包括本体话语（如理气之发、理乘气发、理气一途、人性物性异同论等）、工夫话语（如四端七情、心体善恶、心

统性情、定心与定性等)、社会政治话语(如事先理后、起用厚生等)。在具体分析的基础上,揭示出东亚朱子学的话语体系与理论类型,东亚朱子学的话语体系的同与异及其根本原因,极具挑战性。

第五,东亚朱子学的社会化及其实践。"东亚朱子学"是一门国际性和实践性很强的学问,是东亚文化所依凭的重要精神资源,在东亚的历史上曾经一度成为中日韩国家的最高统治哲学。东亚朱子学如何通过书院教育、科举、社仓、乡约、家族、朱子家礼的实践等方式推进朱子学的社会化并上升为国家意识形态的?中日韩三国朱子学社会化及其实践有何不同?目前,学术界对东亚朱子学的社会化及其实践关注度还远远不够,相关成果十分薄弱。我们认为,朱子学是能够在东亚地区造成广泛文化认同并得到具体实践的普世的东亚价值,对东亚朱子学的社会化及其实践进行系统研究,有利于提高东亚各国的生命认同感、文化认同感和政治认同感,促进东亚文化共同体的形成,这方面的研究可谓任重道远。

除了上述五个领域,东亚朱子学与中日韩各国社会思潮之间的互动以及新方法的运用也是值得关注的问题。关注方法论问题是东亚朱子学研究的一大特点。概括而言,东亚朱子学的研究方法主要有:历史考证的方法、义理分析方法、体认式的研究方法、"脉络性的转换"的方法、多重文本分析法、身体哲学的方法、诠释学的方法、话语分析方法、话语的内在解释方法等,为东亚朱子学的研究注入了新的活力。

总而言之,东亚朱子学在历史上呈现出"一体多元"的理论格局,"一体"指以中华文化为体,以朱子学为体,"多元"指中日韩朱子学的多元化发展与具体呈现。东亚朱子学虽然包括中国、日本、韩国等的朱子学传统,但是它并不是上述各地域朱子学传统的简单的累加。东亚朱子学的发展既呈现出历史的连续性,又展现出文本、话语以及结构的相似性。未来东亚朱子学研究应以东亚为视域,以经典、话语与实践为核心,并以中日韩不同文化为脉络,分析中日韩朱子学的承传

与创新，既求其同，又求其异。通过对东亚朱子学的经典、话语与具体历史实践的考察，揭示出中日韩朱子学的共性与个性、具体与抽象、历史与现实、理论与实践之间的辩证关系。未来东亚朱子学研究新领域之开拓，一方面超越传统哲学研究的单一路径，坚持以话语与实践的阐释为中心，回归朱子学的"原生态"，走向多学科之间的交叉和碰撞，形成一种全新的理论研究格局；另一方面，东亚朱子学研究必须突破单一国家的边界，注重东亚各国朱子学之间的相互交涉，注重东亚各国学者之间的交融与合作，不断走向国际化的新视野。展望21世纪全球化时代，如果我们立足东亚，以东亚朱子学经典文本、话语与实践为研究之核心，以文化为研究之脉络，既重视中西文化交流，又聚焦东亚各地文化之互动，并在上述脉络中探讨东亚朱子学经典文本、话语与实践及其未来发展，东亚朱子学研究必能在21世纪开拓创新，绽放异彩！

从比较视域看韩国儒学研究

——脉络化与去脉络化

李明辉（中国台湾中研院文哲所）

我从2000年开始研究韩国儒学，迄今已完成两项研究计划，目前正在进行第三项研究计划。从2000年至2004年，我参与由台湾大学黄俊杰教授主持、"教育部"资助的项目"大学学术追求卓越发展计划：东亚近世儒学中的经典诠释传统"，主持分项计划"近世中韩儒者关于孟子心性论的辩论与诠释——比较哲学的探讨"。从2006年至2011年，我参与台湾大学人文社会高等研究院的"东亚经典与文化"研究计划，主持分项计划"朝鲜后期的'四端七情'之辩"，继续研究朝鲜后期儒者关于"四端七情"问题的讨论。自2011年起，我参与台湾大学人文社会高等研究院的"东亚儒学"研究计划，主持分项计划"东亚儒学视域中韩国朱子学与阳明学之交涉"，至今计划尚在进行中。第一项研究计划的成果是我的著作《四端与七情——关于道德情感的比较哲学探讨》[①]。第二项研究计划的成果尚未结集成书。

我研究韩国儒学由"四端七情"的问题入手，有其特殊的思想背景。这个思想背景可以回溯到1977年至1981年我在台湾大学哲学研究所攻读硕士学位的时期。当时有两位老师对我的影响最大。一位是刚从德国波恩（Bonn）大学取得哲学博士学位的黄振华先生，另一位是已从香港中文大学退休，而应邀到台湾大学哲学系讲学的牟宗三先生。当时牟先生的《心体与性体》三册已出版。他在此书中分析朱熹（字元晦，1130~1200）的义理架构，判定它是一套理、气二分，

---

① 台湾大学出版中心，2005年；简体字版：华东师范大学出版社，2008年。

心、性、情三分的义理架构。这其中的一个关键问题是：朱熹将孟子的"四端之心"视为"情"，而将所有的"情"都视为形而下，归之于气。但是牟先生认为：孟子的"四端之心"固然可以说是"情"，但并非所有的"情"都是形而下的。他认为：只有在陆象山（1139~1193）、王阳明（1472~1529.）"心即理"的义理架构中，"四端之心"才能得到恰当的说明。牟先生也将"四端之心"理解为康德（Immanuel Kant, 1724~1804）所说的"道德情感"，并且指出：康德同朱熹一样，也将一切情感（包括道德情感）都归入感性的（形而下的）层面。但牟先生认为：道德情感可以上提到精神层面上去说，而不是必然属于感性层面。

在《心体与性体》中，牟先生对康德的"道德情感"理论提出了以下的评论：

……道德感、道德情感可以上下其讲。下讲，则落于实然层面，自不能由之建立道德法则，但亦可以上提而至超越的层面，使之成为道德法则、道德理性之表现上最为本质的一环。然则在什么关节上，它始可以提至超越的层面，而为最本质的一环呢？依正宗儒家说，即在作实践的工夫以体现性体这关节上，依康德的词语说，即在作实践的工夫以体现、表现道德法则、无上命令这关节上；但这一层是康德的道德哲学所未曾注意的，而却为正宗儒家讲说义理的主要课题。在此关节上，道德感、道德情感不是落在实然层面上，乃上提至超越层面转而为具体的，而又是普遍的道德之情与道德之心，此所以宋、明儒上继先秦儒家既大讲性体，而又大讲心体，最后又必是性体心体合一之故。

这种心、情，上溯其原初的根源，是孔子浑全表现的"仁"：不安、不忍之感，恻怛之感，悱启愤发之情，不厌不倦、健行不息之德等等。这一切转而为孟子所言的心性：其中恻隐、羞恶、辞让、是非等是心、是情，也是理。理固是超越的、普遍的、先天的，但这理不只是抽象的、普遍的，而是即在具体的心与情中

见，故为具体的、普遍的；而心与情因其即为理之具体而真实的表现，故亦上提而为超越的、普遍的、亦主亦客的，不是实然层上的纯主观，其为具体是超越而普遍的具体，其为特殊亦是超越而普遍的特殊，不是实然层上纯具体、纯特殊。这是孟子盘盘大才的直悟所开发。①

简言之，道德情感未必属于感性的实然层面，而是可以被上提至超越层面，成为一种普遍而先天的，但同时为具体的情感，亦即一种"既超越又内在"的情感。牟先生特别将这种情感称为"本体论的觉情"（ontological feeling）②。

牟先生比较儒家的"四端之心"与康德的"道德情感"，系将它们提升为一个普遍的伦理学问题，借用德国现象学家布伦塔诺（Franz Brentano, 1838~1917）的说法，此即：伦理学的原则究竟是知识还是情感？③牟先生的比较观点引起了我极大的兴趣。于是1981年我便在黄振华先生的指导下完成了硕士论文《康德哲学中道德情感问题之研究》。随后，1982年至1986年我在德国波恩大学攻读哲学博士学位时，对康德的"道德情感"理论进行了更为全面而深入的探讨，完成了博士论文《康德伦理学发展中的道德情感问题》（*Das Problem des moralischen Gefühls in der Entwicklung der Kantischen Ethik*）。我的硕士论文系依循牟先生的思路，比较儒家的"四端之心"与康德的"道德情感"。我的博士论文则完全不涉及儒家学说，而从发展的观点探寻康德伦理学的内在理路。探讨的结果，却使我不期然地接上了20世纪德国现象学伦理学的思路。

德国现象学伦理学（或称"价值伦理学"）的代表人物，除了其开

---

① 牟宗三《心体与性体》（一），《牟宗三先生全集》第五册，台北联经出版事业公司，2003年，第131~132页；正中书局版，第127页。
② 牟宗三《心体与性体》（三），《牟宗三先生全集》第七册，台北联经出版事业公司，2003年，第308页；正中书局版，第277页。
③ Franz Brentano: *Grundlegung und Aufbau der Ethik*, Hamburg: Felix Meiner, 1977, S. 42ff.

创者布伦塔诺之外,还包括胡塞尔(Edmund Husserl, 1859~1938)、谢勒(Max Scheler, 1874~1928)、尼可莱·哈特曼(Nicholai Hartmann, 1882~1950)、希尔德布朗特(Dietrich von Hildebrand, 1889~1977)、莱内尔(Hans Rainer, 1896~1991)等人。无论在西方还是中国,现象学伦理学都是较为忽略的研究领域,但其实它与儒家伦理学的相关性最大。牟先生不欣赏现象学,将它归诸"世纪末衰世的'纤巧'哲学"①。但他并未注意到现象学伦理学。如果他注意到现象学伦理学与儒家伦理学的相关性,他对现象学的评价或许会有所改变。概括地说,现象学伦理学是从检讨康德的"道德情感"理论出发,而康德的后辈、诗人席勒(Friedrich von Schiller, 1759~1805)为现象学伦理学的思考方向开辟了道路。

我的博士论文分为两个部分:第一部分是发展史的探讨,分析"道德情感"概念在早期康德伦理学的各个发展阶段中之不同含义。康德在18世纪60年代因不满吴尔夫(Christian Wolff, 1679~1754)学派的理性主义伦理学,转而同情苏格兰学派的"道德感"(moral sense)伦理学与卢梭(Jean-Jacques Rousseau, 1712~1778)的情感伦理学,这使得康德早期的伦理学观点与他后期的伦理学观点有显著的差异。在第二部分,我系统性地探讨康德后期伦理学中的"道德情感"理论,并由此凸显出其"情感与理性二分"的伦理学架构。康德在18世纪60年代,由于受到苏格兰学派与卢梭的影响,修正了吴尔夫学派的伦理学观点,而承认:无论在道德的判断还是发动方面,理性与道德情感之间都有本质的关联。但在其后期的伦理学系统中,康德将道德主体仅理解为"实践理性",而剥落一切情感因素(包括道德情感)。于是道德情感不再具有道德判断之机能,而仅成为道德法则在感性上产生的结果;但在另一方面,它又成为"纯粹实践理性之动机",也就是说,道德法则必须通过它,才能引发道德行为。这套理论固然精巧,

---

① 牟宗三《中西哲学之会通十四讲》,《牟宗三先生全集》第三十册,台北联经出版事业公司,2003年,第67页;台湾学生书局版,第66~67页。

但通过对它的内在批判，我却发现其中隐含严重的理论难题。简言之，它将道德的"判断原则"（principium dijudicationis）与"践履原则"（principium executionis）分属于理性主体与道德情感，势必使"道德责任"的概念落空。① 席勒正是就这一点对康德伦理学提出批评，并且展开了关于"义务与爱好"（Pflicht und Neigung）的辩论。他看出康德将情感与理性二分可能产生的理论困难，而要将道德情感纳入道德主体之中，这无异回到了康德早期的伦理学观点。换言之，席勒是根据康德早期的伦理学观点来批判其晚期的伦理学观点，从而为现象学伦理学开辟了道路。

现象学伦理学与儒家伦理学之相关性主要体现在两方面：第一，现象学伦理学区分"感知"（Fühlen）与"情感"（Gefühl），特别以前者指称我们对价值的直接把握，即"价值感"（Wertfühlen），以别于一般的"情感"。第二，康德晚期的伦理学预设了一个二元性架构，即以"先天的＝形式的＝理性的"对跖于"后天的＝实质的＝感性的"，而将所有的情感（包括道德情感）均归入后一领域。但是席勒反对这种二分法，而认为存在第三个领域，即"先天而又实质的"领域，并且将我们的"价值感"归诸这个领域。这无异在理论上支持牟先生关于"四端之心"的洞见。

当黄俊杰教授邀请我参加他所主持的"大学学术追求卓越发展计划：东亚近世儒学中的经典诠释传统"时，我心中便自然浮现康德伦理学与现象学伦理学的理论分歧。如果我们将孟子的"四端之心"理解为一种"道德情感"，康德伦理学与现象学伦理学便可以与东亚儒学中的孟子学产生理论上的关联。在中国南宋时期，由于对孟子"四端之心"的不同理解，朱熹与以张南轩（名栻，1133~1180）为首的湖湘学者之间发生了类似的争论。朱熹根据其义理架构，批评杨龟山（名时，1053~1135）的"万物与我为一"之说、谢上蔡（名良佐，1050~

---

① 参阅拙作《再论牟宗三先生对孟子心性论的诠释》，收入拙著《孟子重探》，台北联经出版事业公司，2001年。

1120）的"心有知觉之谓仁"之说，以及湖湘学者对"仁"的诠释。朱熹根据其理、气二分，心、性、情三分的义理架构，将一切"知觉"与"情"（包括四端之情）均视为同质的，同属于形而下之气。但对于杨龟山、谢上蔡及湖湘学者而言，心之"知觉"并不同于一般的感觉（知寒暖饱饥之觉）或情感（喜怒哀乐之感），两者并不同质。就这点而言，朱熹的观点近乎康德晚期的观点，杨龟山、谢上蔡及湖湘学者的观点近乎席勒与现象学伦理学的观点。

针对同样的问题，朝鲜儒者李退溪（名滉，1501~1570）提出四端、七情之辨，将四端与七情分属理、气，其观点也近乎席勒与现象学伦理学的观点。与他同时的奇高峰（名大升，1527~1572）则根据朱熹的观点一再与他辩难，反对将四端与七情视为异质的。其后的李栗谷（名珥，1536~1584）继续发挥奇高峰的观点，批评李退溪的四端、七情之辨，成牛溪（名浑，字浩原，1535~1598）则为李退溪辩护。就这点而言，奇高峰与李栗谷的观点近乎康德晚期的观点，李退溪与成牛溪的观点则近乎席勒与现象学伦理学的观点。

在这三种不同的文化脉络中所产生的争辩均聚焦于一个共同的伦理学问题：道德情感是否为一种与自然情感异质的"情感"？或者以中国传统的语言来说，是否有一种形而上之"情"？四端之心是否为这种形而上之"情"？就此而言，我们可以从"去脉络化"（de-contextualization）的角度使"四端七情之辩"脱离韩国儒学的特定脉络，而视之为一个具有普遍意涵的哲学辩论。

然而，我们还可以从另一个角度——"脉络化"（contextualization）的角度——来探讨韩国儒学。我这里所说的脉络是特指经典文本的脉络。"四端七情之辩"并未随着李栗谷与成牛溪的辩论而告终，而是延续到19世纪。如果说李退溪与奇高峰、李栗谷与成牛溪间的辩论是在哲学层次上进行的，此后的辩论则是在经典诠释的脉络中进行的。后

者具有一种我所谓"多重文本交叠"的特色。① 以丁时翰（号愚潭，1625~1707）为例，他属于奉李退溪为宗主的"岭南派"。他晚年撰成《四七辨证》一文，在文中摘述李栗谷答成牛溪论四端七情的书函四十则，并根据李退溪的观点加以评论。我曾就丁时翰的例子将这种"多重文本交叠"的现象描述如下：

> 程、朱性理学于高丽时代后期（约十三世纪末）开始传入韩国，至朝鲜时代已取得绝对的权威地位。因此，参与"四七之辨"的朝鲜儒者必须面对双重文本的双重权威：他们除了要面对《礼记》、《孟子》等早期儒学文本及其所代表的权威（即孔、孟的权威）之外，还要面对程、朱性理学的文本及其所代表的权威（即程、朱的权威）。由这双重文本及其双重权威所形成的思想史背景本身便成为引发争论的根源。在退溪之后，由于他在朝鲜儒学中的权威地位，参与"四七之辨"的朝鲜儒者还须面对其文本及权威，而形成三重文本及其权威，这便是愚潭当时所面对的情境。在退溪与栗谷对于"四端七情"问题的不同观点之间，愚潭有意为退溪的观点辩护。但是他并未意识到：栗谷比退溪更能坚守朱子的立场。因此，他也未意识到退溪与朱子的基本观点间之分歧，而将两人的观点视为一体。由于这种误解，愚潭在为退溪的观点辩解时，往往依违于朱子与退溪的观点之间，不但误解了朱子，也误解了退溪，更误解了孟子。②

因此，在解读相关的文本时，我们不但要厘清这多重文本之间交互指涉的复杂关系，还要指出多重文本不可避免地造成的误读与误解。

类似的现象也见诸韩国儒学中关于王阳明思想的争辩。在此我们不妨以韩元震（字德昭，号南塘，1682~1751）对王阳明思想的批评为例，来说明这种"多重文本交叠"的现象。就思想传承而言，韩元震

---

① 参阅拙作《朱子性理学与韩儒丁时翰的四端七情论》，收入黄俊杰、林维杰编《东亚朱子学的同调与异趣》，台湾大学出版中心，2006年，第277~278页。

② 同上。

属于以李栗谷为宗主的"畿湖派",但是他对王阳明思想的批评却有所承于李退溪。李退溪曾撰《"传习录"论辩》,引述王阳明的文字,并加以严厉的批评。其后,韩元震又撰《"传习录"辨》,进一步评论李退溪的《"传习录"论辩》。韩元震在文中有时直接引述王阳明的文句,再提出批评;有时则先引述王阳明的文字,再引述李退溪在《"传习录"论辩》中对王阳明文字的批评,最后提出他自己的评论,而形成"多重文本交叠"的现象。

"多重文本交叠"的现象自然不是韩国儒学中所独有的,但在韩国儒学中却特别明显。儒学原本是中国的传统思想,传入韩国后,却被逐渐在地化(localized),而渗入韩国的传统文化当中。正是这种在地化的过程使"多重文本交叠"的现象在韩国儒学中特别突出。

当然,研究方法中的脉络化并不仅涉及经典诠释的脉络。研究者也可以着眼于历史脉络或社会脉络,而将儒学研究纳入历史学或社会科学的研究之中。近年来,在汉语学术界,甚至在英语学术界似乎有一股强大的趋势,特别重视儒学发展的历史脉络与社会脉络,而排斥"去脉络化"的研究角度。一个典型的例子是余英时于2003年出版的《朱熹的历史世界——宋代士大夫政治文化的研究》两巨册。余英时在此书的《绪说》中明白表示:他之所以强调"政治文化",系针对"现代哲学史家"的"道统大叙事"。他指出,"现代哲学史家"对道学的研究经过了两度"抽离"的过程:"首先是将道学从儒学中抽离出来,其次再将'道体'从道学中抽离出来。至于道学家与他们的实际生活方式之间的关联则自始便未曾进入哲学史家的视野"[1]。针对这种"偏差",他要"在概念上进行一次'哥白尼式的回转'(Copernican revolution)"[2]。余英时所谓的"抽离"其实便是上文所谓的"去脉络化",他所谓的"现代哲学史家"则是指当代新儒家,尤其是牟宗三先生。

---

[1] 余英时《朱熹的历史世界》上篇,台北允晨文化实业公司,2003年,第33页。
[2] 同上书,第170页。

我曾经撰文评论余英时的《朱熹的历史世界》及其方法论的得失[1]，此处不再赘述。我无意否定儒学发展的历史脉络与社会脉络之探讨对儒学诠释的重要性。以韩国儒学来说，如果完全不了解韩国历史上存在于学术论争与政治斗争（党争与士祸）之间的复杂关系，恐怕不容易正确地解读韩国儒学的文本。我反对的是对"去脉络化"的禁忌态度，以及过度偏重历史脉络与社会脉络的研究进路。《朱熹的历史世界》第十二章讨论"皇权与皇极"，特别就政治文化的脉络分析南宋孝宗、光宗、宁宗三朝有关"皇极"的争论。根据余英时的分析，朱熹所属的南宋理学集团系借由重新诠释《尚书》中的"皇极"概念，来支持宋孝宗的"恢复"政策，故反对以"皇极"为"大中"的传统诠释（出自孔安国的《尚书传》）。学者有意借文本诠释来表达其政治主张，或是其政治观点不自觉地影响其文本诠释，并非不可想象，而且确有其事。然而，纵使余英时此处的分析能言之成理，我们恐怕也无法将宋明儒学的文本一律视为政治论述（political discourse）。否则将如葛兆光在评论《朱熹的历史世界》时所言，"虽然揭出一个被遮蔽的侧面，但也可能以这一侧面遮蔽另一侧面"[2]。

如上文所指出的，脉络化所涉及的不仅是历史脉络与社会脉络，还有经典文本的脉络。相对于历史脉络与社会脉络，经典有其本身相对独立的脉络，它们是"概念史"（Begriffsgeschichte）的研究对象。举例而言，如果不考虑1789年爆发的法国大革命及其对欧洲政局的后续影响，我们不会了解康德于1795年发表《论永久和平》（*Zum ewigen Frieden*）的动机，以及其中有所针对的文字，但这无碍于现代学者脱离当时的政治脉络来讨论此书对当今世界的意义。例如，1995年此书

---

[1] 见拙作《"内圣外王"问题重探》，收入周大兴编《理解、诠释与儒家传统：展望篇》，台北"中央研究院"中国文哲研究所，2009年，第49~88页；亦刊于北京《中国儒学》，2009年第4期，第37~71页。

[2] 葛兆光《拆了门槛便无内无外：在政治、思想与社会史之间——读余英时〈朱熹的历史世界〉及相关评论》，《当代》（台湾），2004年第198期，第92页；亦见其《古代中国的历史、思想与宗教》，北京师范大学出版社，2006年，第160页。

出版两百年之后,"欧洲联盟"成立之际,西方学界便针对此书在德国的法兰克福(Frankfurt)举办了一场研讨会,探讨康德的"世界公民"理念[①]。

进而言之,即使在历史脉络与社会脉络的研究乃至概念史研究当中,一旦涉及比较的视域时,"去脉络化"是无法完全避免的。因为"比较"(comparison)需要"抽象"(abstraction),而"抽象"便是"去脉络化"。甚至任何概念的形成都是"抽象"的结果,因而也是"去脉络化"的结果。从这个意义上可以说,所有的研究方法均同时包含"脉络化"与"去脉络化"两个方面,只是有所偏重而已。李退溪与奇高峰、李栗谷与成牛溪间的"四端七情之辩"固然涉及普遍的伦理学问题,但又何尝不涉及经典文本的诠释呢?其后的"四七之辩"固然着重于经典文本的诠释,但又何尝不涉及哲学论题(如韩元震的"四端七情经纬说"[②])呢?总而言之,一个好的研究者必须在"脉络化"与"去脉络化"的张力当中准确拿捏,以期彰显其研究对象的多个层面。这是我从韩国儒学研究当中归结出的重要结论。

[①] 会中发表的论文其后辑成一书,即James Bohman/Matthias Lutz-Bachmann (eds.): *Perpetual Peace: Essays on Kant's Cosmopolitan Ideal,* Cambridge/Mass.: The MIT Press, 1997.

[②] 参阅拙作《韩元震的"四端七情经纬说"》,收入黄俊杰编《朝鲜儒者对儒家传统的解释》,台湾大学出版中心,2012年,第137~157页。

比較の視野からみた韓国儒学研究
―― 文脈化と脱文脈化

李明輝（中国台湾中研院文哲所）

　私は2000年から韓国儒学の研究に従事し、これまで既に、二つのテーマに関する研究を完成させ、目下、第三のテーマに関する研究計画を遂行しているところである。2000年から2004年に至る間、私は台湾大学の黄俊傑教授が統括し、「教育部」が助成する「大学学術研究の卓越した発展計画：東アジア近世儒学における経典解釈の伝統」に参加し、「近世中韓儒者の孟子心性論に関する辯論と解釈――比較哲学的検討」部門の研究を統括した。2006年から2011年にかけては、台湾大学人文社会高等研究院の「東アジアの経典と文化」の研究に参加し、「朝鮮後期における『四端七情』の辯」部門の研究を統括して、引き続き朝鮮後期儒者の「四端七情」問題に関する議論について検討した。2011年からは、台湾大学人文社会高等研究院の「東アジア儒学」の研究に参加して、「東アジア儒学の視野における韓国朱子学と陽明学の交渉」部門の研究を統括しており、現在も計画は進行中である。第一の研究テーマに関する成果は、拙著『四端と七情――道徳情感に関する比較哲学的検討』[①]としてこれをまとめた。第二のテーマに関する研究成果は、書物にまとめるには至っていない。
　私が韓国儒学の研究を「四端七情」の問題から着手したのには、特殊な思想的背景があった。それは1977年から1981年にかけて、私が台

---

　① 台北、台湾大学出版センター、2005年。簡体字版、上海、華東師範大学出版社、2008年。

湾大学哲学研究所で修士の学位を取得すべく研究していた時期にまで遡ることができる。当時の私は、二人の先生から、最も大きな影響を受けた。一人は、ドイツのボン（Bonn）大学から哲学博士の学位を取得されたばかりの黄振華先生であり、もう一人は、すでに香港中文大学を退職し、台湾大学哲学部から招聘されて教鞭を執っておられた牟宗三先生である。当時すでに、牟先生の『心体と性体』全三冊は出版されていた。先生はこの本の中で朱熹（字は元晦、1130-1200）の義理の構造を分析して、それは「理・気二分、心・性・情三分」という義理の構造であると判定した。その中で、一つの鍵を握る問題が、すなわち、朱熹が孟子の「四端の心」を「情」と見なし、すべての「情」を形而下のものと見て、これを「気」に帰一させている、という問題であった。しかし、牟先生の考えでは、孟子の「四端の心」とは、もとより「情」のことであると言ってよいが、しかし、すべての「情」は形而下のものである、とは決していえないのである。先生によれば、陸象山（1139-1193）や王陽明（1472-1539）の「心即理」という義理の構造の中でのみ、「四端の心」は初めて適切に説明されうるのである。牟先生はまた、「四端の心」とは、カント（Immanuel Kant, 1724-1804）がいう「道徳情感」のことであると理解し、さらに、カントもまた朱熹と同じく、一切の情感（道徳情感を含む）をすべて感性的（形而下的）な範疇に属するものと考えていたことを指摘する。しかし、牟先生の考えでは、道徳情感は、精神的な範疇に格上げして言及しうるものであり、必然的に感性の範疇に属するものではないのである。

『心体と性体』の中で、牟先生はカントの「道徳情感」理論に対し、以下のように論評している。

　　道徳感や道徳情感は、形而上・形而下の両面から、これを論ずることができる。形而下的に論ずれば、実在の範疇に堕するものとなり、それに基づいて道徳法則を打ち立てることはできなくな

る。しかしまた、超越の範疇に至るものとして、それを格上げしてとらえることも可能なのであって、(その場合には) 道徳感や道徳情感は、道徳法則や道徳理性の表現における最も本質的なものの一環となるのである。そうだとすれば、どのような局面において、それは超越的な範疇に至るものとして提示され、最も本質的なものの一環となり得るのであろうか。正統儒家の言説に依れば、それは即ち、実践の工夫をなして性体を体現する、という局面において、なのであり、カントの言葉で言えば、即ち、実践の工夫をなして道徳法則や定言的命令(categorical imperative)を体現し表現する、という局面において、なのである。しかし、この点は、カントの道徳哲学では注意されていないものであり、かえって、正統儒家が義理について講説する際の主要課題となった。この局面においては、道徳感や道徳情感は、実在の範疇に堕するものではなくなり、超越の範疇に格上げされつつ、具体的なものへと転ずるのであり、また、普遍的な道徳の情および道徳の心となるのである。これこそ、宋・明の儒者が、既に先秦の儒家が大いに性体を論じ、また、大いに心体を論じていたことを継承して、最終的には必ずまた、性体と心体との合一を説くに至った、その理由にほかならない。

　この種の心・情は、その原初の根源に遡れば、孔子が、すべてをまとめて、「仁」と表現したものにほかならない。それは、不安・不忍の感、悱惻(苦悩)の感、「悱啓憤発」(悱せずんば発せず、憤せずんば啓せず)の情、厭わず倦まない、「健行不息」(健やかに行ってやめることがない)の徳、などのことである。こうしたものの一切は、転じて、孟子がいうところの心性となる。そのうちの、惻隠・羞悪・辞譲・是非等は、心であり、情であり、また理でもある。理はもとより超越的・普遍的・先天的なものであるが、しかし、この理は、ただ抽象的普遍であるのみならず、具体的な心

と情との中に現れるものであるがゆえに、具体的普遍でもある。そして心と情とは、理の具体的にして真実の表現であるがゆえに、超越的・普遍的、また主観的でもあり客観的でもあるものに、格上げされるのである。それは、実在範疇の純主観ではなく、具体、それも超越的にして普遍的な具体であり、また、特殊、それも超越的にして普遍的な特殊なのである。それは実在範疇の純具体・純特殊ではない。これは孟子という、広大なる大才の直感的悟性が、開拓したものなのである。①

要するに、道徳情感は、必ずしも感性的な実在の範疇に属するものではなく、超越の範疇に格上げされるべき、一種の普遍的先天的なものであるが、しかし同時に、具体的情感であり、一種の「超越的かつ内在的な」情感でもある。牟先生はこうした情感を特別に「本体論的感情」（ontological feeling）と称している②。

牟先生は儒家の「四端の心」とカントの「道徳情感」とを比較することで、それらを一つの普遍的な倫理学の問題へと昇格させたのである。ドイツの現象学者・ブレンターノ（Franz Brentano, 1838-1917）の説明を借りれば、それは即ち、倫理学の原則とは、究極のところ、知識なのか、それとも情感なのか、という問題である。③牟先生のこうした比較の観点は、大いに私の興味をかき立てた。こうして1981年に、私は黄振華先生の指導の下、修士論文『カント哲学中の道徳情感問題の研究』を完成させたのである。その後、1982年から1986年まで、私はドイツのボン大学で、哲学博士の学位を期して研究していた時に、カントの「道徳情感」理論について、さらに全面的で踏み

---

① 牟宗三『心体与性体』（一）、『牟宗三先生全集』第五冊、（台北、聯経出版公司、2003年）、第131-132頁。
② 牟宗三『心体与性体』（三）、『牟宗三先生全集』第七冊、（台北、聯経出版公司、2003年）、第308頁。
③ Franz Brentano: *Grundlegung und Aufbau der Ethik*（Hamburg: Felix Meiner, 1977），S. 42ff.

込んだ検討を行い、博士論文『カント倫理学の発展における道徳情感問題』（Das Problem des moralischen Gefühls in der Entwicklung der Kantischen Ethik）を完成させた。私の修士論文は、牟先生の考え方に依拠しながら、儒家の「四端の心」とカントの「道徳情感」とを比較したものである。私の博士論文は、全く儒家の学説には触れず、発展の観点からカント倫理学の内在的理路を探究したものである。こうした探究の結果、私は期せずして20世紀ドイツの現象学倫理学の考え方に接することとなった。

ドイツの現象学倫理学（或いは「価値倫理学」ともいう）の代表的人物は、創始者であるブレンターノ以外に、さらにフッサール（Edmund Husserl, 1859-1938）、シェーラー（Max Scheler, 1874-1928）、ニコライ ハルトマン（Nicholai Hartmann, 1882-1950）、ヒルデブラント（Dietrich von Hildebrand, 1889-1977）、ライナー（Hans Rainer, 1896-1991）などである。西洋・中国の何れにおいても、現象学倫理学は、ややなおざりにされている研究領域であるが、しかし実際には、儒家の倫理学と最も大きな相関性を持つものである。牟先生は現象学を好まず、それを「世紀末の衰世的な『繊細精巧』の哲学」と見なした[1]。しかし牟先生は、現象学倫理学については、注意を払っておられなかった。もしも現象学倫理学と儒家倫理学との相関性に気付いておられたならば、彼の現象学に対する評価は、或いは、変化していたのではないかと思う。概括的に述べれば、現象学倫理学は、カントの「道徳情感」理論の検討から出発し、カントの後輩である詩人のシラー（Friedrich von Schiller, 1759-1805）によって、現象学倫理学の方向に思考の路が開拓されたのであった。

私の博士論文は、二つの部分に分かれている。第一部分は、発展史の検討であり、そこでは早期カント倫理学の各発展段階における、

---

[1] 牟宗三『中西哲学之会通十四講』、『牟宗三先生全集』第三十冊、（台北、聯経出版公司、2003年）、第67頁。

「道徳情感」概念の、それぞれに異なった含意を分析している。カントは18世紀60年代にヴォルフ（Christian Wolff, 1679-1754）学派の理性主義倫理学に不満を持ち、却ってスコラ学派の「道徳感」（moral sense）倫理学とルソー（Jean-Jacques Rousseau, 1712-1778）の情感倫理学に共感を抱いたが、これが、カントの早期倫理学の観点を、彼の後期倫理学の観点と顕著に異なるものにしたのであった。第二部分においては、系統性の観点から、カント後期倫理学における道徳情感の理論を検討し、併せて、「情感と理性とを二つに分離する」その倫理学の構造を浮き彫りにした。カントは18世紀60年代に、スコラ学派とルソーから受けた影響によって、ヴォルフ学派の倫理学の観点を修正し、道徳の判断と発動、その何れの方面においても、理性と道徳情感との間には、本質的な連関があることを承認した。しかし、後期の倫理学の体系の中では、カントは道徳主体をただ「実践理性」と解するのみで、一切の情感的素因（道徳情感を含む）を剥落させてしまったのである。ここにおいて道徳情感は、もはや道徳判断の機能を有するものではなくなり、僅かに道徳法則が感性上に生ずる結果と見なされるようになった。しかし、別な方面においては、この道徳情感はまた「純粋実践理性の動機」と見なされた。それはつまり、道徳法則は必ずこの道徳情感を通過することによって、始めて道徳行為を引き起こすことができる、ということにほかならない。こうした理論は、もとより精巧なものではあるが、しかし、それに対する内在批判を通じて、私は却ってその中に包み隠された重大な理論上の難題を発見した。簡略に言えば、カント後期の倫理学は、道徳の「判断原則」（principium dijudicationis）と「実行原則」（principium executionis）とを、理性主体と道徳情感とにそれぞれ分属させたことによって、「道徳責任」の概念を失念する結果を招いている、ということであ

る①。シラーはまさにこの一点からカント倫理学に批判を加え、併せて「義務と愛好」（Pflicht und Neigung）に関する論争を展開したのである。彼はカントが情感と理性とを二分したことによって生じさせたであろう理論上の困難を発見し、道徳情感を、道徳主体の中に含まれるものとして捉えようとしたのである。これはまさにカントの早期倫理学の観点に立ち返ろうとするものにほかならない。言い換えれば、シラーは、カントの早期倫理学の観点を根拠として、後期倫理学の観点を批判したのであり、またそれによって、現象学倫理学への路を開いたのである。

現象学倫理学と儒家倫理学との相関性は、主に二つの方面に存する。第一は、現象学倫理学が「感知」（Fühlen）と「情感」（Gefühl）とを区別し、特に前者を以て、我々の価値に対する直接的な把握、即ち「価値感」（Wertfühlen）と呼び、一般的な「情感」と区別している点である。第二は、晩期カントの倫理学があらかじめ二元的な構造を設けていること、即ち「先天的＝形式的＝理性的」なものを、「後天的＝実質的＝感性的」なものと対蹠的に捉えており、あらゆる情感（道徳情感を含む）を均しく後者の領域に帰属せしめている、という点である。しかし、シラーはこの種の二分法に反対して、第三の領域が存在すると考える。即ち、「先天的にして実質的な」領域であり、併せて、我々のいう「価値感」を、この領域に帰属するものとするのである。これは正しく、理論の上で、牟先生の「四端の心」に関する洞察を支持するものにほかならない。

黄俊傑教授から、彼の統括する「大学学術研究の卓越した発展計画：東アジア近世儒学における経典解釈の伝統」に参加するよう招聘があった時、私の心中に自ら浮かんできたのは、カント倫理学と現象学倫理学との理論の相違という問題であった。もしも我々が孟子の

---

①　拙論『再論牟宗三先生対孟子心性論的詮釈』を参照、拙著『孟子重探』（台北、聯経出版公司、2001年）所収。

「四端の心」を一種の「道徳情感」として理解するならば、カント倫理学と現象学倫理学は、東アジア儒学における孟子学との間に、理論上の連関を生ずることになる。中国の南宋において、孟子の「四端の心」に対する理解の相違から、朱熹と張南軒（名は栻、1133-1180）をリーダーとする湖湘学者との間に、類似の論争が発生した。朱熹は、自分の義理の構造を根拠として、楊亀山（名は時、1053-1135）の「万物は私と一つとなる」（万物与我為一）の説、謝上蔡（名は良佐、1050-1120）の「心には知覚があり、これを仁という」（心有知覚之謂仁）の説、および湖湘学者の「仁」に対する解釈を批判した。朱熹はその「理／気 二分」「心／性／情 三分」の義理の構造を根拠に、一切の「知覚」と「情」（四端の情を含む）とを均しく同質的なものと見、同じく形而下の気に属するものと考えた。しかし、楊亀山・謝上蔡および湖湘学者の考えでは、心の「知覚」は、決して一般的な感覚（寒暖飢飽を知る感覚）あるいは情感（喜怒哀楽の感情）と同じものではなく、また同質のものでもないのである。この点に関して言えば、朱熹の観点は晩期カントの観点に近く、楊亀山・謝上蔡および湖湘学者の観点は、シラーや現象学倫理学の観点に近い。

同じ問題に対して、朝鮮の儒者李退渓（名は滉、1501-1570）は、四端・七情の弁別を提出して、四端と七情とを、理と気とに分属させた。その観点はやはりシラーや現象学倫理学の観点に近い。同時代の奇高峰（名は大升、1527-1572）は、朱熹の観点を根拠として、幾度となく李退渓を論難し、四端と七情とを異質なものとする見方に反対した。その後、李栗谷（名は珥、1536-1584）は、引き続き奇高峰の観点を展開させて、李退渓の四端・七情の弁別を批判し、成牛渓（名は渾、字は浩原、1535-1598）は、李退渓を弁護した。こうした点から言えば、奇高峰と李栗谷の観点は晩期カントの観点に近く、李退渓と成牛渓の観点はシラーや現象学倫理学の観点に近い。

こうした三つの相異なる文化の文脈上に生じた論争は、何れも同

じ一つの倫理学的問題に集約されるものである。すなわち、道徳情感は、自然な情感とは異質な「情感」なのか、あるいは、中国の伝統的な言い方によれば、形而上の「情」というものがありうるのか、四端の心はそうした形而上の「情」なのか、という問題である。こうした点から言えば、我々は「脱文脈化」（de-contextualization）の角度から、「四端七情の辯」を韓国儒学の文脈から引き離し、これを一つの普遍的意義を有する哲学論争として捉えることができるのである。

しかしながら、我々はまた別な角度からも——すなわち「文脈化」（contextualization）の角度からも——韓国儒学を検討することができる。私がここで言う文脈とは、特に経典テキストの文脈のことを指している。「四端七情の辯」は、決して李栗谷と成牛渓との間の議論によって終わりを告げたのではなく、19世紀まで継続された問題であった。仮に、李退渓と奇高峰、李栗谷と成牛渓との間で行われた議論が、哲学の位相におけるものであったとすれば、その後の議論は、経典解釈の文脈において行われたのである。そして後者には、私が「多重テキスト交差」と呼ぶ、ある特色が見られるのである①。丁時翰（号は愚潭、1625-1707）を例として言えば、彼は李退渓を宗主として崇める「嶺南派」に属するが、晩年に『四七辨證』という一文を著している。丁時翰はその文中において、李栗谷が成牛渓に答えて四端七情を論じた書簡四十則を摘述し、併せて李退渓の観点を根拠にしながら論評を加えている。私はかつて、この丁時翰の著述を例としながら、この「多重テキスト交差」という現象について、以下のように述べたことがある。

  程・朱の性理学は、高麗時代後期（ほぼ十三世紀末）に韓国に伝来し始め、朝鮮時代になると、すでに絶対的な権威や地位を獲得した。これによって、「四七の辯」に関係しようとする朝鮮の儒

---

① 拙作『朱子性理学与韓儒丁時翰的四端七情論』を参照、黄俊傑・林維杰編『東亜朱子学的同調与異趣』（台北、台湾大学出版センター、2006年、第277-278頁）所収。

者は、必ず、二重のテキストの、二重の権威に直面しなければならなかった。彼らは、『礼記』『孟子』等の早期儒者のテキストおよびその代表する権威（即ち、孔・孟の権威）と直面する以外に、さらに程・朱性理学のテキストおよびその代表する権威（即ち、程・朱の権威）と直面しなければならなかった。こうした二重テキストおよび二重権威によって形成された、思想史の背景そのものが、論争を引き起こす根源となったのである。李退渓の後には、彼が朝鮮儒学の中で占めた権威や地位によって、「四七の辯」に関係しようとする朝鮮の儒者は、さらに李退渓のテキストとその権威に直面しなければならなくなった。こうして、三重のテキストとその権威が形成されたのだが、これがつまり、愚潭（丁時翰）が直面した当時の状況なのであった。李退渓と李栗谷の、「四七の情」問題に対する相異なる観点の間にあって、愚潭は李退渓の観点を弁護しようとした。しかし、彼は未だ、栗谷が退渓よりもさらに朱子の立場を堅守し得ていることに気付いていなかった。したがって彼は、退渓と朱子との間の、基本的観点の相違にも気付けず、両者の観点を一体のものと見たのであった。こうした誤解によって、愚潭は、退渓の観点を弁護する時にも、往々にして朱子の観点と退渓の観点との間で、躊躇することが多く、朱子を誤解したばかりか、退渓をも誤解し、さらには孟子をも誤解することになったのである。[1]

したがって、関連のテキストを解読する際には、我々は、こうした多重テキスト間の相互に連関した複雑な関係をきちんと整理するのみならず、多重テキストが誤読や誤解を生じさせることは不可避である、ということを指摘し（自覚し）ておかなければならない。

類似の現象は、韓国儒学における王陽明思想に関する論争にも見

---

[1] 拙作『朱子性理学与韓儒丁時翰的四端七情論』を参照、黄俊傑・林維杰編『東亜朱子学的同調与異趣』（台北、台湾大学出版センター、2006年、第277-278頁）所収。

られる。ここで我々は、韓元震（字は德昭、號は南塘、1682-1751）が王陽明思想に対して加えた批判を例として、この「多重テキスト交差」の現象を説明しても差し支えないであろう。思想の伝承ということで言えば、韓元震は李栗谷を宗主とする「畿湖派」に属するが、彼が王陽明思想に対して加えた批判には、却って李退渓を継承するものがある。李退渓はかつて『「伝習録」論辯』を著し、王陽明の文章を引用しながら、これに厳格なる批判を加えたことがあった。その後、韓元震はまた『「伝習録」辨』を著して、李退渓の『「伝習録」論辯』を、さらに一歩踏み込んで論評した。韓元震はその文中において、ある時には直接王陽明の言葉を引用したうえで、さらにそれを批判している。またある時には、先に王陽明の言葉を引用し、さらに李退渓の『「伝習録」論辯』における、王陽明の言葉に対する批判を引用したうえで、最後に自身の論評を提示することによって、「多重テキスト交差」の現象を作り出しているのである。

　「多重テキスト交差」の現象は、当然ながら韓国儒学に固有の現象ではないが、しかし、韓国儒学の中で、特別に顕著に見られたものである。儒学は元来中国の伝統思想であるが、韓国に伝来した後は、次第に在地化（localized）されてゆき、韓国の伝統文化の只中に浸透していった。まさにこうした在地化の過程こそが、「多重テキスト交差」の現象を、韓国儒学において特別に突出した現象、にさせたのである。私は日本儒学については深く研究したことはないが、儒家的伝統の日本における在地化ということを基礎として、必ずや日本儒学においても「多重テキスト交差」の現象が存在したものと信ずる。

　もちろん、研究方法における文脈化は、単に経典解釈の文脈に止まるものではない。研究者は歴史的文脈あるいは社会的文脈に着目して、儒学研究を、歴史学や社会科学の研究の中に組み入れてゆくこともできる。近年では、中国語学術界、ひいては英語学術界においてさえも、一つの強大な趨勢があるようであって、儒学発展の歴史的文

脈と社会的文脈とが特別に重視され、「脱文脈化」の研究視点が排斥されている。一つの典型例が、余英時が2003年に出版した『朱熹の歴史世界――宋代士大夫政治文化の研究』（『朱熹的歴史世界――宋代士大夫政治文化的研究』）両巨冊である。余英時はこの書の「緒説」の中で、彼が「政治文化」を強調するのは、「現代哲学史家」の「道統（伝道の系統）の大叙事」に焦点を合わせたことと関係がある、と明言している。彼は、「現代哲学史家」が、道学を研究する過程において、二度にわたる「抽象と分離」を行っていることを、次のように指摘する。「先ず初めは、道学を儒学の中から抽象分離してくるのであり、次には、さらに『道体』を道学の中から抽象分離してくるのである。道学家と彼らの実際の生活方式との間の関連に至っては、初めから哲学史家の視野に入ったことがない」①。こうした過誤に対して、彼は「概念の上で『コペルニクス的転回』（"Copernican revolution"）を行う」よう要請する②。余英時のいう「抽象と分離」とは、実際には、上述した「脱文脈化」のことであり、彼のいう「現代哲学史家」とは、現代新儒家のことを指すのであって、中でも特に牟宗三先生のことなのである。

　私はかつて一文をものし余英時の『朱熹の歴史世界』およびその方法論の得失について論評したことがあるので③、ここで再び贅言はしない。私は儒学発展の歴史的文脈と社会的文脈の検討が、儒学解釈にとって重要であることを否定するつもりはない。韓国儒学について言えば、仮に韓国の歴史上に存在した儒学論争と政治闘争（党争と士禍）との間における複雑な関係をまったく了解していなかったとすれば、おそらく韓国儒学のテキストを正確に解読することは容易ではないであろう。私が反対するのは、「脱文脈化」に対する禁忌の態度、

---

　　① 余英時『朱熹的歴史世界』上篇、台北、允晨文化実業公司、2003年、第33頁。
　　② 同上書、第170頁。
　　③ 拙作『「内聖外王」問題重探』、周大興編『理解、詮釈与儒家伝統：展望篇』、台北、中央研究院中国文哲研究所、2009年、第49-88頁。

および歴史的文脈と社会的文脈とを過度に偏重する研究の進め方、なのである。『朱熹の歴史世界』第十二章では「皇権と皇極」について議論し、特に政治文化の文脈から、南宋の孝宗・光宗・寧宗三朝の「皇極」に関する論争を分析している。余英時の分析に拠れば、朱熹が所属した南宋理学集団には、『尚書』中の「皇極」の概念を新たに解釈し直すことによって、孝宗の「恢復」政策を支持しようとする意図があったので、「皇極」を「大中」のことであるとする伝統的な解釈（孔安国の『尚書伝』に出づ）に反対したのだ、という。学者が、テキスト解釈に借りてその政治的な主張を表現するということ、或いは、その政治的観点が無自覚のうちにそのテキスト解釈に影響するということは、決して想像できないことではないし、また、確かに存在したことでもあろう。しかしながら、たとえ余英時がここで分析していることが理に適ったものであったとしても、我々はおそらく、宋明儒学のテキストを、すべて政治的論述 (political discourse) であったとみなすことはできないであろう。そうは考えないとすれば、それはまさに葛兆光が『朱熹の歴史世界』を論評した際に述べたように、「覆い隠されていた側面を露出させはしたが、しかしおそらく、その側面によって、別な側面を覆い隠してもいる」[①]ことになってしまうのである。

　上文において指摘したような、文脈化の影響は、歴史的文脈や社会的文脈にとどまるものではなく、経典テキストの文脈にも及んでいる。歴史的文脈や社会的文脈に比べて、経典には、それ自身の相対的に独立した文脈があり、それらは「概念史」（Begriffsgeschichte）の研究対象である。例を挙げて言えば、もしも1789年に勃発したフランス革命、およびそれが、その後の欧州の政局に及ぼした影響を考慮しなかったとすれば、我々は、カントが1795年に『永久平和を論ず』

---

① 葛兆光『拆了門檻便無内無外：在政治、思想与社會史之間——読余英時「朱熹的歴史世界」及相関評論』、『当代』第198期（2004年2月），第92頁。

（Zum ewigen Frieden）を発表した動機、および文中の言葉が念頭に置いている事柄を、理解することはできないであろう。しかし、その事は、現代の学者が、当時の政治的文脈を離れて、この書物が現代世界に対して持つ意義を討論することを、妨げるものではない。例えば、1995年、この書物が出版された二百年後に「欧州連合」が成立した際、西洋の学界はドイツのフランクフルト（Frankfurt）において、本書を対象とする研究討論会を開催し、カントの「世界公民」の理念を検討しているのである[1]。

　さらに進んで言えば、歴史的文脈においても社会的文脈においても、ひいては概念史の研究においても、ひとたびそれが比較の視野に及ぶ場合には、「脱文脈化」は、完全にこれから免れることはできないものなのである。なぜならば、「比較」（comparison）のためには「抽象」（abstraction）が必要であり、「抽象」とは、すなわち「脱文脈化」のことにほかならないからである。どのような概念が形成されるにせよ、すべてそれは「抽象」の結果なのであり、それゆえにまた、「脱文脈化」の結果なのである。こうした意味では、あらゆる研究の方法は、すべて同時に、「文脈化」と「脱文脈化」の、二つの側面を含むものであり、ただその偏重の度合いが異なるにすぎない、とも言い得るのである。李退溪と奇高峰、李栗谷と成牛溪との間の「四端七情の辯」は、もとより普遍的な倫理学の問題に及ぶものであるが、しかしまた、経典テキストの解釈と無関係ではありえない。その後の「四七の辯」は、もとより経典テキストの解釈に重きを置くものではあるが、しかしまた、哲学の論題（韓元震の「四端七情経緯説」[2]など）と無関係ではありえないのである。要するに、よき研究

---

　　[1]　その後、会議の論文は、一冊の本にまとめて、即ちJames Bohman/Matthias Lutz-Bachmann（eds.）：*Perpetual Peace: Essays on Kant's Cosmopolitan Ideal*, Cambridge/Mass.: The MIT Press, 1997.
　　[2]　拙作『韓元震的「四端七情経緯説」』を参照。黄俊傑編『朝鮮儒者対儒家伝統的解釈』、台北、台湾大学出版センター、2012年、第137-157頁。

者というものは、必ず「文脈化」と「脱文脈化」との「張力」の中で、正しくバランスをとりながら、その研究対象を多面的に解明しなくてはならないのである。これが、私が韓国儒学の研究の中から最終的に導き出した、重要な結論である。

(諸田龍美　訳)

真德秀《心经》与韩国儒学*

朱人求（厦门大学）

真德秀（1178~1235）为南宋大儒，学者仰之如山，人称"西山先生"。全祖望称："乾淳诸老之后，百口交推，以为正学大宗者，莫如西山。"韩国退溪誉之为"朱门以后第一人"。真德秀的著作主要有《大学衍义》、《心经》、《西山文集》、《西山读书记》等。其中，《大学衍义》是南宋末期和元明清经筵必讲之书，是科举考试和谈论经世学者必读的典籍，对朝鲜和越南帝王之学的形成和发展影响深远。《心经》对韩国儒学影响巨大[①]，退溪因《心经》而接续程朱理学，毕生"敬之如神灵，尊之如父母"，茶山尊《心经》乃终身笃行的"治心之术"。韩国宋熹准编辑的《心经注解丛编》更是收录了《心经》注解文本102种，《心经注解丛编补遗》又增补了74种，韩国主要儒学流派都有《心经》的注解文献，《心经》俨然成为韩国儒学尤其是心法学阐释与建构的重要思想载体。

一 《心经》与《心经附注》

《心经》是真德秀于1232年再守泉州时，辑录传统儒家经典与程朱理学关于心法学理论而成的一部有关心性修养的书。《心经》以《尚

---

* 本文为国家社科基金项目（12BZX039）、中央高校基本科研业务费项目（2013221003）、教育部重大招标项目（2012007）的阶段性成果。

① 真德秀对韩国儒学影响深远，在高丽末期和朝鲜初期，《大学衍义》是朝廷经筵讲席之教材；在朝鲜初期、中期和后期，《心经》成为学术讨论的中心，开启朝鲜心性学的诸多讨论。遗憾的是，海内外对真德秀《心经》及其对韩国儒学的影响讨论不多，研究成果相对较少。

书·大禹谟》"人心惟危,道心惟微,惟精惟一,允执厥中"的"十六字心传"开篇,至朱熹的《尊德性斋铭》结束,共38条,多选"四书"、"五经"及程朱周子的经典名言,末附真德秀《心经赞》。《心经》始终围绕着"治心"的主题,集中阐发了儒家圣贤的心法之学,极力倡导儒学心性修养工夫论,表现为与陆王心学迥然不同的心法学传统。

所谓心法,西山称之为"圣人养心之要法"①,元代王充耘在其《传授心法之辨》中认为心法即"治心之法":"夫所谓心法者,盖言治心之法耳。其意以为人能操存制伏此心,使之无过不及,然后能治天下,故圣贤以此相授受。"②概而言之,心法就是古代圣贤认识心性、修养心性的根本方法。所谓心法学,即心法之学,指系统阐释儒家圣贤认识心性、修养心性,自觉地把自己纳入道统谱系的学说。人能恪守心法,对内可成就道德,对外能修齐治平。关于心法的内涵,真德秀认为:"人心惟危以下十六字,乃尧舜禹传授心法,万世圣学之渊源。人主欲学尧舜,亦学此而已矣。"③真西山把"十六字心传"作为尧舜禹道统相传的心法,并视之为万世圣学的渊源,帝王为学的根本。这一思想承接朱子,只不过真德秀把"十六字心传"视为帝王为学的根本,把道统与政统贯通为一。儒家心法的圣圣传授,其谱系就构成道统。朱熹最早提出"道统"的观念④,他继承二程,以"危微精一"为道统授受。在《中庸章句序》中,他说:"上古圣人继天立极,而道统之传有自来矣。其见于经,则允执厥中者,尧之所以授舜也。人心惟危,道心惟微,惟精惟一,允执厥中,舜之所以授禹也……自是以来,圣圣相承。"⑤尧舜禹之后,成汤文武周公孔子承接道统,孔子继往开来,传道与颜子、曾子、子思,孟子私淑孔子,到了宋明,周子二程承接千年

---

① 《大学衍义》卷二。
② 《读书管见》卷上。
③ 《大学衍义》卷二。
④ 陈荣捷《朱子与道统》、《朱子道统之哲学性》,见氏著《新儒学论集》,台北"中央研究院"文哲研究所,1995年。
⑤ 《朱文公文集》卷七六。

不传之绪。朱熹自觉地以道统自任,他的道统观首推"十六字心传",率先确立了道统的哲学内涵,功不可没。

真德秀《心经》对朱子心性之学的发展主要体现在三个方面:

第一,心法学的提出。真德秀的《心经赞》体现了"圣贤言心之要旨"。其《心经赞》一开始就说:"舜禹授受,十有六言,万世心学,此其渊源。"此所谓"十有六言",即上面所说的"十六字心传",它也是儒家道统相互传授的心法。其所谓"心学"即"心法学",是自尧舜禹文武周公孔孟一脉相承的儒家修心养性之学。心法学的提出是对宋儒空谈心性的反对,它既具有道统的历史文化内涵,也关切现实世界的具体事功,是真德秀"明理达用"的实学思想的具体落实。诚如颜若愚《心经跋》所言:"先生之心学,由考亭而溯濂洛洙泗之原,存养之功至矣。"所以,《心经》是一部系统阐释儒家心性修养的经典,《心经》所倡导的心法学是与陆王心学迥然不同的心学形态。"缅观往昔,百圣相传,敬之一言,实其心法。盖天下之理,惟中为至正,惟诚为至极。然敬所以中,不敬则无中也。敬而后能诚,非敬则无以为诚也。"[①]"敬"是"中"和"诚"存在的充分条件,没有"敬"就不可能有"中"和"诚"。"敬"也是"仁"赖以存在的根本原因,"敬者仁之所以存,未有敬而不仁,亦未有仁而不本于敬者也"[②]。至于道统"十六字心传",真西山最为重视的"危微"和"精一",无非教人时刻保持警醒,时刻用道心来主宰人心,以天理来防范人欲,在本质上,它们都不过是"敬"的工夫的细化而已。

第二,心学工夫的简化。关于真德秀心性之学的内涵,狄百瑞尤其重视国内学者较少关注的《心经》。狄百瑞认为,朱子与真德秀及后来追随者的学说成为多民族国家获得公共道德和自我训练的共同语言的历程,同时就是经书的压缩简约过程。首先压缩为"四书",后压缩为《大学》,次编为《大学》中自我修养的八条目,最后又被压缩为正

---

① 《西山文集》卷二六《南雄州学四先生祠堂记》。
② 《西山文集》卷二八《送刘伯谆宰江宁序》。

心一条，并把正心说成是政体的基础。①这是狄百瑞最富有启发性的观点之一。其实，在《大学衍义》和《心经》中，真西山继承和发展了程朱的思想，把"正心"的工夫凝练为"主敬"的工夫，提出"敬为心法"、"敬为修身立政之本"、"戒惧慎独者，敬也"等命题，以道心治理人心，儒家道统和政统、修身和立政从此紧密联结为一体，把儒家主"敬"的理论推向了一个新的高度。②

第三，心学工夫的个体化与宗教化。与程朱理学所要求的居敬穷理相比，真德秀《心经》所倡导的心法学更适用于个体的、内在的道德修养。在《心经》中，真德秀一再强调"慎独"的观念，其《大学衍义》更把治国平天下的希望也寄托在君主自身的内在道德修养之上。田浩也认为，真德秀是朱子学最杰出的下一代领袖，在工夫修养方面，他比其他道学家更强调"敬"和克制私欲。③在《心经》中，真德秀还一再引用这种道德化的上帝无处不在的神圣性，来强化学者对道德的畏惧心理，如引《诗经》之言："上帝临女，无贰尔心"，"无贰无虞，上帝临女"，又在其后附自己的《读书记》对此进行解释："此武王伐纣之事。《诗》意虽主伐纣而言，然学者平居讽咏其辞，凛然如上帝之实临其上，则所以为闲邪存诚之助，顾不大哉。"这是中国哲学发展史上一个非常值得注意的理论发展倾向：心学工夫的宗教化试图。

综上所述，真德秀的《心经》提供了这样一个心法学的解释框架：尧舜禹圣圣相传的"十六字心传"是万世心学的渊源，其精神主旨在于"主敬"，以"道心"宰制"人心"，以"天理"遏制"人欲"。"主敬"的心法学也是帝王为学的根本，道统与政统贯通为一。帝王只要持敬修身，即可收到齐家治国平天下的功效，这一理念在《大学衍义》中也有系统的论述。

---

① Wm.De Bary, Neo-Confucian Orthodoxy and the Learning of the Mind-and-Heart, New York: Columbia University, 1981, pp. 67~185.
② 参见拙文《敬为心法》，陈来主编《哲学与时代：朱子学国际学术研讨会论文集》，华东师范大学出版社，2012年。
③ 〔美〕田浩《朱熹的思维世界》，台北允晨文化实业公司，1996年，第349页。

研究真德秀的《心经》不能不涉及260年后程敏政的《心经附注》。程敏政（约1445~1499），字克勤，号篁墩，安徽休宁人，著有《道一编》、《心经附注》等。弘治五年（1492）8月，程敏政附注《心经》，对真德秀提出的心性修养之学极为尊崇，并期望用《心经》"主敬"的思想来拯救明代中期的社会现实问题。从真德秀的《心经》到程敏政的《心经附注》，儒家心法学也进一步得到了发展和深化。

首先，主敬成圣思想体系的确立。程敏政认为《心经》之作，乃着眼于纠正朱熹后学的偏失，教人涵养操存。他说："一部《心经》，不出敬字一言……读此书，俨乎若上帝之下临。"①《心经附注》对"敬"也有特别详明的阐释。程敏政不仅在《心经附注·序》中，提出了"敬者，圣学始终之要也。盖是经所训，不出敬之一言"的主题，而且该书集中搜罗了从二程、朱子，到真德秀、王柏、程复心、吴澄等人对敬的论述，表明心法学发展到程敏政，已经开始对性理学有关敬的理论进行总结和整理。同时，主敬须内外兼修，其目的也不再是为了求理，而是成圣成贤。

其次，朱陆早异晚同的提出。朱子学在南宋末年以后便开始沿着心法学的方向发展，其标志就是真德秀的《心经》。到了明代，儒家心性之学开始沿着程敏政《心经附注》所代表的心法学，与王阳明的心即理之心学两个方向展开。程敏政的《心经附注》基本上保持了《心经》作为修养经的性质并略有发挥。例如，他在朱熹的《尊德性斋铭》下，引用了元代理学家吴澄关于尊德性道问学的论断。朱熹注重道问学，而陆九渊则注重尊德性。这是理学与心学的重要分歧之一。程敏政之所以援引吴澄之言，因为他认为朱陆之学"其初则诚若冰炭之相反，其中则觉夫疑信之相半，至于终则有若辅车之相倚"②。他所著《道一编》从头至尾就是论证这一思想，而他之所以要论证朱陆始异而终同，目的是想纠正朱陆之学所产生的流弊，以收去短集长之功效。程

---

① 《心经附注·序》。
② 《篁墩集》卷二八《道一编·序》。

敏政"朱陆早异晚同"的思想,可谓阳明"朱子晚年定论"之嚆矢。如果我们通过心法学与陆王心学之间的异与同来看朱陆与朱王,这种早异晚同的理论十分可疑。二者最大的差异在于本体的差异,而在工夫与境界领域,二者始终是同大于异,何来"和合朱陆"、"早异晚同"之论?持此论者,多只是在维护其狭隘的门户之见而已。

二 《心经》与退溪主敬之心法学

1232年,真德秀《心经》成书,1492年,程敏政附注《心经》。《心经》较早传入朝鲜,据韩国学者宋熹准编辑的《心经注解丛编》所载17世纪朝鲜学者朴世采(1631~1695)对《心经》在朝鲜的传播情况的介绍,说:"听松成(守琛)先生尝藏《心经》二卷……世采谨按:篁墩《附注》作于弘治壬子(1492),距正德己卯(1519)间阅二纪,迄未闻为中国学者所重,而独我静庵先生、一时诸贤,亟读而好之,仍得表出锓梓,盛行于东方。"[1] 又说:"此书本非中国所重,惟我静庵先生表彰之,退溪先生笃好之。"[2] 同时,在退溪以前的岭南学派中,李彦迪与周世鹏也都很重视《心经》的心学思想,尤其是周世鹏,曾著有《心经心学图》一卷,并曾接受明宗的命令,进《心学图》、《人心道心图》等20余图。可惜今不存。宋熹准编辑的《心经注解丛编》和《补遗》更是收录了韩国《心经》注解176种。可以说,在退溪表彰《心经》之后,韩国古代思想家在阐发自己的心性之学时都或多或少从《心经》中吸取了宝贵的思想资源,与《心经》进行自觉不自觉的思想对话。

退溪是韩国大儒,岭南人称之为"东方的朱夫子",其思想对韩国儒学史影响深远。退溪23岁游太学始见《心经》,他自述:"少时游学汉中,始见此书于逆旅而求得之。虽中以病废而有晚悟难成之叹,然

---

[1] 〔韩〕宋熹准编《心经注解丛编》第一册,学民文化社,2005年,第68页。
[2] 同上。

而其初感发兴起于此事者，此书之力也。"① 退溪毕生以弘扬朱子理学为己任，在很大程度上是受了《心经》的影响。退溪研讨《心经》恒久不衰，老而弥笃。晚年居陶山时，"鸡鸣而起，必庄诵一遍，谛听之，乃《心经附注》也"②。对于《心经》，退溪可以说是倾注了毕生的心血，直到易箦前数日还在精心校订《心经附注》。总之，《心经》不仅引导退溪走上了认识和实践性理学的心路历程，而且自始至终地影响了退溪关于性理学与心法学的探索与完善。概而言之，退溪心法学有三大贡献。

第一，退溪心法学集中体现了他对道统的自觉承传和准确把握，并通过心法学的建构贯通道统、学统与政统。

《心经》是一部集中阐述儒家心性修养的经典。对真德秀《心经》的要旨，李退溪正是从修养论上把握的，认为"存天理，灭人欲"为其心法学之核心，这是朱子式的道德"严格主义"③。他曾概括说："一部《心经》，无非遏人欲，存天理事，在公能精之一之，每遇欲境，便当挥勿旗以退三军而已，更安有他法哉！"④ 退溪重视知行合一，在他看来，内心主敬专一，万理具足，则应接事物，事事中理。不仅如此，李退溪的心法学还具有强烈的务实精神，他还有意打破学问、成德与政治之间的隔阂，追求三者之间的圆融统合。他说："帝王之学，心法之要，渊源于大舜之命禹，其言曰：'人心惟危，道心惟微，惟精惟一，允执厥中。'夫以天下相传，欲使之安天下也，其为付嘱之官，宜莫急于政治，而舜之于禹，丁宁告戒，不过如此者，岂不以学问成德为治

---

① 《增补退溪全书》第二册，成均馆大学校出版部，1985年，第326页。
② 《增补退溪全书》第四册，成均馆大学校出版部，1985年，第24页。
③ 李明辉认为，"存天理，灭人欲"并非禁欲主义，而是康德的"严格主义"（Rigorismus）。康德所谓"严格主义"意谓：在道德行为中，行为者若非将道德法则纳入其格律中而为"善"，就是将违背道德法则的动机纳入其格律中而为"恶"；在此并不存在"非善非恶"或"亦善亦恶"的折中之道。参见李明辉《朱子对"道心"、"人心"的诠释》，蔡振丰编《东亚朱子学的阐释与发展》，台湾大学出版中心，2009年，第104~106页。
④ 《增补退溪全书》第二册，成均馆大学校出版部，1985年，第257页。

之大本，则天下之政治皆自此而出乎？"① 在这里，退溪进一步把道统、学统、政统三者合而为一，学问也好、成德也罢，甚至于天下政治，皆出于尧舜禹圣圣相传的心法之学。

第二，以《圣学十图》为代表的"主敬"心学体系的建构深受《心经》的影响。

李退溪在真西山"敬静为一"的基础上，提出主敬"通贯动静"，认为"敬为圣学之始终"②。有意思的是，在处理心物关系时，退溪极为推崇明道"定性书"中的"动亦定，静亦定。无将迎，无内外"，"物来顺应"的思想，主张敬贯动静、内外。他说："真西山谓敬静为一。敬字工夫，通贯动静，不须言静而自足。"③ 主静是通过无欲工夫来体现静的太极境界。李退溪说："敬以为本，而穷理以致知，反躬以践实，此乃妙心法而传道学之要。"④ 以主敬之心法来格物穷理，能收到知行合一之功效。

1568年，退溪完成《圣学十图》。在《进圣学十图札》中，退溪指出，《圣学十图》表达的是圣贤修身养性之心法学及其理论根源。他说："圣学有大端，心法有大要，揭之以为图，指之以为说，为入道之门，积德之基。"《圣学十图》集中阐发了退溪关于心法学的理解，前五图本于天道，旨在明人伦、懋德业；后五图源于心性，旨在勉日用、崇敬畏，直接指向心性的修养工夫，主张在人心中找回内在的道心。《圣学十图》始终贯彻了《心经》敬的精神，且后七图与《心经》的内容密切相关，是敬的工夫的具体落实，指示初学入道之门。"盖上二图是求端扩充体天尽道极致之处，为《小学》、《大学》之标准本原；下六图是明善诚身，崇德广业用力之处，为《小学》、《大学》之田地事

---

① 《戊辰六条疏》，《增补退溪全书》第一册，成均馆大学校出版部，1985年，第184页。
② 《敬斋箴》，同上书，第210页。
③ 《答李平叔·〈心经〉赞戒惧属道心谨独属人心》，《增补退溪全书》第三册，成均馆大学校出版部，1985年，第259页。
④ 《戊辰六条疏》，《增补退溪全书》第一册，成均馆大学校出版部，1985年，第186页。

功，而敬者，又彻上彻下，著功受效，皆当从事而勿失者也。故朱子之说如彼，而今兹十图，皆以敬为主焉。"① 这一思想，遥契程篁墩与真西山。换言之，《圣学十图》所表达的，正是《心经》的心法学。前两图（《太极图》和《西铭图》）揭示心法学之本体与境界，《小学图》、《大学图》与《白鹿洞规图》揭示心法学的社会化适应模式——在教化中落实为现实人生准则，后五图直指身心修炼之道，其内容直接来源于《心经》，"敬"则为《圣学十图》一以贯之的内在精神。退溪在第四《大学图》中说"然则敬之一字，岂非圣学终始之要也哉"②；在第九《敬斋箴图》中说"敬为圣学之始终"③；在第十《夙兴夜寐箴图》中说"作圣之要，其在斯乎"④。总之，主敬成圣才是退溪思想的最终归宿。

第三，李退溪尊信《心经》，与他坚持朱子学立场并批判陆王心学并行不悖。

李退溪把真西山的《心经》作为孔孟程朱的儒家经典的精粹读本。李退溪说："吾观是书，其经则自《诗》、《书》、《易》以及于程朱说，皆圣贤大训也，其注则由濂、洛、关、闽兼取于后来诸贤之说，无非至论也。"⑤ 这就是说，真西山的《心经》和朱熹一样，集孔孟儒家思想之大成，集濂洛关闽理学之大成，因而是研究和学习朱子学的基本经典。尊信《心经》其实就是坚持真德秀极力推崇的朱子学，在《心经后论》中，退溪批判了程敏政朱陆早异晚同的观点，坚决反对"心即理"的本体论立场。他强调说，朱陆之不同，其性质在于"此儒彼禅，此正彼邪，此公平彼私狠"⑥。李退溪治学，"一以朱学为的，见人之尊

---

① 《增补退溪全书》第一册，成均馆大学校出版部，1985年，第203页。
② 同上。
③ 《增补退溪全书》第一册，成均馆大学校出版部，1985年，第210页。
④ 同上书，第211页。
⑤ 《心经后论》，《增补退溪全书》第二册，成均馆大学校出版部，1985年，第328页。
⑥ 《增补退溪全书》第二册，成均馆大学校出版部，1985年，第827页。

陆学者，必深排而痛绝之"①。他由排斥陆学，进而批判阳明学。他的《白沙诗教辨》、《传习录论辩》和《白沙诗教传习录抄传因书其后》有一个共同论点，即白沙、阳明之学皆禅学。这样一来，阳明心学就成了异端。可见，尊信《心经》其实就是坚守朱子学，这里不存在任何容纳和接受陆王心学思想的问题。

退溪对《心经》的尊崇深深影响了韩国儒学的文化生态，它促使韩国儒学心性论一步步走向心法学，并自觉地排斥陆王一系的心学模式。在研究与接受《心经》心法学的过程中，退溪通过对门人弟子的《心经》讲授而形成了退溪学派的心法学传统，并为后世留下了大量的《心经》注解文本。代表性的著作有：赵穆的《心经禀质》和《进心学图》、金富伦的《心经札记》、李成亨的《心经讲录》与曹好益的《心经质疑考误》等。退溪学派对《心经》的尊崇，很快引起了朝鲜性理学界对《心经》的研究热潮。尤其是退溪在《心经后论》中所表达的对圣贤心法学思想的推崇与发展，无形中使朝鲜性理学也沿着心法学方向发展。而这种影响最明显的标志，就是栗谷对《心经》的研究。

三 《心经》与栗谷主诚之心法学

栗谷（1536~1584）曾经问学于退溪，并从退溪那里接受了《心经》的心法学思想。据《朝鲜王朝实录》记载，栗谷曾著有《心学图》。宋熹准编辑的《心经注解丛编》也收录了栗谷的《学蔀通辨跋》和《人心道心图说》，前者力辨陆王心学之非，使迷者回归正道；后者肯定人心道心兼情意，人心即道心，人心道心之发是气发理乘，故要以诚来确立心之本体，使道心主宰人心。这些足以证明《心经》对栗谷的影响。概括而言，栗谷的心法学主要特色如下：

第一，"诚"既是圣圣相传的道统心法，也是栗谷思想体系的核心。

---

① 《增补退溪全书》第四册，成均馆大学校出版部，1985年，第42页。

"诚"在真德秀思想体系中占有重要地位,西山诚学以《易经》、《中庸》、《大学》为依托,绍承程朱,结合现实道德实践与政治实践,赋予"诚"以本体的、道德的和时代的新意。[①] 在道统的精神层面,真德秀把"诚"作为道统的精神,诚学是其捍卫道统、力斥伪学的理论工具。他甚至强调尧舜禹文武周公相传之道就是他所力举的真实无妄之"诚":"然则所以相传者果何道邪?曰:尧、舜、禹、汤之中,孔子、颜子之仁,曾子之忠恕,子思之中之诚,孟子之仁义,此所谓相传之道也。……曰中曰仁曰诚,皆道之全体。是三者果一乎?果二乎?臣尝论之,中也者,以其天理之正而无所偏倚也;仁也者,以其天理之公而不蔽于私欲也;诚也者,以其天理之实而不杂以伪妄也。虽所从言者不同,而其道则一而已尔。"[②] 由于圣贤相传之道就是中、仁、诚、忠恕,它们都是道的全体,都是天理的表现,三者有其内在的一致性。然而,"诚"的理想境界,必须经由"现实的道德"——"敬"的工夫来落实。每个人经由"敬"的工夫和修养,自强不息,完全可以承接道统,成圣成贤,达到天人合一的理想境界。"圣人之敬,纯亦不已,即天也。君子之敬,自强不息,由人而天也。"[③]

与真德秀主"敬"思想不同的是,栗谷认为"诚"是圣圣相传的道统心法。"人心道心,兼情意而言。"[④] 因此,"人心愈危道心愈微矣。精察与否,皆是意之所为。故自修莫先于诚意"[⑤]。在《人心道心图说》中,栗谷坚持要以道心节制人心,但二者只是一个心。人心道心都是理发气乘,人心道心包含了情意的内容,人心道心是否向善,是否达到精一都是"意"的发动作用的后果,因此,"诚意"才是圣圣相传的道统心法的核心内容和首要工夫。栗谷反复强调"学者当以诚其意为

---

① 参见拙文《真德秀对朱熹诚学的继承与发展》,《哲学动态》,2009年第11期。
② 《大学衍义》卷十三。
③ 《大学衍义》卷二八。
④ 《答成浩原》,《栗谷全书》(韩国文集丛刊本),第192页。
⑤ 《栗谷全书》,第192页。

用功之始"①。"然则《大学》之诚其意,《论语》之忠信,《孟子》之反身而诚,与《中庸》之诚之者,莫非实心之诚乎?"②又说,"敬"是《大学》之主旨,"仁"是《论语》之主旨,"存天理"是《孟子》之主旨,"诚"是《中庸》之主旨,这四个所言之旨,皆有"不同之同,不一之一"。"由是观之,诚者敬之原也,敬者反乎诚之功也,理则仁之在乎天者也,仁则理之赋于人者也。敬以复礼,以全天理,则此非至诚之道乎?千歧万路,俱达于国,横说竖说,皆贯于一。则不同之同,不一之一,其是之谓乎?"③总而言之,"君子之学,诚笃而已"④。"敬是用功之要,诚实收功之地,由敬而至于诚矣。"⑤圣圣相传的道统心法不是"敬"而是"诚",这才是栗谷心法学的最终结论。

栗谷认为圣贤道统的传续,始自伏羲,而终于朱子。在先秦,道统的传承经由伏羲、黄帝、尧、舜、禹、汤、文王、武王、周公、孔子、曾子、子思、孟子,而"道统之传,止于孟子而中绝"⑥。两宋自周茂叔接续千古之不传的道统,其后又有张载、邵雍、二程、朱子的发扬光大,所谓"道统之传,自周子继绝,至朱子而大著"⑦。栗谷的道统观与真德秀的思想十分相似。他的道统传授的谱系,基本认同黄榦⑧、真德秀和赵复⑨的道统图谱,他的独特之处在于突出了人心即道心,"诚"为心法,进一步促进了韩国儒学道统的发展。栗谷主"诚"的哲学集中体现在深受《心经》和《大学衍义》影响的《圣学辑要》之中。

第二,《圣学辑要》是栗谷主诚思想体系的集中体现。

---

① 《栗谷全书》,第1108页。
② 同上。
③ 《栗谷全书》,第1109页。
④ 《圣学辑要》,《栗谷全书》,第495页。
⑤ 同上书,第480页。
⑥ 《圣学辑要·圣贤道统》,《栗谷全书》,第597页。
⑦ 同上书,第603页。
⑧ 参见黄榦《圣贤道统传授总叙说》,《勉斋集》卷三,四库全书本。
⑨ 元代赵复的道统图谱在尧、舜、禹之前增加了伏羲和神农。赵复撰写《传道图》称:"乃原羲农尧舜,所以继天立极,孔子颜孟,所以垂世立教,周程张朱氏,所以发明绍续者。"(《元史·赵复传》)

真德秀诚学思想集中体现在《大学衍义》①之中,对栗谷心法学影响较大。《大学衍义》在韩国影响深远,它不仅是韩国"六经"之一,还是经筵讲席和科举考试的必读书。②真德秀积极宣传和发扬朱子学,创造了经典诠释的新体例——衍义体,在元明清风行一时。所谓"衍义体",就是以真德秀《大学衍义》诠释体例作为典范的经典诠释方式。《大学衍义》开创了一种遵循"确立纲目,先经后史,诸子议论,自己按语"的原则和次序的经典诠释体例。在儒教文化圈影响下的高丽时代、朝鲜时代、日本德川时代和越南后黎朝时期、阮朝时期,衍义体也备受推崇。③栗谷也曾仿照真德秀《大学衍义》,以"四书"、"五经"为依据,参酌先儒的学说和史传记录,探索政治与为学之要,编辑成《圣学辑要》,献给当时才25岁的宣祖(在位期间,1568~1608)。栗谷自叙:"诚能仿《大学》之旨,以分次序,而精选圣贤之言,以填实之。使节目详明,而辞约理尽,则领要之法,其在斯矣。是以进于吾君。"④《圣学辑要》分五大部分:统说、修己、正家、为政、圣贤道统,下分三十四目,其纲目框架近于《大学衍义》。其体例"先举撮要之言为章,引诸说以为注。其章则以四书五经为主,而间以先贤之说补其不足,注则以本注为主,而杂引经传诸书"⑤。栗谷援引经典及先儒之说,除了尊朱述朱之外,也继承并发扬真氏的思想,阐发以"诚意"为主的心法学思想体系以及治国的纲要。

栗谷深受《中庸》"诚者,物之始终,不诚无物"的影响,朱子治心,以"敬"为自始至终一以贯之的心法。栗谷在肯定朱子"主敬"

---

① 在某种意义上,真德秀《心经》是其《大学衍义》的浓缩精华版,《心经》所阐述的心性修养论在《大学衍义》中都有大段的论述,《心经》所摘录的圣贤经典语录在《大学衍义》中几乎都有引用。

② 真德秀《大学衍义》在朝鲜和韩国影响较大。据《四库全书》记载,高丽六年(元至正十七年,1357年),高丽王接受大臣尹泽的建议,于经筵讲习《大学衍义》。"六年……(尹)泽尝乞以《大学衍义》及《崔承老上成宗书》进讲,又谏王信佛,又劝节用。上皆深纳之。"(《朝鲜史略》卷十一)

③ 参见拙文《衍义体:经典阐释的新模式》,《哲学动态》,2008年第4期。

④ 《圣学辑要序》。

⑤ 《圣学辑要凡例》。

的存养工夫的同时,其学问、思辨、修己、治人之道,均采取《中庸》"诚之"的方法。《圣学辑要》五篇的具体内容为:《统说》篇总论修己、正家、为政之道,栗谷综合《中庸》和《大学》首章作为《圣学辑要》的主旨。"按圣贤之说,不过曰修己治人而已。今辑《中庸》、《大学》首章之说,实相表里,而修己治人之道,无不该尽。盖天命之性,明德之所具也。率性之道,明德之所行也。修道之教,新民之法度也。戒惧者,静存而正心之属也。慎独者,动察而诚意之属也。致中和而位育者,明德、新民、止于至善而明明德于天下之谓也。"①通过修己治人以达到致中和、明明德,这是《圣学辑要》一书的理论旨趣。《修己》篇又分总论、立志、收敛、穷理、诚实、矫气质、养气、正心、检身、恢德量、辅德、敦笃、功效等十三章,"诚之"是其内在的、首位一贯的精神。栗谷称:"诚之之意,实贯上下诸章。如志无诚则不立,理无诚则不格,气质无诚则不能变化。他可推见也。"②又说:"诚实为躬行之本。"③反复重申诚意是自修之首,是修己治人的根本。《正家》篇和《为政》篇进一步强化"诚意"的重要性。栗谷强调,道统与政统的结合,才能教化天下,带来王道政治。可见,栗谷深受《中庸》诚学思想的影响,深信诚能成己成物,圣人能够修己治人,圣人尽己之性,即可尽人之性、尽物之性,教化天下。在《圣贤道统》篇中,栗谷则把圣贤代代相承的道统直接理解为"诚"。

栗谷之"诚",在本质上是实理之诚,是实心之诚。"诚者,天之实理,心之本体。"④与朱子不同的是,栗谷更为重视实心之"诚",认为诚心又分为三个层次,他说:"君子之好善如好好色,恶恶如恶恶臭,皆务决去而求必得之,则诚其意之事,而自修之首也。修其人事之当然,而择善固执,思而得,勉而中,则诚之者之事,而人道之诚也。全其天理之本然,而不勉而中,不思而得,从容中道,则诚者之

---

① 《圣学辑要》,《栗谷全书》,第426页。
② 同上书,第465页。
③ 同上书,第463页。
④ 同上书,第480页。

事,而天道之诚也。"① 这三个层次实际上是三种修养境界,诚意是修身之首,修身经由人道之诚,最后达到天道之诚的境界,也即圣人境界。诚意、修身是《大学》修养的阶梯,天道之诚则属于至诚的境界,也是《中庸》的终极追求。

栗谷曾经问学于退溪,并从退溪那里接受了《心经》一系的心法学。栗谷曾著有《心学图》、《学蔀通辨跋》和《人心道心图说》,对退溪的心法学既有继承也有扬弃和发展。他对心性问题的思考框架基本源于退溪的心法学传统,也源于退溪对《心经》所阐发的心法学的关注、阐释与发展。也正因此,在以栗谷为宗的畿湖学派的承传中,也继承了对《心经》的重视与研究,如金长生著有《心经记疑》,赵翼著有《心法》、《持敬图说》、《心学宗方》,宋时烈著有《心经释疑》等,而金昌协曾对国王讲解《心经附注》并留下了《心经经庭讲义》,这意味着《心经》已经成为朝鲜性理学不可分割的内容。

四 《心经》与茶山主恕之心法学

丁若镛(1762~1836),李氏朝鲜时期哲学家、实学家,字美镛,号茶山、舆犹堂等。著有《与犹堂全书》、《孟子要义》、《经世遗表》、《牧民心书》、《心经密验》等。茶山是朝鲜实学思想的集大成者,他将经世致用、利用厚生、实事求是的实学与西学精神融会贯通,从而完成了自己思想体系的建构。茶山对《心经》的接受,集中体现了《心经》对韩国实学思想的影响。笔者认为,茶山的心法学有三大亮点。

第一,《心经》乃终身笃行的"治心之术"。

茶山极力推崇朱子《小学》和真德秀《心经》,认为二书为儒家经典之菁华。《小学》治其外,《心经》治其心,二者所揭示的乃终身笃行之道。嘉庆乙亥年(1815)夏天,茶山完成《心经密验》一书,在书

---

① 《栗谷全书》,第1107页。

的开篇,他写道:"余穷居无事,《六经》、《四书》既究索有年,其有一得既诠录而藏之矣。于是求其所以笃行之方,唯《小学》、《心经》为诸经之拔英者,学苟于二书潜心力践。《小学》以治其外,《心经》以治其内,则庶几希贤有路。顾余一生放倒,桑榆之报顾不在是乎?《小学枝言》者,所以补旧注也。《心经密验》者,所以验之于身以自警也。从今至死之日,意欲致力于治心之术,所以穷经之业,结之以《心经》也。嗟乎!能践否乎?"[①]朱子《小学》与真德秀《心经》,在韩国被尊为为学之起点。朱子《小学》是中国影响较大的一部蒙学教材,其重点在于立教、明伦、敬身,其中又以明伦、敬身为主教育蒙童立身处世,注重道德与礼仪的实践是朱子"小学"教育的关键。朱子之提倡小学的目的本是为了给大学做铺垫、打基础。茶山私淑退溪,退溪教人"先之于《小学》,次及《大学》,次及《心经》,次及《语》、《孟》,次及朱书,而后及诸经"[②]。并认为"初学下手用功之地,莫切于《心经》一部"[③]。茶山补注了《小学》,对《心经》则倾注了毕生心血。他以《心经》自警,以《心经》的修养心性的方法来检修自身身心,终身行之,认为《心经》不仅是人生自始至终当行之道,而且是人生的最终归宿。人一辈子皓首穷经,最终必须以《心经》作为自己的归宿。

第二,"虚灵知觉"之"心"与"以嗜好为性"之"性"奠定了茶山心法学的理论根基。

《心经密验》系茶山晚年(54岁)成熟之作,该书专辟《心性总义》一章对其心性之学做了系统的全面的总结,这一点在研究茶山心论和"性嗜好说"的论著中鲜有系统论述。在《心性总义》中,茶山首先认同朱子对心的界定,把心理解为"虚灵知觉"。茶山认为,人身是"神形妙合"的结果,人的"虚灵知觉"在古经中并没有一个字来

---

① 〔韩〕丁若镛《心经密验》,第25页。
② 《言行通录·学问》,《退溪全书》第四册,第31页。
③ 同上书,第26页。

专门指称它。"后世欲分而言之者,或假借他字,或连属数字。曰心曰神曰灵曰魂,皆假借之言也。"孟子言"大体",佛氏言"法身","皆连属之言也"。"古经言心非大体之专名。惟其含蓄在内运用向外者谓之心。"① 茶山之心只有一个心,即含蓄在内之内心和运用向外之外心的统一体。② 五脏之心主管血气的活动,茶山通称为"内衷","故衷之内笃曰内心,其外饰曰外心"③,外心是"内衷"在不同情境下的具体呈现,是"心"的运用向外,外心又表现为忧心、欢心、仁心、机心等,人心、道心也只是一个心,都可以用朱子的"虚灵知觉"来统称它。

茶山人性论极具特色,如果说,在心性论上茶山极力尊崇朱子;那么,在人性论上,茶山则走向了朱子学的反动。韩国学者郑仁在评价说,茶山的"性嗜好说"应视为朝鲜时期韩国哲学史上的一座里程碑,因为他的学说摆脱了朱子学"理气论"的束缚,提出了一门崭新的人性论学说。④ 茶山最早在对《论语》的注释中提出了"性也者,以嗜好厌恶而立名"⑤,后来在解释《中庸》的"天命之谓性"时同样也指出:"据性字本义而言之,则性者,心之嗜好也。"⑥ 在《孟子要义》中,也有"性之字义,其不在于嗜好乎?"⑦。在《心经密验》中,茶山系统地提出了"性嗜好说"。茶山的"性嗜好"思想,追其根源就是"心之嗜好"。他主张:"性之为字当读之如雉性、鹿性、草性、木性,本以嗜好立名,不可作高远广大说也。召诰曰节性唯日其迈,王制曰修六礼以节民性,孟子曰动心忍性,皆以嗜好为性也。嗜好有两端,一以

---

① 〔韩〕丁若镛《心经密验》,第25页。
② 许多学者引用茶山《答李汝弘》中的一段话来论证茶山之"心"有五脏之心、灵明之心和心之所发之心三种含义(参见《与犹堂全书》第三册,第244页)。殊不知,心只有一个心,五脏之心和心之所发之心都要统一于虚灵知觉之心,《心经密验》之"惟其含蓄在内运用向外者谓之心"才是茶山的定论。
③ 〔韩〕丁若镛《心经密验》,第25页。
④ 〔韩〕郑仁在《西学和丁茶山"性嗜好"学说》,参见黄俊杰编《东亚视域中的茶山学与朝鲜儒学》,台湾大学出版中心,2006年,第208页。
⑤ 《论语古今注》,《与犹堂全书》第五册,卷九,第16页。
⑥ 《中庸自箴》,《与犹堂全书》第四册,卷三,第3页。
⑦ 《与犹堂全书》第四册,卷一,第33页。

目下之耽乐为嗜好,如云雉性好山,鹿性好野,猩猩之性好酒醴,此一嗜也。一以毕竟之生成为嗜好,如云稻性好水,黍性好燥,葱蒜之性好鸡粪,此一嗜好也。"①关于性的种类,茶山认为有两种:一是"目下之耽乐"之形体嗜好,指的是因当下的快乐而形成的嗜好;二是"毕竟之生成"之灵知嗜好,指的是人生的本质,即由生命本质而形成的嗜好。他将"节性"、"乐善耻恶"、"动心忍性"和"耳目口体之性"归结为形体的嗜好,"天命之性"、"天道"、"性善"以及"尽性"之性则归结为灵知的嗜好。

动物有动物之性,草木有草木之性,都是它们本身固有的嗜好之性,不是什么性理学所说的天理之性、本然之性。茶山借助于身体的本能来说明"性嗜好",认为性不是观念的和形而上学的,而是实实在在具体的体现,这与朱子的"性即理"有着根本的区别。他说:"今人推尊性字,奉之为天样大物,混之以太极阴阳之说,杂之以本然、气质之论,渺茫幽远,恍惚夸诞,自以为毫无缕析,万天下不发之秘,而卒之无补于日用常行之则,亦何益之有矣,斯不可以不辨。"②认为性理学过于偏重"理"而忽视生活实践,所以,他批判性理学的形而上学"人性"是虚空和渺茫的。而且,"本然"二字源于佛书,佛教本然之性的理论讲自在、讲轮回,"逆天慢命,悖理伤善","本然二字,既与六经四书诸子百家之书都无出处",只有《楞严经》反复重申,怎么能与圣人之言相吻合呢?③茶山认为人具有灵知之嗜好与形体之嗜好,并且,欲望是人先天所具有的,人如果没有了欲望就不成其为人。"吾人灵体之内本有愿欲一端,若无此欲心则天下万事都无可做。"④茶山坚决反对朱子"存天理,灭人欲"的思想,充分肯定人欲的合理性和正当性,人的欲求是人类生命活动中不可缺少的原动力,没有欲望,人类无法成就任何事情。茶山的人性论深受西方灵魂论的影响,其注

---

① 〔韩〕丁若镛《心经密验》,第25~26页。
② 同上书,第26页。
③ 同上书,第28页。
④ 同上书,第39页。

重欲望的"性嗜好说"无疑给朝鲜性理学带来了一场"哥白尼式的革命",故有人称其学为"改新儒学"①。

第三,《心经密验》揭橥茶山主"恕"之心法学。

在《心经密验》中,茶山赞成栗谷的心法授受谱系,并把伏羲、神农、黄帝都纳入道统谱系。《心经》开篇的"十六字心传",语出伪《古文尚书·大禹谟》,后世多有疑问。茶山认为伪《古文尚书》的引言虽然参考了荀子引述《道经》的言论,然而,"人心之危,道心之微,此二句乃是至理所寓,精确无比。况道家所言多系羲、农、黄帝之遗文,人心道心亦必是五帝以来相传之道,绝非后人之所能道也。今此二句,为万世心学之宗"②。"人心之危,道心之微"是五帝相传之道,它构成了万世心法学的源头,茶山对此确信无疑。茶山进一步指出:"人心惟危者,吾之所谓权衡也。心之权衡可善可恶,天下之危殆不安未有甚于是者。道心惟微者,吾之所谓性好也。天命之谓性,率性之为道,斯之谓道心也。孟子曰:'人之异于禽兽者几希。''几希'者,微也。性之乐善,虽根于天赋,而为物欲所蔽,存者极微,唯君子察之。"③在这里,"人心惟危"指的是心的权衡,"道心惟微"指人性乐善耻恶的嗜好与本能,茶山的理解令人耳目一新。

茶山不仅以《心经》为自己毕生的归宿,还认为,尧舜禹圣圣相传的心法学就在《心经》之中,它就是孔子学说一以贯之之道——恕道。茶山在注解《心经》终篇朱子的《尊德性斋铭》时指出:"成圣成贤之法不外乎一贯。若使一贯之旨讲得真切,尊德性者知可以下手矣。草庐何为而病之!顾一贯之说,有古今之异。古之所谓一贯者,以一

---

① 所谓"改新儒学"(Anti-Neo-Confucianism),即对理学和礼学的革新。茶山批判理学、训诂学、相术学、阳明学等传统学派,把性理、训诂、文章、科举、术数等五门学科视为儒学的障碍,力图恢复洙泗学(原本的孔子学),寻求儒学真理。参见李乙浩《改新儒学的实学本质》,收入其《茶山的理解》,首尔玄岩社,1977年,第343~369页。笔者认为,把茶山视为朱子学的反动并不可取,在人性论上茶山反朱子,但在心论、道统论等诸多领域,茶山仍认同朱子,故将茶山视为朱子学的革新者比较恰当。

② 〔韩〕丁若镛《心经密验》,第29页。

③ 同上。

恕字贯六亲，贯五伦，贯经礼三百，贯曲礼三千。其言约而博，其志要而远。以恕事父则孝，以恕事君则忠，以恕牧民则慈，所谓仁之方也。今之所谓一贯者，天地阴阳之化，草木禽兽之生，纷纷错杂，芸芸溅溅者，始终一理，中散为万殊，末复合于一理也。"① 茶山认为，恕道是古人相传之道，是历代圣圣相传的心法。在今天，朱子的"理一分殊"之道才是天地万物一以贯之之理，这是茶山对心法学所特有的阐释。

五　几点思考

首先，我们需要追问的是，为什么《心经》和《心经附注》在中国思想史上并没有受到重视，但远在韩国却备受推崇？这一独特的文化现象值得我们进一步深思。

纵观韩国《心经》诠释学思想史，《心经》在韩国的文化传播一方面固然与退溪的激赏紧密相关，更为重要的是《心经》和《心经附注》所代表的心法学坚持了程朱理学的基本立场，满足了16世纪朝鲜"士祸"之后的社会现实的需要，从而发展出一种独立的以诚敬工夫为中心的心法学理论。以退溪、栗谷、茶山为代表的韩国心法学的发展和完善与朝鲜性理学中的中心主题——四端七情之辨、人心道心之辨、人性物性之辨息息相关，从而起到了引领时代风潮的作用。此外，韩国思想家尊崇程朱理学、批判陆王心学也为韩国心法学的发展扫清了思想上的障碍，为《心经》在韩国的传播创造了良好的文化生态。而在宋代中国，真德秀的《心经》主要在宫廷内传播，影响甚微。260年后，程敏政附注《心经》，此时阳明学的极度兴盛则严重消解了《心经》的吸引力和影响力。不过，我们欣喜地看到，在朱子之后，朱子学有一个走向心法学的发展趋势，其标志就是真德秀的《心经》，宋末元初经

---

① 〔韩〕丁若镛《心经密验》，第41页。

历了王柏、程复心的心学图式化,及元代吴澄心法学的展开,直到明代程敏政《心经附注》的成书,在中国本土,这一努力尽管没有汇成蔚为大观的时代潮流,但它足以表明朱子学与王学对话之努力。而在韩国,《心经》因为适应了韩国时代发展的需要而开创出关注现实人生、注重实践的生动活泼的心法学理论,从而建构了一种崭新的思想形态,形成风靡一时的哲学思潮,促成了韩国朱子学与本土朱子学之间的深度对话与交流,这也是《心经》始终未曾料及的美妙的机缘与巧合。

其次,心法学概念的提出有利于澄清思想史上"心学"概念的混乱现象,有利于澄清"和合朱陆"、"朱陆异同"等问题。

心学概念有广义狭义之分,广义的心学指圣贤之学,狭义的心学指陆王心学或指佛教心学。程朱理学、陆王心学似乎都在争论谁是真正的心学,谁的心学才是正统,学术界对此也众说纷纭,各执一端。钱穆先生认为,朱子之学就是心学。"后人言程朱主性即理,陆王主心即理,因分别程朱为理学,陆王为心学,此一分别亦非不是,然最能发挥心与理之异同分合及其相互间之密切关系者盖莫如朱子。故纵谓朱子之学彻头彻尾乃是一项圆密宏大之心学,亦无不可。"[①] 古今学人各有自己的"心学"概念,笔者提出"心法学"概念指称程朱一系的心性之学,意在与陆王心学、佛教心学做一明确区分。

其实,心学工夫理论是心法学与陆王心学内容相互重叠的部分,二者有相通性,是彼此可以对话的共同点。或者说,心法学与陆王心学的根本不同在于对本体的设定,具体体现为"性即理"与"心即理"的差异。在心法学中,心是认识心和道德心;在陆王心学中,心则具有本体的意义。而在工夫论与境界论领域,二者同大于异。如果我们通过心法学与陆王心学之间的异与同来看朱子与陆王,"朱陆早异晚同"论就显得十分可疑。二者最大的差异在于本体的差异,而在工夫与境界领域,二者始终是同大于异,何来"和合朱陆"、"早异晚

---

① 钱穆《朱子新学案》第二册,台北三民书局,1971年,第1页。

同"之论？①朱子晚年重视"心"的修炼工夫，并不存在与陆学合流的问题，都是从自己思想体系内在演绎的结果。中国朱子后学，乃至韩国朱子学、日本朱子学对"心"的重视，也是适应了时代发展的需要，为解决他们所处时代的关键性问题所得出的必然结论。所谓"和合朱陆"、"朱陆异同"、"朱子晚年定论"等问题多是基于门户之见而得出的结论，从心法学的视域来审视，它们都是"伪问题"。我们还须澄清的是，这里并不存在用心法学来取代程朱理学的问题，心法学所代表的只是理学的工夫论向度，只是其中很重要的一部分而已，它与理学本体论、心性论、境界论等有着千丝万缕的联系，但不能完全取代它们。

再次，心法学所展现的是儒家工夫论的向度，它是中国哲学也是东亚哲学最为丰富、最为独特的哲学资源。

宋明理学的"工夫"内涵丰富。"工夫"的原初意涵为工作，到了宋明理学，理学家的"工夫"特指个体身心修炼的技巧和体道的经验，指个体超越感官限制，提升自我，对天理（或大道）默会心知，从而完成个体精神的转化和人格的蜕变，走向天人合一。所谓工夫论，涉及个体身心修炼的方法与技艺以及经由修炼所获得的经验之思考与讨论，后来逐渐被统称为工夫论。工夫论是中国哲学特有的话语，其理论领域相当于道德哲学或伦理学，也接近于宗教的"灵修"，理学的心法学代表的就是工夫论的向度。与心法学一样，工夫论也是理论与实践的结合体，是身心修炼的实践与理论思考的结合体。工夫论是中国哲学尤其是宋明理学的核心内容，也是东亚哲学最为独特的哲学资源，东亚思想家尤其是诸多儒家学者能够将身心修养实践与主体内在精神的转化及修炼的方法等层面结合起来，克服西方主流哲学执着于理性认知而忽视身心实践、把行为仅仅看作主体选择而忽视人的自我修炼这两大盲点。

---

① 周炽成也指出，心学源自对"十六字心传"的解释，心学形成的过程也就是道统被宋儒述说的过程。此处的"心学"即心法学。他还认为，程朱理学与陆王心学的对举只有有限的意义，不能做无限的推广。该论甚佳，可与拙文相互印证。参见氏著《"心学"源流考》，《哲学研究》，2012年第8期，第43页。

有趣的是，儒家的工夫论与哈代的"精神的修炼"哲学观殊途同归。法国当代哲学家哈代指出，哲学是一种生活方式，是一种"生活的艺术"，是一种"精神的修炼"。他说："哲学本身，也就是作为生活方式的哲学，不再是各个部分组成的理论，而是作为一体的行为，它在于用逻辑的、物理的、伦理的方式去生活。在这里，我们不再研究逻辑理论，即如何更好地去思想和论述的理论，我们只是很好地思想和论述。我们不再研究有关物质世界的理论，而是对宇宙进行反思。我们不再将道德行为理论化，而是以正确的和正义的方式去行为。"[①]哲学家需要训练的不是如何去言说和论辩，更是如何去生活，如何进行精神的修炼。作为一种不断的过程，精神的修炼将带来"心灵的安宁"、"内在的自由"以及一种完整的"宇宙意识"。在此意义上，哲学的修炼呈现为一种"意义的治疗"，其目的在于治疗人类的心灵与痛苦。[②] 这一观点与立足日常生活实践的东亚儒学的工夫论有着异曲同工之妙。可见，把工夫论引入哲学意义深远，它不但可以与西方哲学进行对话，而且还对西方传统哲学有纠偏的作用，开拓了哲学研究的新视域。

---

① Pierre Hadot, *Philosophy as a Way of Life*, Malden, MA: Blackwell Publishing, 1995, p.267.

② Ibid, pp.265~266.

真徳秀『心経』と韓国の儒学＊

朱人求（厦門大学）

　真徳秀（1178－1235）は、南宋の儒学者、士人の尊敬を集め、「西山先生」と称せられる。全祖望はかつて、「乾淳諸老の後、百口が交じて推め、正学の大宗者を以て為すものは、西山の如し。」と言う。朝鮮の李退渓は、「朱門以降の第一人」とも評価している。真徳秀の著作に、『大学衍義』、『心経』、『西山先生真文忠公文集』、『西山読書記』などがある。そのなかで、『大学衍義』は、南宋末期から元、明、清の時代にかけて、「経筵」（皇帝を対象とする教学の授業）の書籍、科挙試験や経学者の必読典籍として、朝鮮、ベトナムの「帝王の学」の形成や発展に深い影響を及ぼしている。『心経』は、朝鮮の儒学に多大な影響を与えている。[①]李退渓（1501-1570）はそれゆえに、程朱の学問を受け継ぎ、生涯にかけてそれを「神霊のように敬し、父母のように尊している」。丁茶山（1762-1836）は、『心経』を「治心の術」として理解し、終身にして篤く実践を貫いている。韓国学者の宋熹準は、『心経注解叢編』を編纂し、102種の『心経』の注解書を収録している。さらに、『心経注解叢編補遺』に74種の注解書をも追加している。韓国儒学の学派に広く流布し、保存されている『心経』とその注解書は、韓国儒学者が独自の儒学思想を解釈

　＊　本論は、国家社科基金プロジェクト（12BZX039）、中央高校基本科研業務費プロジェクト（2013221003）、教育部重大プロジェクト（2012007）の成果であると記す。
　①　韓国儒学に対する真徳秀の影響が非常に深い。高麗末期、朝鮮初期において、『大学衍義』は、朝廷の「経筵」の教材として利用されている。朝鮮の初期から、中期、後期にかけて、『心経』は学術論争の中心として、多くの朝鮮心性論の論争を引き起こしている。残念なことに、このような研究が世間であまりなされていなく、研究成果は極めて少ないと言わざるを得ない。

し、とりわけ「心法学」の解釈や構築に重要な役割を果たすものとなった。

一 『心経』と『心経附注』

　1232年、泉州に左遷された真徳秀は、儒学の経典、程朱の学における「心法学」の理論をかい集し、『心経』という心性修養の書を編纂した。『心経』は、『書経・大禹漠』の「人心惟れ危うく、道心惟れ微なり、惟れ精惟れ一、允に厥の中を執れ」という「十六字心伝」をはじめとし、朱子の『尊徳性斎銘』に至るまで、合わせて38条の四書五経、程朱、周子の経典名言をまとめ、最後に自らの『心経賛』を付録したものである。この書は、「治心」――「心を治める」を主題とし、儒学聖賢の心法の学を解釈し、儒学の「心性修養」の工夫を唱え、陸象山らの「本体心学」と峻別し、心法学の「正統」を樹立しようとする。

　いわゆる「心法」は、「聖人の心を養う用法なり」①と言われている。元の時代の王充耘は『伝授心法之辨』のなかで、心法を「治心の法」と理解し、「夫れ所謂心法という者は、蓋し治心の法を言うなり。其の意は、人が能くこの心を操存し、制伏すると以て為すことで、之を使って過せざる及ばず。然る其の後能く天下を治めるなり、故に聖賢はこれを以て相い授受する。」②概していえば、心法は古代聖賢の心性を識別し、心性を養う根本的な方法である。いわゆる「心法学」は、心法の学として、儒家の聖賢が心性を識別し、心性を養う学問を系統的に解釈し、自らの工夫を道統・系譜のなかに帰する学問である。もし人間が心法を能く厳守すれば、内に道徳を成就し、外に「修斉治平」――修身、斉家、治国、平天下の理想を実現する。心

---

① 『大学衍義』巻二。
② 『読書管見』巻上。

法の内容をめぐって真徳秀は、「人心惟れ危うく、道心惟れ微なり、惟れ精惟れ一、允に厥の中を執れ」という「十六字心伝」は、「堯・舜・禹の伝授する心法なり、万世の聖学の源なり。人主（皇帝）が堯・舜に見習えば、亦この学を学べば良い。」①というように、真徳秀は「十六字心伝」を堯・舜・禹の道統の相伝授する心法と見なし、それが万世の儒学の源として、帝王が学問を為すもっとも根本的なものであると考えている。この思想は言うまでもなく朱子に由来したが、真徳秀はこの十六字を帝王の学問の根本とし、道統と政統とを一つにしたのである。儒学心法の相伝授の系譜は、道統を形成している。この道統という概念は、朱子によってはじめて提出された。②朱子は、二程の学問を受け継ぎ、「危・微・精・一」を道統の伝授する鍵にした。『中庸章句序』において朱子は、「蓋し上古の聖神、天に継いで極を立てしより、道統の伝、自って来る有り。その経に見ゆるは、則允に厥の中を執れとは、堯の舜に授くる所以なり。人心惟れ危うく道心惟れ微なり、惟れ精惟れ一、允に厥の中を執れとは、舜の禹に授くる所以なり。……是より以来、聖々相承く。」③堯・舜・禹以降、成湯、文、武、周公、孔子は道統を受け継ぎ、孔子はさらに後世を開き、顔子、曾子、子思に授ける。孟子はこの道統を受け継ぎ、宋、明の時代に至ると、周子、二程は、千年にして伝えぬ学問を受け継ぎ、朱子はさらに道統の継承者と自任し、「十六字心伝」を中心とする道統の理念を最初に樹立したのである。

　このような朱子の心性の学に対して、『心経』を著した真徳秀はさらに、自らの学説を展開した。

　第一に、心法学を主張すること。真徳秀は『心経贊』を著し、「聖賢の心を言う要旨」をまとめたものであると称し、その始めに「舜禹

---

　①　『大学衍義』巻二。
　②　陳栄捷『朱子与道統』、『朱子道統之哲学性』、陳栄捷著『新儒学論集』、台北、「中央研究院」文哲研究所、1995年。
　③　『朱文公文集』巻七六。

授受、十有六言、万世心学、此其淵源。」と言う。ここで、「十有六言」とは上述した「十六字心伝」である。それは儒家の道統が相次ぎ授受する心法でもある。心法学を提出することは、心性の空談を好む宋の儒学者への反動である。それは、道統の歴史的・文化的意味合いを有するのみならず、現実社会の事功実践への関心をも言い表しているものであり、明らかに真徳秀の「明理達用」の実学思想の現れである。まさに、顔若愚『心経跋』によって、「先生の心学、考亭（訳者注：朱子）から濂洛洙泗の源を溯り、存養の功夫は至るなり」と言われているように、『心経』は儒家の心性修養を系統的に解釈する経典の一つである。『心経』の唱えている心法学は、陸王の本体心学と全く異なった形態を有している。「往昔を偲び、百聖が相伝え、敬という一言、実にその心法なり。蓋し天下の理、惟中は至正と為し、惟誠は至極と為す。然るに、敬は中となる所以は、敬せざるは則ち、中なるものは無し。敬してその後に誠に能くす、敬せざるは則ち誠と為すもの無し。」①「中」と「誠」の前提として「敬」はより強調されている。「敬」がなければ、「中」と「誠」は成り立たない。それのみならず、「敬」と「仁」との関係をめぐって、「敬なる者は、仁が存する所以なり、敬して仁にはならぬものはなければ、仁を有し敬を本にしないものはない。」②この道統の「十六字心伝」に対して真徳秀は、「危微」と「精一」をもっとも重視しているが、それはやはり、道心を以て人心を主宰し、天理を以て人欲を滅し、警戒心を保つことにほかならない。よく考えてみれば、それは本質において「敬」の功夫の分化に過ぎないと思われる。

第二に、心学の功夫を簡素化すること。真徳秀の「心性の学」とは何か、学者の狄百瑞は、中国の学者があまり注目していない『心経』をもっとも重要視している。狄氏によれば、朱子、真徳秀及びその跡

---

① 『西山文集』巻二六『南雄州学四先生祠堂記』。
② 『西山文集』巻二八『送劉伯諄宰江寧序』。

継ぎの者の学説が、多くの民族や国家で公共道徳、個人素養の共通の教科書となる過程は、同時に儒教の経典が圧縮化、簡素化する過程でもある。まず、儒学の経典は、「四書」と簡素化され、のちに『大学』、さらに、『大学』の自己素養の八条目、最後に、「正心」という一条になり、それを「政体」の基礎と見做されている。①このような狄氏の理論は、たいへん啓発の意義をもつものである。実は、『大学衍義』と『心経』において真徳秀は、程朱の思想を受け継ぎ、さらに発展させ、「正心」の工夫を「主敬」の工夫にまとめ、「敬を心法と為す」、「敬を修身立政の本と為す」、「惧を戒め独を慎むものは、敬なり」と主張し、道心を以て人心を治めると強調している。それ以来、儒教の道統と政統とが一つに、修身と立政とが一つになり、儒学の「敬」を主とする理論が、さらに新しいレベルに推し進められたのである。②

第三に、心学工夫の個人化と宗教化。居敬窮理を重んじる程朱理学に対して、真徳秀は個人的、内在的な道徳修養を心学の重点として唱えている。『心経』において真徳秀は、「慎独」というものを再三に強調し、その『大学衍義』のなかで、彼は治国平天下の重任を君主一身の道徳修養に寄託するようになるのである。まさに田浩氏によって指摘されたように、真徳秀は、朱子学の第二世代の旗手として、工夫修養においてもっとも「敬」と私欲を克服することを強調するものである。③『心経』のなかで真徳秀は、道徳化した上帝の普遍的神聖性を何度も利用し、道徳に対する学者の畏敬の念を強化しようとする。たとえば、真徳秀は、『詩経』の「上帝臨女、無弐爾心」、「無弐無虞、上帝臨女」を引用し、さらにその後に自らの『読書記』を付け、

---

① Wm.De Bary, Neo-Confucian Orthodoxy and the Learning of the Mind-and-Heart, New York: Columbia University, 1981, pp.67–185.
② 朱人求『敬為心法』、陳来主編『哲学与時代：朱子学国際学術研討会論文集』、上海、華東師範大学出版社、2012年。
③ 田浩『朱熹的思惟世界』、台北、台湾允晨文化実業公司、1996年、第349頁。

「此れ武王が紂を伐る事なり。『詩経』の意は、紂を伐る事を主として言うと雖も、然るに学者の平居は其の辞を風詠し、凛然として上帝が実に其の上を臨む如き、即ち邪を静め、誠を存させる助けと為る所以なり、顧みて大きくなくなるや。」このような理解は、中国哲学発展史のなかで非常に注目に値する転換の一つを象徴している。すなわち、「心学工夫の宗教化へ」という企図であった。

纏めてみれば、真徳秀は『心経』を著し、心法学の新しい理解を主張している。すなわち、堯・舜・禹の世代相伝えの十六字心法は、万世の心学の起源であり、その主旨は「主敬」にあり、「道心」を以て「人心」を主宰し、「天理」を以て「人欲」を抑えるのである。「主敬」の心法学は、帝王が学問をするものの根本であり、道統と政統とを一つに貫く根本でもある。帝王は敬を持し身を修めれば、斉家・治国・平天下の理想を実現させることができる。このような理念は、『大学衍義』においても論述されている。

真徳秀の『心経』を研究する場合、260年後の程敏政の『心経附注』を無視してはならない。程敏政（約1445-1499）は、字は克勤、号は篁墩、安徽休寧の人、『道一編』、『心経附注』などを著した。弘治五年（1492）8月、程敏政は『心経』に注を附し、真徳秀の心性修養の学を尊崇し、『心経』の「主敬」の思想を明の中期の社会問題を解決しようとする。真徳秀の『心経』から程敏政の『心経附注』に至って、儒教の心法学はさらに新しい発展を遂げている。

まず、「主敬成聖」の思想体系の確立。『心経』の目的は、朱子の後学の偏失を矯正し、人々に修養・道徳の教えを唱えるものであると程敏政は主張している。したがって、「一部の『心経』は、敬という字に出づるものなし。……此の書を読み、儼然にして上帝が臨むが如く。」[①]『心経附注』のなかで真徳秀は、「敬」を詳しく解釈している。程敏政は『心経附注序』において、「敬という者は、聖学終始の

---

① 『心経附注・序』。

要なり。蓋し是経の訓する所は、敬の一言に出づらぬものは無し。」という趣旨を提出し、二程、朱子から真徳秀、王柏、程復心、呉澄に至るまで、多くの儒学者による「敬」の論述を一括した。このように「敬」という概念を中心に性理学を整理し、総括することは、程敏政に至っての心法学の新しい発展を意味し、主敬の工夫として内外を共に修めるべきで、その目的は、もはや窮理にあらず、聖賢になるのである。

次に、「朱陸早異晩同」説を提出すること。南宋末期以来、朱子学は心法学という方向へ発展していった。その標はすなわち真徳秀の『心経』である。明の時代になると、儒教の心性の学は、程敏政の『心経附注』によって代表された心法学となるのである。言い換えれば、王陽明の主張する「心則理」という本体心学という二つの方向に分かれている。程敏政の『心経附注』は基本において、修養の経典という『心経』の性格を維持し、さらにそれを発展させたと言える。たとえば、朱子の『尊徳性斎銘』の下で、元の理学者呉澄の「尊徳性道問学」という学説を引用している。朱子が道問学を重んじるのに対して、陸象山が尊徳性を重んじる。理学と心学の分岐点の一つは、まさにここにある。程敏政は呉澄の言葉を引用する所以は、朱陸の学問は「その初に誠に氷炭の相反するものの如き、その中に、それらを疑うか信じるかは、相半なり。その終わりに至ると、将に補車の相倚するものなり。」[1]からである。程敏政が『道一編』を著した目的は、始終にこのような朱子と陸子とが最初に異なったが、最後に同じ立場に立つようになるということを立証しようとするのである。それはいったいなぜであろうか、言うまでもなく、朱陸の学の流弊を矯正し、短長取捨の工夫を行うためである。程敏政のこの「朱陸早異晩同」説は、王陽明「朱子晩年定論」の嚆矢を為したものであるとも言えるであろう。もし、われわれはこの心法学と本体心学との同異性を一つの

---

[1] 『篁墩集』巻二八『道一編・序』。

基準にし、朱子と陸王との分岐点を考えるならば、程敏政のこの「朱陸早異晩同」説はやはり、多くの疑問が残されている。というのは、両者の最大の分岐点は、本体の理解にあるのである。工夫や境界のレベルにおいて両者は始終に、大同小異のもので、「和合朱陸」とか「早異晩同」とか主張するものは、やはり狭隘の学派の別を固守しているに過ぎない、と言わざるを得ない。

二 『心経』と退渓の「主敬」の心法学

1232年、真徳秀は『心経』を著した。1492年、程敏政は『心法』に注を附した。『心経』が朝鮮に伝えた経緯というと、韓国学者の宋熹準の編纂した『心経注解叢編』において、17世紀の朝鮮学者朴世采（1631-1695）の文章が収められている。この文章によると、「松成（守琛）先生が嘗て『心経』二巻を蔵し、……世采は謹んで按じて、篁墩『附注』が著したのは、弘治壬子（1492）であり、正徳己卯（1519）まですでに二十数年立ち、今まで中国学者がそれを重んじることを聞かず、而して我が静庵先生だけで、一時に諸賢、いそいでそれを読んで好む。従って出版され、東方に盛行する所以なり。」[①]
また、「この書は中国で重んじられず、ただ我が静庵先生がそれを表彰し、退渓先生が篤くそれを好む。」[②]と書き記されている。それと同時に、退渓以前の嶺南学派の歴史のなかで、李彦迪、周世鵬は皆、『心経』の心学思想を重要視し、とりわけ周世鵬は『心経心学図』一巻を著し、明宗の命令を受け、『心学図』、『人心道心図』を献上したことがある。残念なことに、今には残存していない。宋熹準の編纂した『心経注解叢編』とその『補遺』は、韓国『心経』の注解書を合わせて176種類収めている。退渓が『心経』を表彰、すなわち高く評

---

① 宋熹準『心経注解叢編』第一冊、学民文化社、2005年、第68頁。
② 同上。

価したあと、韓国の思想家らは自らの心性の学問を主張する場合、多少とも『心経』から思想的資源を吸収し、『心経』と自ら思想的対話を行っているように思われるであろう。

　韓国の大儒として退渓は、嶺南の人々から「東方の朱子」と呼ばれ、韓国の儒学史において深い影響を持っているものである。退渓は23歳の時、太学へ遊学し、『心経』を初めて読んだ。この経験を、退渓は次のように述べている。「少年の時、漢中へ遊学し、始めて宿屋でこの書を読み、而してそれを求めて得る。途中、病でそれを精研することを辞めて、なかなか覚悟できないという嘆息を残したと雖も、最初の発想を成し遂げ其の事を興したものは、この書の力による者なり。」[①]朱子の理学を唱えることを生涯の事業と自任した退渓は、『心経』からの影響が大きいと言えるであろう。退渓は長い間『心経』を読み、晩年になっても一層それを重んじる。晩年の退渓は陶山に住み、「鶏鳴にして起き、必ず謹んで一回朗読する、静かにそれを聞いたら、『心経附注』なり。」[②]『心経』に対して退渓は、生涯の精力を込めて研究を続け、人生の最後になるまで真面目に『心経附注』を校訂している。要するに、退渓が自らの認識的・実践的な性理学を構築する場合、『心経』を重要な著作として参考にしたのみならず、その性理学、心法学の主張や理解からも、始終に栄養を収めているとも言える。概していえば、退渓の心法学は次の三つの貢献を成し遂げている。

　まず、道統を自覚的に継承し、的確にそれを把握するのみならず、心法学を以て道統、学統、政統をひとつに貫通することは、退渓の心法学の核心である。

　『心経』は儒家の心性修養を内容とする経典である。真徳秀の『心

　[①]　『増補退渓全書』（二）、成均館大学校出版部、1985年、第326頁。以下の引用は『全書』と頁数のみを記す。

　[②]　『全書』（四）、第24頁。

経』の要旨について退渓は、修養の立場から把握し、「存天理、滅人欲」が心法学の核心であると理解し、いわゆる朱子的道徳「厳格主義」[①]とも主張している。退渓はかつて、「一部『心経』、人欲を抑え、天理を存させるにほかならず、公にしてそれを精にしそれを一にする。欲の境に遇う度に、勿れの旗を執り三軍を退かせるべきで、更に他の法があらんや。」[②]退渓は知行合一を重んじ、彼にしてみれば、内心は主敬、専一の状態で、すべての理を具足するものであるから、則ち事物に応接し、すべての事は理から外れるものがない。それだけではなく、退渓の心法学は、極めて強い実学的精神を有する。退渓は学問、道徳、政治の間の隔たりを意図的に打破し、三社の融通統合を求めている。したがって、「帝王の学、心法の要、大舜がそれを禹に命ずることに由来する。その言は、『人心惟れ危うく、道心惟れ微なり、惟れ精惟れ一、允に厥の中を執れ。』それを天下に相伝え、それを以て天下を安定させると欲すなり。それは付属の官と為し、政治にあせる勿れ。而して舜は禹に委託し、丁寧に戒めるのは、それにほかならない。学問・成徳を治の大本にすべきなり、則ち天下の政治は皆それに出づるなりや。」[③]ここにおいて退渓は、さらに一歩進めて道統・学統・政統をひとつにし、学問、成徳、ないしは天下の政治は、ともにこのような聖人の相伝える心法の学である。

第二に、『心経』の影響を受け、退渓は『聖学十図』を代表とする「主敬」の心学体系を構築した。

真徳秀の「敬静が一つに為る」という学説に基づき、主敬を提出

[①] 李明輝氏は、「存天理、滅人欲」とは、禁欲主義ではなく、カントの"厳格主義"（Rigorismus）であると主張している。カントの言う「厳格主義」とは、道徳行為の中で、もし行為者は道徳法則をその格律に入れるならば、それが「善」となる。もし道徳法則に違反した動機をその格律に入れるならば、それが「悪」となる。したがって、「非善非悪」、「亦善亦悪」という折衷の道はカントにはないと解釈している。李明輝『朱子対「道心」、「人心」的詮釈』、蔡振豊編『東亜朱子学的闡釈与発展』、台北台湾大学出版中心、2009年、第104-106頁。

[②] 『全書』（二）、第257頁。

[③] 『戊辰六条疏』、『全書』（一）、第184頁。

し、「動静を通貫」し、「敬が聖学の始終と為る」①を主張している。心物の関係を考える場合、退渓は程明道の『定性書』における「動亦定、静亦定、無将迎、無内外」、「物来順応」の思想を最も高く評価し、敬を以て動静・内外を通貫すべきであると唱えている。「真西山（徳秀）は、敬静が一つとなると謂う。敬という字の工夫、動静を通貫し、静を言うべからず自ら足りる。」②いわゆる「主静」は、無欲の工夫を通じて、静かの太極の境界を体験することである。退渓は「敬を以て本と為し、而して窮理して知を致し、躬に返って実践する。此れが妙心法而して道学の要を伝えるものなり。」③主敬の心法を以て格物窮理をし、知行合一の功を収めようとするのである。

　1568年、退渓は『聖学十図』を完成した。『進聖学十図札』において退渓は、それが聖賢が修身養性の心法学及びその原理であると指摘し、「聖学は大端があり、心法は大要がある。それを掲げて図と為し、それを指し説と為し、入道の門、徳を積む基と為すものなり。」と述べている。『聖学十図』は、退渓の心法学への理解をまとめている。最初の五つの図は、天道に基づき、人倫をあきらかにし、徳業を励ますものを旨とする。次の五つの図は、心性を源にし、日常に応用し、畏敬の念を重んじるものを旨とし、直接心性の修養工夫を意味し、人心に内在する道心を取り戻すと主張している。『聖学十図』は終始に、『心経』の「敬」の精神を一貫した。しかも、後の七つの図は『心経』の内容と緊密につながり、敬の工夫の実践であり、初心者の入道の門である。「蓋し上の二つの図は、端を求め、体と点を拡充し、道の極致の処にまで尽くすことで、『小学』、『大学』の標準的本源なり。下の六つの図は善を明らかにし、身を誠にし、徳を崇め、業を広める場合、努力すべき処なり、『小学』、『大学』の田地事功

---

① 『敬斎箴』、『全書』（一）、第210頁。
② 『答李平叔・「心経」賛戒惧属道心謹独属人心』、『全書』（三）、第259頁。
③ 『戊辰六条疏』、『全書』（一）、第186頁。

を為す者なり。而して、敬という者は、又上を徹し下を徹し、功を著し効きを受け、皆事に従い失う勿れものなり。それ故に、朱子の説はかの如く、而して今茲に十図、皆敬を以て主と為すや。」①このような思想は、真徳秀、程敏政とよく類似している。言い換えれば、『聖学十図』が言い表したのは、まさに『心経』の心法学にほかならない。最初の二つの図（『太極図』と『西銘図』）は、心法学の本体と境界を掲げ、『小学図』、『大学図』、『白鹿洞規図』は、社会における心法学の受容度——教化のなかで現実の人生規則を実践するものを唱えている。それらに対して後の五つの図は、身心修練の道を提示し、『心経』に直接由来しているように思われる。この『聖学十図』の一貫した内在的精神として、退渓は「敬」を最も重んじ、第四『大学図』において「敬という一字は、聖学の終始の要なりや。」②第九『敬斎箴図』において、「敬は聖学の始終と為る」③。第十『夙興夜寐箴図』において、「聖となる要は、かくの如き」④。要するに、「主敬成聖」の思想は、退渓が最終的に求めているものである。

第三に、退渓は『心経』を崇信しているが、朱子学の立場を守り、陸王心学を批判することとは決して矛盾していないことである。

真徳秀の『心経』を孔子、孟子、程子、朱子をはじめとする儒家経典の精髄をまとめた読本として、退渓は、「吾がこの書を読み、その経は『詩』、『書』、『易』及び程子、朱子の説に出て、皆聖賢の大訓なり。其の注は、濂、洛、関、閩に由来し、後世の諸賢の説を兼ねて取り、至論にほかならずや。」⑤すなわち、『心経』を著した真徳秀は、朱子と同じく孔孟思想の集大成者であり、濂、洛、関、閩、理学を集めるものであり、『心経』は、朱子学を研究し、勉強する根

---

① 『全書』（一）、第203頁。
② 同上。
③ 『全書』（一）、第210頁。
④ 同上書、第211頁。
⑤ 『心経後論』、『全書』（二）、第328頁。

本的な経典である。それを尊信するのはすなわち、真徳秀の崇信する朱子学を守ることである。『心経後論』において退渓は、朱陸「早異晩同」という程敏政の説を批判し、「心即理」の本体論の立場をも固く批判している。退渓によれば、朱陸の異質性は、「此れが儒で、彼れが禅、此れが正で、彼れが邪、此れが公平で、彼れが私恨である。」[1]退渓は学問を修めるのは、「一貫して朱子学を的とし、陸学を尊ぶ者を見たら、必ず深く排してそれを固く絶たせる。」[2]というように、退渓は陸学を排斥することから、更に進んで陽明学を批判することに至った。退渓は『白沙詩教弁』、『伝習録論弁』、『白沙詩教伝習録抄伝因書其後』を著したが、白沙、陽明の学が皆禅学であるという立場で一致している。というのは、陽明心学は異端の学と見做されているからである。このように、『心経』を崇信するのは、朱子学の立場を固く守ることであり、陸王心学の思想を認定し、それを受容するといった問題はいっさいないと思われるであろう。

　『心経』を崇信する退渓の立場は、韓国の儒学に深い影響をもたらしている。韓国の儒学は、心法学という心性論への展開がいっそう加速しつつあり、陸王の本体心学を自ずから排斥するということになる。『心経』の心法学を研究し、受容しているうちに、退渓は門下の弟子らを対象に、『心経』の教えを行っているが、それは、退渓学派の心法学の伝統を逐次に形成している一方、後世に多くの『心経』注解書を残している。その代表作というと、趙穆『心経稟質』、『進心学図』、金富倫『心経札記』、李成亨『心経講録』、曹好益『心経質疑考誤』などが挙げられる。退渓学派は『心経』を崇信する態度を持っている。それによって、朝鮮の性理学会における『心経』研究のブームが形成された。とりわけ、『心経後論』において退渓は聖賢の心法学を推し進め、更にそれを発展させた。そのために、朝鮮の性理学

---

[1]　『全書』（二）、第827頁。
[2]　『全書』（四）、第42頁。

は、この心法学の方向へ展開していったのである。『心経』を対象とする栗谷の研究は、このような動きの象徴のひとつと言えるであろう。

三 『心経』と栗谷の主誠の心法学

　栗谷（1536-1584）はかつて退溪に教えを求め、そこから『心経』の心法学の思想を受け入れた。『朝鮮王朝実録』によると、栗谷は『心学図』を著した。宋熹準の編纂した『心経注解叢編』のなかで、栗谷の『学蔀通辨跋』と『人心道心図説』が収められている。前者においては、陸王心学の非を弁明し、迷ったものを正道に回帰させる、と栗谷は力説している。それに対して、人心・道心はともに情意を兼ねて、人心即ち道心である、人心道心の発する所が、気が発動し、理が乗るところである。それゆえに、誠を以て心の本体を確立させ、道心を以て人心を主宰すべきである、と後者で栗谷は主張している。このような学説から明らかなように、栗谷は、『心経』から大きな影響を与えられている。概していえば、栗谷の心法学の性格は、次のように纏められる。

　第一、「誠」は聖賢の相伝える道統の心法であり、栗谷の思想体系の核心でもある。

　真徳秀の思想体系のなかで、「誠」は重要な地位を占めている。真徳秀の「誠」への理解は、『易経』、『中庸』、『大学』を柱とし、程子朱子を継承し、現実の道徳的実践と政治的実践を結びあい、「誠」に本体的、道徳的、さらに時代的な意味合いを与えている。[①]
道統の精神的場合、真徳秀は「誠」を道統の精神と見做し、誠の学を道統を守り、偽の学問を排斥する理論として理解している。それのみ

---

①　朱人求『真徳秀対朱熹誠学的継承与発展』、『哲学動態』、2009年第11期。

ならず、真徳秀は、堯舜禹文武周公の相伝える道が直ちに、自ら力説する真実で偽りない「誠」であると主張し、「然るに相伝える者は果たして何道か、曰く、堯、舜、禹、湯の中、孔子、顔子の仁、曾子の忠恕、子思の中の誠、孟子の仁義、此れは所謂相伝える道なり。……曰く中、曰く仁、曰く誠、皆道の全体である。是三者は果たして一か、果たして二か、臣は嘗てそれを論じ、中なる者は、その天理の正を以て偏倚する所なし。仁なる者は、その天理の公を以て私欲を蔽わざるなり、誠なるものは、その天理の実を以て偽りを雑せざるなり。言に従う者が同じならざると雖も、而してその道は一に過ぎない。」①すなわち、聖賢の相伝える道は、中、仁、誠、忠恕であり、皆道の全体であり、天理の現れである、三者は内在的に同一性を持っている。しかし、「誠」の理想的境界は、「現実の道徳」――「敬」の工夫を通じて実現させなければならない。だれもが「敬」の工夫や修養から出発し、自ら強くして息まず、道統を完全に受け継ぎ、聖賢の者になり、天人合一の理想的な境界に達することができる。「聖人の敬は、純にして亦己ではなく、即ち天なり。君子の敬、自ら強くして息まず、人に由り而して天なり。」②

この真徳秀の主敬の思想に対して栗谷は、「誠」を聖聖の相伝える道統心法と考えている。「人心道心、情意を兼ねて言う」③。「人心が危くになるにつれて、道心は微になるのである。精察するか否かは、皆意の為すところなり。故に、自ら修めるならば、誠意より先んじる者無し。」④『人心道心図説』において栗谷は、道心を以て人心を抑えるのを主張しているが、両者は実に一つであり、ともに「理が発動し、気が乗る」【理发气乗】もので、情意を兼ねているものであり、人心道心が善に向かうか否か、精一に達するか否かは、みな

---

① 『大学衍義』巻十三。
② 『大学衍義』巻二八。
③ 『答成浩原』、『栗谷全書』（韓国文集叢刊本）、第192頁。
④ 『栗谷全書』、第192頁。

「意」が発動した結果である、と解釈している。したがって、栗谷によれば、「誠意」こそ道統心法の核心であり、第一の工夫である。栗谷は何回も、「学者は其の意を誠にするのを、工夫の始まりにすべきである。」①「然るに、『大学』における「其の意を誠にする」こと、『論語』における忠信、『孟子』における身に返って而して誠になること、『中庸』における之を誠にするもの、実に心の誠に在らざるか。」②また、「敬」は『大学』の主旨、「仁」は『論語』の主旨、「存天理」は『孟子』の主旨、「誠」は『中庸』の主旨であり、この四つの主旨は、「同ならざる同なり、一ならざる一なり」。「是より観れば、誠なる者は、敬の原なり、敬なるものは、反って誠の功なり。理はすなわち、仁の天にある者なり、仁は理の人に賦する者なり、敬して礼に復し、以て天理を全う、則ち此れは至誠の道あらざるか、千岐万路、ともに其の国に達する、横に説き縦に説き、皆一に貫通する。すなわち同ならざる同なり、一ならざる一なり、まさにこれを謂うものあらん。」③。要するに、「君子の学、誠篤に過ぎない。」④「敬は功を用いる要であり、誠は実に功を収める地である。敬よりて誠に至るや。」⑤すなわち、聖学の相伝えるものは、敬にあらず、誠にあるのである。栗谷の心法学の最後の結論はまさにここにある。

聖賢の道統の相伝えというと、栗谷はそれが伏羲より始まり、朱子に終わる。秦の時代以前、道統の伝承は、伏羲から、黄帝、堯、舜、禹、湯、文王、武王、周公、孔子、曾子、子思、孟子にかけて、「道統の伝、孟子に止まり、中絶する。」⑥宋の時代になると、周茂叔父

---

① 『栗谷全書』、第1108頁。
② 同上。
③ 『栗谷全書』、第1109頁。
④ 『聖学輯要』、『栗谷全書』、第495頁。
⑤ 同上書、第480頁。
⑥ 『聖学輯要・聖賢道統』、『栗谷全書』、第597頁。

は千年にして伝えぬ道統を受け継ぎ、その後張載、邵雍、二程、朱子にかけて、道統は大いに発揚し、いわば「道統の伝は、周子より絶するところを継し、朱子に至って大著するのである。」[①]道統に対する栗谷の理解は、真徳秀の思想と大体同じぐらいで、その道統伝授の系譜は、基本として黄榦[②]、真徳秀、趙復[③]の道統系譜と一致しているように思われる。ただ、その特徴のひとつは、人心即道心をより強調し、「誠」を心法としている。韓国における儒学の道統論は、それよりいっそう展開していった。この「主誠」の思想は、栗谷の『聖学輯要』によく現れているが、真徳秀の『心経』や『大学衍義』の影響が非常に大きいとも考えられるであろう。

　第二に、『聖学輯要』における栗谷の「主誠」の思想体系。

　真徳秀の誠の思想は『大学衍義』[④]によく現れて、栗谷の心法学に大きな影響を及ぼしている。『大学衍義』は韓国で深い影響力を持ち、韓国の「六経」のひとつだけでなく、経筵講席・科挙試験の必読書でもある。[⑤]真徳秀は積極的に朱子学を唱え、経典解釈の新しい文体――衍義体を創出し、元・明・清の時代を風靡していた。いわゆる「衍義」とは、真徳秀の『大学衍義』の注釈の体裁を模範とし、「綱目を確立し、経を先にし史を後に、諸子の議論、自己の按語」という順番で経典を解釈する体裁である。このような「衍義体」は、儒教文

---

　①　『聖学輯要・聖賢道統』、『栗谷全書』、第603頁。
　②　黄榦『聖賢道統伝授総叙説』、『勉斎集』巻三、四庫全書本を参照。
　③　元の趙復の道統図譜において、堯、舜、禹より前に、伏羲と神農を付け加えた。趙復は『伝道図』を書き、「すなわち羲農堯舜に原り、天を継ぎ極を立ち、孔子顔孟となる所以なり、世に垂れ教を立てる所以なり、周程張朱氏、発明し続ける所以なり。」(『元史・趙復伝』)を参照。
　④　真徳秀の『心経』はその『大学衍義』の精髄版であるとも言える。『心経』における心性修養論は、『大学衍義』において多く論述され、『心経』に収められた聖賢の経典語録はほとんど、『大学衍義』においても引用されている。
　⑤　真徳秀の『大学衍義』は、朝鮮に大きな影響を及ぼしている。『四庫全書』の記録によると、高麗六年(元至正十七年、公元1357年)、高麗王は大臣尹沢の建議を受け、経筵講習で『大学衍義』を教科書にした。"六年。……(尹)沢甞乞以『大学衍義』及『崔承老上成宗書』進講、又諫王信仏、又勧節用。上皆深納之。"(『朝鮮史略』巻十一)

化圏の影響のもとで、高麗時代、朝鮮時代の日本、徳川時代の日本、後黎朝時代、阮朝時代のベトナムで高く評価されている。①栗谷は、真徳秀の『大学衍義』を真似にし、四書五経を根拠にし、聖賢の学説や史書記録を参考にし、政治や学問の要を求め、『聖学輯要』を編集し、当時25歳の宣祖（1568-1608）に呈した。彼自身が次のように述べている。「誠に『大学』の指すところを倣い、それを以て順序に分け、而して聖賢の言を精選し、穴埋めをしてそれを充実させる。節目はそれより詳細し、而して辞が約し理が尽くすならば、則ち要領を把握する法は、それにあり。是を以て吾が君主に進む。」②『聖学輯要』は、統説、修己、正家、為政、聖賢道統という五つの部分からなり、三十四目に分け、その枠組みは『大学衍義』に近く、その体裁は、「先に重要の言を挙げて章にし、諸節を引用して注を為し、その章は四書五経を主とし、時には聖賢の説を以てその不足を補正する。その注は本注を主とし、経伝諸書を広く引用する。」③栗谷は儒学の経典、聖賢儒者の説をも援用しているが、朱子のみならず、真徳秀の思想をも尊重し、発展させ、とりわけ「誠意」を主とする心法学の思想的体系及び治国の綱要を主張している。

　栗谷は『中庸』の影響、とりわけ「誠なる者は、物の始終、誠ならざる物は無し。」という言葉の影響を深く受けている。朱子は心を治め、「敬」を以て始終一貫の心法にする。栗谷は朱子の「主敬」の存養工夫を肯定しているとともに、その学問、思弁、修己、治人の道を、みな『中庸』の「それを誠にする」（「誠之」）方法を採用している。『聖学輯要』における統説、修己、正家、為政、聖賢道統という五つの部分を、「誠」は一を以てそれを貫く原理として、それらを統一している。『統説』篇において栗谷は、修己、正家、為政の道を

---

① 朱人求『衍義体：経典闡釈的新模式』、『哲学動態』、2008年第4期を参照。
② 『聖学輯要序』。
③ 『聖学輯要凡例』。

論じる場合、『中庸』と『大学』の序章を引用し、それを『聖学輯要』の主旨にしている。「聖賢の説に従って、修己治人を曰くに過ぎない。今『中庸』、『大学』の序章を編集するのは、実は表裏を為している。而して修己治人の道は、尽くせざるべからず。蓋し天命の性、明徳の具するものなり。率性の道、明徳の行う所なり。修道の教え、新民の法度なり。戒惧なるものは、静存して而して正心の属するものなり。慎独なる者は、動察して而して誠意の属するものなり。中和を致して而して位育するものは、明徳、新民、至善に止まる。而して天下に明徳を明らかにするものの謂うなり。」[1]修己治人を通じて中和を致すという境界に達し、明徳を明らかにすることは、『聖学輯要』という書の趣旨である。『修己』篇はさらに、総論、立志、収斂、窮理、誠実、矯気質、養気、正心、検身、恢徳量、輔徳、敦篤、功効という十三章に分け、「それを誠にする」はその内在的、首尾一貫の精神である。栗谷は、「それを誠にするの意は、実に上下諸章を貫くものである。志は誠ならざれば立つことなし、理は誠ならざれば格することなし、気質は誠ならざれば変化することなし。他には推して見えるなり。」[2]栗谷は繰り返して、「誠意」を修身の第一要務、修己治人の根本と主張している。『正家』篇、『為政』篇においては、栗谷はさらに「誠意」の重要性を指摘し、道統と政統との結合からこそ、天下を教化することができ、王道政治を行えると強調している。要するに、『中庸』の「誠」の思想の影響を深く受けた栗谷は、誠を以て己になり、物になりうると信じ、聖人はそれを以て修己治人をし、己の性を尽くす、すなわち人の性も物の性も尽くし、天下を教化することができる。最後の『聖賢道統』篇において栗谷は、聖賢の相伝えの道統を直接、「誠」と理解している。

　栗谷の言う「誠」は、本質において実理の誠、実心の誠である。

---

[1] 『聖学輯要』、『栗谷全書』、第426頁。
[2] 同上書、第463頁。

「誠なる者は、天の実理であり、心の本体である」①。朱子の説と異なり、栗谷は実心の「誠」をさらに重視し、それを三つのレベルに分けて解釈を加えている。「君子の善を好むことは好色を好む如き、悪を悪しむことは悪臭を悪しむ如き、皆決意をして必ずそれを得るのを求め、則ち其の意を誠にする事で、而して修己の第一要務なり。其の人事を修めるのは当然、而してその善を選び固執し、思ひて而して得り、勉めて而して中にし、則それを誠にする事で、而して人道の誠なり。その天理の本然を全い、勉めず而して中にし、思わずに而して得り、従容して中道にし、則それを誠にする事で、而して天道の誠なり。」②この三つのレベルは実に、三つの修養の境界である。誠意は修身の第一要務であり、必ず人道の誠より出発し、最後に天道の誠の境界、すなわち聖人の境界に到達する。誠意、修身は、『大学』の言う修養の階段であり、天道の誠は至誠の境界であり、『中庸』の言う究極的な追求である。

　栗谷はかつて退渓に教えを求め、退渓から『心経』の心法学を受け入れた。栗谷は『心学図』、『学蔀通辨跋』、『人心道心図説』を著したが、退渓の心法学を揚棄したのである。心性の問題をめぐる栗谷の考えは、退渓の心法学の伝統に基づいたもので、『心経』に対する退渓の理解、解釈、展開を受容した。したがって、栗谷をはじめとする畿湖学派の流れの中で、『心経』への重視や研究は、その重点のひとつともなってきた。たとえば、金長生『心経記疑』、趙翼『心法』、『持敬図説』、『心学宗方』、宋時烈『心経釈疑』などは世に出されている。金昌協はかつて朝鮮国王に『心経附注』を教え、『心経経庭講義』を書き残している。それによって、『心経』は、朝鮮性理学の欠けてはならないものの一つとなったと言えるであろう。

---

① 『聖学輯要』、『栗谷全書』、第480頁。
② 『栗谷全書』、第1107頁。

四 『心経』と茶山の主恕の心法学

　丁若鏞（1762-1836）は、李氏朝鮮時代の哲学家、実学家であり、字は美鏞、号は茶山、輿猶堂など、『与猶堂全書』、『孟子要義』、『経世遺表』、『牧民心書』、『大学枝言』、『心経密験』などを著した。朝鮮実学思想の集大成者として、茶山は経世致用、利用厚生、実事求是の実学と西学の精神との融会貫通を求め、自らの思想体系を立てている。茶山が『心経』を受容したことは、韓国における『心経』の実学思想への影響を着実に反映している。茶山の心法学は、次の三つに纏められる。

　第一に、『心経』は終身に篤く行う「治心の術」である。

　茶山は朱子の『小学』と真徳秀の『心経』を崇信し、それらを儒家経典の精髄と理解している。『小学』はその外を治め、『心経』はその心を治める、両者が掲げたのは、終身にして修養し、篤行する道である。嘉慶乙亥（1815）年の夏、茶山は『心経密験』という書を完成し、その冒頭に、「余が窮して無事に居り、『六経』、『四書』を究索して年有り、一つの得るものがあり、既に詮録して而してそれを蔵める。したがって、その篤行の方法を求める所以は、唯だ『小学』、『心経』は、諸経のなかで抜粋な者である。学してもしこの二書に集中し、心を潜んで実践する。『小学』を以て其の外を治め、『心経』を以て其の内を治め、則ち希賢するには道有り。余の一生の顛倒を顧み、桑楡の報いはまさか是にあらんか？『小学枝言』という者は、旧注を補う所以なり。『心経密験』という者は、自らの身に体験してそれ故に自ら警めるものなり。今から死の日に至るまで、治心の術に力を致して欲するのは、経を窮する業であり、『心経』を以て結びにするなり。あゝ！果たしてそれを能く実践するか？」[1]朱子の『小学』と真徳秀の『心経』は、韓国で学問を為す「啓蒙の書」と見做されて

---

[1] 丁若鏞『心経密験』、第25頁。

いる。朱子の『小学』は、中国で大きな影響力を持っている啓蒙の教科書であり、立教、明倫、敬身に重点を置き、また明倫、敬身を主とする蒙童の立身出世を教えているものである。たしかに、道徳と礼儀を重んじる実践は、朱子の「小学」教育の鍵である。朱子がそれを提唱するのは、もともと大学のために基礎づけをしていたからである。茶山は退渓に親しみを持っているが、退渓は人を教える場合、「先に『小学』、次いで『大学』に及び、次に『心経』に及び、次に『語』、『孟』、次に朱子の書に及び、而して後は諸経に及んでいる。」①しかも、「最初に学して、功を用いる所から手を入れるならば、『心経』という書ほど相応しいものは無い。」②茶山は『小学』の補注をし、『心経』に生涯の心血を注ぎ、いつも『心経』の心性修養の方法を利用して自らの身心を体験し、自分のことを戒める。茶山によれば、『心経』は人生のなかで始終に行う道のみならず、人生の最終の帰結でもある。人間は生涯にかけて経典を究極的に求めるが、最終的には『心経』を自らの帰結にすべきである。

　第二に、「虚霊知覚」の「心」と「嗜好を以て性と為す」の「性」は、茶山心法学の理論的基礎づけである。

　『心経密験』は、茶山晩年（54歳）に著したものである。そのなかで、茶山は『心性総義』という章を設し、自分の心性の学を系統的に纏めている。この問題は、茶山の「心」論や「性嗜好説」を研究対象とする著作・学術論文のなかでめったに論及しなかった。『心性総義』において茶山はまず、朱子の「心」の概念に賛成の態度を示し、それを「虚霊知覚」と理解している。茶山によれば、人身は「神形妙合」の結果であり、人間の「虚霊知覚」は古代の経典の中でそれを指す専門用語はひとつもない。「後世になると、それを分けて言うと欲する者は、他の字を仮借するか、連属の数字で表示するか、心と日

---

① 『言行通録・学問』、『全書』（四）、第31頁。
② 同上書、第26頁。

真徳秀『心経』と韓国の儒学　71

く、神と曰く、霊と曰く、魂と曰く、皆仮借の言なり。」孟子はそれを「大体」という、仏氏はそれを「法身」、「皆連属の言なり。」「古経に、心が大体の専用名に非ずと言う。惟だその内に含み外に用いるものは心と謂う。」①茶山の言う「心」は、ただひとつのもので、すなわちその内に含む内心と、外へ用いる外心とをひとつにする統一体である。②五臓の心は、血気の活動を主宰しているので、茶山はそれを「内衷」と通称し、「故に、その内に篤く衷して、内心と曰く、その外の飾りは、外心と曰く。」③外心は、「内衷」の場合によっての具現に過ぎない、「心」の外への用いに過ぎない。外心はさらに、憂い心、喜び心、仁なる心、機械なる心など言い表しているが、人心も道心も、ただ一つの心に過ぎない。ともに、朱子の「虚霊知覚」を利用してそれらを統合して称することができる。

　茶山の人性論は、それなりの特色を持っている。もし「心」の論において茶山は極めて朱子を崇信すると言うならば、「人性」の論において茶山は、朱子学へ反動する立場に立っていると言える。韓国の学者鄭仁は、茶山の「性嗜好説」を朝鮮時期の韓国哲学史上の象徴と高く評価すべきと指摘し、茶山が朱子学の「理気論」の束縛から離脱し、新しい人性論の学説を提出したと主張している。④茶山は『論語』の注釈をする場合、最初に、「性なる者は、嗜好厭悪を以て而して名を立てる。」⑤。後に、『中庸』の「天命それを性と謂う」というものに注釈をする場合、「性という字の本義に従ってそれを

---

①　丁若鏞『心経密験』、第25頁。
②　多くの学者は茶山の『答李汝弘』の言葉を引用し、茶山の「心」論には、五臓の心、霊明の心、心の発する所の心という三つの意味があると指摘している。(『与猶堂全書』第三冊、第244頁を参照)。ただし、心は一つしかない。五臓の心、心の発する所の心はみな、「虚霊知覚」の心に統一される。『心経密験』において、茶山の言う「惟だその内に含み外に用いるものは心と謂う」とは、茶山の定論なのである。
③　丁若鏞『心経密験』、第25頁。
④　鄭仁在『西学和丁茶山「性嗜好」学説』、黄俊傑編『東亜視域中的茶山学与朝鮮儒学』、台北、台湾大学出版中心、2006年、第208頁。
⑤　『論語古今注』、『与猶堂全書』第五冊、巻九、第16頁。

言うならば、則性なる者で、心の嗜好なり。」とも解釈を加えている[①]。『孟子要義』において、「性という字の義、其れは嗜好に在らずや？」[②]『心経密験』において茶山は、「性嗜好説」を提出している。茶山の「性嗜好」の思想は、その根源を求めれば、すなわち「心の嗜好」というものにある。さらに、「性が字と為す所以は、それを読み、たとえば雉性、鹿性、草性、木性の如き、本々は嗜好を以て名を立てるもので、高遠広大の説と見做してはならん。『召詔』が曰く、節性にして唯だ日が邁る。『王制』が曰く、六礼を治めるのを以て民性を節する、『孟子』が曰く、動心忍性。皆嗜好を以て性と為すものなり。嗜好は両端有り、一つは目下の耽楽を以て嗜好と為すもので、まさに雉の性が山を好み、鹿の性が野を好み、オランウータンの性が酒を好むが如き、此れ一つの嗜好なり。今一つは、畢竟の生成を以て嗜好と為すものでまさに稲の性が水を好み、黍の性が乾燥を好み、葱、大蒜の性が鶏の糞を好むが如き、此れも一つの嗜好なり。」[③]と茶山は主張している。性の分類をめぐって、茶山は、一つは、「目下の耽楽」という形体の嗜好であり、当下の快楽によって形成された嗜好である。今一つは「畢竟の生成」という霊知の嗜好であり、人生の本質、即ち生命の本質によって形成された嗜好である。このような分類に基づき、茶山は「節性」、「善を楽にし悪を恥じにする」、「動心忍性」、「耳目口体の性」を形体の嗜好に帰結し、「天命の性」、「天道」、「性善」及び「性を尽くす」の性を霊知の嗜好にするのである。

　動物には動物の性があり、草木には草木の性があり、それぞれ固有の嗜好の性であり、性理学の言う天理の性、本然の性というものではない。茶山は身体の本能を借りて、「性嗜好」の説明を加えている

---

① 『中庸自箴』、『与猶堂全書』第四冊、巻三、第3頁。
② 『与猶堂全書』第四冊、巻一、第33頁。
③ 丁若鏞『心経密験』、第25-26頁。

が、「性」が決して観念的、形而上学的なものではなく、実在の具現であると強調している。このような理解は、朱子の「性即理」という説と峻別している。茶山は、「今の人は性という字を推して尊び、それを天様の大物と奉つり、太極陰陽の説を以て混し、本然、気質の論を以て雑する。渺茫にして幽遠、恍惚にして夸誕、自ら条理が毫も無いと為し、天下の発せざる密と為し、而して卒りには、日用常行の則に補うなし、亦た何の益が有らん。斯のことを弁しないわけにはならぬ。」①。茶山から見れば、性理学がより「理」に偏り、生活や実践を軽視している。したがって、茶山は性学の形而上学的「人性」観がまったく空しいものであると批判している。しかも、「本然」という二字は本々仏教の書籍に由来し、仏教の本然の性という理論は、自在を論じ、輪廻を説き、「逆天慢命、悖理傷善」という。「本然という二字は、六経四書诸子百家之書に出る処が無い。」それを繰り返して強調しているのは、ただ『楞厳経』のみ、聖人の言うものとは合わぬ。②。茶山は、人間は霊知の嗜好と形体の嗜好とを持ち、欲望が生まれつきで所有するもので、欲望が無ければ人間にはならぬと主張している。「吾人の霊体の内に本本願欲という一端有り、若し此の欲心が無ければ、則ち天下万事は皆為される。」③茶山は固く朱子の「存天理、滅人欲」の思想を反対し、人欲の合理性や正当性を肯定し、人間の欲求が人類の生命活動の中で欠かせてはならぬ原動力であり、欲望がなければ、人類は何もできないと主張している。茶山の人性論は、西洋の霊魂論の影響を深く受けている。その欲望を重視する「性嗜好説」は、朝鮮の性理学にCopernicusのような革命をもたらした。それ故に、茶山の学問は、改新の儒学（Anti-Neo-Confucianism）とも

---

① 丁若鏞『心経密験』、第26頁。
② 同上書、第28頁。
③ 同上書、第39頁。

言われている。①

　第三に、『心経密験』における茶山の「主恕」の心法学。

　『心経密験』において茶山は、栗谷の心法授受系譜に賛成の態度を示し、さらに伏羲、神農、黄帝をも道統の系譜に入れた。『心経』の冒頭の「十六字心伝」は、偽の『古文尚書・大禹謨』に由来し、後世で多くの疑問が生じた。この書の前書きには、荀子の『道経』を引用する言葉を参考にしたものがあるが、「人心惟れ危うく、道心惟れ微なり、この二句は至理の寓する所であり、精確して比べには無い。況して道家の言う所は、多く羲、農、黄帝の遺した文により、人心道心は亦た、是れ五帝以来の相伝えの道であり、決して後人の能く道いう所に非ず。今此の二句は、万世心学の宗と為す。」②茶山は主張している。「人心惟れ危うく、道心惟れ微なり」とは、五帝の相伝えの道であり、万世の心法学の源を為しているものである。このような学説に対して、茶山は確信の態度を持っている。さらに、茶山は、「人心惟れ危うくというのは、吾の謂う権衡なり、心の権衡は、善にもなり、悪にもなり、天下の危うくは、此れより甚だしい者は無い。道心惟れ微なりというのは、吾の謂う性好なり、天命それを性と謂う、率性それを道と為し、かくは、道心を謂うものなり。孟子は曰く、人は禽□と異あるものは極めて幾希なり。いわゆる幾希とは、微なり。性の善を楽にすることは、天賦に根ざしたものであると雖も、而して物欲に蔽われ、存する者は極めて微なり、唯君子それを察する。」③

---

　① いわゆる「改新儒学」（Anti-Neo-Confucianism）とは、理学、礼学への革新のことである。茶山は理学、訓詁学、相術学、陽明学等の伝統学派を批判し、性理、訓詁、文章、科挙、術数等の五つの学科を儒学の妨げと見做し、洙泗学（元々の孔子学）に復帰し、儒学の真理を訪ねようとする。李乙浩『改新儒学的実学本質』、氏編『茶山的理解』、ソウル、玄岩社、1977年、第343-369頁。それに対して筆者は、茶山を朱子学への反動と見做してはならない。人性論において茶山は、朱子を批判しているが、心の論、道統論など多くの領域において茶山は、朱子に賛成の態度を示している。したがって、茶山を朱子学の革新者と見做すべきであると考えている。
　② 丁若鏞『心経密験』、第29頁。
　③ 同上書、第29頁。

ここにおいては、「人心惟れ危うく」とは、心の権衡というものであり、「道心惟れ微なり」とは、人性の善を楽にし、悪を恥じにする嗜好あるいは本能である。茶山の理解は真新しい一面を現している。

　茶山は『心経』を生涯の帰結にするのみならず、堯・舜・禹の相伝えの心法学の核心がまさにこの『心経』にあり、すなわち孔子学説の一を以てそれを貫く道——恕の道であると指摘している。茶山は『心経』終章——朱子の『尊徳性斎銘』に注釈を加える場合、「聖となり賢になる法は、一貫にほかならぬ。若し一貫の旨を真切に講じえれば、徳性を尊ぶ者は、何処から着手するかはすぐ分る。草廬でなぜ病になったか！一貫の説を顧み、古今の異を有するなり。古にて所謂一貫する者は、恕という一字を以て六親を貫き、五倫を貫き、経礼三百を貫き、曲礼三千を貫く。其の言は約して博し、其の志は要して遠い。恕を以て父に事えれば則ち孝、恕を以て君に事えれば則ち忠、恕を以て民を牧すれば則ち慈、いわゆる仁の方法なり。今所謂一貫する者は、天地陰陽の化、草木禽獣の生、紛々にして錯綜し、芸々にして複雑する者は、始終にして一の理、中から万殊に散らばし、未だに一の理に復合するにならん。」[①]と述べている。茶山によれば、恕の道は古の人が相伝えの道であり、歴代の聖賢の相伝えの心法である。今日に至ると、朱子の「理一分殊」の道はまさに、天地万物が一を以てそれを貫く理である。心法学に対する茶山の独自の解釈は、ここにあるように思われる。

五　結　論

　まず、我々が問いかけたいものは、なぜ『心経』と『心経附注』は中国思想史上にあまり重視されず、韓国で高い評価を受けたか。この

　[①]　『心経密験』、第41頁。

ような独特な文化的現象は、深く考えるに値するものである。

　韓国における『心経』の解釈学的思想史を能く考えれ見れば、韓国における『心経』が大いに展開された所以は、退渓の評価と緊密に関わっている一方、『心経』と『心経附注』によって代表された心法学が、程朱の理学の根本的立場と一致しているからであるとも思われる。このような心法学は、16世紀の朝鮮「士禍」以降の社会的現実の必要に応じ、誠・敬を中心とする独自の心法学へと展開したものである。退渓、栗谷、茶山を代表とする朝鮮の心法学の発展は、その性理学の中核を為している主題——四端七情の論争、人心道心の論争、人性物性の論争と緊密に関わり、一つの時代を導く役割を果たしている。それのみならず、朝鮮の思想家は程朱の理学を尊崇し、陸王心学を批判することを通じて、心法学の展開に思想上の妨げを一掃し、『心経』の伝播に良い文化的環境を提供した。それに対して真徳秀の『心経』は、宋の中国において宮廷の内部で流れるに止まり、その影響は極めて小さい。260年後、程敏政は『心経』に附注をしたとき、陽明学が隆盛の時期を迎え、『心経』の魅力や影響力を極めて矮小化させてしまった。ただし、朱子以降、朱子学は心法学へと展開する趨勢を示している。真徳秀の『心経』はすなわち、その象徴のひとつである。宋の末、元の始めになると、王柏、程復心は心学の図式化を行っている。元の呉澄の心法学、さらに、明の程敏政の『心経附注』に至るまで、心法学は中国本土において時代の大きな潮流の一つにならなかったが、中国人による朱子学と王学の対話を行う「努力」は、決して為されていないとは言えない。韓国において『心経』は、時代の流れに適応し、現実の人生に関心を持ち、実践を重んじ、生き生きとした心法学へと展開した。それを媒介に、韓国の思想家は、新しい思想を樹立させ、一時を風靡する哲学思潮を成し遂げ、さらに韓国の朱子学と中国の朱子学との深い対話をも実現させた。このような展開は、『心経』を著した真徳秀にとっては、決して思いもよらないもの

であろう。

　次に、心法学という概念を提出することは、思想史上の「心学」という概念の混乱する状態を解明することに有利であり、「和合朱陸」、「朱陸異同」などの問題の解明に役立つに違いない。

　心学という概念には、広義と狭義という二種類があり、広義の心学は聖賢の学、狭義の心学は陸王心学、あるいは仏教の心学を指している。程朱の理学と陸王の心学と、どちらが真の心学か、どちらの心学が正統の学問かは、学界においては論争の状態が続き、かならずしも一定していない。銭穆氏は、朱子の学は即ち心学、「後人は程朱が性即理、陸王は心即理、と言う、それ故に、程朱を理学、陸王を心学として分別するが、この分別は亦是ならぬに非ず。然るに最も能く心と理の異同分合、及びその相互間の密接関係を発揮するものは、朱子にほかならない。故に、たとえ朱子の学を徹頭徹尾の円密宏大の心学と言っても、亦過言ではなかろう。」[1]古今の学者はそれなりの心学の概念を持っている。筆者はここで「心法学」という概念を提出したが、主として程朱一派の心性の学を指し、陸王の本体心学、仏教の心学とを明確に区別するためにこの概念を創出したのである。

　実は、心学工夫論は、心法学と本体心学とが内容において相重ねたものがあり、相通じているものがある。それ故に、両者は対話を行う共通の基盤を有している。あるいは、心法学と本体心学の根本的な違いというと、本体への理解、すなわち「性即理」と「心即理」という表現にある。心法学のなかで、心は認識の心、道徳の心であり、本体心学のなかで、心は本体の意義を有する。ただし、工夫論と境界論になると、異質性よりも、両者の同質性のものがむしろ大きいと思われる。おし、心法学と本体心学の異同から、朱子と陸王の異質性を考えるならば、いわゆる「朱陸早異晩同」論には、多くの疑念が残されている。筆者から見れば、両者の大別は、どこまでも本体の区別に在

---

　[1]　銭穆『朱子新学案』第二冊、台北、三民書局、1971年、第1頁。

り、決して工夫、境界の領域にはない。両者といえば、同じもののほうが始終に異なったものより大きい。それゆえに、「和合朱陸」、「早異晩同」といった論はまったく根拠がないものである。①朱子は晩年になると、心の修練の工夫を重んじているが、それは、まったく自らの思想体系から出発し、内在的に展開していったものである。いわゆる朱子が陸学と「合流」するといったものは、一切事実ではない。中国の朱子後学、ないしは韓国の朱子学、日本朱子学が心を重んじる所以は、時代の発展の必要に適合し、時代の重大な課題を解決するために出された必然の結論なのである。いわゆる「和合朱陸」、「早異晩同」、「朱子晩年定論」は、門戸の別によって出された結論にすぎない。心法学の立場から考えてみれば、みな「偽り」の問題である。ただし、私が強調したいものは、程朱の理学の代わりに心法学を主張するというわけではなく、心法学が代表しうるのは、理学の工夫論という一面、しかも非常に重要な一面にすぎない。それは理学の本体論、心性論、境界論と緊密に関係を持っているにもかかわらず、それらを代えることができないと言わざるを得ない。

　第三に、心法学の展開したのは、儒学の工夫論という一面である、それは中国哲学、ないしは東アジアの哲学の中でもっとも豊かで、もっとも独特な哲学的資源である。

　宋・明の理学の「工夫」論は豊かな内容を持っている。「工夫」はもともと、「作為」という意味であったが、宋・明の理学に至ると、理学者はそれを個人の身心修練の技巧、あるいは道の体験と理解し、個人が感官の制限を超え、自己を高め、天理（あるいは大道）を黙認理解し、個人の精神的転換や人格的革新を実現させ、天人合一の境地

---

① 心学が「十六字心伝」の解釈に由来したものである。心学の形成する過程は、即ち道統が宋の儒学者によって叙述されている過程である、と周熾成は指摘している。ここで言う「心学」は即ち、心法学である。周氏はまた、程朱の理学と陸王の心学との対挙は、限られた意義で有効するにすぎない、無限に拡充してはならない。周熾成氏著『「心学」源流考』、『哲学研究』、2012年第8期、第43頁を参照。

に達するものと主張している。いわゆる工夫論は、個人の身心修練の方法や技巧、ないしはその修練によって獲得された経験の思考と検討をめぐるものである。それは中国哲学特有の概念であり、道徳哲学あるいは倫理学に等しいものであり、宗教の「霊修」に接近しているものである。理学の心法学が代表したのは、工夫論の傾向である。この心法学と同じく、工夫論は理論と実践を結びあうものとして、心身修練の実践と理論的思考をも一つにする結合体である。工夫論は中国哲学、とりわけ宋・明の理学の核心を為すものであり、東アジア哲学の中で最もユニークなものである。東アジアの思想家、とくに多くの儒学者は、心身修練の実践と主体の内在精神の転換や修練の方法を結びあい、理性を重んじ、心身の実践を軽視し、行為をただ主体の選択にし、人間の自己革新というものを無視する西洋哲学の問題を克服しようとする。

ただ一点留意しておきたいのは、儒学の工夫論は、フランス人の哲学者Pierre Hadotの言う「精神の修練」の哲学と同じような趣旨を持っている。Pierre Hadotはかつて、哲学は一つの生活様式であり、「生活の芸術」であり、「精神の修練」でもあると指摘し、「哲学それ自身は、すなわち生活様式としての哲学であり、それは各々の部分からなる理論ではなく、一体化する行為である。論理的に、物理的に、倫理的に生活していくことに適用するものである。ここで、我々は論理か理論を研究する必要がなく、すなわち如何にしてよりよく理論を思考し、論述するのではなく、ただよりよく思想し、論述するに集中するのみである。我々は物質世界の理論を研究する必要がなく、ただ宇宙に対して反省すべきである。我々は道徳行為を理論化する必要がなく、正確、正義の方式で行うのみである。」[1]哲学者が修練を要するのは、如何にして語るか、弁明するかというものではなく、如

---

[1] Pierre Hadot, *Philosophy as a Way of Life*, Malden, MA: Blackwell Publishing, 1995, p.267.

何にして生活し、精神的に修練していくことである。ひとつの絶えることない過程として、精神の修練は、内心の安定、内在の自由及び完全なる「宇宙意識」をもたらしている。このような意味において、哲学の修練は、意義ある治療という性格を持っている。その目的は人類の心や苦痛を治療するものである。[①]このようなPierre Hadotの立場は、日常生活を実践として理解している東アジアの工夫論と異曲同工の趣旨を持っている。したがって、工夫論を哲学の枠組みに導くことは、非常に意味深いものであり、西洋哲学との新しい対話を実現させるのみならず、西洋哲学の問題を明らかにし、哲学研究の新しい領域を切り開けるように私には思われる。

作者：朱人求（1971－　）、男、安徽省宿松人、哲学博士、厦門大学大学院哲学研究科教授、専攻は朱子学研究、文化哲学研究。

（呉光輝、井手宏美　訳）

[①] Ibid, pp.265-266.

论李退溪敬说之特征

——从朱子后学敬说系谱谈起

井上厚史（日本岛根县立大学）

一 前 言

李退溪（1501~1570）的思想，以"敬的哲学"而闻名，《圣学十图》第三图《小学图》鲜明地表达了"吾闻敬之一字，圣学之所以成始而成终者也"[①]。由此，"敬说"引起近代日本学者们的关注，而最早从事研究的是高桥亨（1878~1967，战前京城帝国大学教授），高桥在其论文《李退溪》中，对敬说做了如下阐述：

> 敬之一字，凡对人事，穷理致知，反求其理于心于体，进而理解真实，遂至实现自己，知体行一以贯之，修养之要决也。[②]

高桥研究发现，"敬"是构成李退溪思想最核心的内容，因为在李退溪看来，敬是对知、体、行三者的融会贯通，是修养的关键所在。对于高桥的观点，阿部吉雄（1905~1978，战前京城帝国大学副教授）极为赞同，阿部在1944年出版的专著《李退溪》中写道：

> 所谓敬，元明的朱子学者往往只强调在静心方面下功夫，其实退溪则认为最要紧的是在日常的为人处事上下功夫，此即儒佛相异之处。[③]

---

① 《退溪先生全书》卷之七《太极图说》，收入《退溪学丛书》第Ⅱ部第1卷，《陶山全书》一，财团法人退溪学研究院，1988年，第195页。
② 载《斯文》二一号，1939年，第32页。
③ 阿部吉雄著《李退溪》，文教书院，1944年，第110页。

高桥继承了朱子对敬的定义，即存寂然之工夫，得本然之静心，高桥认为元明时代的朱子学者唯以敬为心地之工夫。李退溪则发表了独到见解，他指出，工夫要体现在日常生活的举手投足之间，这一点构成李退溪敬说的特征。

在战后的一段时期，韩国学者虽然相继推出了一些研究成果，例如，李相殷《退溪的生涯及学问》（瑞文文库，1973年），尹丝淳《退溪哲学研究》（高丽大学出版部，1980年），但是对李退溪"敬说"抱以特别关注的人很少。相比之下，以高桥进《李退溪与敬之哲学》（东洋书院，1985年）为代表，日本的学者却从未间断过对李退溪"敬说"的研究。在中国大陆和台湾方面也不乏优秀成果面世，其中包括蔡茂松《韩国近世思想文化史》（东大图书公司，1995年），高令印《李退溪与东方文化》（厦门大学出版社，2002年），但是这些研究成果，基本上都是在日本学者首先提出"敬说"观点基础上的发展和延伸。

可以说，将李退溪思想的特征总结为"敬"，是日本学者自战前开始，一直持续至今的一个重要研究分野。不过，日本学者对敬的分析，并不是建立在对东亚儒教发展演变的历史进行全盘考察的基础上做出的，而仅仅是通过对朱子敬说与李退溪敬说的直接比较而得出的，尤其不足的还在于，这种比较完全忽视了李退溪常常引据的《性理大全》、《四书章图》中出现的敬说的相关内容。因此，在东亚儒学取得长足进步的今天，撇开朱子后学敬说的演变历程，而仅仅对朱子和李退溪的文本进行对比，显然已经成为一个值得重新审视的研究问题。

本文即是针对此种研究的不足，将李退溪敬说置于朱子后学敬说的系谱中加以考察，从中审视李退溪敬说的特征。

二 李退溪敬说的研究史回顾

（一）高桥进的研究

在日本学者中，最具代表性的研究成果当数高桥进的《李退溪与

敬之哲学》(东洋书院，1985年)，高桥在书的第七章《东亚敬之哲学的成立及展开》(要诀)中指出，李退溪把敬的概念置于世界观、人生观的高度，因之，新儒学成为具有个性的实践哲学而得以重新构建①。高桥还指出，朱子敬说与李退溪敬说的不同之处在于：

> 朱子言"敬"，只不过平面地强调了敬的重要意义，却未能构筑起以敬为中心的思想体系。"居敬"也罢"穷理"也罢，缺乏理论的整合性，未形成统一的思想构造。是故，朱子逝后三百年，历经异文化、异民族的交融，其学问方以新儒学的面貌，重新构建起以敬为中心的哲学体系。从对世界，对天理，乃至于对人伦的形而上学的思索，到人格、道德的自我养成，以及与此关联的政治行为及日常的具体实践，在李退溪的思想里，一以贯之地把"敬"放在中心地位。不过，李退溪并非轻视形而上的"穷理"，而是将其与"居敬"一同，纳入到了作为"心学"的儒学体系之中。②

高桥有三点发现：(1)朱子未能构建起以敬为中心的思想体系，而李退溪却做到了，建立起以敬为核心的哲学体系。(2)朱子未能对"居敬"、"穷理"做出完整的理论阐述，而李退溪通过将二者的有机整合，构建起一门"心学"。(3)以敬为中心的思想，以往在中国，仅平面地强调它的重要性和意义。其后，是经过异文化、异民族的朝鲜加以重新构建，以新儒学的面目出现③。

---

① 高桥进《李退溪与敬之哲学》，东洋书院，1985年，第260页。
② 同上书，第270~271页。
③ 高桥以前，阿部吉雄提出："朱子之后，特别是到了明代，除薛敬轩、胡敬斋，敬要么作为一个既成概念而提起，要么仅仅作为静心的工夫而论及，总之，存在着一种倾向——忽视了它是切实地作为现实生活中活生生的工夫。不仅如此，人们一提到朱子学，往往以为不过是一门读书穷理之学罢了，而忽视了朱子最重要的思想——居敬与穷理的互动。尤其是王阳明提出'敬是蛇足'以后，思想界愈发混乱。经李退溪、山崎暗斋的深入研究，朱子所强调的敬的思想方得以重视，这是一个具有现实意义的重要问题。"高桥对阿部的该观点有所展开。参见阿部吉雄《日本朱子学と朝鲜》，东京大学出版会，1965年，第366页。

关于以上（1）（2）两点，笔者在此不复赘述[①]，仅就（3）略做分析。

高桥认为，在中国宋元明时代的新儒学里，以敬为中心的思想体系不曾存在。的确，在高桥从事学术研究的20世纪80年代，学界对东亚儒学普遍存在如此认识。然而，近年，不仅中国大陆及台湾的儒学研究取得了长足的发展，而且在日本，以宫纪子《蒙古时代的出版文化》（名古屋大学出版会，2006年）为代表的一大批研究成果相继问世，对填补元代以前的学术空白做出了贡献，在元代儒教的文本分析上取得了巨大进展。

据这些研究显示，李退溪的主敬思想源自元代《四书章图》以及明代《性理大全》，这些古典文本对其影响不容忽视，否则，单单通过与朱子敬说的比较，是难以准确地把握李退溪主敬思想的特征的。对朱子后学的敬说体系而言，尤其需要区分清楚的一点是：李退溪所继承的是哪些，而由李退溪独自提出的又是哪些。

（二）蔡茂松的研究

在中国大陆及台湾学者中，蔡茂松最为著名。蔡茂松在《朱子学》（神州书局，2007年）中指出，朱子修养论的特征在于"省察"，从在物到存养再至太极，最终是将理归于心[②]。

而对于李退溪的主敬思想，蔡茂松认为，敬是圣学的终极所归，与朱子《大学或问》所倡导的思想一脉相承，李退溪的主敬思想强调知行并重，身必力行，重视"比来点检平日应接"[③]。

李退溪谈及"敬"，每每引用《易》坤卦文言传"君子敬以直内，

[①] 关于（1），楠本正继"敬，元来是激活心的生命的工夫"、"以礼而敬"等解释，对高桥的立论提出了明确反驳。（楠本正继《宋明时代儒学思想の研究》，广池学园出版部，1962年，第240~241页）；关于（2），参见拙稿《近代日本における李退溪研究の系譜学——阿部吉雄、高桥進の学说の研讨を中心に》岛根县立大学综合政策学会《総合政策论丛》第18号，2010年，第61~83页。

[②] 蔡茂松《朱子学》，神州书局，2007年，第450页。

[③] 蔡茂松《韩国近世思想文化史》，东大图书公司，1995年，第322页。

义以方外",以及《近思录》为学大要篇"敬义夹持,直上达天德,自此"。退溪主张"只将敬以直内为日用第一义"①,"敬义夹持,无少间断,此是紧切工夫"②。"敬"乃未发之中的存养,"义"乃已发之和的省察。对平日应接的点检,退溪做过如下阐述:

> 比来点检平日应接之间,流洄敝俗,因自失己者,十常六七……只以言语一事言之,其曲折正如所喻。然如此预作间按排,不济事。只当敬以无失,涵养深厚,而发于应接者,不敢轻易放过。至于久久渐熟,则自然已无所失,而应人中节,虽有所不合人,亦不甚怨怪也。③

于"平日应接之间"时时进行点检——"义以方外",即省察已发之和,当属"义"的范畴。不过,退溪似乎更强调乃未发之中的存养——"敬","当敬以无失,涵养深厚,而发于应接者,不敢轻易放过"。此言反映出退溪是把"敬"放在首要地位,把"义"或者说"穷理"、"格物致知"放在了次要地位。对此,蔡茂松分析说:

> 其下言"就日用应接处,随时随事,一一点检"。此工夫最显退溪省察之特色,点检即省察,未发是存养之时,已发是省察之际,日用应接百起百落,省察亦百省百察,此工夫随事为之起而工夫连续不断,内心自省以检察所作所为是否中理,中理则加勉,不中理则函改,故此心须常存谨畏,不得怠慢放过。此心须是谨慎如有所畏,战战兢兢,如履薄冰,此种心态,极严肃,亦极机警,一知心不中理,即刻自省自止,不令动作继续表现,亦即刻自悟自改使趋乎中理。故此一省察自心之所为,是丝毫不能放过,放过即狂,不放过则真,实即动静一体用合也,故省察之功到极

---

① 《答金而精》,《增补退溪全书》第二册,成均馆大学校大东文化研究院,1989年,第91页。
② 《答南时甫》,《增补退溪全书》第一册,成均馆大学校大东文化研究院,1989年,第368页。
③ 《答郑子中》,同上书,第578页。

致,心正行实言真矣。①

退溪的修养论主张,无论"未发"还是"已发",均以"如履薄冰"的心态,事事都要"谨畏"、"谨慎",一刻不能忘记对"敬"保持畏惧和严肃的态度。

据蔡茂松的上述分析来看,对"已发"的省察,对"未发"的存养,退溪将这二者统一于"敬"之中,退溪的"敬"已上升为可以囊括所有修养论内涵的一个概念②。由"敬以直内"到"义以方外",由"居敬"到"穷理",突出强调心的存养,构成了退溪思想的主要特征。

笔者认为,蔡茂松的分析虽为中肯,但仍有局限,他仅仅指出了"敬说"在退溪思想中所占有的突出地位,却未能从整个东亚儒学史的视角对退溪的敬说所具有的意义做出评价。此外,蔡茂松对朱子敬说的分析,也存在值得商榷之处。

因此,本文借鉴高桥进、蔡茂松等学者的研究成果,从东亚儒学史的观点出发,通过对"敬说"思想体系进行梳理,探讨李退溪主敬思想的特征及其在东亚儒学史上所具有的历史意义。

三 朱子后学对敬说的发展

(一) 程子的敬说

如朱子所言,"到程子始关聚说出一个敬来教人",朱子的敬说继承了程子的敬说衣钵。兄程颢(1032~1085,号明道)强调仁,主张万物一体,其根本思想体现在"一人之心即天地之心"③,即"天人一体"

---

① 蔡茂松《韩国近世思想文化史》,东大图书公司,1995年,第328~329页。
② 高桥进认为,"李退溪继承了朱子的'敬,一心主宰,万事本根',他更进一步指出'敬,著彻上彻下工夫,方收效果,凡事不可失此','圣学十图,皆以敬为主'。世界之认识,人间存在理法之确立,学问目的之自觉,道德之完善,时时处处所有实践,均要持敬"。《檀国大学校退溪纪念中央图书馆开馆纪念国际学术会议第一群退溪学研究分野》,1986年10月13日至18日,高桥进《世界思想史における退溪学——"敬"の哲学とカント伦理学》,第14页。
③ 朱伯崑《易学哲学史》,朋友书店,2009年,第502页。

说①。程颢言：

> 心具天德，心有不尽处，便是天德处未能尽，何缘知性知天？尽己心，则能尽人尽物，与天地参赞化育，赞一本无赞字，则直养之而已。②

即，心具天德，便能做到知性知天，与天地参赞化育③。

弟程颐（1033~1107，号伊川）除了继承其兄的主要思想外，进一步提出了"敬"的概念，认为"修养存心之要法"在于"敬"。程颐引用《易》坤卦文言传"敬以直内，义以方外"加以阐述：

> 所谓敬者，主一之谓敬。所谓一者，无适之谓一。且欲涵泳主一之义。一则无二三矣。言敬，无如圣人之言易。易所谓敬以直内，义以方外，须是直内，乃是主一之义。至于不敢欺，不敢慢，尚不愧于屋漏。皆是敬之事也。但存此涵养，久之自然天理明。④

在这一段话里，程颐比较完整地阐明涵养须用敬，主一无适的入定工夫。由此，对研究退溪敬说产生了两点重要启示：

第一，关于"君子敬以直内，义以方外"，即程颐另文所言的"内直则外必方"，表面看似乎强调"内"的重要性，但他又说"敬只是持

---

① 朱伯昆认为，二程子之所以尊重张载的《西铭》，是因为"程颢以为，《西铭》所言的仁爱之理，无非就是孟子所言的良知、良能，此理即是自己、天地、万物三者融为一体，不分彼我。心存理而不失，即是孟子所言'万物皆我备'之境地。……人心与天地、万物统一，如同人之手足相连痛痒相贯。故，仁者仁爱万物，以天地为父母，以万物作伴侣。用此理一或一体说，来解释张载的《西铭》思想。一体说强调天与人本来无异，天理与人心毫无分别，人心统率天地、万物，与程颢的'物我一理'说有所不同。程颢的识仁说，成为此后的心学的主要论点之一"。参见朱伯昆《易学哲学史》，朋友书店，2009年，第503页。或参见《程子遗书》卷一一"道，一本也。或谓以心包诚，不若以诚包心，以至诚参天地，不若以至诚体人物，是二本也。知不二本，便是笃恭而天下平之道"（《二程集》，第118页），程颢将天人关系也称作"天人一本"。参见朱伯昆《易学哲学史》，朋友书店，2009年，第509页。
② 《二程集》上，《河南程氏遗书卷》第五，中华书局，第78页。
③ 依据《程子遗书》卷六"天人本无二，不必言合"（《二程集》，第81页），以及卷一一"诚者天之道，敬者人事之本。（敬者用也。）敬则诚"，朱伯昆认为值得关注的一点是，程颢"人事之敬，即天道之诚，天道不存人心之外"。参见朱伯昆《易学哲学史》，朋友书店，2009年，第509页。
④ 《二程集》上《河南程氏遗书卷》第一五，中华书局，第169页。

己之道,义便知有是有非。顺理而行,是为义也。若只守一个敬,不知集义,却是都无事也"[1]。所以,他主张的是,只有"敬"与"义"二者相辅相成方能完成心的涵养。此外,程颐认为"涵养须用敬,进学则在致知"[2],"敬"为心的涵养的手段,"致知"为进学的手段,涵养与进学同样不可或缺。程颐一贯主张的内外乃一理,敬义为心定工夫的观点值得关注[3]。垣内景子认为:"程子主张的敬,是作为涵养的方法而提出,在自我的内心里对理(义)做出肯定的同时,亦兼顾了外部的规范性,因而它是一个颇具宽度的概念。"围绕着"敬"与"义"的解释,此后还引发出关于"心"与"理"分离的争论。[4]

第二,"但存此涵养,久之自然天理明",即若能通过主敬养成心灵专一,那么在天德引导下自然会到达明天理的境地。程颐认为涵养能通"天",久之自然能够明晓"天理"[5]。据楠本正继的观察发现,学界在讨论程子敬说之时,侧重"穷理"研究的学者惯用"天人合一",而侧重"居敬"研究的学者则往往使用"天人一物",对于这种现象,楠本分析说:"天人合一表达了对天理的客观认识和追求之意,包含了知性的意味。而天人一物表现出的是笼罩在信仰色彩中的彼此一体,包含了感情成分。如果说伊川力图创立一种知性的学说的话,明道则似乎创立的是一种情感式的学说。"[6]对于程子的"敬"的理解,无论是知性的,还是情感的,二程的一个共识则是:天与人紧密相连("一

---

[1] 《遗书》卷十八,一○一条。
[2] 《二程集》上《河南程氏遗书卷》第一八,第188页。
[3] 楠本正继《宋明时代儒学思想の研究》,广池学园出版部,1962年,第144~145页。
[4] 垣内景子《"心"と"理"をめぐる朱熹思想构造の研究》,汲古书院,2005年,第64页。
[5] 朱伯崑《易学哲学史》,朋友书店,2009年,第506~507页。
[6] 同上书,第90~91页。此外,对由程子的门人完成的敬说,楠本论述道:首先,程门人谢上蔡(1050~1103)强调敬作为"心地上的工夫",程颢则认为敬是"整齐严肃",上蔡以"常惺惺"(时时唤醒心灵)来表现敬。其次,尹和靖(1071~1142)把敬作为获得诚的工夫。程颢提出"敬乃主一,整齐严肃",和靖把"主一"理解为"人到神祠中致敬时,其心收敛更不得毫发",人去神祠敬虔地奉上祈祷——"主一"即是"敬"。至此,对于敬的工夫的解释,经过程颢、谢上蔡、尹和靖基本完成。。

物"或"合一")。这一点,应该是考察朱子敬说和退溪敬说时不容忽视的一个关键。

(二)朱子的敬说

朱子(1130~1200)44岁时,读《易》坤卦文言传,领悟到"敬以直内,义以方外"乃"为学之要",其后,又从《中庸》领悟到"戒慎恐惧"乃"持敬之本",读《大学》意识到"格物致知"乃"明义之端"。其书斋有二,左名"敬斋",右称"义斋",依此可见,"敬"、"义"在朱子思想中的至高地位。

朱子敬说的特征,可以概括为以下三点:

1. 工夫。即存养心态。如朱子所言:"主一无适,整齐严肃,常惺惺法,收敛心身,死敬活敬。"强调的是无论未发与已发,还是动与静,在任何场合下,均要做到持敬专一。

> 敬字是彻头彻尾工夫,自格物,致知至治国,平天下,皆不外此。　　　　　　　　　　　　　　(《语类》卷十七·五)

> 敬有死敬,有活敬。若只守着主一之敬,偶事不济之以义,辨其是非则不活。若熟后,敬便有义,义便有敬。静则察其敬与不敬,动则察其义与不义。……须敬义夹持,循环无端,则内外透彻。　　　　　　　　　　　(《语类》卷十二,从周录)

2. 本心。即回归到寂静,纯粹,至善之本心。

> 人能存得敬,则吾心湛然,天理灿然。

(《语类》卷十二,方录)

> 敬则天理常明。自然人欲惩窒消治。

(《语类》卷十二,方录)

> 敬则万理具在。　　　(《语类》卷十二,节录)

> 学者工夫,唯在居敬穷理二事。此二事互相发。能穷理,则居敬工夫日益进,能居敬,则穷理工夫日益密。譬如人之两足,左足行则右足止,右足行则左足止。　　(《语类》卷九,一八条)

3. 主心。即主宰好自我心灵。

> 敬者，一心之主宰，而万事之根本也。　　　（《大学或问》）
> 敬，只是此心自做主宰处。　　（《语类》卷十二，道夫录）
> 人才敬时，这心便在身上了。　　（《语类》卷十二，义刚录）

在李退溪主敬思想的研究上，以上三点，似乎尚未引起足够的关注。其中第二点是对敬与天理二者关系的阐释，唯有高岛元洋对此做过严密考证，对"活敬"、"天理"，他分析说：

> 广义的"敬"，即"该贯动静"所指的"活敬"（《语类》卷一二），借此"心"与"天理"合而为一（敬，义）。所谓人心周流无穷于内，天人无间断，则道理流行。"敬"与"义"虽密切相连，却只有视"天理"、"道理"为主体并付诸具体实践，"义"方始然。换言之，"理"乃"在物之理"，"义"乃"处物之义"（《语类》卷九）。"理"的观念在天人合一的思想里被赋予了生命，"义"的观念在"心"之"省察（慎独）"中被大力推崇。因此可以说，退溪的主敬思想，是"理"与"义"的有机融合，一方面，具有"理"的面向外部宇宙世界的发散式思考，另一方面，又具有"义"的面向内心深处的收敛与反省。①

在朱子后学的敬说里，围绕着《易》坤卦文言传"敬以直内，义以方外"一句，争议较多的命题是如何理解"涵养须用敬"，"理与心一"，因为朱子没有给出定义，他只是援引程颢的解释："一人之心即天地之心。"如果按照高岛所言，"敬"与"义"虽密切相连，却只有视"天理"、"道理"为主体并付诸具体实践，"义"方始然。那么，"敬义内外论"就应该对"心"与"天理"的合理关系做出一定的解释。

对此，朱子是将"敬以直内"定位于未发的存养，将"义以方外"归属于已发的省察。至于存养、省察以及居敬、穷理的关系，高岛进一步做出如下分析：

---

① 高岛元洋《山崎闇斋——日本朱子学と垂加神道》，ぺりかん社，1992年，第317~318页。

"存养"、"省察"始终与"穷理"密不可分,"存养"就未发而言,可以理解为"心"、"理"(理一)的直接一体,"省察"就已发而言,可以理解为"心"、"理"(分殊)的间接一体。故此,"居敬、穷理"如"车之两轮"、"鸟之两翼"(《语类》卷九),废一不可。"居敬"时是不断地省察、存养,提高修养的过程;"穷理"时,又是一个由分殊到理一的辩证统一的过程。"居敬"(省察、存养)时,则有"常惺惺""提撕";"穷理"时,则会"一旦豁然贯通"(《大学章句》)。所以说,"居敬"也好"穷理"也罢,均是由外及里,由分殊至理一的反复修炼,如此才能最终实现"心"与"太极"(理)合为一体,绝对的主体——"心"方能确立。[①]

性为天理,心统性情。为何心与理一?尽管朱子在"存养、省察","居敬、穷理"这两组命题之间反复做出诠释,但是,对于为何"涵养须用敬",如何理解"理与心一"这样的难题,连朱子也未能给出合理的解答。

在研究朱子敬说上值得注意的一点是,朱子并非将"敬"仅仅作为自我修养的手段(工夫),而是往往与天联系在一起。在日本学者中间,普遍存在一种倾向,即把"敬"单纯地理解为人心深处的自我修养,这或许是受到了阳明学的影响,一旦与"天"发生关系便与"诚"联系到一起。其实,朱子对敬的解释只是沿袭了周子程子的解释,试图把敬与心,天理连为一体给出定义。正因为李退溪对这个问题抱以极大的问题意识,才着手写就了《天命图说》、《圣学十图》。

下面,笔者就本心(回归到寂静,纯粹,至善之本心)做一展开,谈谈朱子后学对敬说的发展情况。

---

① 高岛元洋《山崎闇斎——日本朱子学と垂加神道》,ぺりかん社,1992年,第357页。

（三）朱子后学的敬说

1. 李元纲（钱塘人，号百炼真隐）

南宋李元纲，将道统要义整理为十图，撰《圣门事业图》（1170年），序文称：

> 孟子曰，仁人心也，则仁之为言得其本心而已。心之本体，见于喜怒哀乐未发之前，寂然不动。敬以直内，与天地相似，与鬼神为一，无一息不存，无一物不该。（中略）学者，于喜怒哀乐未发之前，反求吾心，则知与天地万物本同一体。（中略）惟其梏于蠢然之形体，常有私意小智挠于其间，所发遂至于出入不齐而不中节。天之所以降衷，民之所以受天地之中者，失而不守。吁可怜哉。此子思所以有谨独之说也。①

孟子所谓"仁"，乃指"心之本体"，在此，若比作"敬以直内"，则不妨可以理解为"（人）与天地相似，与鬼神为一"。故而，学者若"反求吾心"，则可悟得人与天地万物其实"本同一体"。若被私意小智干扰，难以"中节"，那么天之降衷，民受天地之中都将受到危害。此即李元纲强调"谨独"的理由所在，他认为"敬以直内"是认知"天人同一"的必需条件。

2. 陈淳（1153~1217，北溪先生）

以朱门高徒而闻名的陈淳，在宋代性理学入门必读之作《北溪字义》②中，对于什么是"敬"，做了如是诠释：

> 人心妙不可测，出入无时，莫知其乡。敬所以主宰统摄。若无个敬，便都不见了。惟敬，便存在这里。所谓敬者无他，只是此心常存在这里，不走作，不散漫，常惺地惺惺，便是敬。③

---

① 李元纲撰《圣门事业图》，收入严一萍选辑《原刻景印 百部丛书集成》，艺文印书馆，1965年。
② 据佐藤仁推断，《北溪字义》是在王氏家塾里，王隽抄写陈淳的讲义，十年后才面世，年代在宋嘉定十二年（1219）至嘉定十六年（1223）左右。参见佐藤仁译《朱子学の基本用語——北溪字義訳解》，研文出版，1996年，第34页。
③ 〔宋〕陈淳著《北溪字义》，中华书局，1983年，第35页。

敬乃奇妙之物，具有主宰统摄心灵的功能，敬在则心在。这里值得注意的是，在陈淳的诠释中完全没有提及心与天理的关系。

3. 真德秀（1178~1235，号西山）

真德秀，南宋朱子学派的代表人物之一，曾抵制韩侂胄（1152~1207）发动的"伪学之禁"（封禁朱熹、二程的学说著书），是为道学复兴做出巨大贡献的儒学家。撰有《大学衍义》四十三卷，(李退溪爱读的)《心经》，《西山读书记》六十一卷，对朝鲜儒教也产生了巨大影响。

真德秀思想的主要特征，在于强调"端庄静一"的修养工夫，他认为诚意重于致知，存养重于穷理，"用敬"乃第一工夫。对于理，他也提出了独到的见解①。真德秀将圣贤格言编为《心经》，其中收录了《尚书·大禹谟》"人心惟危，道心惟微"，朱子《敬斋箴》、《求放心斋铭》、《尊德性斋铭》等有关"心"的语录。真德秀在开篇中，把《尚书·大禹谟》"人心惟危，道心惟微，惟精惟一，允执厥中"十六字誉为"万世心学"②，把止心守道谓之"心学"。自此以后，朱子后学开始把朱子学习惯称作"心学"，形成了朱子学逐渐倾向于心学的发展潮流。③

明太祖洪武帝对高丽曾与元结盟的历史心存芥蒂，担心朝鲜王朝与蒙古再度携手④，于是，分别于朝鲜王朝建国期的太宗元年（1392）、太宗三年（1394）、太宗四年（1395）接连下赐《大学衍义》，命朝鲜停止高丽时代的直译体汉文，改学正规的汉文，于太宗二年（1393）

---

① 日原利国编《中国思想辞典》，研文出版，1984年，第235页。
② 李退溪研究会《日本刻版李退溪全集（下）》，萤雪出版，1983年，第425页。
③ 荒木见悟《明末宗教思想研究》，创文社，1979年，《序章——心学与理学》。荒木认为"心浮上是由于内核的性（理）的活气所致，不应该去改变心的内核或者放弃内核。……心应合理，而非相反。这里呈现出了朱子学的特色，也暴露出心学的极限"（同上书，第15页），此种情况下的心学被看作是性=理的问题。
④ 宫纪子《モンゴル时代の出版文化》，名古屋大学出版会，2006年，第235页。

开设司译院，大力推广汉文教育。① 此后，世宗时代又下赐《四书大全》、《五经大全》、《性理大全》等儒家典籍。值得注意的是，作为上朝宗主之国的明朝，下赐朝鲜真德秀的《大学衍义》，对于建国伊始的朝鲜王朝来说，与其后传入的典籍相比，无疑被奉为最重要的教化读本。②

那么，《大学衍义》阐述的主要是些什么内容呢？篇首的"帝王为治之序"云：

> 盖人君一身，实天下国家之本，而谨之一言，又修身之本也。"思永"者，欲其悠久而不息也。为人君者，孰不知身之当修，然此心一放，则能暂而不能久必也。常思所以致其谨者，今日如是，明日亦如是，以至无往而不如是，夫然后谓之永。③

大意是，身为人君，干系天下，不可一日懈怠，应日日修身，常思谨慎，以期国之长治久安。"帝王为学之本"又云：

> 臣按，人心惟危以下十六字（笔者注：指《尚书·大禹谟》"人心惟危，道心惟微，惟精惟一，允执厥中"），乃尧，舜，禹传授之心法，万世圣学之渊源。人主欲学尧舜，亦学此而已矣。④

因为"人心惟危，道心惟微"，所以必须抑止人心，坚守道心，这才是

---

① 宫纪子《モンゴル时代の出版文化》，名古屋大学出版会，2006年，第211~228页。孟淑慧认为"元明清三代，《大学衍义》受到帝王的高度重视，成为经筵必讲之书，及帝王学教材。可以说真德秀的正君心理论与巩固王权的思想对后世的政治思想有重要影响"。参见孟淑慧《朱熹及其门人的教化理念与实践》，台湾大学文史丛刊，2003年，第333~334页。

② 정재훈《조선전기 유교 정치사상 연구》태학사，2005年，第86页；权纯哲《朝鲜儒学史における〈大学衍義〉と〈大学衍義補〉の意義——李珥の〈聖学輯要〉と柳馨遠の〈磻溪随録〉と関連して》，《埼玉大学纪要（教养学部）》第42卷第1号，2006年。此外，朱人求就《大学衍义》历史的影响，举出很多例子，"元仁宗称'治天下此一书足矣'（《元史》卷二四），下令将此书全部译成蒙文，刊行分赠朝臣。朱元璋于立国之初，曾问宋濂，'帝王之学，何书为要？'，宋濂便推荐《大学衍义》一书，朱元璋即'命书《大学衍义》于两庑壁间'（《御批历代通鉴辑览》卷九九），并率百官在此听宋濂解部分章节"。参见真德秀撰，朱人求校《大学衍义》，华东师范大学出版社，2010年，第13页。

③ 真德秀编《大学衍义》，民昌文化社，1994年，第12页；真德秀撰，朱人求校《大学衍义》，华东师范大学出版社，2010年，第11页。

④ 真德秀编《大学衍义》，民昌文化社，1994年，第20页；真德秀撰，朱人求校《大学衍义》，华东师范大学出版社，2010年，第26页。

"尧，舜，禹传授之心法，万世圣学之渊源"，身为人君帝王者就更有修身的必要。

至此可以看出，《大学衍义》是一部彻头彻尾的帝王修身学①，在这样的语境下，我们接下来再来看看《大学衍义》是如何阐释"敬"：

> 盖敬则万善俱立，怠则万善俱废。义则理为之主，欲则物为之主，吉凶存亡之所由分。上古圣人已致谨于此矣。……其后孔子赞《易》于"坤"之六二，曰"敬以直内，义以方外"。先儒释之曰，"敬立而内直，义形而外方"。盖敬则此心无私邪之累，内之所以直也。义则事事物物各当其分，外之所以方也。自黄帝而武王，自武王而孔子，其皆一道欤。②

读《大学衍义》印象最深的当数敬的五种，这在程子、朱子的学说里面是没有的。可见，真德秀对敬的重视③。五敬，包括：修己之敬，事天之敬，遇灾之敬，临民之敬，治事之敬。④

> 修己之敬：盖敬者，一心之主宰，万善之本源。学者之所以

---

① 孟淑慧指出，"他作《大学衍义》的目标非常明确，就是发挥《大学》的本义教育帝王，尽人臣正君之法，来帮助帝王了解治道的根源。换句话说，《大学衍义》是真德秀为了正君心而写的著作"。参见孟淑慧《朱熹及其门人的教化理念与实践》，第331页。

② 真德秀编《大学衍义》，民昌文化社，1994年，第26页；真德秀撰，朱人求校《大学衍义》，华东师范大学出版社，2010年，第36页。

③ 真德秀非常重视敬，伊东伦厚对此评述道："西山基本上是把《为学大本，唯敬与致知》（《西山文集》卷三十三《蔡仲觉字说》）二者看作是互补的，但是当论及心之工夫时，实际上与其说重视知=格物穷理，不如说他更偏重敬=居敬涵养。（略）我以为，就明代以前朱子后学而言，对敬的重视和强调，没有一个人能与西山相比。"参见《朱子学大系》第十卷《朱子の後継（上）》，明德出版社，1976年，《真西山》解说，第5页。此外，荒木见悟也指出，"西山的该书（即《心经》：著者注），本来是为了治心存养的经书而收集的，由于他缺少对朱子学格物致知的不甚了解，所以也不能说不是对格物致知的非议。但是，朱子学不仅具有理学的侧面还兼具心学的侧面，西山的意图不仅获得了那些愿意试图接受朱子学的人们的支持，而且也为那些朱子学的反对者提供了契机。十六字（'舜禹授受，十有六言，万世心学，此其渊源'：著者注）"。参见荒木见悟《明末宗教思想研究》，第13页。

④ 该书序文的注释中，"崇敬畏，戒逸欲者，诚意正心之要也"，崇敬畏又分六项：修己之敬，事天之敬，临民之敬，治事之敬，操存省察之功，规警箴诫之助。真德秀编《大学衍义》，民昌文化社，1994年，第3页；真德秀撰，朱人求校《大学衍义》，华东师范大学出版社，2010年，第2页。另外，"规警箴诫之助"在华东师范大学出版社版本中写为"规儆箴诫之助"。

学,圣人之所以圣,未有外乎此者。①(换言之,"盖敬者,礼之纲领也","曰毋不敬(笔者注:《曲礼》语)者,谓身心内外不可使有一毫之不敬也"②。)

事天之敬:天之聪明在民,天之明威在民,民心所在即天心也。天人一理,通达无间,有民社者其可不敬乎。③古之人主于日食星变之类,必减膳彻乐,或责己求言,凡皆所以示敬也。然天道昭明,凡人君出入往来之顷,优游暇逸之时,天之监临无乎不在,又不待变异失常,然后当知警也。④

遇灾之敬:汉董仲舒告武帝曰,天人相与之际,甚可畏也。国家将有失道之败,天乃先出灾害以谴告之,不知自省,又出怪异以警惧之,尚不知变,而伤败乃至。以此见天心之仁爱人君,而欲止其乱也。⑤

临民之敬:臣按,君之与民,以分言之,则若霄壤之不侔,以情言之,则若心体之相资。故可亲而近之,不可卑而远之也。国之有民,犹木之有根。根摇则木拔,民离则国危。⑥(另,"召公此篇言畏天必及民,是畏民当如畏天也"⑦,畏天即敬民。)

治事之敬:臣按,奉天时以兴农功,事之至重,故命羲和敬

---

① 真德秀编《大学衍义》,第二十八卷《诚意正心之要》上,民昌文化社,1994年,第242页;真德秀撰,朱人求校《大学衍义》,华东师范大学出版社,2010年,第442页。
② 同上。
③ 真德秀编《大学衍义》,民昌文化社,1994年,第244页;真德秀撰,朱人求校《大学衍义》,华东师范大学出版社,2010年,第446页。
④ 真德秀编《大学衍义》,民昌文化社,1994年,第249页;真德秀撰,朱人求校《大学衍义》,华东师范大学出版社,2010年,第455页。
⑤ 真德秀编《大学衍义》,第二十九卷《诚意正心之要》下,民昌文化社,1994年,第255页;真德秀撰,朱人求校《大学衍义》,华东师范大学出版社,2010年,第466页。
⑥ 真德秀编《大学衍义》,民昌文化社,1994年,第255页;真德秀撰,朱人求校《大学衍义》,华东师范大学出版社,2010年,第467页。
⑦ 真德秀编《大学衍义》,民昌文化社,1994年,第256页;真德秀撰,朱人求校《大学衍义》,华东师范大学出版社,2010年,第468页。

以授民。敬之见于经者始此。① 天下万事莫不本之一心，敬则立，
怠则堕，虽至细微，亦不可忽②。

如上，"敬"细分为五种，真德秀援引董仲舒的天人感应论，反复强调了天意反映民意的思想，君主应畏天敬民。真德秀的《大学衍义》在某种程度上可以说是董仲舒天人相关理论的翻版，他着重强调的是对天的敬畏，而对于为何"涵养须用敬"，如何理解"理与心一"这样的命题，没有表现出关心。另从《心经》上也可证明这一点：

易坤之六二曰，君子敬以直内，义以方外。敬义立而德不孤，
直方大。不习无不利，则不疑其所行也。

真德秀于此处，另以"龟山杨氏曰"的形式引文如下：

尽其诚心而无伪焉，所谓直也。若施之于事，则厚薄隆杀一
定而不可易，为有方矣。所主者敬，而义则自此出焉。故有内外
之辩。③

此句再次显示，"天理"概念在真德秀的思想中绝少提及④。

4. 程复心（1257~1340，字子见）

元代14世纪初，出版业一度出现空前的繁荣，配有插图解说的启蒙读本广为流行，程门后裔的程复心所著《四书章图》（1337年？）便

---

① 真德秀编《大学衍义》，民昌文化社，1994年，第256页；真德秀撰，朱人求校《大学衍义》，华东师范大学出版社，2010年，第469页。

② 真德秀编《大学衍义》，民昌文化社，1994年，第256页；真德秀撰，朱人求校《大学衍义》，华东师范大学出版社，2010年，第470页。

③ 《日本刻版李退溪全集（下）》，第424页。

④ 真锅正昭指出："朱子学整体上是虚理兼备。因此能解决现实各种问题，实现大用。朱子终生致力于究明。西山则关注于心的涵养，他深信养心之上，再加以省察，必至中节。这是站在居敬的立场。……西山认为，朱子的理存于心，实现的方法在于敬。"参见真锅正昭《真西山の思想について》，九州大学中国哲学研究会《中国哲学论集》一二号，1986年，第45页。此外，台湾的罗光分析认为："心动则失敬，不动则敬，动则有过，不动则常善，这是陆象山学派杨慈湖的话。真德秀以为'斯言至矣'，推为至高名言。实则和《中庸》的思想不同，也和朱熹的思想不同。"真德秀对敬的解释，与朱熹相比更接近于陆象山学派。参见罗光《中国哲学思想史·元明篇》，台湾学生书局，1981年，第45~47页。

是其中的一部①。

该书是对"四书"的图解,篇首"隐括总要"的"圣贤论心之要"中,程复心言及"敬"的概念:

> 盖心者一身之主宰,而敬又一心之主宰也。学者熟究于主一无适之说,整齐严肃之说,与夫其心收敛,常惺惺法之说,则其为工夫也。尽而优入于圣,亦不难矣。②

"一身之主宰"为心,"一心之主宰"为敬。学者熟究圣要四法即为工夫:(1)"主一无适"(《近思录》存养篇四八章),(2)"整齐严肃"(《近思录》存养篇四五章),(3)"其心收敛,不容一物"(尹和靖),(4)常惺惺法(《上蔡先生语录》卷中),那么进入圣学的殿堂并非难事。

关于"心"与"天理"的关系,程复心继"圣贤论心之要"之后,在"论心之虚灵"中谈道:

> 朱子语类曰,"虚灵自是心之本体,非我所能虚也。耳目之视听,所以视听者即其心也,岂有形象。然有耳目以视听之,则犹有形象也。若心之虚灵,何尝有物"(卷五,人杰录)。切谓心之本体虚。故具众理,而仁义礼智之性,无不全备。寂然不动者是也。心之本体灵。故应万事,而恻隐羞恶辞逊是非之情,随事发见。感而遂通者是也。③

程复心援引朱子语类,将心定义为"虚灵",称心能"具众理",心能"感而遂通"。程复心在"论心之神明"又云:

> 主吾身统性情,天也,道也,性也,心也。皆一理也。其妙于无迹者,则言天。其托于有形者,则言道。其赋予于人者,则

---

① 宫纪子《モンゴル时代の出版文化》,名古屋大学出版会,2006年,第七章《程复心〈四书章图〉出版始末考》。此外,李退溪《圣学十图》,第二《西铭图》、第六《心统性情图》、第八《心学图》等三处引用了"林隐程氏"作的图,说明李退溪对《四书章图》评价甚高。

② 《四书辑释章图通义大成》,名古屋市蓬左文库藏,朝鲜古活字印版一二行本,明正统八年(1443)建昌府儒学丘锡序,隆庆四年(1570)宣赐,第69页。

③ 同上书,第71页。

言性。其存主于人者，则言心。①

他认为，天、道、性、心均具有"主吾身统性情"之功能，实为一理。据此可以明显地看出，程复心对于为何"涵养须用敬"，如何理解"理与心一"这样的命题，试图以神秘主义的解释来回应。

5. 吴澄（1249~1333，号草庐）

与程复心同一时代的吴澄，十五岁著《敬铭》，后被收入《性理大全》，在当时士大夫中间享有"国之名儒"的盛誉②。吴澄反对朱子学陷入偏狭僵化，提倡朱子学返本归真，重视尊德性的陆象山对吴澄给予了高度的评价③。吴澄对"敬"理解为：

> 朱子，静而不知所以存之，则天理昧而大本有所不立。此言当矣。但谨按朱子曰以下，朱子之言，间有未莹者。执事已自能知之，今不复再言。欲下实工夫。惟敬之一字，是要法。④

吴澄认为，对于存养的真义，连朱子都未言明，所以，欲提高存养工夫，"敬之一字"为不二的要法。对此，三浦秀一根据吴澄对朱子《敬齐箴》的解读，指出：

> 对《敬齐箴》所做的上述解释（笔者注：以实践主体的内外为基准的解释）表明，被程颐、朱熹称作集义或穷理的实践，是包含在主敬之中的。朱熹认为主敬与穷理，二者互补，在实践中又赋予各自的思想含义。若与朱熹的此种实践观相比较的话，吴澄的实践认识是向主敬一侧倾斜的。

吴澄把程颐以来的"主敬"理解恣意地扩大了。⑤如果说，程复心和吴澄都滑向了"主敬"，那么，这也许与他们共同生活的时代背景有关，即南宋（金）向元的过渡期。吴澄认为气质使本来之性受到污染，强

---

① 《四书辑释章图通义大成》，名古屋市蓬左文库藏，朝鲜古活字印版一二行本，明正统八年（1443）建昌府儒学丘锡序，隆庆四年（1570）宣赐，第73页。
② 《朱子の後継（上）》，吉田公平"吴草庐"解说，第19页。
③ 同上书，第22页。
④ 同上书，第170、463页。
⑤ 〔日〕三浦秀一《中国心学の稜線——元朝の知識人と儒道仏三教》，研文出版，2003年，第308~309页。

调纯粹的本性。① 王朝被异民族统治，即便身仕元朝，但只要涵养用敬，其人的本性即"天理"终得回复。南宋遗臣们的心性由是昭然若揭，对于"敬"也产生了遗臣们的新的诠释——寂然不动。

> 敬者，心主于一而无所适也。夫苟主于一而无所适，则未接物之前，寂然不动，非静乎。既接物之后，应而不藏，非虚乎。静虚二言，敬之一字，足以该之。学静虚者，亦曰敬以存其心而已。所存之心，何心哉。仁义礼智之心也。非如异教之枯木死灰者。②

6.《性理大全》

进入明代以后，学者们对朱子敬说有着多种诠释。众所周知，朱子后学先后汲取了周濂溪、邵康节、张横渠、二程、朱子及其弟子们的学说，涉猎了北宋南宋众多儒学者的著作。尤其是，明成祖永乐帝（在位期间，1403~1424）御命编纂的三大全——《四书大全》、《五经大全》、《性理大全》集儒家经典之大成。然而，三大全的刊行与流布造成的结果是，科举考试完全依据三大全而排斥其他诸家的解释，这在儒学史上产生了划时代的变革，同时，随之掀起了一场对僵化的朱子学解释进行批判的风潮，最具代表性的就是阳明学的出现。到了明末，诠释"四书"的著述如雨后春笋般大量出现，也就是在这样的过程中，唤起了人们对心性修养问题的关注③。

其实，《性理大全》只是任意网罗了一些与"敬"相关的言论学说

---

① 《朱子の後継（上）》，第22页。
② 《吴文正公外集》卷二四、二九，《静虚精舍记》，三浦秀一书中引用，第311页。
③ 户川芳郎、蜂屋邦夫、沟口雄三《儒教史》，山川出版社，1987年，第294页。此外，对《性理大全》的重要性，吾妻重二指出："第一，（中略）三大全成为国家教学的主流。（中略）三大全（中略）同样具有国家认定的正统学说的功能。第二，直至明末的二百余年间，作为科举的标准广为应用。对三大全的解释，无论认可也好批判也好，三大全成为明代士人的必读参考书。（中略）第三，后世，出现了各种类书。（中略）第四，在朝鲜和日本，因三大全被大量翻刻，也有了众多读者。应该说，该书不仅在中国国内，在近世东亚广大地区，为知识人的思想营为打造了基础平台。"参见吾妻重二《宋代思想の研究——儒教・道教・仏教をめぐる考察》，关西大学出版部，2009年，第122页。

而已。在这里,笔者就朱子敬说最具代表性的语录列举如下:

〔程子曰〕入道莫如敬。未有能致知而不在敬者。①

〔朱子曰〕敬字工夫,乃圣门第一义,彻头彻尾,不可顷刻间断。②

〔朱子曰〕敬之一字,真圣门之纲领,存养之要法。一主乎此,更无内外精粗之间。③

〔朱子曰〕人有躁妄之病者,殆居敬之功有所未至。故心不能宰物,气有以动志而致然耳。若使主一不二临事接物之际,真心现前,卓然而不可乱,则又安有此患哉。或谓子程子曰,心术最难执持,如何而可。程子曰敬。又尝曰,操约者敬而已矣。惟其敬足以直内。故其义有以方外。义集而气得所养,则夫喜怒哀乐之发,其不中节者寡矣。孟子论养吾浩然之气以为集义所生。而继之曰,必有事焉而勿正,心勿忘,勿助长也。盖又以居敬为集义之本也。夫必有事焉者,敬之谓也。④

〔朱子曰〕近世学者之病,只是合下欠却持敬工夫。所以事事灭裂。其言敬者,又只说能存此心,自然中理,至于容貌词气往往全不加工。又况心虑荒忽,未必真能存得耶。程子言,敬必齐严肃正,正衣冠,尊瞻视为先。又言,未有箕踞而心不慢者。如此乃是至论。⑤

〔北溪陈氏曰〕格物致知也须敬。正心诚意也须敬。齐家治国平天下也须敬。敬者,一心之主宰,万事之根本。⑥

仔细读来,发现《性理大全》将真德秀、吴澄等人的心学言论基本毫无遗漏地收录其中。例如,以下言论与朱子所言有着微妙的不同:

---

① 《性理大全》卷四十六《学四存养》,保景文化社,1994年,第736页。
② 同上书,第737页。
③ 同上。
④ 同上书,第741页。
⑤ 同上书,第742页。
⑥ 《性理大全》卷四十七《学五存养》,保景文化社,1994年,第747页。

〔北溪陈氏曰〕心虽不过方寸大，然万化皆从此出。正是源头处。故子思以未发之中为天下之大本，已发之和为天下之达道。①

〔临川吴氏曰〕心学之妙，自周子程子发其秘学者，始有所悟，以致其存存之功。周子云无欲故静，程子云有主则虚。此二言者，万世心学之纲要也。②

〔临川吴氏曰〕伊洛大儒，嗣圣传于已绝。提敬之一字为作圣之梯阶。汉唐诸儒所不得而闻也。新安大儒继之，直指此为一心之主宰，万事之本根，其示学者切矣。夫人之一身，心为之主，人之一心，敬为之主。主于敬，则心常虚。虚者物不入也。主于敬，则心常实。实者我不出也。敬也者当若何而用力耶。必有事焉，非但守此一言而可得也。③

另外还发现，李退溪几乎把《性理大全》朱子仁说的全文，都作为《圣学十图》第七《仁说图》而加以引用。例如：

盖仁之为道，乃天地生物之心即物而在。情之未发而此体已具。情之既发而其用不穷。诚能体而存之，则众善之源，百行之本，莫不在是。此孔门之教，所以必使学者汲汲于求仁也。其言有曰克己复礼为仁。言能克去己私复乎天理，则此心之体无不在，而此心之用无不行也。又曰，居处恭，执事敬，与人忠，则亦所以存此心也。又曰，事亲孝，事兄弟，及物恕，则亦所以行此心也。④

退溪把朱子的"克己"理解为心的修养，能克去己私便能复乎"天理"，此外，把恭敬忠也理解为心的存养。

总之，对于为何"涵养须用敬"，如何理解"理与心一"这样的命题，李退溪通过《性理大全》这样一部心学语录集，将朱子的原话逐一甄选出来，希望排除那些心学的或者说神秘主义的解释，以正视听。

---

① 《性理大全》卷三十二《性理四》，保景文化社，1994年，第546页。
② 同上书，第547页。
③ 《性理大全》卷四十七《学五存养》，保景文化社，1994年，第749页。
④ 《性理大全》卷三十五《性理七》，保景文化社，1994年，第578页。

7.《圣学心法》(1409年)

《圣学心法》是明成祖朱棣（永乐帝）于永乐七年（1409），为训诫子孙（实际上，主要是针对当时的皇太子朱高炽）而亲自编纂的。[①]以儒学精神为指导，遴选圣人先贤有关正心、修身、齐家、治国、平天下的经典语录，详尽阐述治国之道，堪称集帝王之学之大成。特别是从王遂《心学》记载的周、邵、二程、张（北宋五子）以及南宋的张栻、吕祖谦、朱熹、刘清之等人的语录，再加上编者自撰的文章而成。[②]该书尽管在中国被恶评为糊涂事实的欺瞒之作，[③]但是在朝鲜得到了传播。[④]书中收录的有关"敬"的言论如下：

> 盖为治莫大于敬天。天者至尊无对，观其高，高在上，若不吾见。然无时而不监焉。苍苍不言，若不吾与。然无时而不保焉，天之视听，相为感通。人心之敬忽有间，则天命之去留无常，吉凶晦否，匪降自天，实由于人。永保天命者，其在于敬乎。[⑤]

> 盖天命无常，惟德是与，惟能修德以合天心，则天命眷顾，久而益隆。[⑥]

> 论语，子曰，道千乘之国，敬事而信，节用而爱人，使民以时。道，治也。千乘，诸侯之国。其地出兵车千乘者也。敬者主一无适之谓。敬事而信者，敬其事而信于民也。时谓农隙之时。

---

① 檀上宽《永乐帝》，讲谈社现代新书，2012年（原著为1997年），第214页。
② 三浦秀一《中国心学の稜線》，第16页。三浦指出，王遂的《心学》，没有收进元末所编《宋史》艺文志，在明代的书目中有出现，但是现在似乎失传了。陈荣捷指出，据日本诸桥《大和和辞典》的解释，"心法"是指"修心之道"、"存养心体，省察心用之道"，倾向于解释为心灵的修养方法，这是受到佛教影响，本来应该解释为"要法"，因此在《圣学心法》中："包括圣学全面，所谓要法是也。"参见陈荣捷《朱子新探索》，台湾学生书局，1988年，第336~338页。
③ 檀上宽《永乐帝》，讲谈社，2012年，第214~215页。此外，三浦秀一指出，除了三大全，成祖还亲自编纂了《圣学心法》四卷（1409年撰），这可以看作是"明初心学运动的产物"。参见三浦秀一《中国心学の稜線——元朝の知識人と儒道仏三教》，研文出版，2003年，第32页。
④ 정재훈《조선전기 유교 정치사상 연구》태학사，2005年，第177~179页。
⑤ 《圣学心法》卷一，名古屋市蓬左文库藏，第7~8页。
⑥ 同上书，第27~28页。

言治国之要在乎之五者。亦务本之意也。①

〔真德秀曰〕人主之心，与天地相流通，而善恶吉凶之符甚于影响。②

心学（＝王逵《心学》：笔者注）曰，天地以生物为心，圣贤以生民为心。③

人君上合天心，下得人心，有道乎。曰有敬而已。④

〔易曰〕君子敬以直内，义以方外，敬义立而德不孤。⑤

〔书舜曰〕人心惟危，道心惟微。惟精惟一，允执厥中。⑥

〔朱子曰〕敬者圣学之所以成始而成终者也。⑦

〔朱子曰〕主敬者存心之要，而致知者进学之功。⑧

〔心学曰〕敬者该贯动静。方其无事而存主不懈者，固敬也。及其应事而酬酢不乱者，亦敬也。此圣贤之学，彻头彻尾无非敬也。⑨

〔心学〕中庸，心学之精微。大学，心学之次第。论语，则尧舜孔颜之心法无不在焉。孟子，则千变万化皆从心上来。此圣贤传授之正学，皆不外乎心也。⑩

〔真德秀曰〕人君为天所子。其事天如事亲。然亲之容色少有不怿，人子当痛自咎责，敢有轻忽傲慢之意耶。⑪

〔心学曰〕人君之心，莫重于敬天。⑫

〔陆贽曰〕天之视听皆因于人。人事理而天命降乱者，未之有

---

① 《圣学心法》卷一，名古屋市蓬左文库藏，第55页。
② 同上书，第84页。
③ 同上。
④ 同上书，第86页。
⑤ 《圣学心法》卷二，第4页。
⑥ 同上书，第5页。
⑦ 同上书，第31页。
⑧ 同上。
⑨ 同上书，第35页。
⑩ 同上书，第39页。
⑪ 同上书，第41页。
⑫ 同上。

也。人事乱而天命降康者，亦未之有也。并通鉴见纲目。①

孔子曰，仁人之事亲也，如事天。事天如事亲。②

心学曰，凡事不可以易视之。事虽小，亦要用心关防处置。凡事要敬，不可有怠心。亦不可有怠心，处事要合人心顺天道。③

由上述语录可以看出，与自我修养的"敬"相比，莫不如说"敬天"即"永保天命"显得更为重要。天在看，人在做，天人互为感应，人若不敬天，命将不保。因此，这里特意引述了陆象山心学所主张的"人君之心，莫重于敬天"。一方面反映出永乐帝个人的意图，另一方面也反映了明初之际，对敬的理解已经不单单是修己，而是更加重视天命，换言之，敬是为保王权而服务的。自此，"敬"开始从"敬以直内"向"敬天"转变，或者说从性理学开始向"心学"转变。

8. 薛敬轩（1389~1464）

明初，一些学者在继承朱子学的基础上创立了河东学派。如薛敬轩所言，"惟中和二字，纳无穷之理，其要惟在心"（译者：意译）(《薛文清公全集》卷十一《读书续录》卷一），"得朱子心学者，许鲁齐一人耳"（译者：意译）(《薛文清公全集》卷八《读书录》)，他认为朱子学是心学，在朱子学的"居敬"与"致知"之间，以"复性"为宗，唯强调通"复性"的"居敬"而忽视"致知"④。

9. 程敏政（1445~1499，号篁墩）

程敏政，徽州人（现安徽省），受"和合朱陆"的新安理学派的影响，对陆象山的心学产生了极大兴趣。元代徽州婺源（朱子的故乡，今属江西）的学者程复心著有《心学图》一书，程敏政对《心学图》注疏而成《心经附注》⑤（1492年），这部《心经附注》也被李退溪视

---

① 《圣学心法》卷二，第75页。
② 《圣学心法》卷四，第45页。
③ 同上书，第68页。
④ 《朱子学大系》第一〇卷，《朱子の後継（上）》，明德出版社，1976年，竹内弘行"薛敬轩"解说，第42页。
⑤ 解光宇《朱子学与徽学》，岳麓书社，2010年，第239~240页。

为自己人生和学问的指南书。在这部书的序言里,程敏政阐述了他对"敬"的观点:

> 盖尝反复紬绎,得程子之说,曰天德王道其要只在谨独,亦曰学者须是将敬以直内涵养。直内是本。朱子亦曰,程先生有功于后学,最是敬之一字,敬者圣学始终之要也。盖是经所训不出敬之一言。①

程敏政在此引述朱子的"敬者圣学始终之要","经所训不出敬之一言",突出强调了敬的重要作用和地位。在书中,程敏政对真德秀的"易坤之六二曰,君子敬以直内,义以方外,敬义立而德不孤,直方大不习无不利,则不疑其所行也"一段加以注释。附注〔程子曰〕"尹和靖尝言,〔程子〕先生教人,只是专令敬以直内。若用此理,则百事不敢妄作,不愧屋漏矣。习之既久,自然直所得也",并以"按"的形式加注点评,"易言敬以直内,义以方外。诚学者希圣之枢要。然敬以直内,其本也"②,表达了"敬以直内其本也"的个人观点。

除此之外,他还以〔朱子曰〕的形式,引述"问人有专务敬以直内,不务方外何如。程子曰,有诸中者必形诸外。惟恐不直内。内直则外必方",于此处加注"按""敬义之说,先儒多对举而互言之。考程子此言及胡氏朱子之说,又有宾主轻重之辨。学者详之"③,认为有必要区别敬与义的"宾主轻重",认为"敬"尤为重要。

至此,笔者对朱子后学敬说的谱系脉络进行了梳理,归纳起来,可总结出以下三点:

(1)在朱子敬说里,包含了一个回避不了的命题,即何为"涵养须用敬",如何理解"理与心一"。朱子后学在不同的时期给出了不同的回答,元代时做出的是神秘主义的解释,而到了明代给出的是以"敬天"为特征的心学解释。

---

① 阿部吉雄编《日本刻版李退溪全集(下)》,李退溪研究会,1983年,第417页。
② 同上书,第419页。
③ 同上书,第426页。

（2）程颢以来，人与天通过仁、敬、诚而达到"天人一体"，这已经成为人们的普遍认识。为此，通过心的修养（居敬穷理）实现天人合一（即成为圣人）成为道学的目标。但是，真德秀《大学衍义》问世以后，天却逐渐地转变为从天上监视人心的可畏之存在，究其原因，是与君子维护王权的需要或者儒者心性的转变有关，与董仲舒的天人相关说的影响有很大关系。

（3）《性理大全》是朱子后学关于敬说的集大成之作。书中收录了大量的有关心学的解释。李退溪一方面忠实地祖述朱子的本义思想，另一方面，李退溪也受到16世纪兴起的性理学的影响，在敬义内外说的问题上，在普遍推崇"敬以直内"，心的修养即为敬的时代潮流下，李退溪的思想中也开始出现天的观念，无法回避"无时而不监"的天的可畏存在。

四　李退溪敬说的特征

首先可以确定的是，李退溪的敬说并非朱子敬说的忠实继承。

在李退溪的著作中，引用随处可见，譬如，《圣学十图》第九《敬斋箴图》："西山真氏曰，敬之为义。至是无复余蕴。有志于圣学者，宜熟复之。"① 又譬如，他在《心经附注》卷四《朱子敬斋箴曰》中直接引用了程敏政的《附注》，主张敬包括义等等，类似的情况不胜枚举。但是，尽管这样也不能简单地认为他一味承袭了真德秀或程敏政的敬说。退溪的敬说与他们的敬说，在思想体系上还是存在着明显的不同。例如陈荣捷指出，《圣学十图》第四图《大学图》，退溪没有收录朱子的大学图（载《语类》卷一五卷末），而是特意选录了朝鲜儒学学者权近（1352~1409）的大学图。究其理由，陈荣捷分析认为："朱子之图，

---

① 《退溪先生全书》卷第七《进圣学十图》，《退溪学丛书》第Ⅱ部第1卷，《陶山全书一》，第202页。

乃为大学整个思想而作。退溪所用之图,乃为人主修养而作。其目的不同,故所采之图亦异。《十图》皆根据于朱子思想,则退溪诚忠于朱子者也。"①即从根本上来讲退溪是忠实于朱子的,但是因目的、用途不同,而出现些许变化亦合情理。

那么,退溪敬说到底具有什么特征呢?

《戊辰六条疏》集李退溪思想之大成,记录了退溪晚年对幼帝宣祖的上疏。不过,该文本大多是对先学的引用,很难分辨哪些是退溪自己的话,是故,迄今没有引起学界太大的关注。笔者却认为,《戊辰六条疏》中,既有退溪对传统的继承,也包含有革新的内容。

例如,在《其三曰敦圣学以立治本》中,退溪阐述帝王之学:"敦圣学以立治本。臣闻,帝王之学,心法之要,渊源于大舜之命禹。其言曰'人心惟危,道心惟微,惟精惟一,允执厥中'。夫以天下相传欲使之安天下也。"②这段论述即是忠实于《大学衍义》"帝王为学之本",指出"人心惟危,道心惟微,惟精惟一,允执厥中"乃"帝王之学,心法之要"之渊源,他强调唯有加以尊重,代代相传,方能保天下太平。不仅如此,退溪还谈道:"敬以为主,而事事物物,莫不穷其所当然与其所以然之故。沈潜反复玩索体认而极其至。至于岁月之久,功力之深,而一朝不觉其有洒然融释,豁然贯通处,则始知所谓体用一源,显微无间者真是其然。而不迷于危微,不眩于精一,而中可执。此之谓真知也。"③特别是最后一段话值得关注:

> 或曰,帝王之学,不与经生学子同。此谓拘文义工缀缉之类云耳。至如敬以为本,而穷理以致知,反躬以践实,此乃妙心法,而传道学之要。帝王之与恒人,岂有异哉。④

针对有人提出"帝王之学,不与经生学子同"的观点,退溪反驳说:"道学之要,帝王之与恒人,岂有异哉。"所谓恒人,即常人、凡人。

---

① 陈荣捷《朱子新探索》,台湾学生书局,1988年,第367~370页。
② 同上书,第177页。
③ 同上书,第178页。
④ 同上书,第179页。

退溪主张以敬为本，穷理以致知，反躬以践实，此乃妙心法，无论帝王还是恒人，适用于所有人。[①] 朱子曰："学者当知孔门所指求仁之方，日用之间，以敬为主。不论感与未感，平日常是如此涵养，则善端之发，自然明著。"（《语类》卷十二《方录》）由此退溪认为，于"日用之间"的持敬，亦是孔子所倡导的精神。

退溪在《其四曰明道术以正人心》里，更进一步将此种"帝王之学"向"平民化"推进。

> 臣愚必以明道术以正人心者，为新政之献焉。虽则然矣，而其明之之事，亦有本末先后缓急之施。其本末又有虚实之异归焉。本乎人君躬行心得之余，而行乎民生日用彝伦之教者，本也。追踪乎法制，袭美乎文物，革今师古依仿比较者，末也。[②]

在上疏中，退溪谈到，宣祖应以"明道术以正人心"为新政的重点，明辨施政的本末缓急，人君首先做到体察心得，继而推行"民生日用彝伦之教"。此处退溪使用的"民生日用彝伦之教"一语，看似与帝王之学毫无相干，那么，为什么会出现这种脱胎换骨般的转变呢？笔者认为，这是因为在"天之仁爱"的观念里，"民之安宁"最为重要。

> 人主于此，又当知天心之所以仁爱我者何故，而当知我所以奉承天心者何道，而可无不深思熟讲而实体行之，然后庶可以享天心而尽君道矣。臣请为殿下言其故。窃谓天地之大德曰生。凡天地之间，含生之类，总总林林，若动，若植，若洪，若纤，皆天所闷覆而仁爱。而况于吾民之肖像而最灵为天地之心者乎。然天有是心而不能以自施。必就夫最灵之中，而尤眷其圣哲元良德

[①] 朱子《大学章句序》："人生八岁，则自王公以下，至于庶人之子弟，皆入小学，而教之以洒扫，应对，进退之节，礼乐，射御，书数之文；及其十有五年，则自天子之元子，众子，以至公，卿，大夫，元士之适子，与凡民之俊秀，皆入大学，而教之以穷理，正心，修己，治人之道。此又学校之教，大小之节所以分也。"据此退溪认为，真德秀在《大学衍义》中所阐述的是以敬为核心的"帝王之学"，退溪主张应该回归到朱子本义上来，对上至王公下至庶民的朱子学进行了重新解释。

[②] 阿部吉雄编《日本刻版李退溪全集（下）》，李退溪研究会，1983年，第180页。

> 协于神人者，为之君，付之司牧，以行其仁爱之政。既命之佑之，而宠绥四方矣。犹恐其或怠而或难生于所忽也。于是乎，又有所谓灾异警谴之加焉。天之于君，所以反复丁宁若是者，无他。既以仁爱之责，委重于此，自当有仁爱之报，倦倦于此也。诚使为人君者，知天之所以仁爱我者如此。①

即天托付人君，对民施以仁爱之政，从而宠绥四方。然而这绝非易事，往往会出现民众受苦局面。因此，退溪认为身为人君，欲施行仁政，必须体察民间疾苦。只有了解民心——民生日用彝伦之教，才称得上"真知"。

> 今殿下诚能知虚名之不可恃，求要法以明道学。请必深纳于臣前所论真知实践之说。敬以始之，敬以终之。②

这段话是退溪希望宣祖对"真知实践之说"能够深刻地领悟，做到"敬以始之，敬以终之"。

至此可见，退溪并没有把《大学》看作"帝王之学"，而是视为"民生日用彝伦之教"，是亲民还是疏民，二者截然不同。退溪利用经筵侍讲之机，敢于向君主直诉民间疾苦："七、八月之间，风灾旱灾，飞蝗蔽天，蟊贼盈畴，或朽而不秀，或穗而不实，则稻一谷亦无望于入民之腹矣。古语云，一谷不登，民受其饥。今则百谷不登，民何以充腹。"(《戊辰经筵启札一》)③ 据此，高令印分析指出："在李退溪的字里行间，洋溢出他的心是与百姓的苦难紧密地联系在一起的。他当时居于上层社会，却一刻也未忘记处水深火热中的亿万百姓。"④ 退溪写道："君舟之覆，恒在于民严，肆予冲人永思艰，以为人君祈天永命之

---

① 阿部吉雄编《日本刻版李退溪全集（下）》，李退溪研究会，1983年，第183页。
② 同上。
③ 《退溪先生全书》卷之七《戊辰经筵启札一》，收入《退溪学丛书》第Ⅱ部第1卷，《陶山全书一》，第187页。
④ 《中国文化月刊》142期，1991年，《李退溪"取信于民"的民本主义》，第8页；高令印《李退溪与东方文化》，厦门大学出版社，2002年，第155页。

道,诚不外于怀保小民。"①君主覆舟往往是苛待民众之故。退溪暗示宣祖,作为人君,除了敬祈上天,同时还要不忘"怀保小民"。

正如高令印分析的那样,退溪对百姓抱有深厚的同情。这种感情,绝不是帝王君主们所能体会的,他们高高在上,唯恐民众掀起"易姓革命",对于民众防备有加。这一点,在《戊辰经筵启札一》的后半部分有明显的印证。

> 古之人君,视民如伤,若保赤子。父母爱子之心,无所不至。如遇其疾病饥寒,则哀伤恻怛,不啻在己。提抱抚摩,诚求不远,饮食以饲哺之,药物以救疗之。如此而或至于死,犹不敢怨天,而自伤其救疗之未尽。盖其深爱至痛之情,所当然也。②

退溪以为人君就要行父母爱子之道,像父母百般体恤自己生病的子女一样,关怀备至地体恤百姓之疾苦。有深爱至痛之情,有自省自责之心,这些是理所当然的。高令印称之为"取信于民"的民本主义,笔者认为这再恰当不过了。

君视民为赤子,出自朱子《中庸章句》第二十章第十一节:"凡为天下国家有九经。曰修身也。尊贤也。亲亲也。敬大臣也。体群臣也。子庶民也。来百工也。柔远人也。怀诸侯也。"③不过,朱子对吕大临的解释曾加以批注:"视群臣犹吾四体,视百姓犹吾子,此视臣,视民之别也。"④意即强调臣下与庶民是区别对待的。因此,退溪的"深爱至痛之情"一语鲜明地体现出他对底层民众的深厚感情。

此外,还有一点不容忽视,退溪不仅把君臣关系视为父子,同样也把天人关系视为父子。例如,《戊辰六条疏》中《其六曰诚修省以承天爱》:

---

① 《退溪先生全书》卷之六《教黄海道观察使兼兵马水军节度使权应挺》,《退溪学丛书》第Ⅱ部第1卷,《陶山全书一》,第159页。
② 同上书,第187页。
③ 朱杰人、严佐之、刘永翔主编《朱子全书》第六册,上海古籍出版社、安徽教育出版社,2002年,第45页。
④ 同上。

> 昔者孔光以为天道不必忧。安石以为天变不足畏。皆谄谀奸罔之言。固大得罪于天矣。董仲舒、刘向之徒，又以某灾为某失之应。亦太拘拘滞陋，而其或有不相应者，则适启人君不畏不忧之端，亦非也。故臣愚以为君之于天，犹子之于亲。亲心有怒于子，子之恐惧修省，不问所怒与非怒，事事尽诚而致孝，则亲悦于诚孝，而所怒之事并与之浑化无痕矣。①

董仲舒、刘向等人曾经提出，天灾乃失政之反应，即"天人感应论"。若照此理论，是不是可以说只要不出现天灾，那么君主便大可不必忧虑了呢？笔者认为，非也。君主对待天的态度，如同孩子对待父母一样，无论父母是否生气，都应该始终如一地做到尽诚致孝，让父母开心。因为天也是同样，能够感应到君主的"敬"和"诚"。

> 惟殿下深知天所以仁爱己者若是，其非徒然也。内以自反于身心，一于敬而无作辍，外以修行于政治者，一于诚而无假饰所。处于天人之际者，无所不用其极。如前所云云，则虽有水旱之灾，谴警之至，犹可施恐惧修省之力，而承天与仁爱之心。②

由此可以看出，退溪想要强调的是，在维护父子、君臣、天人的信赖关系中，"敬"发挥着至关重要的作用。

虽然是以《大学衍义》、《心经附注》为思想的出发点，但是，退溪能够摆脱帝王哲学的框架，站在民众的立场，强调"民生日用彝伦之教"，将朱子后学所构建的"帝王之学"推向平民化，使之回归到日常的"道学"和"真知"，对"敬说"做出了崭新的诠释。换言之，李退溪没有把儒教当作君主帝王的特权，而是将儒教作为"恒人"大众所需的教义，而且，居于其思想核心的便是"敬"。退溪在宣祖的上疏中提出"民生日用彝伦之教"，尽管遇到当时时代背景下的阻力，但是他出于对民众的厚爱，还是勇敢地发出了自己的声音。

---

① 《退溪先生全书》卷之七《戊辰六条疏》，收入《退溪学丛书》第Ⅱ部第1卷，《陶山全书》一，第184页。

② 同上。

退溪在《自省录》所收《答郑子中》中曾云:"盖尝闻之,古人所以为学者,必本于孝悌忠信,以次而及天下万事尽性至命之极。盖其大体无所不包,而其最先最急者,尤在家庭唯诺之际。故曰,本立而道生。"①阐述了为学在"家庭唯诺之际"的重要性。至于穷理方法,他主张:"不本诸心而但外讲仪节者,诚无异于扮戏子。独不闻民彝物,则莫非天衷真至之理乎。亦不闻朱子所谓'主敬以立基本,穷理以致其知'乎。心主于敬而究事物真至之理。心喻于理义,目中无全牛,内外融彻,精粗一致。由是而诚意正心修身,推之家国达之天下,沛乎不可御。"②由此可见,退溪是把朱子的"主敬以立基本,穷理以致其知"奉为至高无上的纲领。在"家庭唯诺之际"而"本立",直到晚年,李退溪还坚守"心主于敬,而究事物真至之理",并用上疏行动践行了自己的信条。

透过李退溪的敬说,笔者似乎看到了作为朝鲜儒学特征而每每被言及的儒教的原点——民本主义。赵景达指出:"朝鲜王朝时代下的民众,即便对统治和剥削不满,也没有轻易地朝着推翻王朝的方向发展,其原因就在于儒教的民本主义在统治结构中发挥了作用。民众在忍受了苛刻的压榨之后,或者通过公论或者通过暴动,自己的意见能够传递到王朝统治者。于是,尽管不情愿,甚至带有欺骗性,但是王朝权力总会对民众做出某种回应。因此才保证了李氏王朝能够维护五百多年的统治。③朝鲜儒教的特征在于儒教的民本主义,能够认清这一点,有助于更好地重新审视东亚儒学的历史。综上所述,对李退溪思想特征的研究,笔者认为,不能单一地使用比较法,通过与朱子"敬"说做对比得出结论,而是应该把它置于东亚儒学发展史的视野,结合当时的时代背景及多样性来加以考察,只有这样才能准确地得出结论。

---

① 阿部吉雄编《日本刻版李退溪全集(下)》,李退溪研究会,1983年,第326页。
② 《增补退溪全书二》,成均馆大学校大东文化研究院,1989年,《退溪先生文集卷四十一杂著》二十六丁。
③ 赵景达《武断政治与朝鲜民众》,《思想》2010年第一号,岩波书店,第97~98页。

不仅李退溪研究，今后的朝鲜儒学史研究，都应该从这样的视角去深化。期待着中日朝韩等国家和地区的学者们不断地推出新成果。

（付勇　译）

李退渓の敬説の特徴

——朱子後学における敬説の系譜学から検討する

井上厚史（日本島根県立大学）

一　はじめに

　李退渓（1501-1570）の思想的特徴は、『聖学十図』第三『小学図』に「吾聞敬之一字、聖学之所以成始而成終者也」[1]と記されているように、敬を強調した「敬の哲学」にあると考えられている。この「敬」説への注目は、近代日本人研究者によって発見され、注目されてきたものである。

　その最も早い時期のものとして、戦前に京城帝国大学教授だった高橋亨（1878-1967）によって書かれた『李退渓』を挙げることができるだろう。高橋は、そこで李退渓の「敬」の解釈について、次のように述べている。

　　敬の一字は汎人事に対して理を究め知を致すより、翻りて其の理を心に求めて、而して体認を通して真実理解に進み、遂に之を自己の行為に実現するに至るまで知と体認と行とを貫いて修養の要訣となるのである。[2]

　高橋の解釈では、李退渓にとっての「敬」とは、「知と体認と行と

---

[1] 『退渓学叢書第Ⅱ部第1巻　陶山全書一』（財団法人退渓学研究院、1988年）所収『退渓先生全書』巻第七『太極図説』、第195頁。
[2] 『斯文』二一号、1939年、第32頁。

を貫いて修養の要訣」となるほど重要なものと考えられていた。

この高橋の説を踏襲して、同じく京城帝国大学助教授であった阿部吉雄は、1944年に刊行した『李退渓』の中で、次のように述べている。

> 敬と云へば普通に寂然たる心を存する工夫であるとか、本然の静な心を得ることであるとか解釈され、元明の朱子学者の間にも単にその様にのみ説き、専ら心地の工夫のみを主とする傾向があつたのであるが、退渓は応接の処、日常の生活に就いて工夫をなすことを最も緊要であるとし、そこに儒仏の分岐点を見出してゐるのである。①

高橋は、朱子が敬を「寂然たる心を存する工夫」「本然の静な心を得ること」と解釈していたのを継承し、元明の朱子学者は敬を「専ら心地の工夫」と理解していたが、李退渓はそれを「応接の処、日常の生活に就いて工夫をなすこと」に見出した所に、李退渓の「敬」解釈の特徴を見出している。

戦後になると、日本人だけでなく、韓国においても李相殷『退渓の生涯と学問』（瑞文文庫、1973年）、尹絲淳『退渓哲学の研究』（高麗大学出版部、1980年）などの李退渓研究書が刊行されたが、李退渓の「敬」が特に注視されることはなかった。それに対し、日本人は戦後も李退渓の敬説に引き続き注目し、高橋進が『李退渓と敬の哲学』（東洋書院、1985年）を刊行するに至っている。一方、台湾や中国においても李退渓研究が進められ、蔡茂松『韓国近世思想文化史』（東大図書公司、1995年）や、高令印『李退渓与東方文化』（厦門大学出版社、2002年）など優れた研究書が刊行されているが、李退渓の「敬」への注目は、基本的には日本人が提出した「敬」の解釈の延長線上にあると言えるものである。

こうして概観してみると、李退渓思想の特徴を「敬」に見出すこ

---

① 阿部吉雄『李退渓』、文教書院、1944年、第110頁。

とは、戦前の日本人が注目し、それが今日の研究にまで継承されてきた研究分野であることがわかる。しかし、後述するように、日本人によって推進されてきた「敬」に関する分析は、朱子の「敬」解釈と李退溪の「敬」解釈を直接比較して結論を出したものであり、東アジア儒教史における「敬」の解釈の変遷を踏まえたものではなかった。とりわけ問題なのは、李退溪が常に参照していた『性理大全』や『四書章図』等の敬説との比較が全く無視されて研究が進められてきたことである。朱子後学における敬説の展開を無視したまま朱子と李退溪のテキストだけを比較することは、東アジア儒学研究が急速に進展している現代において、明らかに見直されなければならない研究分野である。

それゆえ、本稿では、李退溪の「敬」解釈を朱子後学敬説の系譜上に布置させながら、その特徴を明らかにしてみたいと思う。

二　李退溪の敬説に関するこれまでの研究の検討

（一）高橋進の研究

日本人が推進してきた李退溪の敬説分析を代表するものとして、高橋進の『李退溪と敬の哲学』（東洋書院、1985年）を挙げることができる。高橋は、同書「第七章　東アジアにおける"敬"の哲学の成立と展開（要訣）」において、李退溪は敬概念を世界観・人間観を含む哲学体系の中に位置づけて「敬の哲学」を成立させ、そのことによって新儒学を個性的な実践哲学として＜体系的＞に再構成したと捉えた[1]。高橋は、朱子と李退溪の敬説の違いについて次のように述べている。

　　　朱子といえども「敬」中心の思想体系の構築には至らず、平

---

[1] 高橋進『李退溪と敬の哲学』、東洋書院、1985年、第260頁。

面的に「敬」の重要性と意義を説くのみであった。「敬に居ること」と「理を窮めること」とは、朱子において十分に論理的に斉合性をもって統一された思想構造とはなっていなかった。しかるに、朱子没後三〇〇年を経て、異文化・異民族にその学問が受容されたとき、新儒学は「敬」中心の体系的哲学として再構築された。世界ないし存在の理法及び人倫の理法を問う形而上学的思索から、人間の人格的・道徳的自己形成とそれに関連する政治行動及び日常の具体的実践に至るまで、李退溪の思想には、一貫して「敬」がその中心に据えられていた。李退溪においても、「理を窮める」という形而上的思索が軽視されたわけではなかった。それは彼においては、「敬に居ること」の中に斉合的に含み込まれ、「心の学」としての儒学体系に再構築されたのである。[1]

ここで高橋が注目しているのは、（1）朱子は敬中心の思想＜体系＞を構築することができなかったが、李退溪は敬中心の＜哲学的体系＞を再構築することができた、（2）朱子は居敬と窮理を十分に論理的に説明しきれなかったが、李退溪は居敬によって窮理が＜斉合的＞に内包され、「心の学」として再構築された、（3）敬中心の新儒学は、中国では「平面的に「敬」の重要性と意義を説くのみであった」が、異文化・異民族である朝鮮において再構築された、の三点である[2]。

---

[1] 高橋進『李退溪と敬の哲学』、東洋書院、1985年、第270-271頁。
[2] 高橋以前に、すでに阿部吉雄が「朱子の後、特に明代になると、薛敬軒・胡敬斎等は別として、ともすると敬はただ既成概念として概念的に説かれるか、さもなければ単に心を静め統一する工夫としてだけ説かれ、身に即し、また生活に即した生きた実地の工夫であるという重大な点がとかく忘れ去られる傾向にあった。のみならず、朱子の学問といえば、ただ書物を読んで理を窮めることばかり考えられ、居敬と窮理と相待ってこそ初めて学問であるという、朱子の最も重要な思想が見失われる傾向にあった。特に王陽明が「敬はこれ蛇足」となしてから、思想界は一層混乱したことと思われる。李退溪や山崎闇斎はその点を深く考え、朱子の敬重視の思想を再び明らかにし、これを現実の重要な問題として取りあげたものと考えられる」と指摘しており、高橋はこの阿部の論を敷衍したものと考えられる。阿部吉雄『日本朱子学と朝鮮』、東京大学出版会、1965年、第366頁。

（1）（2）についてはすでに論述したことがあるので省略し[1]、本稿では（3）の問題について述べる。引用した高橋の言説からは、高橋が中国宋元明時代の新儒学において、敬中心の思想体系が存在しなかったように理解している。確かに、高橋が活躍していた1980年代までの東アジア儒学研究においては、そうした理解が一般的であった。しかし近年の中国や台湾における儒学研究の目覚しい進展、さらに日本国内においても、宮紀子『モンゴル時代の出版文化』（名古屋大学出版会、2006年）のように、これまで研究の空白地帯であった元代の儒教テキストの分析が急速に進展している。

これらの研究結果を参照すれば、李退溪の敬説が元代の『四書章図』や明代の『性理大全』の熟読から構成されたものであり、それら先行するテキストからの影響関係を無視して、朱子の敬説との比較だけから李退溪の敬説の特徴を抽出しようとすることはもはや不可能な段階に来ていることが了解されよう。大切なのは、朱子後学の敬説の系譜上において、李退溪が何を継承し、何をオリジナルに提唱したのかを見極めることである。

（2）蔡茂松の研究

次に、中国語圏での李退溪研究を代表する蔡茂松の研究を取り上げよう。蔡はまず『朱子学』（神州書局、2007年）において、朱子の修養論が、「省察」における分殊の理（「在物之理」）から「存養」における理一の理（「太極」）にいたる理全体を「心」の対象とし、最終的に「太極」を具体化しうる「心」を確立するところに特徴があると述べている[2]。

---

[1] 本稿で詳述する余裕はないが、（1）については、楠本正継の「敬は元来心の生命を活かす功夫であつた」および「礼による敬」という解釈は、高橋の立論への明確な反証となること（楠本正継『宋明時代儒学思想の研究』、広池学園出版部、1962年、第240-241頁）、また（2）については、拙稿『近代日本における李退溪研究の系譜学——阿部吉雄・高橋進の学説の研討を中心に』（島根県立大学総合政策学会『総合政策論叢』第18号、2010年、第61-83頁）を参照。

[2] 蔡茂松『朱子学』、神州書局、2007年、第450頁。

それに対して、李退溪の「敬」については、「私の考えでは、（＝退溪の：筆者注）敬は聖学の終始をなすものであり、これは朱子の『大学或問』を承けたものである。退溪の主敬は、知行並重であり、実践的行動を必須とする傾向を持った敬思想であった」[①]と述べ、退溪が「平日応接の点検」を重視していたことに注目している。

退溪が「敬」に言及する時、しばしば『易』坤卦文言伝の「君子敬以直内、義以方外」、および『近思録』為学大要篇の「敬義夾持直上、達天徳自此」を引用し、「只将敬以直内為日用第一義」[②]、「敬義夾持、無少間断、此是緊切工夫」[③]と述べている。この場合、「敬」は未発の中の存養を、「義」は已発の和の省察を意味している。ところが、退溪は、平日応接の点検について、次のように述べている。

比来点検平日応接之間、流洵敝俗、因自失己者、十常六七……只以言語一事言之、其曲折正如所喩。然如此預作間按排、不済事。只当敬以無失、涵養深厚、而発於応接者、不敢軽易放過。至於久久漸熟、則自然已無所失、而応人中節、雖有所不合人、亦不甚怨怪也。[④]

「平日応接之間」を点検するのは、本来「義以方外」、すなわち已発の和を省察する「義」に属する修養であるはずである。ところが、退溪は未発の中を存養するはずの「敬」を取り上げ、「当敬以無失、涵養深厚、而発於応接者、不敢軽易放過」と述べている。これは、李退溪が「敬」に徹すればあらゆることに応接可能であると理解していたこと、そして「義」、すなわち在物之理を窮理すること（あるいは格物致知）への関心の低さを物語っている。

[①] 蔡茂松『韓国近世思想文化史』、東大図書公司、1995年、第322頁。
[②] 『答金而精』、『増補退溪全書』二、成均館大学校大東文化研究院、1989年、第91頁。
[③] 『答南時甫』、『増補退溪全書』一、第368頁。
[④] 『答鄭子中』、同上書、第578頁。

この点について、蔡茂松は「その下に「日用応接の処について、随時随事、一々点検して過ごす」と言っているが、この工夫は最も退溪省察の特色を顕したものである。点検とは省察であり、未発は存養の時であり、已発は省察の際であり、日用は百起百落に応接し、省察もまた百省百察である。この工夫は時に応じてなすものであり、また間断なく続けられるものである。内心自省し、自分の行動が理に中（あた）っているかどうかを検察してみて、それが理に中っていればさらに勉め、理に中っていなければただちに改める。それゆえ、心は常に謹畏しなければならず、怠慢を放置することは許されない。心は畏れるところがあるかのごとく謹慎していなければならず、薄氷を履むかのごとく戦々兢々としていなければならない」。①

と述べており、退溪の修養論が、未発においても已発においても「如履薄氷」というように、「謹畏」「謹慎」、すなわち敬による戒心恐懼を片時も忘れずに心掛けることが求められる厳粛なものであったことを主張している。

　この蔡茂松の説を踏まえれば、退溪にあっては、「已発」の和の省察も「未発」の中の存養もともに「敬」によって統合されていたことになる。退溪にとっての「敬」はこうした包括的な理念として位置づけられ、修養論のすべてを統括するものとして理解されており②、「敬以直内」から「義以方外」へ、「居敬」から「窮理」へという、心の存養を優先するところに特徴があったと考えられている。

---

　①　前掲『韓国近世思想文化史』、第328-329頁。
　②　高橋進も、この点について「李退溪においては、「敬」は「一心の主宰にして万事の本根」という朱子の語を継承し、さらに「敬は徹上撤下工夫をそこに着け、効果を収めるべく、すべての事にそれを失ってはならぬ」といい、「この聖学十図は皆敬をもって主となす」とされた。世界認識、人間存在の理法の確立、学問の目的の自覚、道徳的善の実現、時と処に即する実践等々の全体にわたって「敬」を持することが要請された」と指摘している。『檀国大学校退溪記念中央図書館開館記念国際学術会議第一群退溪学研究分野』、1986年10月13日-18日、高橋進『世界思想史における退溪学──「敬」の哲学とカント倫理学』、第14頁。

この蔡茂松による指摘は傾聴に価するものであり、いろいろ教えられることが多い。ただ、この研究では、退溪にとって敬説がいかに重要なものであったかを指摘することにとどまっており、東亜儒学史における李退溪の敬説が持つ意味の考察にまでは踏み込んでいない。また、そもそも朱子の敬説が本当に蔡茂松の指摘するような敬説であったといえるのか、についても検証する必要があるだろう。

以上、高橋進と蔡茂松の研究を出発点とし、東アジア儒学史における敬説の系譜を辿った上で、李退溪の敬説の特徴および東アジア儒学史における意味を考察してみたい。

三　朱子後学における敬説の展開

（一）程子の敬説

朱子自身が「到程子始関聚説出一箇敬来教人」と言っているように、朱子の敬説は程子の説を継承したものであった。兄である程顥（1032-1085、号は明道）は、万物一体の仁を説いたことで知られているように、彼の発想の根本は「一人之心即天地之心」[①]、すなわち「天人一体」説にあった[②]。

[①]　朱伯崑（伊東倫厚監訳）『易学哲学史』、朋友書店、2009年、第502頁。
[②]　朱伯崑は、二程子が張載の『西銘』を尊重したことについて、「程顥の考える所、『西銘』で説かれる仁愛の理は、孟子のいわゆる良知・良能にほかならず、この理は、自己と天地・万物を融合して一体とし、彼我の差異が無い。心にこの理を存して失わないのが、孟子のいわゆる「万物、皆、我に備はる」の境地である。…（中略）…人の心は、天地・万物と一つの統一体をなし、一人の身体の手足が連なり、痛み痒みが貫くようなものである。故に、仁者は万物を仁愛し、天地を父母とし、万物を伴侶とする。これは、理一あるいは一体説によって、張載の『西銘』の思想を解釈したもの。この一体説は、天と人とに本来差異は無いことを強調し、天理と人心を区別せず、個人の心によって天地・万物を統率しており、程頤の「物我一理」の説とは異なる。程顥の識仁説は、その後の心学の主要な論点の一つになった」と解説している。朱前掲『易学哲学史』、第503頁。また、『程子遺書』巻一一の「道、一本也。或謂以心包誠、不若以誠包心、以至誠参天地、不若以至誠体人物、是二本也。知不二本、便是篤恭而天下平之道」（前掲『二程集』、第118頁）という言説をもとに、程顥の天人関係の捉え方を「天人一本」とも呼称している。朱前掲『易学哲学史』、第509頁。

そして、心具天徳。心有不尽処、便是天徳処未能尽。何縁知性、知天。心則能尽人尽物。与天地参賛化育、則直養之而已。①

というように、心には天徳が具わっているゆえに性や天を知ることができ、天地の化育に参賛することができると捉えられていた②。

この兄の説を継承した程頤（1033-1107、号は伊川）は、敬を特立させ、「修養存心之要法」として重視した。程頤は、『易』坤卦文言傳の「敬以直内、義以方外」に注目し、次のように述べている。

所謂敬者、主一之謂敬。所謂一者、無適之謂一。且欲涵泳主一之義。一則無二三矣。言敬、無如聖人之言易。易所謂敬以直内、義以方外、須是直内、乃是主一之義。至於不敢欺、不敢慢、尚不愧于屋漏。皆是敬之事也。但存此涵養、久之自然天理明。③

敬と義によって人心の内外を涵養すれば、人は欺くことも、慢りになることもなくなり、屋漏に愧じなくなるという。この程子の言説において、後に李退溪の敬説を考える上で重要になると思われる点が二つある。

第一は、「君子敬以直内、義以方外」について、程頤は別な箇所で「内、直ければ、外、必ず方」と説明しているように、一見「内」を重視しているように見える。しかし、「敬只是持己之道、義便知有是有非。順理而行、是為義也。若只守一箇敬、不知集義、却是都無事

---

① 『二程集』上、『河南程氏遺書巻』第五、中華書局、第78頁。
② 朱伯崑は、『程子遺書』巻六の「天人本無二、不必言合」（前掲『二程集』、第81頁）、および同巻一一の「誠者天之道、敬者人事之本。（敬者用也。）敬則誠」という言説を根拠にして、程顥が「人事の敬は、取りも直さず天道の誠であり、天道は人心の外には存在しない」と解釈していたことに注意を喚起している。前掲『易学哲学史』、第509頁。また、大江文城は、程顥の天人関係に対する理解について、「明道は、哲学上宇宙の本体たる上天は、万有を主宰せると共に、万有に宿在せりとなせり。一物各一上天を備ふといふべし。而して上天の人に宿在せるものこれ性なり。故に性は、宇宙の本体と同一物なり。本体は至善にして、道徳的本源なりとなせり」と述べ、程顥は上天が人に「宿在」すると理解していたことを指摘している。大江文城撰『程朱哲学史論』、東洋大学出版部、1912年、第84頁。
③ 『二程集』上、『河南程氏遺書巻』第一五、中華書局、第169頁。

也。」①と言うように、敬と義は両者相俟って初めて心の修養が完成するものと考えられていた。また、程頤は「涵養須用敬、進学則在致知」②とも述べており、敬を心の涵養の手段として提示し、致知を知的な面にわたる進学の手段として解釈し、涵養と進学がともに必要なことを強調していた。程頤にとって内外は一理であり、敬義は心の功夫として一貫して説かれるべきものであったことに留意する必要がある③。垣内景子は、「程子において「涵養」の方法として説かれた「敬」は、「理（義）」を自己の心の内に肯定しながら同時にその外的な規範性をも合わせ生かすだけの幅を持った概念であ」ると指摘しているが、敬と義をめぐる解釈は、後に「心」と「理」の分裂という問題を引き起こすことになる。④

第二は、「但存此涵養、久之自然天理明」と述べているように、敬によって心を直くすれば、人は天徳の作用によって自然に善＝「天理」に導かれると考えていたということである。程頤にとって、涵養は「天」に通じ、自然に「天理」は明らかになると考えられていた⑤。楠本正継は、この程子の敬説について興味深いことを指摘している。「窮理」を主とする学者が常に「天人合一」の語を用い、「居敬」を主とする学者が常に「天人一物」という語を使用するという区別があることを指摘した上で、「思ふに天人合一の語は天理を客観的に認めて追求するの意あり。知的なり。天人一物の語は一片信仰の力により渾然として彼我同体なるの意あり、情的なり。伊川が知的にその説を立てんとする傾あるに対して、明道は情的にその説を立てんと

---

① 『遺書』巻十八、一〇一条。
② 前掲『二程集』上、『河南程氏遺書巻』第一八、第188頁。
③ 楠本正継『宋明時代儒學思想の研究』、広池学園出版部、1962年、第144-145頁。
④ 垣内景子『「心」と「理」をめぐる朱熹思想構造の研究』、汲古書院、2005年、第64頁。
⑤ 朱前掲『易学哲学史』、第506-507頁。

せしものゝ如し」①と述べている。知的・情的という区別があるにせよ、程子の「敬」の解釈には、常に天と人との強い結びつき（「一物」あるいは「合一」）が意識されていたという指摘は、朱子や李退溪の敬説を考える上で重要なポイントとなるものである。

（二）朱子の敬説

朱子（1130-1200）は44歳のとき、『易』坤卦文言伝の「敬以直内、義以方外」を「為学之要」と捉え、後に『中庸』を読んで戒慎恐懼を「持敬」の本とし、『大学』を読んで格物致知が「明義」の端であると理解し、二つあった斎室のうち左を「敬斎」、右を「義斎」と名づけた。このことからも、朱子がいかに敬と義に大きな関心を寄せていたかがわかる。

朱子の敬説の特徴は、次の三点に集約される。

① 心の状態（工夫、心構え）を示す＝主一無適、整斉厳粛、常惺惺法、収斂心身、死敬活敬、敬を保持するならば、未発と已発、動と静、いずれの場合にも敬は一貫する。

> 敬字是徹頭徹尾工夫、自格物、致知至治国、平天下、皆不外此。
>
> （『語類』巻十七・五）

> 敬有死敬、有活敬。若只守着主一之敬、偶事不済之以義、弁其是非、則不活。若熟後、敬便有義、義便有敬。静則察其敬与不敬、動則察其義与不義。……須敬義挟持、循環無端、則内外透徹。
>
> （『語類』巻十二、従周録）

---

① 『易学哲学史』、第90-91頁。また、楠本は、程子門人による敬説の完成を次のように説明している。まず、程子の門人であった謝上蔡（1050-1103）は、敬を「心地上の功夫」として徹底することを説いた。程頤が敬を「整斉厳粛」として捉えたことを受けて、上蔡は敬を「常惺惺」（常に心を喚び醒す）という言葉によって解釈した。また尹和靖（1071-1142）は、誠を得る功夫を敬と捉えた。程頤は「敬は主一であり、整斉厳粛である」と解釈していたが、和靖は主一を「人が神祠中に到つて敬を致す時、その心収斂して更に毫髪のことをつけ得ず」（同八、師説下、又二程全書三九参照）と述べているように、人が神祠において敬虔な祈りを捧げることを「主一」すなわち「敬」と捉えた。こうして、敬の工夫に関する解釈は、程頤、謝上蔡、尹和靖を経てほぼ完成したという。同上書、第167頁。

② 心の本来性（静、純粋至善）の回復を示す。

　　人能存得敬、則吾心湛然、天理燦然。

　　　　　　　　　　　　　　　　　　　　（『語類』巻十二、方録）

　　敬則天理常明。自然人欲懲窒消治。（『語類』巻十二、方録）

　　敬則万理具在。　　　　　　　　　（『語類』巻十二、節録）

　　学者工夫、唯在居敬窮理二事。此二事互相発。能窮理、則居敬工夫日益進、能居敬、則窮理工夫日益密。譬如人之両足、左足行則右足止、右足行則左足止。　　　（『語類』巻九、一八条）

③ 心の主宰性の回復の回復を示す。

　　敬者、一心之主宰、而万事之根本也。　　　　（『大学或問』）
　　敬、只是此心自做主宰処。　　（『語類』巻十二、道夫録）
　　人纔敬時、這心便在身上了。　（『語類』巻十二、義剛録）

この三点のうち、李退溪の敬説を考える上で重要なポイントは、これまであまり注目されていないが、②の敬と天理の関係に関する解釈である。この問題について唯一精察を加えた高島元洋は、「活敬」に注目しながら次のように述べている。

　　広義の「敬」とは「動静を該貫する」ところの「活敬」（『語類』巻一二）であり、これによって「心」と「天理」が一つとなる（＜敬と義＞）。すなわち「人の心」はここにおいて「周流すること窮まりなく」、「天人に間断なき」状態となって「道理流行」する。「敬」が「義」と密接な関連を持つのも、「天理」「道理」を主体が受け止め具体的な実践に移すところに「義」の観念が発生するからにほかならない。すなわち「理」は「物に在るの理」であり、「義」は「物に処するの義」であった（『語類』巻九）。そして「理」の観念は、天人合一の思想から意味づけられる。また「義」の観念は、「心」の内面における「省察」（慎独）という厳格な修養に支えられる。かくて「敬」の思想の中には、この「理」の持つ宇宙に発散した拡大する思考の方向と、「義」の持つ内面に集中し収斂する思考の

方向とを合わせ持つことになる。①

　朱子後学の敬説において、『易』坤卦文言傳の「敬以直内、義以方外」がしばしば取り上げられ、議論の対象となるのは、＜なぜ「敬」（活敬）という修養によって、「心」と「天理」が一つとなるのか＞という命題に対して、朱子は依然として程顥の「一人之心即天地之心」という解釈しか持ち合わせていないからである。高島が指摘するように、「「敬」が「義」と密接な関連を持つのも、「天理」「道理」を主体が受け止め具体的な実践に移すところに「義」の観念が発生するからにほかならない」とすれば、敬義内外論において「心」と「天理」を合理的な関係づけがなされなければならないはずである。

　朱子はこの問題について、「敬以直内」は未発の存養と関係づけ、「義以方外」は已発の省察と関係づけていた。この存養・省察と居敬・窮理の関係について、高島は次のように説明している。

　　「存養」「省察」は、一貫して「窮理」と相即する関係にあり、「存養」では未発の内面における「心」と「理」（理一）との直接の一体化が思われ、「省察」では已発の外面から「心」と「理」（分殊）とのいわば間接の一体化が意図される。かくて「居敬・窮理」は、「車の両輪」「鳥の両翼」（『語類』巻九）にほからならない。「居敬」において省察から存養に至る修養があり、「窮理」にあっても分殊から理一に統合される過程がある。また、「居敬」（省察・存養）において、「常惺惺」「提撕」とあるような心の覚醒があり、「窮理」でも「一旦豁然貫通」（『大学章句』）と表現される心の覚醒がある。「居敬」にあっても「窮理」にあっても、外から内へ、また分殊から理一に向けて果てしない修養を繰り返し、「心」と「太極」（理）との一体化が計られるわけである。すなわちここに「絶対主体」たる「心」の確立がある②。

---

① 高島前掲『山崎闇斎』、ぺりかん社、1992年、第317-318頁。
② 同上書、第357頁。

性は天理だが、心は性情を統べるものである。その心が、なぜ「天理」と一つになるのか。朱子において、「存養・省察」の問題群と「居敬・窮理」の問題群が執拗に関係づけられて説明が繰り返されるのも、＜なぜ「敬」（活敬）という修養によって、「心」と「天理」が一つとなるのか＞という難問に合理的に答えようとした朱子の格闘を物語るものにほかならない。

朱子の敬説を理解する上で注意しておかなければならないことは、敬とは単なる自己修養の手段で（工夫）はなく、つねに天と関連づけられて理解されているということである。一般的に、日本人研究者の「敬」理解は、人間の内面の自己修養という側面に偏りすぎる嫌いがある。また、陽明学の影響からか、天との関係ということになると「誠」に限定して考える傾向も強い。しかし、朱子の敬解釈は、周子や程子の解釈を継承し、敬を心と天理と結びつけて解釈しようとしていた。そして、この問題に李退溪が深い関心を寄せていたからこそ、李退溪は『天命図説』や『聖学十図』を著すことになるのである。

以下、②心の本来性（静、純粋至善）の回復を示すに注目しながら、朱子後学の敬説をたどってみよう。

（三）朱子後学の敬説

1. 李元綱（銭塘の人、号は百錬真隠）

南宋の李元綱は、後学のために道学の要点を十図にまとめた『聖門事業図』（1170年）を著したが、同書解説において次のように述べている。

　　孟子曰、仁人心也、則仁之為言得其本心而已。心之本体、見於喜怒哀楽未発之前、寂然不動。敬以直内、与天地相似、与鬼神為一、無一息不存、無一物不該。（中略）学者、於喜怒哀楽未発之前、反求吾心、則知与天地万物本同一体。（中略）惟其梏於叢然之形体、常有私意小智撓於其間、所発遂至於出入不斉而不中節。天

之所以降衷、民之所以受天地之中者、失而不守。吁可憐哉。此子思所以有謹独之説也①。

孟子の言う「仁」とは「心之本体」であり、これを「敬以直内」すれば、人は「与天地相似、与鬼神為一」となることができる。だから、学者は「反求吾心」すれば、人が天地万物と本とは「同一体」であることを理解することができる。しかし、もしそこに私意や小智が介在すれば、「中節」することができないため、天の「降衷」や民の「受天地之中」ができなくなってしまうという。すなわち、李元綱は「敬以直内」こそ「天人同一」を知るための必須条件であると考えていた。

2. 陳淳（1153-1217、北溪先生と称される）

朱子の高弟として著名な陳淳は、宋代性理学の入門書として名高い『北溪字義』②の中で、敬について次のように解説している。

　　人心妙不可測、出入無時、莫知其郷。敬所以主宰統摂。若無箇敬、便都不見了。惟敬、便存在這裏。所謂敬者無他、只是此心常存在這裏、不走作、不散漫、常恁地惺惺、便是敬。③

敬は霊妙であり、心を「主宰統摂」する働きを持っており、敬が存在すれば、心は失われずに存在するとまでは説明されているが、心と天理の関係については全く言及が見られない。

3. 真徳秀（1178-1235、号は西山）

南宋朱子学派を代表する儒者の一人であった真徳秀は、韓侂胄（1152-1207）による偽学の禁（朱熹・二程子の書の禁絶）に抗しながら、道学の再興に尽くした人物であった。真徳秀は、『大学衍義』

---

① 厳一萍選輯『原刻景印　百部叢書集成』所収、李元綱撰『聖門事業図』、芸文印書館、1965年。

② 佐藤仁によれば、『北溪字義』は王氏の家塾で行われた陳淳の講義を王儁が筆録し、十年後に初めて世に出たため、その成立年代は嘉定一二年（1219）～同一六年（1223）頃と推定されている。佐藤仁訳『朱子学の基本用語——北溪字義訳解』研文出版、1996年、第34頁。

③ 宋・陳淳著『北溪字義』、中華書局、1983年、第35頁。

四十三巻の他に、李退溪が愛読した『心経』や『西山読書記』六十一巻などを著し、朝鮮儒教に大きな影響を及ぼした人物である。

　真徳秀の思想の特徴は、修養の工夫として「端荘静一」を説き、致知よりも誠意を、窮理よりも存養を強調し、「用敬」を第一工夫とするなど、理に関する独自の見解を打ち出したことにあった①。『心経』は、『尚書』大禹謨「人心惟危、道心惟微」や、朱子の『敬斎箴』『求放心斎銘』『尊徳性斎銘』など、「心」に関する聖賢の格言を引用編纂したものであるが、その冒頭において、真徳秀は『尚書』大禹謨の「人心惟危、道心惟微、惟精惟一、允執厥中」の十六文字を「万世心学」②と呼称し、人心を抑制して道心を堅持することを「心学」と捉えた。そしてこれ以降、朱子後学において朱子学を「心学」と呼ぶことが次第に慣例化し、朱子学の心学的側面への着目はやがて大きな潮流となっていく③。

　明の太祖洪武帝は、元（モンゴル）と高麗の強い結びつきの記憶が生々しかったため、朝鮮王朝とモンゴルが結びつくことを異様に警戒していた④。そのため、朝鮮王朝建国期の太宗元年（1392）、太宗三年（1394）、太宗四年（1395）と立て続けに『大学衍義』を下賜するとともに、高麗時代に使用された「直訳体」（正規の漢文ではないモンゴル語の影響を受けた口語体）ではない正規の漢語の使用を要求し、太宗二年（1393）にすぐさま司訳院が設置され、漢語教育が急速

---

　① 日原利国編『中国思想辞典』、研文出版、1984年、第235頁。
　② 阿部吉雄編『日本刻版李退溪全集（下）』、螢雪出版、1983年、第425頁。
　③ 荒木見悟『明末宗教思想研究』、創文社、1979、『序章──心学と理学』を参照のこと。なお、荒木は「心の浮上は、あくまでその内核としての性（理）を活気あらしめるためであって、心に核を変えたり、核を棄却する権限が与えられるのではない。……理あっての心であって、その逆ではない。そこに朱子学の特色があるとともに、また心学としての限界も露呈しているのである」（同上書、第15頁）と述べ、この場合の心学があくまでも性＝理を問題とするものであることに注意を促している。
　④ 宮紀子『モンゴル時代の出版文化』、名古屋大学出版会、2006年、第235頁。

に整備された[1]。世宗の代になって『四書大全』『五経大全』『性理大全』が下賜されたのと比べてみると、建国当初から下賜された真徳秀の『大学衍義』は、明との関係を重視する朝鮮王朝にとって絶対に学ばなければならない最重要テキストであった[2]。

では、具体的に『大学衍義』には何が書いてあるのだろうか。冒頭の「帝王為治之序」には。

> 蓋人君一身、実天下国家之本、而謹之一言、又修身之本也。「思永」者、欲其悠久而不息也。為人君者、孰不知身之当修、然此心一放、則能暫而不能久必也。常思所以致其謹者、今日如是、明日亦如是、以至無往而不如是、夫然後謂之永。[3]

と記されている。すなわち、人君の一身は天下国家之本なのであるから、人君たる者は、今日はこうだ、明日もこうしなければと思って、一日も油断せず永久に「謹」すなわち修身を心がけなければならないのである。また「帝王為学之本」には。

---

[1] 宮前掲書、第211-228頁。また、孟淑慧は「元、明、清の三代、『大学衍義』は帝王によって高度に重視されるに至り、経筵必講の書および帝王学の教材となった。真徳秀の正君心理論と王権強固思想は後世の政治思想に重要なる影響を有したと言うことができる（元、明、清三代、『大学衍義』受到帝王的高度重視、成為経筵必講之書、及帝王学教材。可以説真徳秀的正君心理論与鞏固王権的思想対後世的政治思想有重要影響）」と述べている。孟淑慧『朱熹及其門人的教化理念与実践』、台湾大学文史叢刊、2003年、第333-334頁。

[2] 정재훈『조선전기유교정치사상연구』태학사、2005年、第86頁、および權純哲『朝鮮儒学史における「大学衍義」と「大学衍義補」の意義──李珥の「聖学輯要」と柳馨遠の「磻溪随録」と関連して』、『埼玉大学紀要（教養学部）』第42巻第1号、2006年。また、朱人求は『大学衍義』の歴史的影響として、「元仁宗称「治天下此一書足矣」（『元史』巻二四）、下令将此書全部訳成蒙古文、刊行分贈朝臣。朱元璋於立国之初、曾問宋濂、「帝王之学、何書為要？」、宋濂便推薦『大学衍義』一書、朱元璋即「命書『大学衍義』於両廡壁間」（『御批歴代通鑑輯覧』巻九九）、並率百官在此聴宋濂解部分章節」などの事例を紹介している。真徳秀撰（朱人求校点）『大学衍義』、華東師範大学出版社、2010年、第13頁。

[3] 真徳秀編『大学衍義』、民昌文化社、1994年、第12頁、および真徳秀撰（朱人求校点）『大学衍義』華東師範大学出版社、2010年、第11頁。

臣按、人心惟危以下十六字（＝『尚書』大禹謨収録の「人心惟危、道心惟微、惟精惟一、允執厥中」の十六字：著者注）、乃堯、舜、禹伝授之心法、万世聖学之淵源。人主欲学堯舜、亦学此而已矣。①

と記されており、「人心惟危、道心惟微」なのであるから、人心を抑制し道心を堅持することこそ「堯、舜、禹伝授之心法、万世聖学之淵源」であるとして、帝王には修身が必要であることが繰り返し述べられている。

したがって、『大学衍義』とは、徹頭徹尾、王たる者が常に心掛けねばならない修身について解説したテキストであったと言えよう②。こうした文脈の中で、『大学衍義』は「敬」について次のように説明している。

　　「敬」であればあらゆる善はそなわっているが、もし敬を怠るならばあらゆる善がすたれてしまう。孔子が『易』文言伝で坤卦六二爻について「敬以直内、義以方外」と述べているが、敬ならば心には私邪の係累がなくなるゆえに、内が直になり、義ならばあらゆる物事の分に當たり、外が方に（ただしく）なる、と述べられている。③

実際、『大学衍義』を読んでみると、驚くべきことに、程子や朱子には見られなかった敬の五種類への分類が敢行されており、いかに敬

---

　　①　真徳秀編『大学衍義』、民昌文化社版、第20頁、および華東師範大学出版社版、第26頁。
　　②　孟淑慧は、「『大学衍義』の目標は非常に明確であり、『大学』の本義を発揮すること、すなわち帝王を教育し、人臣正君之法を尽くし、そして帝王が治道の根源を瞭解することを補助することである。換言すれば、『大学衍義』とは、真徳秀が君心を正すために書いた著作であった」と述べている。孟前掲書、第331頁。
　　③　『大学衍義』、民昌文化社版、第26頁、および華東師範大学出版社版、第36頁。

に強い関心を持っていたかを物語っている①。その五種類とは、修己之敬、事天之敬、遇災之敬、臨民之敬、治事之敬の五項目である②。それぞれの敬のポイントを列記すると、次のようになる。

まず、「修己之敬」では、「蓋敬者、一心之主宰、万善之本源。学者之所以学、聖人之所以聖、未有外乎此者」cとあるように、敬は心を主宰するものであり、あらゆる善の本源である。そして、「蓋敬者、礼之綱領也。「曰毋不敬」（＝曲礼の記述：著者注）者、謂身心内外不可使有一毫之不敬也」④とあるように、敬は礼の最も大切な要素であり、身心の内外に少しでも不敬があってはならない。

次に、「事天之敬」では、「天之聡明在民、天之明威在民、民心所在即天心也。天人一理、通達無間、有民社者其可不敬乎」⑤とあるように、天の聡明も明威もすべて民に表れるのであり、民心こそは天心そのもの、すなわち天人一理であり、君主は民に対して必

---

① 伊東倫厚は、真徳秀が敬を重視していたことについて、「西山は一応、『為学の大本は、敬と致知とのみ』（『西山文集』巻三十三『蔡仲覺字説』）といった両々相待つような考えを念頭に置いてはいるのだが、いざ心の全体を明らかにし、その大用を達するための工夫という段になると、実際には、知＝格物窮理よりは敬＝居敬涵養の方を重視している。（中略）思うに、明代以前の朱子の後学に限って言うなら、西山ほどに敬に力点を置く考え方を開陳した者は、まずいないのではなかろうか」と評している。朱子学大系第十巻『朱子の後継（上）』、明徳出版社、1976年、『真西山』解説、第5頁。また、荒木見悟は、「西山のこの書（＝『心経』：著者注）は、もともと治心存養のかなめとなる語を経書その他より収集したものであるが、朱子学のいま一つの重要な原則である格物致知への配慮が缺如しているため、これを批議する向きがないでもない。しかし朱子学が理学的側面とともに心学的側面をもつことを顕示しようとした彼の意図は、朱子学をやや弾力的に受けとめようとする人びとの支持を受けたばかりでなく、反朱子学的立場にあるものが心学を口にする場合にも、右十六言（＝「舜禹授受、十有六言、万世心学、此其淵源」：著者注）を拠り所とするきっかけを作った」ことを指摘している。荒木前掲『明末宗教思想研究』、第13頁。

② 同書序文中の「崇敬畏、戒逸欲者、誠意正心之要也」に付された注には、崇敬畏には修己之敬、事天之敬、臨民之敬、治事之敬、操存省察之功、規警箴誡之助の六項目があったと記されている。真徳秀編『大学衍義』、民昌文化社版、第3頁、および華東師範大学出版社版、第2頁。なお、華東師範大学出版社版では、「規警箴誡之助」が「規儆箴誡之助」となっている。

③ 真徳秀編『大学衍義』、民昌文化社版、巻二十八巻『誠意正心之要』上、第242頁、および華東師範大学出版社版、第442頁。

④ 同上。

⑤ 同上書、民昌文化社版、第244頁、および華東師範大学出版社版、第446頁。

ず敬しなければならない。そして、「古之人主於日食星変之類、必減膳徹楽、或責己求言、凡皆所以示敬也。然天道昭明、凡人君出入往来之頃、優游暇逸之時、天之監臨無乎不在、又不待変異失常、然後当知警也」①とあるように、日食や星の変化は天の意志の現れであり、また己を責めて敬すべきところを示し、人君が隠逸にふけっていないかを天は空から監臨しているのである。

そして「遇災之敬」では、「漢董仲舒告武帝曰、天人相与之際、甚可畏也。国家将有失道之敗、天廼先出災害以譴告之、不知自省、又出恠異以警懼之、尚不知変、而傷敗迺至。以此見天心之仁愛人君、而欲止其乱也」②とあるように、漢の董仲舒が武帝に告げた言葉を引用しながら、国家が亡失しようとするときには天は災害をもって譴告するといういわゆる天人相関説を支持し、人君を仁愛して混乱を抑止しようとするのが天心であると述べている。

また「臨民之敬」では、「臣按、君之与民、以分言之、則若霄壤之不侔、以情言之、則若心体之相資。故可親而近之、不可卑而遠之也。国之有民、猶木之有根。根揺則木抜、民離則国危」③とあるように、君主は民を遠ざけるのではなく親近して、民が君主から離れれば国家の危機を意味することを知らねばならない。そして「召公此篇言畏天必及民、是畏民当如畏天也」④とあるように、天を畏敬することはすなわち民を畏敬することなのである。

最後に、「治事之敬」では、「臣按、奉天時以興農功、事之至重、故命羲和敬以授民。敬之見於経者始此」⑤とあるように、堯が天を奉じて農功を興し、民に義と敬を授けたことが、経書に見える敬

---

① 真徳秀編『大学衍義』、民昌文化社版、第249頁、および華東師範大学出版社版、第455頁。
② 同上書、民昌文化社版、第二十九巻『誠意正心之要』下、第255頁、および華東師範大学出版社版、第466頁。
③ 同上書、民昌文化社版、第255頁、および華東師範大学出版社版、第467頁。
④ 同上書、民昌文化社版、第256頁、および華東師範大学出版社版、第468頁。
⑤ 同上書、民昌文化社版、第256頁、および華東師範大学出版社版、第469頁。

の始まりである。そして、「天下万事莫不本之一心、敬則立、嫚則堕、雖至細微、亦不可忽」[1]とあるように、天下の萬事はすべて敬によって成立するのであり、細微ことであっても忽せにしてはならないのである。

敬は五つに細分化されたが、要するに、董仲舒の天人相関説に依拠しながら、天の意志は天変地異、日食星変、そして民の動向に表れるのであるから、君主は天と民を敬して統治しなければならないということが、場面や状況を変えて繰り返し述べられているにすぎない。したがって、『大学衍義』には、董仲舒の天人相関説を援用していることからも伺えるように、空から監臨する存在である天を畏敬することにばかりに関心が集中しており、＜なぜ「敬」（活敬）という修養によって、「心」と「天理」が一つとなるのか＞という命題に対しては、関心がなかったようでだる。このことは、『心経』においても確認することができる。『心経』中に。

　　易坤之六二曰、君子敬以直内、義以方外。敬義立而徳不孤、直
　　方大。不習無不利、則不疑其所行也。
という言説を収録されているが、そこに〔龜山楊氏曰〕として、次のような文が引用されている。

　　尽其誠心而無偽焉、所謂直也。若施之於事、則厚薄隆殺一定而
　　不可易、為有方矣。所主者敬、而義則自此出焉。故有内外之辯。[2]
誠心無偽が「直」であり、施事が一定不易であることが「方」であるが、主となるものは敬であり、義はそこ（敬）から出るものであるということを繰り返し述べているだけであり、真徳秀の天理への関心は

---

[1]　真徳秀編『大学衍義』、民昌文化社版、第256頁、および華東師範大学出版社版、第470頁。
[2]　『日本刻版李退溪全集（下）』、第424頁。

極めて低かったと言えよう①。

4. 程復心（1257-1340）

元代の14世紀はじめには、空前の出版ブームが巻き起こり、初心者向けの挿図や図解入りの解説本が大流行した。二程子の後裔にあたる程復心が著した『四書章図』（1337年?）は四書を図解入りで解釈したテキストであり、そうした流れの一環として誕生したものである②。

『四書章図』冒頭「纂括總要」中の「聖賢論心之要」において、敬は次のように説明されている。

> 蓋心者一身之主宰、而敬又一心之主宰也。学者熟究於主一無適之説、整齊嚴肅之説、與夫其心収斂、常惺惺法之説、則其為工夫也。盡而優入於聖、亦不難矣。③

「一身之主宰」が心であり、「一心之主宰」が敬である。学者は、主一無適という内面の工夫（『近思録』存養篇四八章）と、整斉厳粛という外面の工夫（『近思録』存養篇四五章）の両方をよくよく究明し、「心を収斂して」一物を容れずに（尹和靖）、「常に心を惺ま

---

① 真鍋正昭は、この点について、「朱子の全体は虚に加えて衆理を具えていることに意味があった。よってはたらき出した時にあらゆる現実問題を処理して大用が実現されるのである。朱子はそのために生涯義理の究明に打ち込んだ。しかし西山の場合、虚にして衆理を具えた心の全体性をそのまま涵養する方向を訪った。そうやって養われた心に更に発動時において省察を加えれば必ず節に中る、というのが彼の信じたところであったと思われる。これは居敬の立場である。……西山の心には朱子の理が具わっていたのであり、その実現方法として敬に傾いたのである」と述べている。真鍋正昭『真西山の思想について』、九州大学中国哲学研究会、『中国哲学論集』一二号、1986年、第45頁。
台湾の羅光は、「心動則失敬、不動則敬、動則有過、不動則常善、這是陸象山学派楊慈湖的話。真徳秀以為「斯言至矣」、推為至高名言。実則和『中庸』的思想不同、也和朱熹的思想不同」と述べており、真徳秀の敬の解釈が、朱熹よりも陸象山学派に近いものであったことを指摘している。羅光『中国哲学思想史　元明篇』、台湾学生書局、1981年、第45-47頁。

② 宮紀子『モンゴル時代の出版文化』、名古屋大学出版会、2006年、第七章程復心『四書章図』出版始末攷、を参照のこと。また、李退溪は『聖学十図』において、第二『西銘図』、第六『心統性情図』、第八『心学図』の三箇所で「林隠程氏作」の図を引用しており、李退溪が『四書章図』を高く評価していたことを物語っている。

③ 名古屋市蓬左文庫所蔵『四書輯釈章図通義大成』、朝鮮古活字印版一二行本明正統八年（1443）建昌府儒学丘鍚序　隆慶四年（1570）宣賜、第69頁。

す」という方法（『上蔡先生語録』巻中）を探究するならば、聖域に入ることもむずかしくはないと述べている。

では、「心」と「天理」の関係についてはどうか。程復心は、「聖賢論心之要」に続いて「論心之虚霊」を表題に掲げ、次のように述べている。

　　朱子語類曰、「虚霊自是心之本体、非我所能虚也。耳目之視聴、所以視聴者即其心也、豈有形象。然有耳目以視聴之、則猶有形象也。若心之虚霊、何嘗有物」（巻五、人傑録）。切謂心之本体虚。故具衆理、而仁義礼智之性、無不全備。寂然不動者是也。心之本体霊。故応万事、而惻隠羞悪辞遜是非之情、随事発見。感而遂通者是也。①

朱子語類の心の本体が「虚霊」であるという言説を引用しながら、心が「具衆理」であること、そして「感而遂通」するものであると定義している。程復心はさらに、「論心之神明」末尾において。

　　主吾身統性情、天也、道也、性也、心也。皆一理也。其妙於無迹者、則言天。其托於有形者、則言道。其賦予於人者、則言性。其存主於人者、則言心。②

と述べており、天も道も性も心も「主吾身統性情」という働きを持っていることでは同じだと主張している。程復心は明らかに、＜なぜ「敬」（活敬）という修養によって、「心」と「天理」が一つとなるのか＞という命題に対し、神秘主義的解釈で切り抜けようとしていた。

5. 呉澄（1249-1333、号は草廬）

程復心と同時代の呉澄一五歳の時に著した『敬銘』が『性理大全』に収録されるなど、当時の士大夫の間で「国の名儒」として尊崇され

---

① 名古屋市蓬左文庫所蔵『四書輯釈章図通義大成』、朝鮮古活字印版一二行本明正統八年（1443）建昌府儒学丘錫序 隆慶四年（1570）宣賜、第71頁。

② 同上書、第73頁。

た人物であった①。また呉澄は、当時の朱子学が陥っていた偏狭固定化に抗して本来の姿に回復させるべく、尊徳性を重視した陸象山を高く評価したことでも知られている②。呉澄は、敬について次のように述べている。

> 朱子、静而不知所以存之、則天理昧而大本有所不立。此言当矣。但謹按朱子曰以下、朱子之言、間有未瑩者。執事已自能知之、今不復再言。欲下実工夫。惟敬之一字、是要法。③

存養に関しては朱子でさえもまだ明らかでないところがあり、本当に存養の工夫をしようと思えば、「敬之一字」こそが要法であると述べている。この点について、三浦秀一は、呉澄による朱子『敬斎箴』の解釈を取り上げ、

> 『敬斎箴』に対する右の解釈（＝実践主体の内外という基準を立てて解釈すること：筆者注）は、程頤や朱熹が集義ないし窮理と称した実践を、主敬のなかに包摂するものだとみなせる。主敬と窮理とを両者相補う実践としつつも、それぞれに独自の思想的意義を与えた朱熹と較べた場合、呉澄の実践認識は主敬の側に傾斜している。

と述べ、呉澄が程頤以来の「主敬」理解を恣意的に拡大させたと捉えている④。程復心と呉澄がともに「主敬」へと傾斜した背景には、彼らの生きた時代が南宋（金）から元への王朝交代期であったことが関係しているように思われる。呉澄は、気質の性を気質に「汚染された性」と見なして本然の性の「純粋性」を主張したが⑤、王朝が異民族に支配され、たとえ身は元朝に仕えていようとも、敬による心の修養をすれば被支配者であっても人は本然の性すなわち「天理」を回復で

---

① 前掲『朱子の後継（上）』、吉田公平「呉草廬」解説、第19頁。
② 同上書、第22頁。
③ 同上書、第170、463頁。
④ 三浦前掲書、第308-309頁。
⑤ 前掲『朱子の後継（上）』、第22頁。

きるという南宋の遺臣たちの心性が、そこに介在しているのではないだろうか。次の敬に関する言説は、どんなことがあっても動じない心のあり方を論じており、遺臣の心性を示唆するものと思われる。

　　敬者、心主於一而無所適也。夫苟主於一而無所適、則未接物之前、寂然不動、非静乎。既接物之後、応而不蔵、非虚乎。静虚二言、敬之一字、足以該之。学静虚者、亦曰敬以存其心而已。所存之心、何心哉。仁義礼智之心也。非如異教之枯木死灰者。①

6.『性理大全』

明代に入っても朱子の敬説はさまざまに解釈されていくが、周知のように、朱子後学が学習していたのは周濂溪、邵康節、張横渠、二程子、朱子、さらにその弟子など、北宋南宋の多くの儒者が書き残したテキスト群であった。その集大成が明の成祖永楽帝（在位、1403-1424）が編纂を命じた『四書大全』『五経大全』『性理大全』のいわゆる三大全である。しかし、この三大全の刊行と流布は、科挙の試験が全てこの三大全に依拠し、それ以外の諸家の解釈は一切排斥されるという儒学史上の一代変革をもたらす一方で、固着化した朱子学的解釈への批判も同時に巻き起こし、陽明学の出現を顕在化させるなど、明末におびただしい数の四書解釈書の盛行をもたらし、その過程で心の修養に対する強い関心が喚起されていったとされている②。

---

　　①　『呉文正公外集』巻二四、二九、『静虚精舎記』三浦前掲書より再引用、同上書第311頁。
　　②　戸川芳郎・蜂屋邦夫・溝口雄三『儒教史』、山川出版社、1987年、第294頁。また、吾妻重二は、『性理大全』の重要性について、「第一に、（中略）三大全が国家教学のバックボーンをなしたという点がある。（中略）三大全は（中略）公定の正統学説として機能したことは同じである。第二に、明末までの二百余年間、科挙の判定基準として広く用いられてきたことがある。三大全は、その解釈を承認するにせよ、批判するにせよ、明代の士人が必ず参照しなければならない書物であった。（中略）第三に、後世、さまざまな類書が生み出されたことである。（中略）そして第四に、朝鮮および日本においてこの三大全がたびたび復刻され、読者を再生産し続けたことがあげられる。該書が中国国内にとどまらず、近世東アジア地域における知識人の思想的営為をかたちづくる基盤となってきたことはやはり留意されるべきである」と述べている。吾妻重二『宋代思想の研究──儒教・道教・仏教をめぐる考察』、関西大学出版部、2009年、第122頁。

実際、『性理大全』には、敬に関するさまざまな説が手当たり次第に収録されている。以下のような、朱子の敬説を代表するような言説がもれなく収録されている。

　　〔程子曰〕入道莫如敬。未有能致知而不在敬者。①

　　〔朱子曰〕敬字工夫、乃聖門第一義、徹頭徹尾、不可頃刻間断。②

　　〔朱子曰〕敬之一字、真聖門之綱領、存養之要法。一主乎此、更無内外精粗之間。③

　　〔朱子曰〕人有躁妄之病者、殆居敬之功有所未至。故心不能宰物、氣有以動志而致然耳。若使主一不二臨事接物之際、真心現前、卓然而不可亂、則又安有此患哉。或謂子程子曰、心術最難執持、如何而可。程子曰敬。又嘗曰、操約者敬而已矣。惟其敬足以直内。故其義有以方外。義集而気得所養、則夫喜怒哀楽之発、其不中節者寡矣。孟子論養吾浩然之気以為集義所生。而継之曰、必有事焉而勿正、心勿忘、勿助長也。蓋又以居敬為集義之本也。夫必有事焉者、敬之謂也。④

　　〔朱子曰〕近世学者之病、只是合下欠却持敬工夫。所以事事滅裂。其言敬者、又只説能存此心、自然中理、至於容貌詞氣往往全不加工。又況心慮荒忽、未必真能存得耶。程子言、敬必斉厳粛正、正衣冠、尊瞻視為先。又言、未有箕踞而心不慢者。如此乃是至論。⑤

　　〔北溪陳氏曰〕格物致知也須敬。正心誠意也須敬。斉家治国平天下也須敬。敬者、一心之主宰、万事之根本。⑥

しかし注意してみると、真徳秀や呉澄などいわゆる心学的言説が多数

---

① 『性理大全』巻四十六『学四存養』、保景文化社、1994年、第736頁。
② 同上書、第737頁。
③ 同上。
④ 同上書、第741頁。
⑤ 同上書、第742頁。
⑥ 『性理大全』巻四十七『学五存養』、第747頁。

収録されていることに気付かされる。例えば、以下のような「心」に関する言説は、朱子とは微妙に異なるものである。

　〔北溪陳氏曰〕心雖不過方寸大、然万化皆従此出。正是原頭処。故子思以未発之中為天下之大本、已発之和為天下之達道。①

　〔臨川呉氏曰〕心学之妙、自周子程子発其秘学者、始有所悟、以致其存存之功。周子云無欲故静、程子云有主則虚。此二言者、万世心学之綱要也。②

　〔臨川呉氏曰〕伊洛大儒、嗣聖伝於已絶。提敬之一字為作聖之梯階。漢唐諸儒所不得而聞也。新安大儒継之、直指此為一心之主宰、万事之本根、其示学者切矣。夫人之一身、心為之主、人之一心、敬為之主。主於敬、則心常虚。虚者物不入也。主於敬、則心常実。実者我不出也。敬也者当若何而用力耶。必有事焉、非但守此一言而可得也。③

こうした心学的解釈が多数収録されている『性理大全』だが、注目されるのは、李退渓が『性理大全』の朱子の仁説のほぼ全文を『聖学十図』第七『仁説図』に引用していることである。退渓が朱子の。

　蓋仁之為道、乃天地生物之心即物而在。情之未発而此体已具。情之既発而其用不窮。誠能体而存之、則衆善之源、百行之本、莫不在是。此孔門之教、所以必使学者汲汲於求仁也。其言有曰克己復礼為仁。言能克去己私復乎天理、則此心之体無不在、而此心之用無不行也。又曰、居処恭、執事敬、与人忠、則亦所以存此心也。又曰、事親孝、事兄弟、及物恕、則亦所以行此心也。④

を引用しているということは、克己復礼という修養が「天理」に復すること、そして恭敬忠が心の存養であることを、李退渓が理解していたことを意味する。

---

① 『性理大全』巻三十二『性理四』、第546頁。
② 同上書、第547頁。
③ 『性理大全』巻四十七『学五存養』、第749頁。
④ 『性理大全』巻三十五『性理七』、第578頁。

すなわち、李退溪は『性理大全』の夥しい言説の中から、＜なぜ「敬」（活敬）という修養によって、「心」と「天理」が一つとなるのか＞という命題に関する朱子の正当的な言説をきちんと選び出し、心学的あるいは神秘的な解釈を排除しようとしていたことを示唆している。

7.『聖学心法』（1409年）

『聖学心法』は、永楽帝が永楽七年（1409）に子孫（実際には皇太子朱高熾）に訓戒するために編纂した本であり[1]、各種経伝に記載された聖賢の言葉の中から、『大学』の理論である正心・修身・斉家・治国・平天下に必要なものを選び出して整理し、特に王遂『心学』に掲載された周・邵・二程・張の北宋五子および南宋の張拭・呂祖謙・朱熹・劉清之の言葉と編者自身の文章が引用されたものである[2]。この書は、中国においては「事実を糊塗する欺瞞の書」と酷評されたが[3]、朝鮮においては広く受容された[4]。そこには、以下のような敬に関する諸説が収録されている。

蓋為治莫大於敬天。天者至尊無対、観其高、高在上、若不吾見。然無時而不監焉。蒼蒼不言、若不吾与。然無時而不保焉、天之視聴、相為感通。人心之敬忽有間、則天命之去留無常、吉凶晦否、

---

[1]　檀上寛『永楽帝』、講談社現代新書、2012年（原著は1997年）、第214頁。

[2]　三浦前掲『中国心学の稜線』、第16頁。三浦によれば、王遂『心学』は、元末に編まれた『宋史』芸文志には著録されておらず、明代に入ってから作成された幾つかの書目にはその名が見えるが、現存していないらしい。また、陳栄捷によれば、日本人は『諸橋大漢和辞典』のように、「心法」を「心を修める道」「心の体を存養し、心の用を省察する道」のように心の修養方法と解釈する傾向があるが、これは仏教の影響によるものであり、本来は「要法」と解釈すべきであり、したがって、この『聖学心法』も「包括聖学全面、所謂要法是也」であると解説している。陳栄捷『朱子新探索』、台湾学生書局、1988年、第336-338頁。

[3]　壇上前掲書、第214-215頁。一方、三浦秀一は、成祖が三大全の他に『聖学心法』四巻（1409年撰）を自ら編纂したことを、「明初における心学運動の所産」と捉えている。三浦秀一『中国心学の稜線——元朝の知識人と儒道仏三教』、研文出版、2003年、第32頁。

[4]　정재훈『조선전기유교정치사상연구』태학사、2005年、第177-179頁。

李退溪の敬説の特徴　143

匪降自天、実由於人。永保天命者、其在於敬乎。①

　蓋天命無常、惟德是与、惟能修德以合天心、則天命眷顧、久而益隆。②

　論語、子曰、道千乗之国、敬事而信、節用而愛人、使民以時。道、治也。千乗、諸侯之国。其地出兵車千乗者也。敬者主一無適之謂。敬事而信者、敬其事而信於民也。時謂農隙之時。言治国之要在乎之五者。亦務本之意也。③

　〔真徳秀曰〕人主之心、与天地相流通、而善悪吉凶之符甚於影響。④

　心学（＝王遂『心学』：筆者注）曰、天地以生物為心、聖賢以生民為心。⑤

　人君上合天心、下得人心、有道乎。曰有敬而已。⑥

　〔易曰〕君子敬以直内、義以方外、敬義立而德不孤。⑦

　〔書舜曰〕人心惟危、道心惟微。唯精唯一、允執厥中。⑧

　〔朱子曰〕敬者聖学之所以成始而成終者也。⑨

　〔朱子曰〕主敬者存心之要、而致知者進学之功。⑩

　〔心学曰〕敬者該貫動静。方其無事而存主不懈者、固敬也。及其応事而酬酢不乱者、亦敬也。此聖賢之学、徹頭徹尾無非敬也。⑪

　〔心学〕中庸、心学之精微。大学、心学之次第。論語、則堯舜孔顔之心法無不在焉。孟子、則千変万化皆従心上来。此聖賢伝授之

---

① 『聖学心法』巻一、名古屋市蓬左文庫所蔵、第7-8頁。
② 同上書、第27-28頁。
③ 同上書、第55頁。
④ 同上書、第84頁。
⑤ 同上。
⑥ 同上書、第86頁。
⑦ 『聖学心法』巻二、第4頁。
⑧ 同上書、第5頁。
⑨ 同上書、第31頁。
⑩ 同上。
⑪ 同上書、第35頁。

正学、皆不外乎心也。①

〔真徳秀曰〕人君為天所子。其事天如事親。然親之容色少有不懌、人子当痛自咎責、敢有軽忽傲慢之意耶。②

〔心学曰〕人君之心、莫重於敬天。③

〔陸贄曰〕天之視聴皆因於人。人事理而天命降乱者、未之有也。人事乱而天命降康者、亦未之有也。並通鑑綱目。④

孔子曰、仁人之事親也、如事天。事天如事親。⑤

心学曰、凡事不可以易視之。事雖小、亦要用心関防処置。凡事要敬、不可有忽心。亦不可有急心、処事要合人心順天道。⑥

これらの言説が物語るのは、自己修養としての敬よりも、「敬天」すなわち「永保天命」のための敬が重視されていることである。天は常に人間を「視聴」しており、天と人は「相為感通」しているのだから、人心が敬天をないがしろにしていると、直ちに天命は去ってしまう。それゆえ、陸象山心学が標榜した「人君之心、莫重於敬天」が引用され、尊重されたのであった。そこに永楽帝の意図が強く反映しているとしても、明初において敬は修己のためだけではなく、天命すなわち王権を失わないためにこそ敬が重要であるという解釈が定着しつつあったことを物語っている。これは、「敬以直内」から「敬天」への移行、あるいは性理学から「心学」への転換を物語るものである。

⑧ 薛敬軒（1389-1464）

明初に朱子学を継承し河東学派の創始者として知られた薛敬軒は、「ただ中和の二字、無窮の理を包括するも、その要はただ心にあり」（『薛文清公全集』巻十一『読書続録』巻一）、「朱子の心学を得

---

① 『聖学心法』巻二、第39頁。
② 同上書、第41頁。
③ 同上。
④ 同上書、第75頁。
⑤ 『聖学心法』巻四、第45頁。
⑥ 同上書、第68頁。

る者は、許魯斎ひとりのみ」（『薛文清公全集』巻八『読書録』巻八）というと述べているように、朱子学を心学として捉えていた。そして、朱子学の「居敬」と「致知」のうち、「居敬」に通じる「復性」だけを唱え、「致知」に対する関心が低かったことが知られている[①]。

⑨ 程敏政（1444-1499、号は篁墩）

程敏政は徽州（現在の安徽省）の出身であり、「和会朱陸」を標榜していた新安理学派の影響を受け、陸象山の心学に強い関心を寄せていた。その程敏政が、元代の徽州婺源（朱子一家の故郷）の学者である程復心『心学図』に注を施したものが『心経附註』（1492年）であり[②]、李退溪が生涯の指針として愛読していたことでも知られている。その序の中で、程敏政は敬について次のように述べている。

　蓋嘗反復紬繹、得程子之説、曰天徳王道其要只在謹独、亦曰学者須是将敬以直内涵養。直内是本。朱子亦曰、程先生有功于後学、最是敬之一字、敬者聖学始終之要也。蓋是経所訓不出敬之一言。[③]

程敏政は、ここで朱子の「敬者聖学始終之要」を引用し、経書の教えが「敬之一言」に基づくことを宣言している。そして文中においても、真徳秀の「易坤之六二曰、君子敬以直内、義以方外、敬義立而徳不孤、直方大不習無不利、則不疑其所行也」という文章に対して、附註〔程子曰〕として「尹和靖嘗言、〔程子〕先生教人、只是専令敬以直内。若用此理、則百事不敢妄作、不愧屋漏矣。習之既久、自然直所得也」を引用し、そこに按として「易言敬以直内、義以方外。誠学者希聖之枢要。然敬以直内、其本也」[④]というコメントを加えており、「敬以直内」こそが基本であると述べている。さらに、〔朱子曰〕と

---

① 朱子学大系第一〇巻『朱子の後継（上）』、明徳出版社、1976年、竹内弘行「薛敬軒」解説、第42頁。
② 解光宇『朱子学与徽学』、岳麓書社、2010年、第239-240頁。
③ 阿部吉雄編『日本刻版李退溪全集（下）』、李退溪研究会、1938年、第417頁。
④ 同上書、第419頁。

して、「問人有専務敬以直内、不務方外何如。程子曰、有諸中者必形諸外。惟恐不直内。内直則外必方」を引用し、そこに按として「敬義之説、先儒多対挙而互言之。考程子此言及胡氏朱子之説、又有賓主軽重之弁。学者詳之」[1]と記しており、程敏政が、敬と義の「賓主軽重」の弁別が必要であり、敬こそが主要であると捉えていたことをうかがわせる。

以上、朱子後学の敬説の系譜をたどってみると、以下のようなことを指摘できるだろう。

朱子の敬説が内包していた＜なぜ「敬」（活敬）という修養によって、「心」と「天理」が一つとなるのか＞という問題は、朱子後学において、元代には神秘主義的解釈によって、明代には「敬天」という心学的解釈によって、解答が試みられた。

程顥以来、人と天は、仁そして敬・誠によって「天人一体」であることが常に意識されていた。そのため、人は心の修養（居敬窮理）によって天と一体化すること（聖人になること）が道学の目標とされてきた。しかし、真徳秀『大学衍義』の登場をきっかけとして、天は次第に人心を空から監臨する存在として畏怖されるようになった。その背景には、王権の安泰や存続を願う君子あるいは儒者の心性が、董仲舒の天人相関説への関心を呼び起こしたことが想定される。

朱子後学の敬説の集大成といえる『性理大全』には、心学的解釈が多数収録されているが、李退渓はあくまでも朱子の解釈に忠実であろうとしていた。と同時に、李退渓が性理学に接した十六世紀は、敬義内外説のうち「敬以直内」こそが重要であり、心の修養とはすなわち「敬」の問題であるという共通認識が形成されていた時代であり、李退渓にとっても人心を上空から監臨する畏怖すべき存在としての「天」観念を無視することはできなかったと考えられる。

---

[1] 阿部吉雄編『日本刻版李退渓全集（下）』、李退渓研究会、1938年、第426頁。

四　李退溪の敬説の特徴

　初めに確認しておきたいことは、李退溪の敬説は朱子の敬説をそのまま継承したものではないということである。『聖学十図』第九『敬斎箴図』における「西山眞氏曰、敬之為義。至是無復餘蘊。有志於聖学者、宜熟復之」[①]という引用や、敬が義を包括するという説が『心経附註』巻四『朱子敬斎箴曰』における程敏政の『附註』をそのまま引用したものであることなど、退溪のテキストにおける先学からの引用は枚挙に暇がなく、退溪の敬説は真徳秀や程敏政の敬説を忠実に踏襲し整理しただけのものと考えられやすい。しかし、両者は明らかに異なった思想体系を構成している。それを示す一例として、陳栄捷が指摘しているように、『聖学十図』第四図『大学図』において、退溪は朱子の大学図（『語類』巻一五巻末に収録）を掲載せず、あえて朝鮮儒学者である権近（1352-1409）の大学図を採用している。その理由について、陳栄捷は「朱子之図、乃為大学整個思想而作。退溪所用之図、乃為人主修養而作。其目的不同、故所採之図亦異。『十図』皆根拠於朱子思想、則退溪誠忠於朱子者也」[②]と述べているように、基本的に退溪が朱子に忠実であったとしても、両者が完全に同一思想であったわけではなく、両者にはおのずから異同があるのは当然であろう。

　では、実際に退溪の敬説とはいかなるものなのだろうか。

　『戊辰六條疏』は、李退溪思想の集大成ともいえるテキストであり、幼帝である宣祖に対して退溪が最晩年に託したメッセージと言えるものである。ところが、このテキストも先学からの引用が多いため、どこまでが退溪自身の説なのかを見分けることがむずかしく、これまで先学の言説との異同はあまり注目されてこなかった。しかし、

---

　①　前掲『退溪学叢書第Ⅱ部第1巻　陶山全書一』所収『退溪先生全書』巻第七『進聖学十図』、第202頁。
　②　陳栄捷『朱子新探索』、台湾学生書局、1988年、第367-370頁。

そこには、退渓における伝統の継承と革新が内包されている。

たとえば、『其三曰敦聖学以立治本』において、退渓は「帝王之学」について「敦聖学以立治本。臣聞、帝王之学、心法之要、淵源於大舜之命禹。其言曰、「人心惟危、道心惟微、惟精惟一、允執厥中」。夫以天下相伝欲使之安天下也」①と述べているが、これは『大学衍義』「帝王為学之本」に忠実に従い、「人心惟危、道心惟微、惟精惟一、允執厥中」を「帝王之学、心法之要」の淵源として尊重し、これを代々相伝することこそが安天下の基本だと捉えるものである。その上で、退渓は「敬以為主、而事事物物、莫不窮其所當然與其所以然之故。沈潜反覆玩索体認而極其至。至於歳月之久、功力之深、而一朝不覚其有洒然融釈、豁然貫通処、則始知所謂体用一源、顕微無間者真是其然。而不迷於危微、不眩於精一、而中可執。此之謂真知也」②と述べ、敬を主として、事事物物の所当然（之則）と所以然之故を「沈潜反覆玩索体認」することを久しくすれば、ある日豁然として「体用一源」であることを悟り、危微にも迷うことがなくなり、それこそが「真知」であるという。

そして注目されるのが、この段の最後に記された、次のような言説である。

或曰、帝王之学、不与経生学子同。此謂拘文義工綴緝之類云耳。至如敬以為本、而窮理以致知、反躬以践実、此乃妙心法、而伝道学之要。帝王之与恒人、豈有異哉。③

ある人が、「帝王之学の内容は、単に経書を学んでいる者たちと同じではない」と言ったことに対し、退渓は、「道学の要が、帝王と恒人とでどうして異なるだろうか」と反論している。「恒人」とは、常人、凡人を意味する言葉である。敬を基本として、窮理をして致知を

---

① 陳栄捷『朱子新探索』、台湾学生書局、1988年、第177頁。
② 同上書、第178頁。
③ 同上書、第179頁。

行い、躬を顧みて実践することこそが妙なる心法であり、それは帝王であれ恒人であれ、あらゆる人に当てはまる教えだと、退溪は主張している[1]。朱子は「学者当知孔門所指求仁之方、日用之間、以敬為主。不論感与未感、平日常是如此涵養、則善端之発、自然明著」（『語類』巻十二、方録）と述べており、「日用之間」において持敬することこそ孔門の教えだと主張していた。

しかし、退溪は『其四日明道術以正人心』において、このいわば帝王之学の＜平民化＞をさらに推し進めるのである。

　　臣愚必以明道術以正人心者、為新政之献焉。雖則然矣、而其明之之事、亦有本末先後緩急之施。其本末又有虛實之異帰焉。本乎人君躬行心得之餘、而行乎民生日用彝倫之教者、本也。追蹤乎法制、襲美乎文物、革今師古依倣比較者、末也。[2]

退溪は、宣祖に「明道術以正人心」を新政の要点とすべきだが、それには本末があり、人君自らがこれを心得て「民生日用彝倫之教」を実行することが基本であると述べている。「民生日用彝倫之教」とは、帝王学にまるでふさわしくない言葉である。なぜ退溪は帝王之学を「民生日用彝倫之教」へと換骨奪胎させたのだろうか。それは、天の仁愛という関連からすれば、民の安寧こそがもっとも重要なものだからである。

　　人主於此、又當知天心之所以仁愛我者何故、而當知我所以奉承天心者何道、而可無不深思熟講而実体行之、然後庶可以享天心而盡君道矣。臣請為　殿下言其故。竊謂天地之大德曰生。凡天地之

---

　[1]　朱子は『大学章句序』において、「人生八歳、則自王公以下、至於庶人之子弟、皆入小学、而教之以灑掃、応対、進退之節、礼楽、射御、書数之文；及其十有五年、則自天子之元子、衆子、以至公、卿、大夫、元士之適子、与凡民之俊秀、皆入大学、而教之以窮理、正心、修己、治人之道。此又学校之教、大小之節所以分也」と述べており、『大学』の教えが天子の子どもから「凡民之俊秀」までを対象とするものであることを主張していた。したがって、退溪は、真徳秀が『大学衍義』で展開した敬を核とした「帝王之学」を、朱子本来の教えに回帰させ、万人に当てはまる普遍的な教えとして再解釈したと言えるだろう。

　[2]　『日本刻板李退溪全集（下）』、第180頁。

間、含生之類、総総林林、若動、若植、若洪、若織、皆天所閔覆而仁愛。而況於吾民之肖像而最霊為天地之心者乎。然天有是心而不能以自施。必就夫最霊之中、而尤眷其聖哲元良徳協于神人者、為之君、付之司牧、以行其仁愛之政。既命之佑之、而寵綏四方矣。猶恐其或怠而或難生於所忽也。於是乎、又有所謂災異警譴之加焉。天之於君、所以反覆丁寧若是者、無他。既以仁愛之責、委重於此、自当有仁愛之報、倦倦於此也。誠使為人君者、知天之所以仁愛我者如此。①

ここには、天心がなぜ我を仁愛するのか、また我がなぜ天心を奉承するのかを知らなければならず、それを深思熟講して実行してこそ、天心を享受し君道を尽くすことになるのです。ではその理由とは何でしょうか。天地の大徳は「生」であり、天地の間のあらゆる生なる物を、天は閔覆し仁愛します。ましてや、吾民の肖像であり、最霊であり、天地之心である人は言うまでもありません。ところが、天は心が有っても自らそれを施すことはできないために、最霊の中でも最も聖哲元良なる者を君とし、司牧とし、彼らに「仁愛之政」を行わせようとするのです。「仁愛之政」を命じてその実行を佑けて、四方を寵綏（慈しみ安んじる）しようとするのです。しかし、天は彼らが怠けて粗忽なことが生じることを恐れて、「災異警譴之加」を与えます。天が君にこの教えを反覆丁寧にするのは、他でもない「仁愛之責」が重いからであり、「仁愛之報」は難しいからなのです。人君たる者になぜ天が我を仁愛するのかを知らせようとするのかは、こうした理由があるからなのです、と述べられている。

つまり、天は人君に「仁愛之政」を行わせることによって、天が自ら生み出した民を仁愛し、四方を寵綏しようとするのだが、その実行は容易なことではなく、ともすれば民は苦しめられることになる。それゆえ、「仁愛之政」を実行するためには、人君は民の生活実態であ

---

① 『日本刻板李退溪全集（下）』、第183頁。

り、民の心でもある「民生日用彝倫之教」を知らなければならない。それこそが「真知」であると退溪は捉えていた。

　　　今殿下誠能知虛名之不可恃、求要法以明道学。請必深納於臣前所論真知実践之説。敬以始之、敬以終之。[1]

ここで退溪は、主上殿下である宣祖に虛名ではなく道学を明らかにすること、すなわち「真知実践之説」を深く理解することを求めており、それは「敬以始之、敬以終之」と述べている。

以上のことを考慮すれば、退溪がなぜ『大学』を帝王之学としてではなく、「民生日用彝倫之教」として捉えようとしたのか、その理由は明らかであろう。すなわち、前者と後者では民に対する親近感の持ち方が全く異なるのである。中国人研究者の高令印は、退溪が経筵侍講の機会を利用し、直接君主に向かって「七、八月之間、風災旱災、飛蝗蔽天、蝥賊盈疇、或朽而不秀、或穂而不實、則稲一穀亦無望於入民之腹矣。古語云、一穀不登、民受其飢。今則百穀不登、民何以充腹」（「戊辰經筵啓箚一」）[2]といって、七・八月の旱害によって民の腹に入る米は全くなくなっているという農民の窮状を訴えたことに注目し、「李退溪のこの文章の行間からは、彼の百姓の苦難を身近なものとして捉えようとする気持ちが溢れ出ている。彼は当時上層社会にいたが、一刻たりとも億万の百姓の苦難を忘れることはなかった（在李退溪的字里行間、洋溢出他的心是与百姓的苦難緊密地聯繫在一起的。他当時居于上層社会、却一刻也未忘記処水深火熱中的億万百姓）」[3]と論じている。さらに、退溪が「君舟之覆、恒在於民厳、肆予沖人永思艱、以為人君祈天永命之道、誠不外於懷保小民」[4]といっ

---

　　① 『日本刻板李退溪全集（下）』、第183頁。
　　② 『退溪学叢書第Ⅱ部第1巻　陶山全書一』所収『退溪先生全書』巻之七『戊辰経筵啓箚一』、第187頁。
　　③ 『中国文化月刊』142期、1991年、『李退溪「取信於民」的民本主義』、第8頁、および高令印『李退溪与東方文化』、厦門大学出版社、2002年、第155頁。
　　④ 『退溪学叢書第Ⅱ部第1巻　陶山全書一』所収『退溪先生全書』巻第六『教黄海道觀察使兼兵馬水軍節度使權應挺』、第159頁。

て、君主の舟が転覆するのは常に民をおろそかにしたからであり、人君は天に祈るとともに「懷保小民」を心掛けねばならないと教書で訴えたことにも注意を喚起している。

高令印が指摘するように、退溪の民に対する同情心には尋常ならぬものがあった。それは、帝王之学としての高踏的な立場から易姓革命を畏れようとして庶民の動向を注視するというものとは全く異なり、もっと温情から発した人間的配慮にもとづく発言のように思われる。それが最も強く感じられる文章は、前掲「戊辰經筵啓箚一」の後段に見える次のような言説である。

　　古之人君、視民如傷、若保赤子。父母愛子之心、無所不至。如遇其疾病飢寒、則哀傷惻怛、不啻在己。提抱撫摩、誠求不遠、飲食以飼哺之、藥物以救療之。如此而或至於死、猶不敢怨天、而自傷其救療之未盡。蓋其深愛至痛之情、所當然也。①

古代の人君は、民を傷や赤ん坊を見守るようにやさしく視ていた。それはまるで父母が子供を愛する心のようなものであり、民が困っていれば自分のことのように飲食物や薬を与えた。それでももし死んだときは、天を怨むのではなく、自分の救療が足りなかったのだと自分を責めた。人君が民に対して「深愛至痛之情」を抱くのは、まさに当たり前のことではないか、と退溪は述べている。人君は民を自分の子どものように慈愛しなければならない。それこそが君主の務めであるという退溪の君主論は、高令印が言うように、まさに「取信於民」の民本主義というにふさわしいものといえよう。

もちろん、この人君が民を子どものように見るという解釈自体は、朱子『中庸章句』第二十章第十一節「凡爲天下国家有九経。曰修身也。尊賢也。親親也。敬大臣也。体群臣也。子庶民也。来百工也。柔

---

① 『退溪学叢書第Ⅱ部第1巻　陶山全書一』所収『退溪先生全書』巻第六『教黄海道觀察使兼兵馬水軍節度使權應挺』、第187頁。

遠人也。懷諸侯也」①に由来するものであることは言うまでもない。しかし朱子は、この部分に関する呂大臨の解釈に対する割注で、「視群臣猶吾四体、視百姓猶吾子、此視臣、視民之別也」②と述べ、臣下と庶民の別を強調するにとどまっている。それゆえ、退溪が「深愛至痛之情」という解釈を加えていることは、退溪の庶民に対する並々ならぬ同情を感じさせるものである。

そして、ここで見逃してはならないことは、退溪のこの親子関係によって君臣関係をとらえようとする発想が、天人関係にも応用されている点である。『戊辰六条疏』「其六曰誠修省以承天愛」には、次のような言説が記されている。

　　昔者孔光以為天道不必憂。安石以為天變不足畏。皆誣諛姦罔之言。固大得罪於天矣。董仲舒、劉向之徒、又以某災為某失之應。亦太拘拘滯陋、而其或有不相應者、則適啓人君不畏不憂之端、亦非也。故臣愚以為君之於天、猶子之於親。親心有怒於子、子之恐懼修省、不問所怒與非怒、事事盡誠而致孝、則親悅於誠孝、而所怒之事並與之渾化無痕矣。③

董仲舒や劉向は天災を失政の反応と見るいわゆる天人相関説を唱えたが、その考え方では、天災がなければ人君は畏憂しないということになってしまうゆえに、間違っている。私の考えでは、君主の天に対する態度は、子どもが親に対するように、親に怒られようと怒られまいと常に誠を尽くし孝を致して親を喜ばせるようにしなければならない。なぜなら、君主は「敬」と「誠」によって天と通じ合っているからだという。

　　惟殿下深知天所以仁愛己者若是、其非徒然也。内以自反於身心、

---

①　朱傑人・厳佐之・劉永翔主編『朱子全書』第陸冊、上海古籍出版社・安徽教育出版社、2002年、第45頁。
②　同上。
③　『退溪学叢書　第Ⅱ部第1巻　陶山全書一』所収『退溪先生全書』巻之七『戊辰六条疏』、第184頁。

一於敬而無作輟、外以修行於政治者、一於誠而無假飾所。處於天人之際者、無所不用其極。如前所云云、則雖有水旱之災、譴警之至、猶可施恐懼修省之力、而承天與仁愛之心。①

退溪が、君主と民が親子のように慈しみ合い、また天と君主がやはり親子として慈しみ合うような情誼的信頼関係の中にあることを理想とし、その関係を維持する必要条件として敬を位置づけようとしていたことが理解されよう。

『大学衍義』や『心経附註』を出発点としながらも、退溪は高踏的な帝王之学としてそれらを解釈するのではなく、むしろ「民生日用彝倫之教」の立場から朱子後学が構築した帝王之学を平民化させ、日常的な「道学」「真知」として取り戻すべく、新たな敬説を提示した。換言するならば、儒教を君主のみに必要な帝王学として特権化させるのではなく、「恒人」にも必要な万民に対する教えとして再構成した退溪思想の核心に位置するものこそ、李退溪の「敬」であった。退溪が宣祖に対する疏において、「民生日用彝倫之教」を教示しようとした背景には、こうした時代の趨勢に抗してまでも、主上殿下に対して万民に共通する「民生日用彝倫之教」を説こうとした退溪の民に対する強い情愛を垣間見ることができるだろう。

かつて退溪は『自省録』所収『答鄭子中』書簡の中で、「蓋嘗聞之、古人所以為学者、必本於孝悌忠信、以次而及天下万事尽性至命之極。蓋其大体無所不包、而其最先最急者、尤在家庭唯諾之際。故曰、本立而道生。」②と述べて、学問における「家庭唯諾の際」の重要性を説いていた。また、窮理の方法については、「不本諸心而但外講儀節者、誠無異於扮戯子。独不聞民彝物、則莫非天衷真至之理乎。亦不聞朱子所謂「主敬以立基本、窮理以致其知」乎。心主於敬而究事物

---

① 『退溪学叢書 第Ⅱ部第1巻 陶山全書一』所収『退溪先生全書』巻之七『戊辰六条疏』、第184頁。

② 『日本刻板李退溪全集（下）』、第326頁。

真至之理。心喩於理義、目中無全牛、内外融徹、精粗一致。由是而誠意正心修身、推之家国達之天下、沛乎不可禦」[1]と述べて、朱子の「主敬以立基本、窮理以致其知」こそ退溪にとって最も大切なテーゼであることを宣言していた。「本を立てる」ことを「家庭唯諾之際」に見出していた李退溪は、最晩年に至っても「心主於敬、而究事物真至之理」という朱子のテーゼを堅守し、それを王である主上殿下に対しても「民生日用彜倫之教」を上疏することで貫徹したと言えるだろう。

　李退溪の敬説には、朝鮮儒学の特徴としてしばしば言及される儒教的民本主義の原点を見るような思いがする。趙景達は、「朝鮮王朝時代にあって朝鮮民衆は、どれほど支配政策や収奪に不満があるとしても、容易には王朝打倒という方向には進まなかった。それは、儒教的民本主義によって支配への合意のシステムが構築されていたからである。民衆は必死に収奪を耐え忍んだのちには、公論を通じ、あるいは民乱という暴力を通じ、自らの意思を上達することができた。そうした場合、王朝権力は渋々あるいは欺瞞的ながらも、それに対して何らかの対応をするのを常とした。それゆえにこそ、李王朝は五〇〇年以上にもわたって存続することができた」[2]と述べて、朝鮮儒教の特徴を「儒教的民本主義」に見出している。朝鮮儒教の特徴を儒教的民本主義に見出すことは、東アジア儒学史そのものの見直しを迫るものであろう。本稿における考察が示唆するように、李退溪の思想的特徴は朱子との直接的比較だけでなく、もっと東アジア儒学史における同時代性や多様性の中で考察されてこそ、その特徴を明示するはずである。李退溪だけでなくこれからの

---

　[1]　『増補退溪全書二』、成均館大学校大東文化研究院、1989年、『退溪先生文集巻四十一雑著』二十六丁。
　[2]　趙景達『武断政治と朝鮮民衆』、『思想』2010年第一号、岩波書店、第97-98頁。

朝鮮儒学史研究は、こうした研究視角から推進されるべきであり、日本や韓国・朝鮮だけでなく、広く中国語圏からの研究成果を要求していることを注記して、本稿を終えたい。

退溪学在朱子学中的文化价值

高令印（厦门大学）

一 朱子学是"东亚文明的体现"

中国南宋朱熹（1130~1200），进一步以儒学融合佛、道之学，集濂学、洛学、关学以至整个传统文化之大成，创立闽学（理学、新儒学）——武夷文化的核心，使中国古代社会由前期向后期过渡、中华文化重心南移，在福建、浙江、江西之武夷山一带形成继北方中原之后新的国家文化重心。此后不久，"闽学之盛行，且自南而北，而迄于东西，不局于一方，不限于一时，源远流长，汪洋澎湃"[1]，成为国家的正统思想、"东亚文明的体现"[2]、世界性的学说。

既然说朱子学是"东亚文明的体现"，那么韩国退溪学、日本朱子学都是朱子学的分支。本文主要论述朱熹与李退溪两人思想的关系及退溪学在朱子学中的文化价值。

二 朱子学东传和退溪学的出现

韩国高丽朝（918~1392）末叶忠烈王（在位期间，1275~1308）、忠宣王（在位期间，1313~1319）、恭愍王（在位期间，1351~1374）

---

[1] 〔清〕张伯行《朱衡〈道南原委〉序》。
[2] 岛田虔次语，转引自杜维明《儒家哲学与现代化》，中国文化书院编《论中国传统文化》，三联书店，1988年，第98页。

等时期，安珦（1243~1306）及其门人白颐正（1260~1340）等，作为王朝的侍臣多次前往元朝首都北京，直接接触当时中国最著名的朱子学家，潜心学习朱子学；构置"万卷书堂"，大量购书，把当时新刊本《朱子大全》（即《朱子文集》）、朱熹《四书集注》等引进高丽。他们在太学讲授朱子学，大力弘扬朱子学。接着，权溥（1262~1346）、禹倬（1263~1342）、李齐贤（1287~1367）等，进一步"教授生徒，理学始行"[①]。此时是朱子学在韩国的初传时期。据记载：

> 高丽高宗以前的文化，以新罗时代传入的唐代文化（按，主要指佛学）为基础，而加上了宋代文化。但是，高宗以后的文化，是发生于宋的特有的文化（按，指朱子学），成为后来李氏朝鲜文化的基础。……元代时的韩国文化，为朱学所支配，使高丽人的风气学问为之丕变。[②]

1392年，高丽朝重臣李成桂（1335~1408），在赵浚、郑道传等一批主张改革的官僚和学者的支持下，废高丽朝恭让王，自登王位，改国号为朝鲜。这就是延续五百多年之久的李朝。李朝"跨越中国明清两代，是东亚大王朝，这个朝代的指导思想就是儒学，其中非常突出的思想家就是李退溪（即李滉）"[③]，朱子学是高末鲜初统治者改革弊端、改朝换代、重整社会秩序和制定内外政策的思想理论武器。李朝建立后不久，儒学便被尊为国学，是整个李朝占主导地位的正统思想。

在高丽末期，李谷（1298~1351）、李穑（1328~1396）、郑梦周（1337~1392）、郑道传（1337~1398）、权近（1352~1409）、金时习（1435~1493）、徐敬德（1489~1546）、赵光祖（1482~1519）、李彦迪（1491~1553）等，从不同方面介绍、论述了朱子学。对此，李退溪说：

> 逮至丽末，程朱之书稍稍东来，故如禹倬、郑梦周之徒，得以参究性理之说。至于国朝（按，指李朝）获蒙皇朝（按，指中

---

① 郑麟趾《高丽史》列传卷二十八。
② 潘公展《今日韩国》，中国科学图书仪器公司，1947年，第209页。
③ 杜维明《儒家哲学与现代化》，中国文化书院编《论中国传统文化》，第120页。

国明朝）颁赐《四书五经大全》、《性理大全》等书，国朝设科取士，又以通"四书"、"五经"者得与其选。由是士之所诵，无非孔孟程朱之言。①

这就是说，这时期由于众多学者的大力引进、传播，朱子学的诸方面不仅大都传入李朝，而且朝廷还用以科举取士，在国家的意识形态中占主导地位。

至李退溪时代，李朝已确立一百多年，将由前期转入中期，进入巩固发展时期，国内政治上要求用适用于自己的朱子学理论来指导统治阶层内部的竞争，为王朝的安定和发展提供理论保证；就朱子学本身说，它在韩国已经历了两百多年，从其理论思维的发展趋势，需要对以往朱子学的诸方面进行综合提高，使中国朱子学韩国化，创立韩国朱子学的思想体系。这就是说，韩国国内的思想理论和政治政权要求成熟的集大成的朱子学思想体系的出现，从而把朱子学推向完整的东方文化的成熟形态。

正是在这个时期，朱子学在中国遭遇到挫折。由于朱熹集大成的思想体系不是某个学者所能继承和发扬的，到了南宋末期、元代逐步分化为气学与心学两个发展方向。就心学讲，到了明中叶，便出现以王阳明（1472~1529）为代表的心学集大成者。由于阳明学对抗朱子学异化，朱子学需要到自己的文化圈内——东方其他国家和地区继续生存和发展。于是，这个历史使命就落在李朝和李退溪身上。

对于朱子学重心东移，中国学者陈来在《论李退溪对朱熹哲学的发展及其在理学史上的地位》中有深刻的论述。他说：

李退溪对朱熹哲学有深入的研究和理解，对朱熹的某些矛盾和尚未解决的问题提出了进一步解决的积极方法，并揭示出某些朱熹哲学中未得到充分展示的逻辑环节，使朱子学得到了某种补充和发展。他所达到的水平，在明中叶以后的朱学思想家中可以

---

① 《回示诏使书》，《增补退溪全书》第三册（影印本），韩国成均馆大学校大东文化研究院，1978年，第139页。

说首屈一指。从东方文化圈的观点上来看,朱子学及其重心有一个东移的过程。明中叶王学盛行,此后朱学在中国大陆再没有产生有生命力的哲学家,而与心学盛行刚好对应,嘉靖之后朱学在朝鲜获得了进一步发展的活力。李退溪哲学的出现,一方面标志着朝鲜理学的完全成熟,一方面表明朱子学的重心已经转移到朝鲜而获得新的生命,并为以后由朝鲜进而东移到日本(山崎暗斋)准备了条件,从而使朱子学在东亚文明的发展方面发挥了巨大的作用。从这个角度来看,李退溪及其哲学的意义,确是不同寻常的。[1]

由上可见,朱子学重心东移,产生以李退溪为代表的韩国朱子学——退溪学,是当时东亚思想政治形势的必然结果。李退溪把朱子学韩国化,集韩国朱子学之大成,把作为"东亚文明体现"的朱子学推向更加完整的成熟形态,并为朱子学的进一步发展开辟出道路,成为朱熹之后朱子学最主要的代表者之一。

可以这样说,李退溪之前的韩国朱子学家是退溪学的先驱者,他们为退溪学的创立提供了条件;而李退溪之后的韩国朱子学家是退溪学的继续和发展。退溪学在韩国以至东方文化发展史上具有承前启后、继往开来的意义。

李退溪笃信朱熹,被称为"海东之考亭(朱熹)"[2]。退溪学是朱子学的分支。

三 朱熹与李退溪之思想比较

对于前后相继的学者,一般认为,后者的思想发展了前者的思想。这对李退溪与朱熹来说,一些学者是不大认同的。他们认为,李退溪是原原本本、不折不扣地继承和弘扬了朱熹思想。这是"'照着'讲"

---

[1] 筑波大学《李退溪哲学之历史的位置》,东洋书院,1986年,第251页。
[2] 参见笔者《李退溪与东方文化》,厦门大学出版社,2002年,第28页。

还是"'接着'讲"的问题。中国知名学者冯友兰在讲到自己的《新理学》时说:

> 我们现在所讲之系统,大体上是承接宋明道学中之理学一派。我们说"大体上",因为在许多点,我们亦有与宋明以来的理学,大不相同之处。我们说"承接",因为我们是"接着"宋明以来的理学讲的,而不是"照着"宋明以来的理学讲的。因此,我们自号我们的系统为新理学。①

在这里,我们把朱熹与李退溪两人思想的义理纲脉加以比较研究,解释李退溪是"照着"还是"接着"朱子学讲的,退溪学在朱子学中有着怎么样的特点。

(一)理气不离不杂

朱熹由古代的尊天上升到讲理。孔子时而释天为自然界,含糊其词。西汉董仲舒提出天人感应论,断定天是有意志的。朱熹认为,天不外是苍苍之形体,而天意是理。这就摒弃了原先对天认识的宗教神秘色彩。他说:"天之所以为天者,理而已。天非有此理不能为天。故苍苍者即此道理之天。"②天即理,是朱熹理论的哲学本色。由此,他把人们对天的认识上升到哲学本体论的高度。

朱熹进一步指出,理离不开气,理气是不离不杂的。理属形而上,气属形而下,这个界线不能混杂;而理寓于气,理离开了气就无挂搭处。朱熹说:

> 天地之间有理有气。理也者,形而上之道也;气也者,形而下之器也,生物之具也。是以,人、物之生必有理,然后有气;必禀此性,然后有形。③

在朱熹看来,理无情意、无计度、无造作,是静态的形而上的实有,

---

① 《三松堂全集》第四卷,河南人民出版社,1986年,第5页。
② 《朱子语类》卷二。
③ 《朱子文集》卷六。

只存有不活动，不能妙运气化生生；气则能依理而行，凝结造作。

一般认为，李退溪主理气不杂，是理气二元论者。其实，分理气为二，不一定就是二元论。所谓二元论，是指理气二者平行各自为主。朱熹理气二分，只是形而上下之分判，不涉及理为主、气为主的问题，理与气仍然是主从关系。有主有从，显然不是二元论。李退溪的理气关系，实与朱熹一致。李退溪说：

> 无情意造作者，此理本然之体也。其随意发而无不到者，此理至神之用也，向也。但有见于本体之无为，而不知妙用之显行，殆若认理为死物，其与道不亦远甚矣乎？①

> 人之一身，理气兼备，理贵气贱。然理无为而气有欲。故主于践理者，养气在其中，圣贤是也；偏于养气者，必至于贱性，老庄是也。②

李退溪的结论是："理本无形，若无是气，则奚有独发之理乎？天下无无理之气，无无气之理。"③理是本体，看起来是无为，实际上是无不为的，其作用随寓而发，妙用显行。李退溪强调的"理贵气贱"，是在朱熹观点的基础上明白直说，是应用于社会践履上的圆融说法。在这方面，李退溪反复论说，强调理在上位、气在下位，上位贵、下位贱，由此说明理与气的不同价值。这是李退溪理气论的特色。

主理、主气之说，是不得已而用之的偏离词。说朱子学"唯理"，阳明学"唯心"，是不明白学术之实的外行话、浮滥语。在学术用语上要特别谨慎，要规范化，不然会造成学术思想上的疏离、误解。

（二）心、性、情三分，心统性情

综观朱熹对心、性、情的论说：性是理，心是气之灵，情是心气之发或之变，此便是"心、性、情三分"。仁只是性、只是理，恻隐之

---

① 《增补退溪全书》第一册，第465页。
② 同上书，第335页。
③ 《增补退溪全书》第二册，第226页。

心与爱之情则属于气。谓"仁者,心之德、爱之理",表示仁不是心、不是爱,只是"爱之所以然的理,而为心所当具之德"。这样,仁只成一个形而上的抽象的理,而不再是具体的活泼的生生之仁。仁这个"理",必须通过心知之明的静涵之后方能为心所具;仁这个"德"亦须通过心气之摄具此理,方能成为心自身之德。这就是说,德由理而转成,理不寓于心则不能成德。至于"心统性情","统"为统摄、统贯义,非纯帅、统属义。心统性,是认知地、关联地统摄性而彰显之。这是心统贯于"未发"之性。心统情,是行动地统摄情而敷施发用。这是心发出情,心统贯于"已发"之情。①"未发"、"已发",下面专题论述。

李退溪认为,心只有一个,那就是合理气而成的心。谓"夫人之生也,同得天地之气以为体,同得天地之理以为性,理气之合则为心"②。李退溪说:

> 天即理也,而其德有四,曰元、亨、利、贞是也。……元、亨、利、贞之理以为性,其性之目有五,曰仁、义、礼、智、信。故四德五常上下一理,未尝有间于天人之分。然其所以有圣愚人物之异者,气为之也,非元、亨、利、贞之本然。故子思直曰天命之谓性,盖二五妙合之源而指四德言之者也。③

> 至乎情,独不可以理气分言之乎?恻隐、羞恶、辞让、是非何从而发乎?发于仁、义、礼、智之性焉尔。喜、怒、哀、惧、爱、恶、欲何从而发乎?外物触其形而动于中,缘境而出焉尔。……四端皆善也,故曰无四端之心非人也,而曰乃若其情则可以为善矣;七情善恶未定也,故一有之而不能察,则心不得其正,而必发而中节,然后乃谓之和。由是观之,二者虽曰皆不外乎理气,而因其所从来,各指其所主与所重而言之,则谓之某为

---

① 以上见《朱子语类》卷二十。
② 《增补退溪全书》第一册,第463页。
③ 《增补退溪全书》第三册,第140~141页。

理某为气，何不可之有乎？①

> 理气合而为心，自然有虚灵知觉之妙。静而具众理，性也；而盛贮该载此性者，心也。动而应万事，情也；而敷施发用此情者，亦心也。故曰心统性情。②

李退溪基于朱熹的理气为心说，强调四端，理之发，纯善；七情，气之发，有善有恶。这就言简意赅地说明了心是统性情的。

韩国李东俊在《李退溪敬的哲学考察》中说：

> 退溪哲学中视人性为人心和道心，道心包含着仁、义、礼、智；人心包含着喜、怒、哀、惧、爱、恶、欲。前者是本然之性，是纯粹的精神作用；后者是气质的，出自身体的欲求作用。人性易于跟随人的欲望，但人可借着自身的省察，避免人的欲望走入歧途。③

李退溪遵照朱熹的教导论述人心善恶的问题。朱熹说："本然之性，固浑然至善，不与恶对，此天之赋予我者然也。然行之在人，则有善有恶。做得是者为善，做得不是者为恶，岂可谓善者非本然之性？只是行于人者有二者之异，然行得善者，便是那本然之性也。"④这就是李退溪论人心善恶的根据。

（三）"四端七情"说

"四端七情"说是朱子学的重大命题。四端，源于《孟子》之"恻隐之心，仁之端也；羞恶之心，义之端也；辞让之心，礼之端也；是非之心，智之端也"。端，是指善性表露的开端，四端是纯善的。七情，源于《礼记·礼运》之"何谓人情？喜、怒、哀、惧、爱、恶、欲七者，勿学而能"。七情具有从善或从恶的两种可能。四端与七情的关系，是理气与性情的关系，即四端、七情的来源问题。

---

① 《增补退溪全书》第一册，第405~406页。
② 《增补退溪全书》第二册，第455~456页。
③ 韩国退溪学研究院《退溪学报》，第13辑，1977年3月，第141页。
④ 《朱子语类》卷一〇一。

在这个问题上，朱熹只有原则性的说明："四端是理之发，七情是气之发。……心包性情者也，自其动言之，虽谓之情亦可也。"① 此是说四端是依理而发出来的情，却不能说情是从理上发出来的。在朱熹看来，理是发之所以然，是气发时所遵依的标准，而实际的发者乃是气。就是发之者是气，而所以发之者是理。据孟子所说之义，本心即性，心性是一，心亦是理，四端即是本心性体自身之发用，因此可以说四端是理之发或发于理。但是，据朱熹的"心、性、情三分，理、气二分"思想结构，"四端是理之发"的真实含义，只能说四端是依理而发出来的情，不能说四端之情是从理上发出来的。可见，朱熹的论说含糊其词，不十分明确。这就为后学留下解释和发挥的空间。

在李退溪心性论中最有特色的是"四端七情"说。1554年，郑之云将自己的《天命图》及说明送给李退溪审阅。李退溪将其中的"四端发于理，七情发于气"改为"四端，理之发，七情，气之发"。对此，六年后（1559），奇大升致函李退溪提出异议。自此起，跟随两人的众多学者，辩论了八年（至1566年结束）。也因此在韩国哲学史上分成主理、主气两派，争论了三四百年。由此可知李退溪学说在韩国哲学史上的重要地位。

综观李退溪的有关论述，其"四端七情"论被称为"理气互发"说："四端，理发而气随之，七情，气发而理乘之。"这是本于上引朱熹的"四端是理之发，七情是气之发"。李退溪认为，四端，理之发，纯善；七情，气之发，有善有恶。这是据其理贵气贱和性（理）为纯善、情（气）有善恶的观点得出的。②

（四）治心之学：涵养敬心，静养动察，敬贯动静

退溪学最有特色的是在人格修养上。以朱熹为代表的朱子学，有一套修养工夫：因心不是理，为了使心能够合乎理，需要涵养。不是

---

① 《朱子语类》卷五。
② 《增补退溪全书》第一册，第405~406、205~206页。

涵养本心性体，而是肃整庄敬之心，汰滤私意杂念。通过逐渐涵养，达到"镜明止水"、心静明理。这叫作"涵养敬心"。静时涵养敬心，以求近合"未发"之"中"；动时察识情变，以期至"中节"之"和"。这叫作"静养动察"。无论静时动时，皆以"敬"贯串：敬既立于存养之时，即涵养于"未发"；亦行于省察之间，即察识于"已发"。这叫作"敬贯动静"。而由察识工夫再推进一步，便是致知格物以穷理。①

朱子学的这套修养工夫，李退溪以心学之说具体化，身体力行。

一般认为，退溪学是偏重于朱子学中的心学的。而此心学之"心"却不同于王阳明心学之"心"，是心法。李退溪的心学是治心之学。这种心学，就是人们的言行必须通过心。李退溪说：

> 圣贤之学，本诸心而贯事物。故好善则不但心好之，必遂其善于行。②

这是说，李退溪的心学是认识论和道德修养论，是治心之学，不是作为本体论的心学派的心论。

李退溪身体力行其心学。其门人说：

> 先生之学，私欲净尽，天理日明。物我之间，未见有彼此町畦。其心直与天地万物上下同流，有各得其所之妙。③

"町畦"引申为界域。此是其通过治心修养所达到的人格境界。

李退溪的治心之学，应该是源于中国明初朱子学家陈真晟（1411~1474）的《心学图说》。陈真晟说：

> 先讲求夫心要。心要既明则于圣学工夫已思过半矣，盖其心体是静坚固而能自立，则光明洞达作得主宰。所以一心有主，万事有纲，圣学之所以成始成终之要得矣，然后可依节目补小学、大学工夫，而其尤急务则专在于致知诚意而已，皆不外乎一敬以为之也，再假以一二年诱掖激励渐摩成就之功，则皆有自得之实

---

① 以上参见蔡仁厚《儒家心性之学论要》，文津出版社，1990年，第144页。
② 《增补退溪全书》第二册，第334页。
③ 《增补退溪全书》第四册，第30页。

矣。①

在陈真晟看来，明白了心要，就会懂得把各个方面联系成一个体系。其《心学图说》的心学思想是：天命之理具于人心，是谓之（善）性（五常之性）；性为利欲所惑，"法天之当然，是性之复"；复性需主敬，敬以直内，义以方外，义即知行，此即是一动一静在于理。质言之，就是天理——善性、复性——敬（存心）、义（知行）。他认为，"敬以直内，义以方外"，此二者为为学之要。主敬即存心，择义即致知。道体极乎其大，非存心无以极其大；道体极其微，非致知无以尽其微。静而涵养致知，动而慎独诚意，使交养互发之机自不能已，则美在其中。畅于四肢，发于事业，是美之至。因外美而益充内美，发而为至美。这是陈真晟对朱子学的一个重大发掘。陈真晟说："不可不先得朱子之心；欲求朱子之心，岂有外于《大学或问》所详居敬穷理之工夫乎！"② "居敬穷理"即是治心。明人郑普在《布衣陈先生传》中把陈真晟的思想体系概括为"治心修身"四字，是十分确当的。③ 陈真晟在《答耿斋周轸举人书》中说："治心修身"是程朱之学的要法，是治程朱之学的入门要道。④

对于陈真晟的心学，清代张伯行有深刻的分析，对我们理解李退溪的心学具有重要价值。张伯行说：

> 或问余曰：陈布衣先生之书多言心学，近世立言之士谓心学，异端之教也。先生以之为言可乎？予应之曰：横渠谓观书当总其言以求作者之意；如不得其意，而徒以言，则圣贤之言，其为异端所窃而乱之者，岂可一二数！孔子言道德，老子亦言道德；言道德同，而其为道德者不同。吾儒言心，释氏亦言心。孔子曰：从心所欲不逾矩。孟子亦曰：学问之道无他，求其放心而已。释氏乃曰：即心即佛。是释氏徒事于心，何尝知学。吾儒之用功则

---

① 《陈真晟文集·二补正学》。
② 《陈真晟文集·上当道书》。
③ 《陈真晟文集》附。
④ 《陈真晟文集》。

不然，以穷理为端，以力行为务，体之于心，而实推之于家国天下而无不当。至语其本源之地，不过曰：此心之敬而已。自尧舜以讫周公、孔子，自孔子以迄周、程、张、朱，未有能舍是以为学者。上蔡谢氏曰：常惺惺法，在吾儒言之则为敬，在释氏言之则为觉。先生之言心，不过谓其活变出入无时，非主敬无以操持之也。可与异端之虚无寂灭同日语哉？！①

曾任韩国退溪学研究院院长的安炳周在《退溪学的两个特点》中指出，"退溪心学与阳明'心即理'的心哲学，虽通称'心学'"，却全然不同，"退溪在这里强调了知义理（善）与行义理（善），需要学和勉（修养）的工夫，进而批判了王阳明的知行合一论"。他进一步说：

在朱子"理哲学"体系内部，退溪极强调心学。在他看来，"去人欲，存天理"的理哲学核心命题，应是心学的基本内容。理哲学与退溪心学在这方面紧紧地联系在一起，这是退溪心学的又一特点。在"去人欲，存天理"的朱子学核心命题里，否定口耳之习，强调实践性，从而接近心学，这正是退溪心学的特性。为了避免同阳明学相混淆，退溪在翻译"心学"一语时，多译成"心性之学"。这样标示"退溪心学"，正是为突出其特性的需要。②

可见陈真晟、李退溪言心与心学派言心，字句相同而实质不同，正如孔子、老子皆言道德，其含义各异；子思、陆九渊皆言尊德性，其本质不同；韩愈、朱熹皆言道统，而途径背驰。陈真晟、李退溪的心学与心学派的心学是根本不同的，前者为认识论和道德修养论，后者为本体论。张伯行、安炳周的论说，解决了一个很重要的理论问题，即普遍疑惑与讳言的退溪学偏向于阳明心学。阳明是"心哲学"，其心是本体论；退溪是"治心之学"，其心是践履论。二者有原则性的不

---

① 《正谊堂文集》卷七《陈布衣文集序》。
② 第十一届退溪国际学术会议论文集《退溪学在儒学中的地位》，中国人民大学出版社，1989年，第288~290页。

同。这正是退溪学的重要特色。

在儒学发展过程中，孔子称"大圣"，朱熹称"大贤"，李退溪被称为"大善士"。朱熹曾对同僚唐仲友（1136~1188）挟嫌报复，对无辜官妓严蕊逼供，后来中国大文豪鲁迅（1881~1936）对此曾予以讥评。这虽是极个别的事例，但其人格毕竟是有瑕疵的。李退溪的人格是完美无缺的，其境界是最高尚的。他本于圣贤而加以自得，后来居上。其门人说：

> （先生）论学本于圣贤，而参之以自得之实；教人必主于彝伦，而先之以明理之功；持己则以正，而不苟于崖岸之行；议礼则援古，而不遗乎时王之制。急于修己，而不言人过；勇于从人，而不掩己短；接人以和，而不自敝；待下以宽，而下自肃；不以一节一善成名。而所学所守之正，自箕子后，殆未有其比。[1]

说明李退溪的人生哲学起于孔子、朱熹，在东方文化发展史上占有极其崇高的地位。传说中国周武王"封箕子于朝鲜，箕子教化礼仪、田蚕，又制八条之教"[2]，是为韩国立国之始，其礼仪教化亦始于他，被尊为理想之君主。此中国古书记载，是"所谓箕子东来说的根据，已为近世史学家所否定。它将朝鲜贤主箕子同殷末之贤者箕子牵强附会为一人"[3]。对箕子东来说，虽提出异议，但把李退溪视为"箕子以后一人"，仍可见李退溪在韩国历史上和人们心目中之至崇至高之地位。

四　朱子学是安身立命之学

基于上面对朱熹与李退溪思想的粗略比较，就已经展现出朱子学丰富多彩的文化内容，及崇高的文化价值。朱子学是成熟心智、健全人格、安身立命之学。

---

[1] 《增补退溪全书》第四册，第30页。
[2] 范晔《后汉书·东夷传》。
[3] 崔根德《韩国儒学思想研究》，学苑出版社，1998年，第259页。

以孔子、朱熹、李退溪等为代表的东方人的世界观和人生观，是讲由个体到群体的自我塑造，是主体性哲学，即教导人们用功于人伦道德和个人内在固有价值的修养和升华。这种哲学，东方哲人概括为"终极关怀"和"为己之学"。人们所追求的精神境界，是包括个人和人类两个方面价值的最高实现。它要求自身圆满成就内在德性和外在事业，即内圣外王。这种境界，是人们终身追求的最高目标，称之为"终极关怀"。为此，必须从学入手，所以叫作"为己之学"，即孔子所说的"古之学者为己"(《论语·宪问》)。这就是说，人们要用全部的生命力去追求它，把追求它看得比人生的其他一切方面都重要。人最根本的是要懂得生命的意义价值。"终极关怀"是驾驭于整个生命存在的，是解决如何安顿自己生命的。比如说，实现了外在的平等自由和物质生活富裕后，人生的意义价值在哪里？只是尽情地享用吗？这就是"终极关怀"的问题。如自由平等、物质生活富裕的人，为什么有的还去自杀？在实际生活中，得绝症等生理困惑及贫穷等物资困惑的人求生的欲望至为强烈，而自杀者绝大部分是精神心理的困惑。这就是没有安顿好自己的生命。有人不懂得活着的意义价值，或失去活着的意义价值，"终极关怀"就是对生命意义价值的回答。一个人即使财产很多，但是他的内心还会空虚；唯一可以克服内心空虚的，是在自己内心树立起生命的意义价值。人的道德伦理的责任，不全是基于外在的要求，是发自自己的生命力，是自己的生命力有这种要求。这种"终极关怀"，在政治、经济或科学、宗教里是找不到的，只能求诸自己。这就是儒家所说的"为仁由己"(《论语·颜渊》)，"譬如为山，未成一篑，止，吾止也；譬如平地，虽覆一篑，进，吾进也"(《论语·学而》)。这里，以堆山和平地为喻，说明成功或失败全在于自己的努力与否。这是"为仁由己"的生动描写。儒学是健全人格、成熟心智、安身立命之学，是东方诸民族的精神力量和生活方式，体现于历代人身上。

上述思想，从理论和实践上凝聚于朱熹、李退溪身上，发扬光大，

成为最高典范。李退溪说:

> "为己之学",以道理为吾人所当知,德行为吾人所当行。近里着工,期在心得而躬行者是也。"为人之学",则不务心得躬行,而饰虚循外,以求名取誉者是也。①

"近里着工"即深入本质。

儒学之"儒"由人与需构成,就是儒学为人所必须。人必须什么?人之所以为人的道理,儒学用"仁"来概括。"仁"由人与二构成,二人以上你我他就是社会。社会人际关系的基本原则是相爱,所以孔子释仁为"爱人"(《论语·颜渊》)。朱熹进一步释仁为"心之德",就是仁为人之最根本的德性。朱熹说:"仁者,人之所以为人之理也。"(《孟子集注·尽心下》)就是说,做人的标准是有仁,没有仁就是禽兽。仁是儒学的核心思想。朱熹在《仁说》中说:

> 孔门之教所以必须使学者汲汲于求仁也,其言有曰:"克己复礼为仁。"言克去己私复乎天理,则此心之体无不在,而此心之用无不行也。又曰:"居处恭,执事敬,与人忠。"则亦所以存此心也。又曰:"事亲孝,事兄弟,及物恕。"则亦所以行此心也。又曰:"求仁得仁。"则以让国而逃,谏伐而饿,为能不失乎此心也。……此心何也?在天地则块然生物之心,在人则温然爱人利物之心。②

东方文化是东方人基于自己所创造的精神和物质的文明之体验于自身生活所呈现出来的价值。它的主题是民族的生命形态、精神力量和生活方式,其表现形式是通过真正的自我跟外界和谐统一。这是东方文化异于西方文化的本质特征。这种东方人的文化传统,经过孔子、朱熹等贤圣的发扬光大,更加完善地体现在李退溪身上。李退溪是孔子、朱熹之后东方文化传统的集大成者。

退溪学是朱子学的分支,是朱子学的韩国化。韩国学者郑仁在认

---

① 《增补退溪全书》第四册,第32页。
② 《朱子文集》卷六七。

为：“所谓'朱子学'，是指朱熹之前的北宋五子之学、朱熹本身思想，及其思想在中国、韩国、日本、欧美的发展和修正。"郑仁在称退溪学为"本源朱子学"，称李退溪的心学是"朱子学式的心学，以超克阳明的心学"①。

那么，何谓退溪学？韩国学者尹世铃说：

> （退溪学）是主张严格地区分理和气，并以理来治气，由气顺从理，才能确立道德思想。也就是说，理智和感情应根乎和谐。由理智来克制感情，社会才能发展。②

钱穆在《现代对退溪学之认识》中说：

> 我们东方自有一文化传统，尤其是如退溪学，正注重此"体万物而普四海的心"，主张人格"从自家身上求，不去腔子外寻觅"。他说："一人之心即天地之心，一己之心即千万人之心。"教人以"收放心、养德性为最初下手处"。据于德、依于仁而推到志于道、游于艺，确为东方学术之正统。我们正好从此上来自立大本，亦正好从此上来矫正时弊。这正是我们东方人自救救人一立脚之起步处。③

由上可见，可以把朱熹、李退溪为代表的朱子学叫作"身心性命之学"。知行相须，言行一致，以身作则，充分地认识人的生命的本质和价值，以期达到做人的最高标准。这种社会人文主义，是企图把道德伦理的践履转化为和谐社会政治的理想。

李退溪是朱熹之后朱子学的主要代表者，退溪学是16世纪后东方文化的主要表征。李退溪的著作是东方文化的主要经典，其人格是东方人的模范。退溪学不仅具有真理的价值，更具有实践的价值。在物

---

① 《朱子学在韩国的展开》，载黄俊杰等编《东亚朱子学的同调与异趣》，台湾大学出版中心，2006年，第298页。此谓朱子学包括朱熹前的北宋五子之学，应是从有的人把朱子学泛称为宋明理学这种意义上讲的。朱子学即闽学，原是与濂学、洛学、关学等对称的地域性学派，且其思想也有很大的不同。

② 《韩国画报》，创刊号，1987年春，第33页。

③ 《退溪学报》，第10辑，1978年6月，第52~53页。

质文明高度发达而人的心灵日益衰竭的今天,退溪学对世道人心大有裨益。

五　中国的退溪学研究

大约在19世纪末20年代初,曾任中华民国总统的黎元洪(1868~1928)、知名学者梁启超(1873~1929)为李退溪《圣学十图》写赞词。黎元洪说:"中华之所以异于夷狄,人类之所以异于禽兽。"梁启超说:"巍巍李夫子,继开一古今;《十图》传理诀,百世诏人心。云谷琴书润,濂溪风月寻;声教三百载,万国乃同钦。"[1]黎氏是从整个东方文化的核心思想上说的,指出退溪学是人本学。这是退溪学最突出、最本质的特点。梁氏是从退溪学根源于周敦颐("濂溪风月寻")、朱熹("云谷琴书润")和对后世的影响上说的。退溪学可以说形成于16世纪初,至19世纪,流行了三百多年。

曾任韩国退溪学研究院院长的李家源在《退溪学研究之诸课题》中说:

中国之士,有称退溪为东圣,如梁启超、黎元洪之题语于《圣学十图》者,辞甚郑重,然未有专著。其在最近,有一个蔡茂松,留学我国,论述很多,中国人之研究退溪学,实自蔡君始。其先辈钱穆教授,所撰《现代对退溪学之再认识》之一篇,极其精简。往年余访台湾大学,有叫作程元敏者,专治宋明理学,而叩余以退溪学之原委;笔谈移时,今未知其成书否也。[2]

蔡茂松是台湾成功大学教授,被称为"韩国学第一人",著有《韩国的朱子学》等。钱穆的《现代对退溪学之再认识》,载于韩国《退溪学报》1974年3月第2辑。钱氏从退溪学是"为己之学"上论说,抓住了退溪学的内在本质,至为精彩。

---

[1]　《退溪学报》,第2辑,1974年3月,第171~173页。
[2]　《退溪学报》,第14辑,1974年3月,第62页。

中国大陆的退溪学研究，是从1984年下半年开始的。那时韩国退溪学研究院在德国举办第七届退溪学国际学术会议，邀请了中国人民大学张立文教授参加。次年（1985）8月，在日本筑波大学举办第八届退溪学国际学术会议，笔者和多名中国大陆及台湾的学者，应筑波大学高桥进教授的邀请出席了会议。会前，大都不清楚退溪学是怎么回事，可见当时中国学者对退溪学的认识水平。我们接到邀请书，同时还收到《增补退溪全书》五册和其他有关文献。我们进行初步研究和撰写会议论文。可以说，现代的中国大陆学者，从这时才开始退溪学的研究。此后，每一两年举行一次的退溪学国际学术会议和有关会议，都有许多中国学者参与。1989年10月的第十一届退溪学国际学术会议，在北京中国人民大学举办。特别是，韩国学者和韩国朱氏宗亲频繁反复地到福建考察朱熹事迹和祀祖，使退溪学与朱子学的联系更加密切，普及化和民间化。朱熹曾孙朱潜至韩国定居，是为韩国朱氏始祖。

退溪学已是中国学界的显学。凡撰写儒学、理学、朱子学等中国文化在国外传播的论著，都会有退溪学这一部分。中国人民大学出版社于1989年9月出版的张立文仿李退溪《朱子书节要》体例而编辑的《退溪书节要》，对普及退溪学起了很大的作用。推动退溪学研究更为有力的是贾顺先主编的规模宏大的《退溪全书今注今译》，于1992年5月起由四川大学出版社出版，把退溪学的绝大部分著述介绍到中国。就专著说，有张立文的《李退溪思想研究》[①]、高令印的《李退溪与东方文化》[②]等。《李退溪与东方文化》获韩国退溪学研究院"第八届退溪学国际学术奖"（1991年11月），被李楠永教授称为是较好的综论退溪学的专著。

---

① 东方出版社，1997年。
② 中文版：厦门大学出版社，2002年；韩文版：李楠永译，韩国退溪学研究院，1991年。

朱子学における退渓学の文化価値

高令印（厦門大学）

一　朱子学は「東アジア文明の体現」

　中国南宋の朱熹（1130-1200）は、仏教・道教を儒学と融合させ、濂学・洛学・関学またあらゆる伝統文化にいたるまであわせ、閩学（理学・新儒学）、即ち武夷文化の核心を打ち立て、中国古代社会は前期から後期へ移行し、中華文化の中心は南へ移り、福建・浙江・江西の武夷山一帯は北方の中原の後新国家に代わり、文化の中心を形成した。その後ほどなくして「閩学の盛行は南から北、東西に至り、一方に限らず、一時期に限らず、源流は遠くまで流れ行き、大きく膨らんでいき」、「閩学之盛行、且自南而北、而迄于東西、不局于一方、不限于一時、源遠流長、汪洋澎湃」[①]、国家の正統思想、つまり「東アジア文明の体現」[②]、世界的な学説となった。

　朱子学が「東アジア文明の体現」であるとするなら、韓国の退渓学、日本朱子学はその分派と言えるだろう。本文は朱熹と李退渓の思想の関係性、そして朱子学における退渓学の文化価値を論述していきたい。

---

　① 　清・張伯行『朱衡「道南原委」序』。
　② 　島田虔次の言葉、杜維明『儒家哲学与現代化』、中国文化書院編『論中国伝統文化』、北京三聯書店、1988年、第98頁。

二　朱子学の東伝と退渓学の出現

韓国高麗王朝末期、忠烈王（在位1275-1308）・忠宣王（在位1310-1314）・恭愍王（在位1352-1374）等の時代に、安珦（1243-1306）及びその門下である白頤正（1260-1340）らが、王朝の侍臣として元朝の首都北京に何度も赴き、当時中国で最も著名な朱子学者に接触し、朱子学を熱心に学び、「万巻書堂」を設置し、大量の書物を買い付け、当時新刊であった『朱子大全』（つまり『朱子文集』）や、朱熹の『四書集注』等を高麗に持ち込んだ。彼らは太学で朱子学を教え、大いに朱子学を広めた。続いて、権溥（1262-1346）・禹卓（1263-1342）・李斉賢（1287-1367）等らが「生徒に教授し、理学が始めて広まる」[①]。このころが韓国における朱子学の初期であった。記載には以下のようにある。

　　高麗高宗以前の文化は、新羅時代より伝って入った唐代文化（主には仏教を指す）を基礎として、さらに宋代文化を加えたものだった。しかし、高宗以降の文化は、宋代特有の文化（朱子学を指す）が発生し、以降の李氏朝鮮文化の基礎となった。…元代の韓国文化は朱子学に支配され、高麗人の気風・学問は大いに変化させた。[②]

1392年、高麗朝の重臣李成桂（1335-1408）が、趙浚・鄭道伝ら改革を主張する官僚や学者の支持のもと、高麗朝の恭譲王を廃して王位に就き、国号を朝鮮と改めた。これがまさに500年あまり続いた李朝である。李朝は「中国明清両代をまたぐ、東アジアの大王朝であり、この時代の指導思想は儒学であり、そのなかでも非常に突出した思想家が、李退渓（即ち李滉）であった」[③]。朱子学は、高麗朝末期のはじめに、統治者が弊政に対する改革、政権交代、社会秩序の再建、そ

[①]　鄭麟趾『高麗史』列伝、巻二十八。
[②]　藩公展『今日韓国』、中国科学図書儀器公司、1947年、第209頁。
[③]　杜維明『儒家哲学与現代化』、中国文化書院編『論中国伝統文化』、第120頁。

して内外政策の制定における思想理論的道具であった。李朝が成立してまもなく、儒学は国学として崇められて、李朝において、ずっと主導的地位を占める正統思想となりつつあった。

高麗末期に、李谷（1298-1351）、李穡（1328-1396）、鄭夢周（1337-1392）、鄭道伝（1337-1398）、権近（1352-1409）、金時習（1435-1493）、徐敬徳（1489-1546）、趙光祖（1482-1519）、李彦迪（1491-1553）らが、朱子学に対して、様々な方面から紹介・論述していった。これに対して、李退渓は以下のように述べている。

逮至麗末、程朱之書稍稍東来、故如禹卓・鄭夢周之徒、得以参究性理之説。至于国朝（李朝を指す）獲蒙皇朝（中国明朝を指す）頒賜『四書五経大全』、『性理大全』等書、国朝設科取士、又以通『四書』『五経』者得与其選。由是士之所誦、無非孔孟程朱之言。①

というのは、多くの学者の導入・伝播によって、朱子学の諸方面は李朝に持ち込まれたのみならず、朝廷が科挙にも用い、国家のイデオロキーにおいて、主導的な地位を占めたのである。

李退渓の時代に至ると、李朝の確立は既に100年以上を経ち、まさに前期から中期へ移行して、強化・発展する時期に入っているところで、国内政治においても、自らの需要に合わせた朱子学の理論を用いて、統治階級の内部競争を指導し、王朝を安定・発展させるための理論の保証を提供することを求めたのである。朱子学自身から見れば、それは韓国において、既に200年あまりの歴史があり、その思想・理論的発展の趨勢によって、これまでの朱子学の各方面を総合・向上させ、中国の朱子学を韓国化させて、韓国の朱子学の思想体系を立ち上げる必要となった。つまり、韓国国内の思想理論と政治政権は、成熟した集大成の朱子学の思想体系の出現を要求し、したがって朱子学を完備する東方文化の成熟形態へと推し進めようとしている

---

① 『回示詔使書』、『増補退渓全書』第三冊、韓国成均館大学校大東文化研究院、1978年、影印本、第139頁。

のである。

　まさにこの時期、中国では朱子学が挫折していた。朱熹が集大成した思想体系はだれか1人の学者によって継承・発揚できるものでなないために、南宋末期・元代に至ると、次第に気学と心学との二つの方向に分化してきた。心学についていえば、明代中期に至ると、王陽明（1472-1528）を代表とする心学の集大成者が出現した。陽明学が朱子学の異化に対抗しているために、朱子学は中国文化圏内の他の国家と地域へ行って、発展し続く必要となった。したがって、この歴史的使命は李朝と李退渓に降ってきた。

　朱子学の重心が東に移ったことに対して、中国の学者である陳来は『李退渓の朱熹哲学の発展及びその理学史における地位を論ず』の中に、意味深い論述をしている。彼は、

　　李退渓は、朱熹の哲学に対して深い研究と理解を持ち、朱熹のいくつかの矛盾や未解決の問題に対して、さらに踏み込んだ積極的な解決方法を提案し、また朱熹哲学の中で十分には展示されていないロジックの環節を掲示して、朱子学にある種の補充と発展を得させたのである。彼が到達したレベルは、明代中期以降の朱子学の思想家の中で、ナンバーワンのものとなったと言える。東洋文化圏の観点から言うと、朱子学及びその重心には、東伝というプロセスがある。明代中期、王学が盛行し、この後、中国大陸では朱子学が生命力のある哲学者を再び生み出すことはなかった。心学の盛行に対して、嘉靖以降、朝鮮では朱子学がさらに一歩進んで発展する活力を獲得したのである。李退渓哲学の出現は、一方は朝鮮理学の完成な成熟を示しているし、他方は、朱子学の重心がすでに朝鮮に移転して、新しい生命を得たのであり、さらに、その後、朝鮮から東の日本（山崎闇齋）へ移転する条件を整え、したがって、朱子学に東アジア文明を発展させる側面で巨大な作用を果たさせたのである。こういった視点から見れば、李退渓及

びその哲学の意義は、確かに普通のものではないのであろう。[1]

上記からわかるように、朱子学の重心の東へ移転した、また李退渓を代表とする韓国の朱子学——退渓学——を生まれたのは、当時東アジアの思想・政治的形勢の必然的な結果である。李退渓は、朱子学を韓国化させ、韓国の朱子学を集大成し、「東アジア文明の体現」としての朱子学をさらに完備された成熟形態へと推し進め、そして朱子学のさらに発展する道を切り開いて、朱熹以後の朱子学の最も主要な代表者の一人となった。

以下のようにも言える。李退渓以前の韓国の朱子学者は退渓学の先駆者であり、彼らは退渓学が創立するための条件を提供した。そして、李退渓以後の韓国の朱子学者は退渓学の継続と発展である。退渓学は、韓国、更には東洋文化発展史上において、前人の後を受けて、新しい発展に道を開く意味を持っているのである。

李退渓は、朱熹に対して厚く信じて、「海東の考亭（朱熹）」と呼ばれた[2]。退渓学は朱子学の分派である。

三　朱熹と李退渓との思想的比較

前後して相次ぐ学者に対して、通常は、後者の思想が前者の思想を発展させたものだと考える。こういったことは、李退渓と朱子の場合に対して、一部の学者はあまり賛同していないのである。彼らは、李退渓は初めから終わりまで、朱熹の思想をそのまま継承し広めたと考えている。これは、「『ありのまま』語っているのか」、それとも「『引き続いて』語っているのか」という問題である。中国の著名な学者である馮友蘭は、自らの『新理学』を語った時に、以下のように述べている。

---

[1]　筑波大学『李退渓哲学の歴史的位置づけ』、東洋書院、1986年、第251頁。
[2]　筆者の『李退渓と東方文化』参照、厦門大学出版社、2002年、第28頁。

我々が現在語っている系統は、大体、宋明道学の一派である理学を継承したのである。我々が「大体」と言うのは、多くの点において、宋明以来の理学と大きな相違点があるからだ。我々が「引き続いて」と言っているのは、我々が宋明以来の理学を引き続いて語っているのであり、宋明以来の理学を「ありのまま」で語っているわけではないからだ。それゆえ、我々は、自分たちの系統を新理学と称している。①

ここでは、我々は朱熹と李退渓との二人の思想の義理的道筋を比較研究し、李退渓が「照らし合わせて」、それとも「継承して」で朱子学を語ったのかということを解明して、退渓学が朱子学において如何なる特徴を持っているかを調べていく。

（一） 理と気は離れず混ざらず

朱熹は古代の天を尊敬する思想を、理を講ずる思想に発展させた。孔子は時々天を自然界として解釈するが、その言葉はあまりにも曖昧である。前漢時代の董仲舒は天人相感論を唱え、天には意志があると断言した。朱熹は、天は青々とした天体であるにほかならない、そして、天意は理であると考えた。これはもとからあった天に対する認識の宗教的神秘的意味合いを排除した。彼は、「天の天になったわけは、それが理であるのみからである。天にはこの理がなければ、天にはならない。ゆえに、蒼蒼たるものこそこの道理の天である」②と述べている。天即ち理、これは朱子の理論の哲学的本質である。これより、彼は人々の天に対する認識を哲学本体論の次元にまで格上げさせたのである。

さらに、朱熹は、理は気と離れきられないもので、理と気は離れず混ざらないのである、理は形而上、気は形而下に属し、この境界線は

---

① 『三松堂全集』第四巻、河南人民出版社、1986年、第5頁。
② 『朱子語類』巻二。

混淆してはいけないのである。また、理は気に含まれ、気から離れきると乗りかけるところもなくなってしまう、と指摘している。朱熹は以下のように述べた。

　　天地之間有理有気。理也者、形而上之道也。気也者、形而下之器也、生物之具也。是以人物之生必有理、然後有気。必稟此性、然後有形。①

　　（天地の間は、理があって気もある。理は、形而上の道であり、気は形而下の器具であって、ものを生み出す道具である。これ故に、人間とものの出生は、かならず理があり、それから気がある。かならずこの性質を受け入れてから形になるはずだ。）

朱熹から見れば、理は感情・意志を持たない、はかることをしない、わざわざ何かをしようとはしない静態的な形而上の実有であり、それは存在しているが、しかし活動しない、妙に気を運んで生き生きとしているものを変化させることができないのである。それに対し、気は理によって行い、ものを凝結してつくることができる。

　一般的には、李退渓は、理と気が混雑してないことを主張しているために、理と気の二元論者であると見なされている。実際には、理と気を二つに分けるのは、必ずしも二元論とは限らない。二元論というのは、理と気が平行して、それぞれで主体となるということである。朱熹が理と気を二つに分けたのは、単なる形而上と形而下との区別だけであり、理と気のどれが主体となるかという問題には触れておらず、理と気が依然として主従関係である。主と従があるから、これは明らかに二元論ではない。李退渓の理気関係論も、実は朱熹と同じ意味のものである。李退渓は以下のように述べている。

　　無情意造作者、此理本然之体也。其随意発而無不到者、此理至神之用也、向也。但有見於本体之無為、而不知妙用之顕行、殆若

---

　　① 『朱子文集』巻六。

認理為死物、其與道不亦遠甚矣乎？①

　人之一身、理気兼備、理貴気賎。然理無為而気有欲。故主於践理者、養気在其中、聖賢是也。偏於養気者、必至於賎性、老荘是也。②

李退渓の結論は、「理は本々形もないから、気がなければ、なぜ理だけの独自で発動するわけがあるか。世の中は、気のない理がなければ、理のない気もない」③。理は本体であって、無為的に見えるが、実は為さざるはなし、その作用は所在のところにたがって果たして、微妙に働いて現れる。李退渓が強調している「理貴気賎」は、朱熹の考えに基づく明白・正直にかたったものであって、社会実践に応用される円融の言い方である。この方面において、李退渓は、理が上位、気が下位にあり、上位が尊貴的、下位が卑賎的であるということを繰り返して論説し、これによって理と気のそれぞれ違う価値を説明した。これは李退渓の理気論の特徴である。

　主理と主気、やむを得ず使われた、本来の意味からそれた言葉である。朱子学を「唯理」、陽明学を「唯心」というのは、学術の実を分からない素人くさい、浅薄な話である。だから、学術用語の使用には、慎重と標準化を求めなければならない。でなければ、学術思想でのズレや誤解を引き起こしかねない。

（二）心、性、情を三つに分け、心は性情を統べる

　朱熹の心、性、情に関する論説を一括して見ると、性は理であり、心は気の魂であり、情は心気の発動、或いは変化である。これは「心、性、情を三つに分ける」ということである。仁は性でしかなく、理でしかなく、惻隠の心と愛の情は気に属されるものである。所

---

① 『増補退渓全書』第一冊、第465頁。
② 同上書、第335頁。
③ 『増補退渓全書』第二冊、第226頁。

謂「仁ということは、心の徳であり、愛の理である」とは、仁が心ではなく、愛ではなく、ただ「愛は愛になったわけの理であり、そして心に備えるべき徳である」ということを示している。そうすると、仁は形而上の抽象的な理になるしかなく、もはや具体的な生き生きとしている仁となれないのであろう。仁という「理」は、必ず心知の能力を静に涵養させた上で、始めて心の備えられたものになることができる。仁という「徳」も、心気によってこの理を摂取したことによって、始めて心そのものの徳になることができる。つまり、徳は理より形成され、理は心に身を寄せなければ徳になれないのであろう。「心は性情を統べる」に至っては、統は統括して取ること、また、統括して貫くことであり、統べて率いることではなく、統べて所属させることでもない。心は性を統べるというのは、認知的に、関連的に性を統括して、またそれを明らかに顕すということである。これは心であり、即ち「未発」統括された性である。心は情を統べるとは、行動的に情を統括して、その作用を広げて果たさせることである。これは心より情を発して、心が「已発」統括された情である。①「未発」と「已発」について、以下で特に取り上げて論述する。

李退渓によれば、心はただ一つでしかなく、それは理と気を合わせて成り立った心である。所謂「人々の生まれは、天地の気を共に得ることで体になり、天地の理を共に得ることで性になり、理と気との合わせたものは、則ち心となる」②、ということである。李退渓はこう述べた。

  天即理也、而其德有四、曰元、亨、利、貞是也。……元、亨、利、貞之理以為性、其性之目有五、曰仁、義、理、智、信。故四德五常上下一理、未嘗有間於天人之分。然其所以有聖愚人物之異者、気為之也、非元、亨、利、貞之本然。故子思直曰「天命之謂

---

 ① 以上は『朱子語類』巻二十。
 ② 『増補退渓全書』第一冊、463頁。

性」、蓋二五妙合之源而指四德言之者也。①

　至乎情、独不可理気分言之乎？惻隠、羞悪、辞譲、是非何従而発乎？発於仁、義、礼、智之性焉尓。喜、怒、哀、懼、愛、悪、欲何従而発乎？外物触其形而動於中、縁境而出焉尓。……四端皆善也、故曰無四端之心非人也、而曰乃若其情則可以為善矣。七情善悪未定也、故一有之而不能察、則心不得其正、而必発而中節、然後乃謂之和。由是観之、二者雖曰皆不外乎理気、而因其所従来、各指其所主与所重而言之、則謂之某為理某為気、何不可之有乎？②

　理気合而為心、自然有虚霊知覚之妙。静而具衆理、性也。而盛貯該載此性者、心也。動而應万事、情也。而敷施発用此情者、亦心也。故曰心統性情。③

李退溪は、朱熹の理気が心であるという説に基づいて、四端が理の発動であって、純粋な善なるものであり、七情は気の発動であって、善もあれば悪もある、ということを強調した。これは、心が性情を統べることを要約して明確に説明した。

韓国の李東俊氏は「李退溪の敬の哲学の考察』において、こう指摘した。

　退溪の哲学において、人性を人心と道心に認めたのであり、道心には仁、義、礼、智が含まれ、人心には喜、怒、哀、懼、愛、悪、欲が含まれている。前者は本然の性であり、純粋な精神の役割である。後者は気質的であり、体の欲求作用より発生したものである。人性は人間の欲望に従いやすく、しかし、人間は自身への反省を通じて、人間の欲望を誤った道に踏み入ることを避ける。④

李退溪は、朱熹の教えに従って人心の善悪の問題をめぐって論述

---

① 『増補退溪全書』第三冊、第140-141頁。
② 『増補退溪全書』第一冊、第405-406頁。
③ 『増補退溪全書』第二冊、第455-456頁。
④ 韓国退溪学研究院『退溪学報』、第13輯、1977年3月、第141頁。

したのである。朱熹は、「本然の性は、もとより渾然して最高の善なるものであり、悪と相対するものではない。これは天から我々に授けられたためにこのようになったのである。しかし、これを行うのは人間にあり、したがって、善なるものがあれば悪もある。正しいことを行った人は善なるものになって、間違ったことを行った人は悪のものになる。どうして善なるものは本然の性ではないということができようか。ただ人の行ったことには、善悪の両方のものがあるだけであるが、しかし、善なることを行ったものは、その本然の性であろう」①、と述べた。これはまさに李退渓が人心の善悪に対する論述の根拠である。

(三) 「四端七情」論

「四端七情」論は朱子学の重大な命題である。四端は、『孟子』の「惻隠の心は仁の端なり、羞悪の心は義の端なり、辞譲の心は礼の端なり、是非の心は智の端なり」（惻隠之心、仁之端也。羞悪之心、義之端也。辞譲之心、礼之端也。是非之心、智之端也。）という言葉に由来したものである。「端」とは、善なる性が現れる発端を指し、四端は純粋な善なるものである。七情は、『礼記・礼運』の「人の情とは何であろうか？喜・怒・哀・懼・愛・悪・欲、この七つの情は学ばなくても長けている」（何謂人情？喜、怒、哀、懼、愛、悪、欲七者、勿学而能。）という言葉から出たものである。七情は善に従うかあるいは悪に従うかの二つ可能性を持っている。四端と七情との関係は、理気と性情との関係であり、すなわち四端と七情の源の問題である。

この問題において、朱熹は原則的に説明するしかなかった。「四端は、これが理の発動であり、七情は、これが気の発動である。…心は性情を包括するものであり、その動きからいえば、情だといっても

---

① 『朱子語類』巻一〇一。

行ける」①。この言葉の意味は、四端が理によって発動した情であると言えるが、しかし、情が理によって発動したものであるとはいえない。朱子から見れば、理は発動させるものであり、気が発動するときのしたがった標準であり、そして、実際に発動するものは気である。つまり、発動するものは気であり、発動させるものは理である。孟子が説いた義理によれば、本心即ち理であり、心性は一体のものであり、心も理であり、四端は本心と性そのものの発動・運用であるから、故に、四端は理の発動、あるいは理によって発動したものであるといえるだろう。しかし、朱熹の「心・性・情を三つに分け、理と気を二つに分ける」という思想的構造によれば、「四端は、これが理の発動である」という説の真義は、四端が理に依って発動した情であると言うしかできない、四端の情が理によって発動したものだとは言えないのである。以上から分かるように、朱熹の論説は曖昧で、はっきりとしていない。これこそは後の学者に解釈と発揮の空間を残した。

　李退溪の心性論において、最も特色づけられるものは「四端七情」の説である。1554年に、鄭之雲は自分の『天命図』およびその説明を李退溪に送って、改訂してもらった。李退溪は、その中の「四端は理によって発動し、七情は気によって発動する」（四端発於理、七情発於気）の論述を、「四端は、理の発動であり、七情は、気の発動である」（四端、理之発。七情、気之発）に修正してきた。この改訂に対して、六年後（1559）、奇大升は李退溪に書簡を送って反論を申し立てた。これ以後、二人はそれぞれ多くの学者と共に、八年間にわたって論争を続けた（1566年に収束した）。これによって、韓国哲学史において、「主理」と「主気」との二つの学派に分けられ、論争は三、四百もわたって続いた。こういったことから見ると、李退溪の論説は韓国の哲学史において重要な位置を占めていることが分かる。

　李退溪の関連する論述を一括してみれば、彼の「四端七情」の説

---

① 『朱子語類』巻五。

は「理気互発」説と呼ばれ、即ち、「四端は、理によって発動し、気はこれに随う。七情は、気によって発動して、理はこれに乗る」（四端、理発而気随之。七情、気発而理乗之）のことである。これは、以上引用された朱熹の「四端は、これが理の発動であり、七情は、これが気の発動である」（四端是理之発、七情是気之発）の説を本にしたのである。李退渓は、四端は理の発動で、純粋な善なるものであり、七情は、気の発動で、善なるものがあれば悪もある、と考える。これは、理が尊貴のものであって、気が卑賤なものである（理貴気賎）と、性（理）は純粋な善なるものであって、情（気）は善なるものがあれば悪もある、という観点に基づいたのである[1]。

（四）治心の学：涵養敬心、静養働察、敬貫働静

退渓学において、最も特色あるのは、人格の修養に関する論述である。朱熹をはじめとする朱子学は、それなりの修養の腕前を備えている。即ち、心は理ではないゆえ、心を理に合致させるために、涵養（修養）を必要とする。本心性体を涵養するのではなく、荘厳・敬いの心を整え、私心や雑念を取り除くことである。少しずつ涵養することによって、「鏡のように明るく、水のように止まる」（鏡明止水）、心は静まり、理は明らかになるという境地に至る。これを「涵養敬心」と言う。静まっている時に、涵養敬心を通じて、「未発」の「中」に接近・合致することを求める。動いている時に、情の変化を発見する（察識する）ことを通じて、「中節」の「和」に至ることを望む。これを「静養働察」と言う。静まっている時であれ、動いている時であれ、「敬」によって貫かれている。敬は、涵養している時にすでに成り立った以上、「未発」のところに涵養され、省察している間にも行われている、即ち「已発」のところに観察・認識されている。これを「敬貫働静」と言う。そして、こうした観察・認識からさ

---

[1] 『増補退渓全書』第一冊、第405-406、205-206頁。

らに一歩へ進めれば、致知格物を以て理を窮めることになる①。

李退渓は心学の説を通じて、朱子学のこのような修養の腕前を具体化させ、自ら実践・実行していた。

一般的に、退渓学は朱子学における心学に偏っていると見なされているが、しかし、この心学の「心」は、王陽明の心学の「心」とは違い、心法のことである。李退渓の心学は治心の学である。この心学は、人間の言動は心を通さなければならないということである。李退渓は以下のように述べている。

聖賢之学、本諸心而貫事物。故好善則不但心好之、必遂其善於行。②

（聖賢の学は、心を本にして物事に貫くのである。故に、善を好めば、心にこれを好むのみならず、必ず善なるものをその行動まで遂げるのだ。）

つまり、李退渓の心学は認識論と道徳修養論であり、治心の学であり、本体論としての心学派の心説ではない、ということである。

李退渓は自らその心学を実行して、彼の門人は次のように語った。

先生之学、私欲浄尽、天理日明。物我之間、未見有彼此町畦。其心直与天地万物上下同流、有各得其所之妙。③

（先生の学は、私欲が完全になくされ、天理は太陽のように明るいのであり、外物と自分自身の間には、双方の境界線が未だ見えない。その心は、まるで天地万物と共に流れ動いているように、当たりを得たのである。）

ここでの「町畦（境界線）」は、境界という派生義を指している。これは治心の修養を通じて達した人格の境地である。

李退渓の治心の学は、中国明代初期の朱子学者である陳真晟

---

① 蔡仁厚『儒家心性之学論要』、文津出版社、1990年、第144頁。
② 『増補退渓全書』第二冊、第334頁。
③ 『増補退渓全書』第四冊、第30頁。

（1411-1473）の『心学図説』を本にしたものだと思われる。陳真晟は次のように述べている。

> 先講求夫心要。心要既明、則於聖学工夫已思過半矣。蓋其心体是静堅固而能自立、則光明洞達作得主宰。所以一心有主、万事有綱、聖学之所以成始成終之要得矣、然後可依節目補小学・大学工夫、而其尤急務則専在於致知誠意而已、皆不外乎一敬以為之也、再仮以一二年誘掖激励漸摩成就之功、則皆有自得之実矣。[①]

陳真晟からみると、心の要領が分かれば、各方面を結びつけて一つの体系にすることが分かる。その『心学図説』の心学の思想とは、天命の理は人心に備わっていて、これは（善なる）性（五常の性）といわれる。性は利益や欲望に惑われているために、「天の当然なものに法れば、これが性の復帰である」（法天之当然、是性之復）。性を復帰させるのは、「主敬」の必要がある。敬を以て自分自身の内部を直し、義を以て自分自身の外部を正す。義は即ち知行である。これはすなわち、動であれ静であれ、いずれも理のなかにある。正直に言えば、即ち、天理＝善政、復性＝敬（存心）、義（知行）のことである。陳真晟は、「敬を以て内部を直す、義を以て外部を正す」（敬以直内、义以方外）という両方面が学問研究の要点である、と考える。主敬は即ち存心であり、択義は即ち致知である。道の本体は極めて大きいのであるために、存心しなければ、其の大きさを極めることはできない。同時に、道の本体は極めて小さいのであるために、致知しなければ、その精微さを尽くすことができない。静にしながら涵養・致知して、動きながら慎独・誠意して、両方お互いに養って発動し合う働きの已まないことをさせれば、即ち、美しいものが出て来るはずであろう。体に暢達して、事業に発達したのは、これが極めて美しいものだ。外在的美たるものによって、さらに内在的美たるものを充実させて、これを発展させて最高の美たるものとなる、という考えは、陳

---

① 『陳真晟文集・二補正学』。

真晟の朱子学から一つの重大な発見である。陳真晟は、「まず朱子の心を得なければならないのである。朱子の心を求めたいならば、どうして『大学或問』に詳しく説明された「居敬窮理」の工夫を外すことができようか」①と論述した。「居敬窮理」は、即ち治心のことである。明代の鄭普は、『布衣陳先生伝』において、陳真晟の思想体系を「治心修身」という四字に要約して②、これは非常に適切である。陳真晟は、『答耿斎周軫挙人書』において、「治心の学」は程朱の学の要点であり、程朱の学を修める入門の肝心な方法である、と述べた③。

陳真晟の心学に対して、清代の張伯行は深い分析を行い、われわれが李退渓の心学を理解するのに重要な価値を持っている。張伯行は次のように述べている。

> 或問余曰、「陳布衣先生之書多言心学、近世立言之士謂心学異端之教也。先生以之為言可乎？」予應之曰、「横渠謂観書当総其言以求作者之意、如不得其意而徒以言、則聖賢之言其為異端所窃而乱之者、豈可一二数？孔子言道徳、老子亦言道徳、言道徳同、而其為道徳者不同。吾儒言心、釈氏亦言心。孔子曰、『従心所欲不踰矩』、孟子亦曰、『学問之道無他、求其放心而已』。釈氏乃曰、『即心即仏。』是釈氏徒事於心、何嘗知学？吾儒之用功則不然、以窮理為端、以力行為務、体之於心、而実推之於家国天下而無不当。至語其本源之地、不過曰此心之敬而已。自尭舜以訖周公・孔子、自孔子以迄周・程・張・朱、未有能捨是以為学者。上蔡謝氏曰、『常惺惺法、在吾儒言之則為敬、在釈氏言之則為覚。先生之言心、不過謂其活変出入無時、非主敬無以操持之也。可与異端之虚無寂滅同日語哉？』」④

---

① 『陳真晟文集・上当道書』。
② 『陳真晟文集』付録。
③ 『陳真晟文集』。
④ 『正誼堂文集』巻七『陳布衣文集序』。

韓国の退渓学研究院院長を務めた安炳周氏は『退渓学の二つ特徴』において、「退渓の心学と陽明の「心即理」の心哲学とは、「心学」だと通称されているのに」、両者は全然違うのであり、「退渓はここにおいて、知義理（善）と行義理（善）には、学と勉（修養）の腕前が必要である、とのことを強調して、さらに、王陽明の知行合一の説を批判した」、と指摘している。彼はさらに一歩進んで次のように述べた。

　　朱子の「理哲学」の体系において、退渓は心学を極めて強調している。退渓から見れば、「去人欲、存天理」という理哲学の中核的な命題は、心学の基本的な内容となるはずである。理哲学と退渓心学が、この側面において緊密につながっているのは、退渓の心学のもう一つの特徴である。「去人欲、存天理」という朱子学の中核的な命題において、耳で聞き、口で話すことによる学習を否定し、実践性を強調している。したがって、心学に接近することになった。これはまさに退渓の心学の特徴である。陽明学との混同を避けるように、退渓は「心学」という言葉を翻訳した時に、多くの場合は「心性の学」と訳したのである。このように「退渓の心学」を示すのは、まさにその特徴を際立たせるためである。①

以上から分かるように、陳真晟と李退渓との論じた心は、心学派の指した心と文字、語句において同じようであるが、本質は違っている。まさに孔子、老子はいずれも道徳を論じたのと同じように、それぞれの指した意味が同じではなかった。子思、陸九淵はいずれも尊徳性を主張したのに、それぞれの本質は違っていた。韓愈、朱熹はいずれも道統を述べたのに、考え方はまったく逆である。同じように、陳真晟と李退渓との心学は、心学派の述べた心学と根本的に異なっている。前者は認識論と道徳修養論であるが、後者は本体論である。張伯行、安炳周の論説は、一つ重要な理論問題を解決した、すなわち、一

---

① 『退渓学在儒学中的地位』、中国人民大学出版社、1989年、第288-290頁。

般的に疑惑され、明言を避けた退溪学の陽明心学に偏っていることである。陽明の論じたことは「心哲学」であり、彼の指した心は本体論である。退溪の述べたことは「治心の学」であり、彼の指した心は実践論である。両者は原則的な違いを持っている。これはまさに退溪学の重要な特色である。

儒学が発展していくうちに、孔子は「大聖」と、朱熹は「大賢」と称され、李退溪は「大善士」と称されるようになった。朱熹は嘗て私怨によりその同僚唐仲友に報復したこと、また無実であった官妓厳蕊を拷問したことがある故、後の大文豪である魯迅はそれに対し風刺・批判したことがある。これは極めて珍しい事例とは言え、結局のところ朱熹の品性には瑕疵があるに違いがないのである。それに対して、李退溪の品性は完璧のもので、その境地は最も高尚である。彼は聖賢を規範にし、その上に感得し、聖賢を追い越せた。その門人が言うには、

（先生）論学本于聖賢、而参之以自得之実。教人必主于彝倫、而先之以明理之功。持己則以正、而不苟于崖岸之行。議礼則援古、而不遺乎時王之制。急于修己、而不言人過。勇于従人、而不掩己短。接人以和、而不自敬。待下以寛、而下自粛。不以一節一善成名、而所学所守之正、自箕子後、殆未有其比。①

((先生は) 聖賢を本にして学問を論じ、また自分なりの会得を以てこれを参考する。人を教えるには必ず倫理を主にし、道理を明らかにすることを優先する。正確なものにしたがって自分自身の振る舞いを把握し、いい加減に危ない言動は一切しない。礼儀を議論するあたり、古の由緒のある事柄を援引し、当代の制度を無視することはしない。自分自身の修行を急務とし、他人の過ちを言わない。臆さずに他人のよい進言に従い、己の短所を覆い隠さない。他人に和を以て接触し、自分をむやみに尊大ぶることは

---

① 『相補退溪全書』第四冊、第30頁。

しない。寛仁を以て下の者を扱うけれども、自分自身は謙遜して厳しく自律する。僅かな徳行や善行を以て有名になろうとはせず、その学んで見守ったものの正統さは、箕子を除けば、(先生と)比べる者は誰もいない。)

とある。これで李退渓の人生哲学は、孔子・朱熹の教えに源を発し、東洋の文化発展の歴史上極めて崇高なる地位を占めることを釈明したのである。伝説によると、周の武王は「箕子を朝鮮に封じた。箕子は礼儀や農事・養蚕の技術を教化し、また八条の条令を教えたのである」[1]。箕子は、韓国成立の始まりであり、その礼儀教化も彼から始まったのであるから、理想の君主として尊ばれてきた。この中国古代の文献の記載は、「いわゆる『箕子東来』説の根拠となったが、今では、もはや近代の歴史家により否定された。この『箕子東行』説は、ただ朝鮮の明君であった箕子を殷代末期の賢人たる箕子と牽強付会して、同じ人としただけである」[2]。「箕子東来」説に対する異議が提出されたが、それにしても、李退渓を「箕子以降の第一人者」と見なされることから、李退渓は韓国の歴史と人々の心におけるその上ない崇高なる地位を占めることが見えるのであろう。

四　朱子学とは安身立命の学

上述の朱熹と李退渓の思想に対する概略の比較により、朱子学の豊富多彩な文化的内容には、東洋人の崇高な文化価値がある、ということがすでに明示されたのである。朱子学は、智慧を成熟させ、人格を健全にさせ、身を安定させて生命を立てさせる学である。

孔子・朱熹・李退渓などを代表とする東洋人の世界観・人生観は、個体から群体に至るまでの自我構築であり、主体性の哲学であり、即

---

[1]　範曄『後漢書・東夷伝』。
[2]　崔根徳『韓国儒学思想研究』、学苑出版社、1998年、第259頁。

ち、人々に倫理道徳と個人の内在的に固有する価値との涵養・昇華することに力を入れようと教える哲学である。このような哲学は、東洋の哲人により「終極的関心」（終極関懐）及び「己の為の学」（為己之学）として要約されたのである。人々が追求する精神的境地は、個人と人間との二つ方面の価値を含める最高な実現である。それは、人々に、内在の徳性と外在の事業を完璧に成熟させ、即ち「内聖外王」のことを求めるのである。こういった境地は、人々が一生をかけて追求する最終の目標であり、それは「終極的関心」と呼ばれる。そのためには、「学」に手を付けなければならないことから、故に「己の為の学」と呼ばれ、即ち、孔子にいわれた「古の学者は己の為に」（古之学者為己。『論語・憲問』）のことである。というのは、人々はすべての生命力でそれを追い求め、それを追い求めることを、人生のほかの一切よりも大事なものとしなければならないのである。人にとって、最も肝心なことは人生の意義と価値を理解することである。「終極的関心」は、生命存在のすべての過程を扱い、自分自身の生命を如何に安定させる問題を解決するものである。例えば、外在的自由平等・豊かな物質生活が実現した後、人生の意義と価値はどこにあるのか。ただ心行くまで享楽すればいいのか。それはまさに「終極的関心」の課題である。例え、自由かつ平等に暮らせ、豊かな物質生活ができるにも拘らず、なぜある人は自殺するのか。現実生活の中で、死病に罹る、貧困に陥るなど生理的、物質的に困却する人々の生への欲望は一番強い、それと反対に自殺者の多くは精神的或いは心理的な困惑から自分の命を奪っている。これはつまり自分の人生をうまく取り扱わなかったからである。生きている意義と価値がわからない、或いはそれを失った人がいる。そして「終極的関心」こそ、人生の意義と価値に対する答えである。例え多くの家財を所有しても、その人の心はそれで充実されないかも知れない。唯一心の虚しさを克服できるのは、自分の心の中で人生の意義と価値を築き上げることである。人と

しての道徳倫理の責任は、すべて外在的な欲求に基づくとは限らない。それは自分の生命力から発動したものであり、自分の生命力自体にこのような欲求があるのである。こういった「終極的関心」は、政治・経済・科学或いは宗教においても見つけることができない、自分の中でしか見つからないのである。それはつまり儒家がいった「仁を為すは己に因る」（為仁由己。『論語・顔淵』）、「譬えば、山を為るが如し、未だ一簣を成さざるも、止むるは吾は止むなり。譬えば、地を平らにするが如し、一簣を覆すと雖も、進むは吾往くなり」（譬如為山、未成一簣、止、吾止也。譬如平地、□覆一簣、進、吾進也。『論語・学而』）とのことである。ここでは、山を為すことと地を平らにすることを例えにし、成功も失敗も自分の努力次第と説明するもので、「仁を為すは己に因る」に対し生き生きした描写である。儒学とは、人格を健全にさせ、心と智慧を成熟させ、また安身立命させる学であり、東洋諸民族の精神力と生活方式として、歴代の人々に体現してきた。

上述の思想は、理論と実践の面において朱熹・李退渓の下に凝らし、その精華が発揚され、最高なる模範となったのである。李退渓は以下のように述べている。

「為己之学」以道理為吾人所当知、徳行為吾人所当行。近里着工、期在心得而躬行者是也。「為人之学」則不務心得躬行、而飾虚循外、以求名取誉者是也。[1]

「己の為の学」は、道理を我々の知るべきものとし、徳行を我々の行うべきものとする。身近なところに工夫を着手して、心で分かって、自ら実行することを望む。「人の為の学」は、心で分かって自ら実行することに務めず、虚偽をごまかして外部のものに従うことを以て、名誉を求めるのである。

「身近なところから工夫を着手する」（近里着工）とは、即ち本質に

---

[1] 『相補退渓全書』第四冊, 第32頁。

深く入り込むことである。

　儒学の「儒」が「人」と「需」により構成され、即ち、儒学は人の必需とされるということである。人は何を必要とするのだろう。儒学においては、人が人でいられる道理を「仁」で要約するのである。「仁」が「人」と「二」に構成され、二人以上がいて、「あなた」・「私」・「彼」という個体がいればそれはつまり社会となる。社会の人間関係の基本原則というと、お互い愛し合うことであり、それ故に孔子は「仁」を「人を愛す」と解釈した（『論語・顔淵』）。孔子から一歩進め、朱熹が「仁」を「心の徳」と解釈した、すなわち「仁」は人を為す最も根本的な徳行とのことである。朱熹が説くには、「仁は、すなわち人の人と為る所以の理なり」（仁者、人之所以为人之理也。『孟子集注・尽心章句下』）。というのは、人と為す標準は「仁」を備えることで、仁がなければ禽獣でしかないのである。

　「仁」は儒学の核心なる思想である。朱熹が『仁説』で説いて言うには、

　　孔問之教、所以必須使学者汲汲于求仁也、其言有曰、「克己復礼為仁」。言克去己私、復乎天理、則此心之体無不在、而此心之用無不行也。又曰、「居処恭、執事敬、与人忠」。則亦所以存此心也。又曰、「事親孝、事兄弟、及物恕」。則亦所以行此心也。又曰、「求仁得仁」。則以譲国而逃、諫伐而餓、為能不失乎此心也。……此心何也？在天地則塊然生物之心、在人則温然愛人利物之心。①

　東洋文化は、東洋人が自分で創造した精神的、物質的文化の体験に基づいて、自分自身の生活において呈示した価値である。その主題は民族の生命形態、精神力と生活方式であり、その表現形式は真の自我に通して外部世界との調和と統一である。これは東洋文化が西洋文化と異なる本質的特徴である。このような東洋人の伝統文化は、孔子や朱熹等の聖人によって大いに発揚され、より完備して優れている形で

---

　①　『朱子文集』巻六七。

李退渓に反映されるようになった。李退渓は孔子や朱熹に受け続いて東洋伝統文化を集大成する者である。

退渓学は朱子学の分派であり、韓国化された朱子学である。「いわゆる朱子学とは、朱熹より前の北宋の五子の学のこと、また朱熹自身の思想及びその思想が中国、韓国、日本、欧米においてさらなる発展と改善にある」と、韓国学者鄭仁在は考えている。鄭仁在は退渓学を「本源朱子学」と称し、李退渓の心学が「朱子学式の心学であり、それを以て陽明の心学を超克するものである」[①]。

それでは、退渓学とはどういうものであろう。韓国の学者尹世鈴はこのように述べている。

　（退渓学）は理と気の区分を厳格に区別する上、理を以て気を治め、気によって理に従う、そうして初めて道徳の思想が確立できると主張している。それはつまり、理知と感情は調和に根差すべきということである。理知によって感情をおさえることで、社会が発展していける。」[②]

また、銭穆は『現代における退渓学に対する認識』でこう述べている。

　我々の東洋には自ずとある文化的伝統があり、中でも特に退渓学は「万物を体験して、四海までに心を広げる」ことを重視し、品格を「自分の中で求め、心以外の世界で探すべからず」と主張する。彼（李退渓）は「一人の心は即ち天地の心、己ひとりの心は即ち千人万人の心である」と説き、人々に「はずれた心を収めて、徳性を養うことに最初の着手するところとする」と教えた。徳に

[①] 『朱子学在韓国的展開』、黄俊傑他により編纂の『東亜朱子学的同調与異趣』、台湾大学出版中心、2006年、第298頁。ここの朱子学が朱熹より前の北宋の五子の学を含めるというのは、朱子学を意味的に宋明理学と汎称する場合のことであるはず。朱子学は即ち閩学であり、もともと濂・洛・関と対応になる宋代の地方的学派のことで、その思想にしても大いに異なる。

[②] 『韓国画報』、創刊号、1987年春、第33頁。

基づくこと、仁に依ることから、道に志すこと、芸に遊ぶことまで推し広めるのは、確かに東洋学術の正統である。我々はまさにこの上から大本を立て、またこれを以って時弊を正すべき。これは正しく我々東洋人の自分自身及び他人を救済する立脚地また起点である。[①]

上からわかるように、朱熹、李退渓を代表する朱子学は「身心性命の学」（身心性命之学）と言ってもよい。知行はお互いに依頼し、言行を一致にし、身をもって模範を示し、人間の生命の本質と価値を十分に認識し、これを以って人間としての最も高い標準に達せることを期する。こういった社会的人文主義は、道徳倫理の実践を和やかな社会的政治理想と転化せようと意企している。

李退渓は朱熹に継ぐ朱子学の主な代表者であり、退渓学は１６世紀以降の東洋文化の主なる表徴である。李退渓の著作は東洋文化の大切な経典であり、その品格は東洋人に対しての模範である。退渓学は真理たる価値を備えるだけでなく、さらに実践的な価値を備えている。この物質文明が非常に発達しながらも、人の心が日増しに衰弱していく今日に、退渓学は世道人心に大いに裨益するものであろう。

五　中国の退渓学研究

19世紀20年代の始め、嘗て中華民国の大統領だった黎元洪（1868-1928）また知名な学者梁啓超（1873-1929）は『聖学十図』のために賛辞を書いたことがある。黎元洪は「それが故に中華は夷狄と異なり、人類は禽獣と異なる」（中華之所以異於夷狄、人類之所以異於禽獸）と、そして梁啓超は「巍々たる李夫子、古の事業を受け継ぎ、将来の発展に道を開く。朱熹と周敦頤の学問を悦び、それを以って自分

---

① 『退渓学報』、第10輯、1978年6月、第52-53頁。

を研く。『十図』は理学の奥義を伝え、百世を亘っても人心を戒めることができるだろう。三百年の間口で教え身をもって手本を示し、万国において同じく欽仰される」（巍巍李夫子、継開一古今。『十図』伝理訣、百世詔人心。雲谷琴書潤、濂溪風月尋。声教三百載、万国乃同欽）と称えた[①]。黎は東洋文化全体の核心たる思想の全体から、退溪学は人本主義の学問と指摘した。それは退溪学として最も際立つ本質的な特徴である。梁は退溪学の根源が周敦頤（濂溪風月尋）と朱熹（雲谷琴書潤）の学にあることと退溪学が後世に与えた影響を指摘した。退溪学は16世紀の初めで形成してから19世紀に至るまで、三百年あまりの歴史を有していた。

韓国退溪学研究院院長だった李家源は『退溪学研究の諸課題』において以下のように述べた。

　　中国之士、有称退溪為東聖、如梁啓超・黎元洪之題語於『聖学十図』者、辞甚鄭重、然未有専著。其在最近、有一個蔡茂松、留学我国、論述很多、中国人之研究退溪学、実自蔡君始。其先輩銭穆教授、所撰「現代対退溪学之再認識」之一篇、極其精簡。往年余訪台湾大学、有叫做程元敏者、専治宋明理学、而叩余以退溪学之原委、筆談移時、今未知其成書否也。[②]

　　（中国の士人には、退溪を東聖と称賛した人がいる。例えば、梁啓超、黎元洪の『聖学十図』のために題辞を書き記したものが居られ、その題辞が非常に丁重的であるが、しかし専門書はなかった。最近、蔡茂松という人がおられて、我国に留学し、論述も多い、中国人よる退溪学の研究は、実は蔡君から始まったのである。その先輩たる銭穆教授が書いた「退溪学に対する現代的再認識」は、極めて適切・簡潔的である。以前、私は台湾大学を訪問したとき、程元敏という人がおられて、専ら宋明理学を治め、私に退溪学の

---

① 『退溪学報』、第2輯、1974年3月、第171-173頁。
② 『退溪学報』、第14輯、1974年3月、第62頁。

経緯を聞いて、筆談で数時間を移したが、今は本にまとめたか否かを分からない。)

蔡茂松は台湾成功大学の教授で、「韓国学の第一人者」と称され、『韓国の朱子学』（韓国的朱子学）などの著作がある。銭穆の「現代における退溪学に対する再認識」（現代対退溪学之再認識）は韓国の『退溪学報』（1974年3月、第2輯、第171-153頁）に登載した。銭は退溪学が「己の為の学」であるところから論じ、退溪学の内在的本質をつかめ、非常に素晴らしかった。

中国大陸側の退溪学研究は、1984年の後半年から始まったのである。その時韓国退溪学研究院によりドイツで第七回退溪学国際学術シンポジウムを開催され、中国人民大学の張立文教授が要請された。翌年（1985）の8月、日本筑波大学により第八回退溪学国際学術シンポジウムが開催され、筆者を含め中国大陸と台湾の学者数名は、筑波大学の高橋進教授の要請に応じ、会議に出席した。その会議の前まで、退溪学を分かっている人が殆どいなかったことから、当時中国の学者が退溪学に対してどれほど認識していたかは分かる。私たちは要請書とともに、5巻の『増补退溪全書』とそれに関する文献も受けた。それで最初の段階の研究と会議論文に手付け始めた。それは現代の中国大陸側の学者の退溪学研究の始まりとも言えよう。それから、多くの中国学者は一、二年に一度の退溪学国際学術シンポジウムとそれに関する会議に参加するようになった。そして1989年10月、第十一回目の退溪学国際学術シンポジウムは北京の中国人民大学により主催された。韓国の学者及び韓国朱氏の後裔は朱熹の遺跡の考察と祖先の供養のため、頻繁に且つ幾重にも福建に赴くようになった。退溪学と朱子学の繋がりがより密接になり、その普遍化と民間化もそれで始めた。朱熹の曾孫朱潜は韓国に至り定住し、韓国朱氏の始祖となったのである。

中国学術界において退溪学はすでに注目を集めた学問となったのである。凡そ儒学、理学、朱子学などの中国文化が外国での伝播についての著作のすべてには、退溪学に関する章節がある。張立文が李退溪の『朱子書節要』の形式を模倣して編集した『退溪書節要』は、1989年9月で中国人民大学出版社により出版され、退溪書の普及に大きな役割を果たした。それよりももっと力強く退溪学研究を促進したのは賈順先が編集し、大掛りな『退溪全書今注今釈』である。1992年5月、四川大学出版社より出版された『退溪全書今注今釈』は大多数の退溪学に関する著作を中国に紹介した。専門書としては、張立文の『李退溪思想研究』[1]、高令印の『李退溪と東方文化』[2]などがある。『李退溪と東方文化』は、韓国退溪学研究院の「第八回退溪学国際学術賞」を受賞（1991年11月）、李楠永教授がそれをよい総合的退溪学の専門書と称えた。

（井手宏美、左茗、張蒙蒙、辜承尭　合訳）

---

[1]　東方出版社、1997年。
[2]　韓国李楠永により韓国語に訳され、韓国退溪学研究院、1991年。中国語版、厦門大学出版社、2002年。

朱子学在朝鲜半岛的传播与发展

张品端（武夷学院）

中国与朝鲜半岛之间很早就建立了友好关系。在14世纪初，李朝世宗创立自己的民族文字"训民正音"以前，朝鲜半岛一直借用汉文字。公元1、2世纪，朝鲜半岛的高句丽、百济、新罗三国初建，急需一套较系统的统治理论，特别急需一种文字供国家统治和交际使用。于是，汉字便成为朝鲜半岛三国时代公文记录文字。通过文字，中国秦汉时期儒家经典大量传入朝鲜半岛。4世纪后期，三国相继设太学，教授儒学经典。7世纪，朝鲜半岛三国开始派遣贵族子弟赴唐，入国学。公元837年，仅新罗在唐的留学生就有216人。这说明儒学在朝鲜半岛已引起官方重视。从三国到高丽时期，儒学在朝鲜半岛的传播发展，只是表现在以国学而发展起来的儒学教育和以科举而发展起来的汉文学上，在思想史上还没有占主导地位。这个时期的建国理念是佛教。

一　朱子学在高丽时期的早期传播

约在13世纪30年代，朱子学开始传入高丽（918~1392）。起初，朱子学是通过移民在高丽民间传播。南宋嘉定十七年（1224）春，朱熹曾孙朱潜弃官，"与门人叶公济、赵昶、陈祖舜、周世显、刘应奎、杜行秀、陶成河七学士浮海而东。……舟泊锦城仍居焉"[①]，朱潜与门人到达高丽全罗道之锦城后，建书院讲学，传播朱熹思想，在当地产生了很大影响。人们尊称朱潜所居之地为"仁夫里"、"君子里"、"朱

[①] 周世鹏《东国名贤言行录》，《节义篇·朱潜》，朝鲜李朝泰宗1402年版。

子川"。这是朱子学在朝鲜传播之滥觞。但是这仅是一种民间的私学传播，其影响主要在民间，还未能对整个高丽民族的政治制度和文化心理产生重大的影响。

高丽王朝统治者接受朱子学是在13世纪末。元世祖至元二十六年（1289），安珦（字士蕴，号晦轩，1243~1306）陪同高丽忠烈王赴元大都燕京（今北京），首次读到新刊《朱子大全集》，认为它是孔孟儒教之正脉，于是手抄此书并摹写朱熹画像。他回国后，作为高丽朝集贤殿大学士、宰相，便在高丽太学中讲授朱子之学，并以朱熹教育思想为依据，整顿当时的高丽教育机构，努力恢复"国学"，并设置"赡学钱"作为办校基金，教授"诸生，横经受业者动以数百计"[1]，在全国"兴学养贤"，推行儒家的伦理道德。同时，又派遣大批学者到中国留学，有的还长期住在元朝大都，专门从事朱子学的研究，为高丽朱子学研究提供了原始资料。安珦是一个朱子学的崇拜者，他把朱熹作为圣人供奉，"晚年常挂晦庵先生真（像），以致景慕，遂号晦轩"[2]。1314年，高丽忠宣王在元大都购置"万卷堂"书库，又到江南购书。元统治者也赠书给高丽，1314年7月将原南宋朝秘书阁所藏书4371册，共1万7千多卷书籍赠给高丽王室，并在负责管理高丽和中国东北地方事务的"征东行省"中专设"儒学提举司"，向高丽传播中国传统文化和推进儒学文化教育事业。这大大有助于朱子学在高丽的传播。

高丽朝传播朱子学继安珦之后，著名的还有其学生白颐正、权溥、李齐贤等。白颐正（号彝斋，1260~1340）也是高丽忠宣王的侍臣。他在元大都陆续居住了十多年，师事赵孟頫学习朱子学，史书曰："时程朱之学盛行于中国……颐正在元，得而学之。东还，李齐贤、朴忠佐首先师受孝珠（颐正）。"[3] 白颐正在朱子学方面造诣很高，归国后即把带回的朱学典籍，设馆讲学传授给弟子。权溥（号菊斋，

---

[1] 《高丽史》卷一〇五，列传十八《安珦》条。
[2] 同上。
[3] 《高丽史》卷一〇六，列传十九《白文节》条。

1262~1346）则是在翻刻朱子学著作方面做出了贡献。他18岁登第，官至都佥议使司事，封永嘉府院君，谥文正。权溥"尝以朱子《四书集注》建白刊行，东方性理之学自权溥倡"①。李齐贤（字仲恩，号益斋，1287~1367），在高丽从学安珦，安珦逝世后，他即到元大都深造朱子理学。李齐贤自元仁宗延祐元年（高丽忠肃王元年，1314）至顺帝至正元年（高丽忠惠王后二年，1341），在中国待了长达27年。1315年，高丽忠宣王在元大都召见他，当时李氏28岁。李齐贤在大都与中国著名的朱子学家姚燧、阎复和赵孟頫等交游，使他的朱子学研究水平得到不断提高。其学问造诣让姚燧等元朝学者也"称叹不置"②。后来，李齐贤不仅成为朱子学在高丽的积极传播者，而且还是激烈反对佛学，并提出社会改革主张的一个学者。

此外，与安珦齐名的高丽朝朱子学者还有禹倬（号易东，1263~1342）。他也是早期朱子学的传播者。他官至成均馆祭酒。禹倬"通经史，尤深于易学卜筮，无不中。程传（按，指《伊川易传》）初传东方，无能知者，倬乃闭门月余参究，乃解。教授生徒，理学始行"③。易学是高丽朝朱子学的主要内容，是禹倬开其端的。禹倬的易学思想对后来朝鲜李朝朱子学者有很大影响。

朱子理学自南宋末在高丽从民间传播到官方引入，这是朱子学在朝鲜半岛的初传时期，可谓是启蒙期。朱潜和安珦、禹倬、白颐正、权溥、李齐贤等都是朱子学的早期传播者。

二　丽末鲜初朱子学的发展

丽末鲜初，刚刚兴起的朱子学顺应了时代潮流，在朝鲜半岛得到广泛的发展。这时期，朝鲜半岛涌现出李穑、郑梦周、郑道传、权近、

---

① 《高丽史》卷一〇七，列传二十《权溥》条。
② 《高丽史》卷一一〇，列传二十三《李齐贤》条。
③ 《高丽史》卷一〇九，列传二十二《禹倬》条。

吉再和赵光祖等一批朱子学者。李齐贤的高足李穑（字颖叔，号牧稳，1328~1396），年轻时以高丽使节书状官身份入元，后获得元翰林称号。归国后，他移植元朝的教育方式，以朱子学为教育内容，并对朱熹《小学》做谚解，进行普及。李穑任国家成均馆大司成时，成均馆便成了传播朱子学的讲坛，当时对朱子学的学习盛况空前，人才辈出。据《高丽史》记载，1367年"重营成均馆，以穑判开城府事兼成均馆大司成，增置生员，择经术之士……先是馆生不过数十，穑更定学式，每日坐明伦堂，分经授业，讲毕相与论难忘倦，于是学者坌集，相与观感。程朱性理之学始兴"[①]。故美国著名朱子学专家狄培瑞说："曾在北京学习过的朝鲜学者李穑，被任命为元在朝鲜的教育监督官。他的使命是，在许衡为蒙古人制订的课程样式的基础上，传播新儒学教育。还要求使普通平民通过普遍的学校系统而获得新生，并在多种族的基础上，将有天赋的学者吸引到元的统治阶层中来"[②]。郑梦周（字达可，号圃隐，1337~1392），是和李穑齐名的高丽大儒兼重臣，曾任过宰相。他一生竭尽全力推行朱子学，曾"内建五部学堂，外设乡校，以兴儒学"。他对朱子学的阐发，同代人颇为折服，学者评论："时经书至东方者，唯朱子《集注》耳，梦周讲说发越，超出人意，闻者颇疑。及得胡炳文《四书通》，无不吻合，诸儒尤加叹服。"[③]李穑高度评价郑说："梦周论理，横说竖说无非当理。推为东方理学之祖。"[④]后李朝著名朱子学者李滉、宋时烈等也尊郑梦周为宗师始祖。宋时烈说："吾东方自箕圣以后至于丽季阐开道学有功，斯文无如郑梦周之比，而至使人人得知君臣父子之伦，内夏外夷之义者，亦皆梦周之功也。"[⑤]值得一提的是，郑梦周竭力以朱子学排斥佛教。他创办学堂，讲求朱子学，用朱子《家礼》行冠婚丧祭，以取代佛教的仪式，为朱子学取代佛教在社

[①] 《高丽史》卷一一五，列传二十八《李穑》条。
[②] 狄培瑞《新儒学在朝鲜的兴起》，《东方哲学研究》，1985年第1期。
[③] 《高丽史》卷一一六，列传三十《郑梦周》条。
[④] 同上。
[⑤] 《圃隐文集》卷三《筵臣奏辞》。

会生活中的地位做出了贡献。

1392年，高丽国总兵李成桂废恭让王自立，改国号为朝鲜。李氏取得政权以后，为巩固新兴的中央集权制的封建王朝，即出于"经邦治国"的需要，崇尚朱子学。这就加速了朱子学在朝鲜的传播和发展。开国之初，著名朱子学者郑道传（字宋之，号三峰，1337~1398），是朝鲜初时著名的政治活动家和排佛论者，又是李朝开国之思想理论的奠基人，他于1362年中进士第，第二年任职忠州司录，1370年出任成均馆博士，1375年又提升为成均馆司艺、艺文应教、知制教等，后官至判三司事。郑道传根据朝鲜当时社会需要而改造和运用朱子学，如他提出"性三品说"，主张上、中、下品三种人"各有其职，以受无养"①，就代表了统治阶级的意志和愿望。李朝初期的政治体制改革大多出自其手。郑道传排佛崇儒，著有《佛氏杂辨》，从理论上全面、系统、彻底地批判了佛教的危害性和虚伪性。他反对佛教的轮回论，认为人和一切事物都是要经过发生、发展和消灭的不断生成变化的。现实世界是由"气"变化而成的，不论是肉体和精神都是从同一物质始源即"气"产生的，"气之凝聚者，为形质，为神气"②。按他的说法，当气在凝聚成形体，有足以发生精神现象时就会产生精神；当气散形体消失时，精神也随之化为乌有。肉体和精神不是相互分离，而是密切联系的。郑氏以此批驳佛教的"神不灭"论，这是他哲学中合理的唯物主义因素。朝鲜五百年，独尊儒术，佛教回退山林，与郑氏是有关的。当时名儒朴础称"郑道传发挥天、人、性、命之渊源，倡鸣孔、孟、程、朱之道学，辟浮屠百代之诳诱，开三韩千古之迷惑，斥异端息邪说，明天理正人心，吾东方真儒一人而已"③。

权近（字可远，号阳春，1352~1409），是高丽朝权溥之曾孙，他与郑道传都是活跃在丽末鲜初的朱子学者。权近在高丽朝末期，受李

---

① 《三峰集》卷十四《心气理篇》。
② 《三峰集》卷十四《佛氏杂辨》。
③ 《东方选》卷五十三《辟佛疏》。

稿的影响较多，政治态度比较温和。进入李朝，他转入郑道传的思想，激烈排佛和主张政治改革。他曾出使到南京，明太祖称其老实秀才。权近著有《入学图说》、《五经浅见录》。《入学图说》是朝鲜最早的朱子学入门书，《五经浅见录》则是继其祖父倡议出版的朱熹《四书集注》之后，用朱子学观点解释儒学经典的重要著作。遗憾的是，该书今仅传《礼记浅见录》和《周易浅见录》。权近与郑道传虽然同为李朝初期朱子学的代表人物，但在接受研究朱子学方面各有侧重点。郑氏注重现成的朱子学理论，以之批判佛教，而权近则致力于对朱子学的阐发。如他强调"理"的绝对性时说"理为公共之道，其尊无对"[①]，又说："理为心气之本，原有是理，然后有是气，有是气然后阳之轻清者上而为天，阴之重浊者下而为地……天地之理，在人而为性，天地之气，在人而为形，心则兼得理气，而为一身之主宰也。故理在天地之先，而气由是生，心亦禀之以为德也。"[②] 在此基础之上，他又着重解释了"五常"、"四端"、"七情"等心性问题。尤其是他在《入学图说》中首次提出"四端"、"七情"的关系问题。其书中"四端，理之原，发于性，纯善；七情，气之原，发于心，有善有恶"的观点，为后来李滉心学和四端七情说的开端。这实为百余年后，李退溪诸学者进行旷日持久的"四七论辩"之滥觞，在朝鲜朱子学发展史上有着重要的意义。后来，权近学说传到日本，对日本儒学界产生了一定的影响。日本曾多次翻刻权氏的《入学图说》，现存有宽永甲戌刻本和庆安元年刻本等。

吉再（字再父，号冶隐，1353~1419），是高丽朝仕臣。李朝建立后，他以忠臣不事二君之义，归隐家乡。吉再还乡以后，仿照伯夷和叔齐，在龟尾金乌山下建了一个亭子，取名为采薇亭，全身精力都投入培养弟子上。他曾在洛东江中流的善山教学，其门下无数名弟子都顺着洛东江出师，历经百年后，这些儒生枝繁叶茂，故取名为"士林"。吉再门下著名弟子有金叔滋（字子培，号江湖，1389~1456），

---

① 《三峰集》卷十《心气理篇注》。
② 同上。

再传弟子有金宗直（字季昷，号佔毕斋，1431~1492）、金宏弼（字大犹，号寒暄堂，1454~1504）、郑汝昌（字伯勖，号一蠹，1450~1504）和赵光祖（字孝直，号静庵，1482~1519）等名儒。他们都是代表中小地主利益的士林学者，在地方建立了一系列书院，向乡下贵族子弟讲授程朱理学，注重"实践躬行"。士林学者们在政治上主张以儒家忠义思想事君，清廉治民；在经济上提出所谓"均田论"及"限田论"，反对代表大贵族、大官僚利益的勋旧大臣的土地兼并和霸道政治。于是，从15世纪末到16世纪中叶，士林势力与勋旧势力之间发生了四次"士祸"的流血事件，无数士林学者在此过程中牺牲。

士林派学者在朝鲜朱子学发展史上起了承上启下的历史作用。他们不仅关心现实政治，而且对朱子学进行了深入的研究。如金宏弼着重研究伦理道德修养，成为道学之宗。退溪曾评论说："金先生道学渊源，固非后学所敢测者，然以先朝追奖之意推之，断然以为近世道学之宗也。"[①] 郑汝昌则著《理气说》、《善恶天理论》、《立志论》等，均反映了他在宇宙论、伦理观以及教育思想方面的研究成果。赵光祖29岁时参加"春中进士会试"，考中状元。34岁时又应谒圣试以乙科状元及第，之后历任典籍监察、副提学、元子辅养官、大司宪等职，从而确立了在李朝前期士林中的领袖地位。他以"崇道学、正人心、法圣贤、兴至治"为人生信念，聚集了一批年轻士大夫，倡导至治主义，主张革弊扶新的社会改革。

在朱子学的阐发上，赵光祖提出以"理"为最高范畴，以"仁"为核心的哲学思想。他说："理不为气所动……因论理气之分曰：理为主而气为理之所使，则可矣。"[②] 又说："春者，天之元也。四时自春而始，四端自仁而发。无春序不成，无仁不遂。"[③] 赵氏把"仁"比至于"春"，说四季的流行自"春"而始，而人伦亦由"仁"为始端，这样

[①] 《景贤录》下《退溪先生答卢仁甫书》。
[②] 《静庵文集》卷五《筵中记事》二。
[③] 《静庵文集》卷一《春赋》。

便赋予"仁"以流行发育的功能,从而与天道合一。他认为:"虽天人之殊兮,理在仁而靡爽,然则春于天,仁之于人,同一春也。"① 由此构筑了"天人同理"、"天人相贯"的思想体系。赵光祖还认为,人性体现天理,故"性"与"理"义亦相同不悖。他说:"性无不善而气禀不齐,人之气不善,气之使然也。"② 又说:"夫人受天地之中以生,只有仁义礼智之德。天理岂有恶哉,但为气禀所拘,故乃有差焉。……理惟微而气易乘,故善人常少,而不善人常多。"③ 这是强调修养工夫的必要性。赵光祖在吸收朱子学的"诚"、"敬"学说的基础上,提出了适合改革思想的"持敬"、"去欲"的修养方法,并强调"学以致用"。他说:"大抵耳、目、鼻、声、色、臭味之欲,无非以气而出也。"④

在朝鲜历史上,赵光祖首次较为系统地提出了"仁政"、"王道"的改良主义政治思想。奇大升说:"以东方学问相传之次而言之,则以梦周为东方理学之祖……金宗直学于叔滋,金宏弼学于宗直,而赵光祖学于宏弼,继其渊源之正,得其明诚之实,蔚然尤盛矣。"⑤ 栗谷亦说:"权近《入学图》似龈龉,郑圃隐号为理学之祖,而以余视之,乃安社稷之臣,非儒者也。然则道学自赵静庵始起。"⑥ 可见,到了赵光祖之时,道学才初具规模。

从高丽末期至朝鲜初期,朱子学在朝鲜半岛进入了义理初发阶段。以朱子学为中心的儒家哲学上升为朝鲜李朝的建国理念(即李朝的官方哲学)。这为后来朝鲜化的朱子学的形成和发展奠定了坚实的理论基础和社会基础。

---

① 《静庵文集》卷一《春赋》。
② 《静庵文集》卷五《筵中记事》一。
③ 《静庵文集》卷四《复拜副提学时启十三》。
④ 《静庵文集》卷五《筵中记事》。
⑤ 《高峰集》第三辑《别集》附录卷二,《论思录》下。
⑥ 《栗谷全书》卷三十一《语录》上,韩国成均馆大学出版社,1992年。

三 朝鲜化朱子学的形成和发展

李朝开国一百余年之后，朱子学在朝鲜的发展进入了全盛时期。这时期，朝廷君主比较开明，置集贤殿，取用年轻人才为大学士，从事书籍的编纂和典章制度的制定。良好的社会环境为朝鲜化朱子学的形成和发展创造了条件。在统治者的倡导下，朝鲜朱子学有了长足的发展。各种独立的朱子学派相继出现，形成了以徐敬德（字可久，号花潭，1489~1546）为代表的主气派，以李彦迪（字复古，号晦斋，1491~1553）为代表的主理派，还有曹植（字楗仲，号南冥，1501~1572）开创的南冥学等。徐敬德终身未仕，讲学开诚，晚年著有《原理气》、《理气说》、《太虚学》、《鬼神死生说》，内容以气为主。他认为："物质为气，无始无终，不生不灭，恒久不变。宇宙现象的变化生灭，是一气的聚散。"[①]这一物质不灭论是朱熹思想中唯物主义倾向的继续和发展，对略晚于他的李退溪的思想有较大的影响。李彦迪则强调太极是理，太极是斯道之本体，万化之要领。他坚持朱熹的理气一元论，认为理气不可分，但"有理而后有气"。除文集外，他还著有《求仁录》、《大学或问》、《中庸九经衍义》。曹植为学主反己修身，诚意正心，笃实践履，力避空谈心性、天理。其学说的内在逻辑，是通过个人（体）到群体的不断反思和人格的逐渐完善，由修身、齐家到治国、平天下的道德伦理实践，以达到国家社会和谐一致的思想。在总结前人研究朱子学成果的基础上，李朝建立一百五十多年后即产生了朝鲜朱子学集大成的体系，其代表人物为李退溪与李栗谷，他们分别完成了集朝鲜朱子学大成的任务，将朝鲜朱子学推向了新的高潮。

李滉（字景浩，名退溪，1501~1571），安东礼安人。他27岁中进士，曾任弘文馆修撰、经筵讲说官和成均馆大司成、弘文馆大提学和知中枢府等职。退溪49岁辞官归乡，隐居庆尚道安东的陶山，精研《朱子全书》，细读朱熹书信及真德秀（福建浦城人，朱熹门人）《心

---

① 《花潭集》卷二《鬼神死生论》。

经》，56岁时辑成《朱子书节要》14卷。他64岁时著《圣学十图》，每图都有引述和说明。此图及其评说，概括性地反映出李氏的朱子学思想。中国社科院哲学所研究员徐远和说："李退溪以朱子学为依据，创立了一个以理气二物说、四端七情理气互发说和敬学为核心内容，以主理为特征的性理学思想体系，在朝鲜朱子学发展史上树立了一块里程碑。"[1]李滉对朝鲜、日本朱子学影响颇大，日本和朝鲜学者都称他为"朱子以后第一人物"。[2]

李珥（字叔献，号栗谷，1536~1584），京畿道人。他曾任过弘文馆大提学，是栗谷学派的开创者。他创立了一个以理气非一非二说、四端七情气发理乘一途说和心境界说等为主要内容，以主气为特征的性理学思想体系。栗谷与退溪同样服膺朱子学，但他们的学术见解不尽相同，如李栗谷主张四端七情之发，皆为"凡情之发也，发之者气也，所以发者理也。非气不能发，非理无所发"[3]。而李退溪则主张"四端，理之发，故无不善。七情，气之发，故有善恶"。栗谷认为四端七情都发于理气，并没有理善气恶的区分。以主理论者李滉和主气论者李珥两大学派为中心展开学术大辩论的同时，李朝第三代大王世宗组织的"集贤殿"的学者们，为把性理学变为李朝的统治理念和教化原理，也全力研究朱子学，对理学理论提出了许多新见解。

退溪、栗谷以后，领南（庆尚道俗称领南）学派多从退溪说，其著名学者有丁愚潭、李葛奄、李密奄、李大山、柳定斋、李寒洲和郭俛宇等。畿湖（"畿"指京畿，"湖"指忠清道等）学派大多从栗谷之说，其门人学统的发展亦甚可观，著名学者有金沙溪、金慎独斋、宋尤庵、权遂庵和韩南塘等。此外，这时还出现有折中退溪、栗谷二说的学派，主要学者有张旅轩、金农岩、李陶庵、吴老洲、洪梅山和田艮斋等，他们对退溪、栗谷"四七理气"之说加以折中，使之融合于

---

[1] 徐远和《简论朝鲜两种性理学说》，《孔子研究》，1991年第3期。
[2] 阿部言雄《儒教的变迁和现状》。
[3] 《栗谷全书》卷十一《圣学辑要》。

朱子。这些学派相互论辩，进一步推动了朝鲜朱子学的发展。

南宋末朱子学传入高丽后，经过二百年的吸收消化，到16世纪中叶，李退溪、李栗谷各以其精湛的学术开拓出朝鲜朱子学的新时代，使朱子学融化为朝鲜民族自己的学术文化。从此，朝鲜朱子学遂支配朝鲜政治、教育、学术、社会价值观近五百年之久，其影响极为深远。

四 朝鲜朱子学的衰兴之命运

1894年中日甲午战争后，朝鲜的宗主权由清朝移交给日本，拥戴中国明、清皇朝五百年的朝鲜社稷从此灭亡。此后，朝鲜改称大韩帝国，沦为日本的殖民地，朱子学也从此在韩国走向衰弱。1945年8月第二次世界大战结束后，韩国摆脱日本35年的殖民统治，开始致力于经济发展，到20世纪60年代经济开始腾飞；20世纪70年代起开始致力于被日本殖民统治者强行割断的传统儒学的研究，试图重建自己的民族精神。在这种历史背景下。韩国朱子学又获得生机。韩国学者于1978年3月在首尔成立了退溪学研究院，1988年6月成立了国际退溪学研究会，翻译出版了大量朱子学研究著作，从源流上深入研究退溪学，并把它放在东方以至世界文化的全局中进行考察，取得了丰硕的学术成果。

从1976年5月至1995年10月，退溪学国际学术大会分别在韩国首尔、日本东京、中国台湾、美国波士顿、德国汉堡、中国香港、中国北京、俄罗斯莫斯科等地举办了14次，促进了退溪学研究逐步走向世界，亦提高了朱子学在国际的地位。

朝鮮半島における朱子学の伝播と発展

張品端（武夷学院）

　中国と朝鮮半島の間には早くより友好関係が築かれていた。14世紀初頭に李朝の世宗が朝鮮民族自身の文字である「訓民正音」を創る以前、朝鮮半島では長く漢字が借用されていた。西暦1、2世紀に、朝鮮半島の高句麗、百済、新羅の三国が建国された当初、系統的な統治理論が差し迫って必要になった。特に国家の統治と外交に使用するための文字が必要であった。そこで、漢字が朝鮮半島三国時代の公式文書の記録に使われた。文字を通じて、中国秦漢時代の儒家経典が大量に朝鮮半島に伝わった。4世紀後期には、三国は相次いで太学を設け、儒学経典を教えた。7世紀より、朝鮮半島の三国は貴族の子弟を唐へ派遣し、国学に在籍させた。西暦837年、唐への留学生は新羅だけで216人存在していた。これは儒学が朝鮮半島ですでに政府から重視されていたことを表す。三国から高麗までの時期、儒学の朝鮮半島における伝播と発展は、国学として発展した儒学教育と、科挙として発展した漢文学においてのみ表れた。思想史においてはまだ主導的な地位を占めるには至らず、この時期の建国理念は仏教であった。

一　高麗時代における朱子学の早期伝播

　13世紀の30年代ごろ、朱子学は高麗（918-1392）に伝播し始めた。当初、朱子学は移民を通じて高麗の民間に伝わった。南宋の嘉定十七年（1224）春、朱熹の曾孫である朱潜は官を辞し、「門人の葉公済、

趙昶、陳祖舜、周世顕、劉応奎、杜行秀、陶成河ら七学士と海を渡って東へ行った。……船は錦城に泊まり、ここに滞在した」（与門人葉公済、趙昶、陳祖舜、周世顕、劉応奎、杜行秀、陶成河七学士浮海而東。……舟泊錦城仍居焉）[①]。朱潜は弟子たちと高麗全羅道の錦城に着いた後、書院を建て講義を開き、朱熹の思想を伝えた。当地における影響は非常に大きかった。人々は朱潜の居た土地を敬意をこめて「仁夫里」、「君子里」、「朱子川」と呼んだ。これは朱子学の朝鮮への伝播の起源となった。しかしこれはただ民間の私学による伝播であり、その影響は主に民間にとどまり、高麗民族全体の政治制度や文化心理に対して大きな影響を与えるには至らなかった。

高麗王朝の統治者は朱子学を13世紀末に受け入れた。元の世祖の至元二十六年（1289）、安珦（字は士蘊、号は晦軒、1243-1306）は高麗忠烈王に随って元の大都燕京（現在の北京）に赴き、初めて新刊の『朱子大全集』を読み、これは孔孟儒教の正統であると考え、この書を書き写し、朱熹の画を模写した。彼は帰国してから、高麗朝集賢殿大学士、並びに宰相として、高麗太学で朱子の学問を講義し、朱熹の教育思想に依拠して当時の高麗の教育組織を整えた。「国学」の再生に努め、「贍学銭（学業補助金）」を設置して学校運営の基金とし、「諸生、受講者は少なくとも数百人を数えた」（諸生、横経受業者動以数百計）[②]人数を教えた。全国で「興学養賢」（学校を建て賢人を養成）し、儒家の倫理道徳を推し進めた。同時にまた、多数の学者を中国へ留学させ、その中には元朝の大都に長期間滞在し、朱子学の研究に専門的に従事し、高麗朱子学の研究にごく初期の資料をもたらした者もいる。安珦は朱子学の崇拝者の一人で、彼は朱熹を聖人として祀り、「晩年は常に晦庵先生の画を掛け、敬慕していた。そして遂には晦軒と号した」（晩年常掛晦庵先生真（像）、以致景慕、遂号晦

[①] 周世鵬『東国名賢言行録』、『節義・朱潜』、朝鮮李朝泰宗1402年版。
[②] 『高麗史』巻一〇五、列伝十八『安珦』条。

軒）①。1314年、高麗忠宣王は元の大都に「万巻堂」書庫を設置し、また江南まで赴き書を購入した。元の統治者も高麗に書を贈呈し、1314年7月元は南宋の秘書閣に所蔵されていた4371冊の書、合わせて1万7000巻あまりの書籍を高麗王室に贈った。そして高麗と中国東北地方の事務を管理する「征東行省」の中に「儒学提挙司」を設置、高麗に中国の伝統文化を伝え、儒学文化教育事業を推進した。これは高麗における朱子学の伝播を大いに助けた。

高麗王朝における朱子学の伝播を安珦が受け継いだ後の、著名な学生にはほかに白頤正、権溥、李斉賢らがいる。白頤正（号は彝斎、1260-1340）もまた高麗忠宣王の臣下であった。彼は元の大都に10年あまり滞在し、趙孟頫に師事して朱子学を学んだ。史書に曰く、「この時、程朱の学が中国において盛んになり、……頤正は元に在って、これを学んだ。東へ還ると、李斉賢、朴忠佐がまず孝珠（頤正）に師事した」（時程朱之学盛行於中国、……頤正在元、得而学之。東還、李斉賢、朴忠佐首先師受孝珠（頤正））②。白頤正は朱子学に対して造詣が深く、帰国してから館を設けて講義し、持ち帰った朱学の典籍を弟子に伝授した。権溥（号は菊斎、1262-1346）は朱子学の著作を翻刻することで貢献した。彼は18歳のときに及第し、都僉議使司事に任官、永嘉府院君に封じられ、おくり名を文正という。権溥は「かつて朱子の『四書集注』を建白して刊行し、東方性理の学は権溥より始まる」（嘗以朱子『四書集注』建白刊行、東方性理之学自権溥倡）③といわれた。李斉賢（字は仲恩、号は益斎、1287-1367）は、高麗で安珦に学び、安珦が逝去した後は元の大都に行き朱子理学の研究を深

---

① 『高麗史』巻一〇五、列伝十八『安珦』条。
② 『高麗史』巻一〇六、列伝十九『白文節』条。
③ 『高麗史』巻一〇七、列伝二十『権溥』条。

めた。李斉賢は元の仁宗延祐元年（高麗忠粛王元年、1314年）より順帝の至正元年（高麗忠恵王後2年、1341年）まで、27年の長きにわたって中国に滞在した。1315年、高麗忠宣王は元の大都に彼を召見したが、李氏は当時28歳だった。李斉賢は大都で中国の著名な朱子学者である姚燧、閻復や趙孟頫らと交際し、その朱子学研究の水準を高めていった。彼の学問への造詣は姚燧ら元朝の学者をして「しきりに称賛」（称嘆不置）[①]させた。その後、李斉賢は朱子学の高麗における積極的な伝播者となったが、彼は激しく仏教に反対し、社会改革を主張した学者でもあった。

このほか、安珦と並び称される高麗王朝の朱子学者には禹倬（号は易東、1263-1342）がいる。彼もまた早期の朱子学の伝播者である。彼は成均館祭酒の官を得た。禹倬は「経史を通じ、特に易学卜筮に深く通じており、すべてを的中させた。程伝（『伊川易伝』を指す）初めて東方に伝わったとき、理解できた者はいなかった。倬は一ヶ月余り誰とも会わずこれを研究し、解読した。生徒を受け入れ教授し、理学を創始した」（通経史、尤深於易学卜筮、無不中。程伝（『伊川易伝』）初伝東方、無能知者、倬乃閉門月余参究、乃解。教授生徒、理学始行）[②]とされた。易学は高麗王朝の朱子学の主要な内容であり、禹倬はその始祖である。禹倬の易学思想は後の朝鮮李朝の朱子学者に大きな影響を与えた。

高麗において朱子理学は南宋末より民間から官辺に伝播し、導入された。これは朱子学の朝鮮半島における伝播の初期であり、啓蒙期というべきである。朱潜と安珦、禹倬、白頤正、権溥、李斉賢らはみな朱子学の早期伝播者である。

[①] 『高麗史』巻一一〇、列伝二十三『李斉賢』条。
[②] 『高麗史』巻一〇九、列伝二十二『禹倬』条。

二　高麗末期・朝鮮初期における朱子学の発展

　高麗末期・朝鮮初期は、興ったばかりの朱子学が時代の流れに順応し、朝鮮半島で幅広い発展を果たした時期である。この時期は、朝鮮半島に李穡、鄭夢周、鄭道伝、権近、吉再、趙光祖ら朱子学者が次々と出現した。李斉賢の高弟である李穡（字は穎叔、号は牧隠、1328-1396）は、若いころ高麗使節書状官の身分で元に入り、後に元の翰林の称号を得た。帰国後、元朝の教育方法を移植し、朱子学を教育内容とし、さらに朱熹の『小学』に対して諺解を作り、普及させた。李穡が国家成均館大司成を勤めたときには、成均館は朱子学の教壇となり、当時の朱子学の学習は空前の盛り上がりを見せ、人材が輩出された。『高麗史』の記載によると、1367年「重ねて成均館を運営し、穡は判開城府事と成均館大司成とを兼任し、生員を増置し、経術の士を選んだ……はじめは館生は数十を超えない程度であったが、穡はさらに学式を定め、毎日明倫堂に坐し、経を分け授業し、兵たちに講義し、共に倦むことを忘れて難を論じた。これによって学者が集まるようになり、互いに所感を論じた。程朱性理の学の始まりである」（重営成均館、以穡判開城府事兼成均館大司成、増置成員、択経術之士……先是館生不過数十、穡更定学式、毎日坐明倫堂、分経授業、講卒相与論難忘倦、於是学者坌集、相与観感。程朱性理之学始興）[1]このことにより、アメリカの著名な朱子学専門家のウイリアム・セオドア・ド・バリーは以下のように言っている。「かつて北京で学んでいた朝鮮人学者の李穡は、元の朝鮮における教育監督官に任命された。彼の使命は、許衡がモンゴル人に制定した過程様式の基礎の上に、新儒学教育を伝播することだった。さらに平民に普遍的な学校のシステムを通じて新入生を獲得させ、他民族という基礎の上に、天賦を持つ

---

　　[1]　『高麗史』巻一一五、列伝二十八『李穡』条。

学者を元の統治階層の中に引き入れることを要求された。」[1]鄭夢周（字は達可、号は圃隠1337-1392）、は李穡と並び称される高麗の大儒であり重臣である。宰相を務めたこともある。彼は一生を尽くして全力で朱子学を推し進め、「内に五部学堂を建て、外に郷校を設け、これによって儒学を起こした」（内建五部学堂、外設郷校、以興儒学）とされた。彼の朱子学研究に、同時代の人々は極めて信服し、学者はこう評した。「この時東方にもたらされた経書は、朱子の『集注』だけであり、夢周講説は発越を説いたが、人々の理解を超えていたため、聞く者はこれを大いに疑った。胡炳文の『四書通』がもたらされるに及び、すべてが吻合していたので、儒者は皆感服した」（時経書至東方者、唯朱子『集注』耳、夢周講説発越、超出人意、聞者頗疑。及得胡炳文『四書通』、無不吻合、諸儒尤加嘆服）[2]。李穡は鄭を高く評価して言った。「夢周の論理は、縦横自在に説かれ、すべてが理に適っている。東方理学の祖として推す」（夢周論理、横説縦説無非当理。推為東方理学之祖）[3]後の李朝の著名な朱子学者である李滉、宋時烈らも鄭夢周を宗師始祖として尊んだ。宋時烈は言う。「わが東方は、箕聖より以後麗季に至るまで、道学の研究に功績があったが、これらの文は鄭夢周に及ばない。さらに人々をして君臣父子の倫、内夏外夷の義を知らしめたのは、皆夢周の功績である」（吾東方自箕聖以後、至于麗季、闡開道学、有功斯文、無如鄭夢周之比、而至使人人得知君臣父子之倫、内夏外夷之義者、亦皆夢周之功也）[4]。鄭夢周は朱子学によって仏教を排斥することに力を尽くしたことも、取り上げるに値するものである。彼は学堂を創設し、試行錯誤して朱子学の普及を講じた。朱子の『家礼』を用いて冠婚葬祭を執り行い、仏

---

[1] William Theodore de Bary「The Rise of Neo-Confucianism in Korea」（朝鮮における新儒学の興起）、『東方哲学研究』、1985年第1期。
[2] 『高麗史』巻一一六、列伝三十『鄭夢周』条。
[3] 同上。
[4] 『圃隠文集』巻三『筵臣奏辞』。

教の儀式に代替させ、社会生活の中で朱子学が仏教の地位にとって代わるために貢献した。

　1392年、高麗国総兵であった李成桂は恭譲王を廃し自ら王として立ち、国号を朝鮮と改めた。李氏は政権を取ってから、新興の中央集権制である封建王朝を強固にするため、「経邦治国」の需要から、すぐに朱子学を尊んだ。これが朱子学の朝鮮における伝播と普及を加速させた。開国の初期に、著名な朱子学者である鄭道伝（字は宋之、号は三峰、1337-1398）は、朝鮮初期の政治活動家、排仏論者としても有名で、また李朝開国の思想理論の基礎を築いた人物でもあった。彼は1362年に進士となり、二年目には忠州司録の職に就き、1370年には成均館博士に任命され、1375年にはまた成均館司藝、藝文応教、知制教等に昇進し、後に判三司事の官にまで至った。鄭道伝は朝鮮の当時の社会の需要にあわせて朱子学を改造し運用した。例えば彼は「性三品説」を唱え、上、中、下品の三種の人間が「それぞれその職があれば、養われることはない」（各有其職、以受無養）[1]として、統治階級の意志と願望を表した。李朝初期の政治体制の改革は多くがその手によるものだった。鄭道伝は排仏崇儒を信条として『仏氏雑弁』を著し、理論において全面的、系統的、徹底的に仏教の危険性と虚偽性を批判した。彼は仏教の輪廻論に反対し、人と一切の事物はすべて発生、発展、そして消滅の絶え間ない形成と変化を経るものだと考えた。現実世界は「気」の変化によってできており、肉体も精神も同じ物質を始原としている。つまり「気」から生じているのであり、「気の凝聚したものが、形質となり、神気となる」（気之凝聚者、為形質、為神気）[2]という。彼によると、気は凝集して形を作り、精神的な現象を生じるに十分になった時、精神を生じる。気が散じて形を失った時、精神もそれに随って烏有に帰す。肉体と精神は分かつこと

---

[1]　『三峰集』巻十四『心気理篇』。
[2]　『三峰集』巻十四『仏氏雑弁』。

はできず、密接に関連している。鄭氏がこれによって仏教に反駁した「神不滅」論は、彼の哲学の中で合理的な唯物主義の要素である。朝鮮500年間において、儒術の独尊、仏教の隠遁には、鄭氏が関わっていた。当時の名儒卜礎は「鄭道伝は天、人、性、命の淵源を表現して、孔、孟、程、朱の道学を唱導した。浮屠（仏陀）百代の誑誘を斥け、三韓千古の惑いを開き、異説を斥け邪説に嘆息し、天理を明らかにして人心を正した、わが東方のただ一人の真儒である」（鄭道伝発揮天、人、性、命之淵源、倡鳴孔、孟、程、朱之道学、辟浮屠百代之誑誘、開三韓千古之迷惑、斥異嘆息邪説、明天理正人心、吾東方真儒一人而已）[1]とした。

　権近（字は可遠、号は陽春、1352-1409）は、高麗王朝権溥の曾孫である。彼は鄭道伝と同じく麗末鮮初に活躍した朱子学者であった。権近は高麗王朝末期、李穡の影響を多く受け、政治態度は比較的温和だった。李朝に入ると、彼は鄭道伝の思想へと転向し、激烈な排仏と政治改革の主張を行うようになった。彼は使節として南京に行き、明の太祖はその誠実な秀才を称えた。権近は『入学図説』、『五経浅見録』を著している。『入学図説』は朝鮮における最も初期の朱子学の入門書である。『五経浅見録』は祖父を継いで出版を主張した朱熹の『四書集注』の後、朱子学の観点で儒学経典を解釈した重要な著作である。残念なことに、この書は現在『礼記浅見録』と『周易浅見録』しか伝わっていない。権近は鄭道伝と同じく李朝初期の朱子学の代表人物ではあるが、朱子学研究に関してはそれぞれ偏った点がある。鄭氏は現在の朱子学理論に注目し、これをもって仏教を批判した。しかし権近は朱子学に対する研究に力を注いだ。例えば彼は「理」の絶対性を強調し時に「理は公共のための道であり、その尊さには並ぶものがない」（理為公共之道、其尊無対）[2]と言った。また「理は心や気

---

[1]　『東方選』巻五十三『辟仏疏』。
[2]　『三峰集』巻十『心気理篇注』。

の元であり、初めに理があり、後に気が生じた。気が生じて後に陽の軽く清んだ部分が上昇して天となり、陰の重く濁った部分が下降して地となった、……天地の理が、人に在れば性となり、天地の気が、人に在れば形となる。心は理と気両者を兼ね、一つの身体の中心となる。故に理は天地より先に在り、気はこれより生じ、心もまたこれを受けて徳となるのである」（理為心気之本、原有是理、然後有是気、有是気然後陽之軽清者上而為天、陰之重濁者下而為地、……天地之理、在人而為性、天地之気、在人而為形、心則兼得理気、而為一身之主宰也。故理在天地之先、而気由是生、心亦禀之以為徳也）[①]これを基礎として、彼はさらに「五常」、「四端」、「七情」など心と性の問題を重点的に解釈した。特に『入学図説』の中でまず「四端」、「七情」の関係について取り上げた。書の中では「四端は、理の源であり、性に発し、純善である。七情は、気の源であり、心に発し、善もあれば悪もある」（四端、理之原、発於性、純善；七情、気之源、発於心、有善有悪）」という観点で、後に李滉心学や四端七情説の始まりとなった。これは百年あまり後に、李退渓ら諸学者が長く行い発展させた「四七論辯」の起源であり、朝鮮朱子学発展史上重要な意義を持っている。後に、権近の学説は日本に伝わり、日本の儒学界に一定の影響を与えた。日本は何度も権氏の『入学図説』を翻刻し、寛永甲戌刻本と慶安元年刻本などが現存する。

　吉再（字は再父、号は治隠、1353-1419）は、高麗王朝に仕えた臣である。李朝建国後、彼は忠臣が二君に仕えずとして、故郷に隠遁した。吉再は郷里に帰って後は、伯夷と叔斉にならい、亀尾金烏山にあずまやを建て、採薇亭と名づけ、弟子を育てることに全精力を注いだ。彼は洛東江の中流にある善山で教えたことがあり、その門下の無数の弟子たちはみな彼に従って洛東江に赴き、百年を過ぎた頃には、これらの儒生が育ち、枝葉を茂らせて繁栄した。故にその名を

---

①　『三峰集』巻十『心気理篇注』。

「士林」という。吉再門下の著名な弟子には金叔滋（字は子培、号は江湖、1389-1456）がおり、孫弟子には金宗直（字は季昷、号は佔畢斎、1431-1492）、金宏弼（字は大猷、号は寒暄堂、1454-1504）、鄭汝昌（字は伯勗、号は一蠹、1450-1504）、趙光祖（字は孝直、号は静庵、1482-1519）らの名儒がいる。彼らはみな中小地主の利益を代表する士林学者たちで、地方に一連の書院を建て、田舎の貴族の子弟たちに程朱の理学を講義するなど、「実践躬行」を重んじた。士林の学者たちは政治的には儒家忠義の思想で君に仕え、清廉に民を治めることを主張した。経済的にはいわゆる「均田論」及び「限田論」を唱え、大貴族や大官僚の利益を優先する譜代大臣の土地合併や覇道政治に反対した。これによって、15世紀末から16世紀中葉まで、士林の勢力は譜代勢力との間に四度の「士禍」流血事件を起こし、無数の士林学者がこの過程の中で犠牲になった。

　士林派学者は朝鮮の朱子学発展の歴史において承上啓下（上級の主旨を下級に徹底させる）の歴史的作用を果たした。彼らは現実の政治に関心を払うだけでなく、朱子学に対しても研究を深めていった。例えば金宏弼は倫理道徳の修養の研究に重きを置き、道学の宗となった。退渓はこう評している。「金先生は道学の始祖であり、もとより後学である私が敢えて推し量れる人物ではない。したがって先朝の追奨の意をもって彼を推す。断然として彼は近世道学の宗である」（金先生道学淵源、固非後学所敢測者、然以先朝追奨之意推之、断然以為近世道学之宗也）[①]鄭汝昌は『理気説』、『善悪天理論』、『立志論』等を著し、それらはすべて彼の宇宙論、倫理観及び教育思想における研究成果を反映している。趙光祖は29歳のときに「春中進士会試」に参加し、状元となった。34歳のときに謁聖試に応じ乙科状元として及第、その後典籍監察、副提学、元子鋪養官、大司憲などの職を歴任し、これによって李朝前期の士林の中で指導者としての地位を

---

① 『景賢録』下『退渓先生答盧仁甫書』。

確立した。彼は「道学を崇め、人心を正し、聖賢を法とし、至治を興す」（崇道学、正人心、法聖賢、興至治）を人生の信念として、若い士大夫たちを集め、至治主義を唱導し、革弊扶新（弊を革め新を扶く）の社会改革を主張した。

　朱子学研究において、趙光祖は「理」を最高とし、「仁」を核とした哲学思想を唱えた。彼は以下のように言っている。「理は気のために動くものではない、……よって理と気の区分を論じて曰く：理が主であり気は理の使うところである、というのが正しい」（理不為気所動、……因論理気之分曰：理為主而気為理之所使、則可矣）①。またこうも言う。「春は、天の元である。四時は春より始まり、四端は仁より発する。春が無ければ順序が成り立たず、仁が無ければうまくいかない」（春者、天之元也。四時自春而始、四端自仁而発。無春序不成、無仁不遂）②。趙氏は「仁」を「春」と比較し、四季の流れは「春」から始まり、人倫もまた「仁」から始まるとした。このように「仁」に流れを生み発展させる働きを与え、それによって天道と合一させた。彼は「天と人は異なるとはいえ、理は仁に在って両者に違いはなく、よって春は天にあり、仁は人にあって、どちらも同じ春である」（雖天人之殊分、理在仁而靡爽、然則春於天、仁之於人、同一春也）③と言った。これによって、「天人同理」、「天人相貫」の思想体系が構築された。趙光祖はさらに、人の性は天の理を体現しており、故に「性」と「理」は意味が同じものであると考えた。彼は言う。「性はすべて善であるが気稟（天性の気質）は不ぞろいである。人の気が善ではないのは、気がそうさせるのである」（性無不善而気稟不斉、人之気不善、気之使然也）④。また、「人は天と地の中間を受けて生じ、ただ仁義礼智の徳を持つだけである。天の理がどうして

---

①　『静庵文集』巻五『筵中記事』二。
②　『静庵文集』巻一『春賦』。
③　同上。
④　『静庵文集』巻五『筵中記事』一。

悪を持つだろうか、しかし気稟にとらわれているので、故に差が生じるである。……理はわずかなものであるが気は乗じ易く、故に善人は常に少なく、不善なる人は常に多いのである」（夫人受天地之中以生、只有仁義礼智之徳。天理豈有悪哉、但為気稟所拘、故乃有差焉。……理惟微而気易乗、故善人常少、而不善人常多）①。これは技量の修養の必要性を強調している。趙光祖は朱子学の「誠」、「敬」学説を吸収した上で、改革思想にふさわしい「持敬」、「去欲」という修養方法を唱え、「学以致用」（学んだことを実際に役立てる）を強調した。彼は言う。「おおよその耳、目、鼻、声、性、食に関する欲望は、すべて気によって出てくるものである」（大抵耳、目、鼻、声、色、臭味之欲、無非以気而出也）②。

朝鮮の歴史上、趙光祖は初めて比較的系統的に「仁政」、「王道」の改良主義政治思想を唱えた。奇大昇は言う。「東方の学問の相伝は次のようである。夢周が東方理学の祖であり、……金宗直は叔滋に学び、金宏弼は宗直に学び、趙光祖は宏弼に学び、その淵源の正統を継ぎ、その明誠の実を得、蔚然と栄えてきた」（以東方学問相伝之次而言之、則以夢周為東方理学之祖、……金宗直学於叔滋、金宏弼学於宗直、而趙光祖学於宏弼、継其淵源之正、得其明誠之実、蔚然尤盛矣）③。栗谷はまた言う。「権近の『入学図』は齦齬に似て、鄭圃隠は理学の祖と号している、しかし私から見ると、彼は社稷の臣に安んじており、儒者ではない。したがって道学は趙静庵より始まる」（権近『入学図』似齦齬、鄭圃隠号為理学之祖、而以余視之、乃安社稷之臣、非儒者也。然則道学自趙静庵始起）④。趙光祖のときになってようやく道学がそれなりの規模を得たことが見て取れる。

高麗末から朝鮮初に至るまで、朱子学は朝鮮半島において義理の初

---

① 『静庵文集』巻四『復拝副提学時啓十三』。
② 『静庵文集』巻五『筵中記事』。
③ 『高峰集』第三輯『別集』附録巻二、『論思録』下。
④ 『栗谷全書』巻三十一『語録』上、韓国成均館大学出版社、1992年。

発段階に入った。朱子学を中心とする儒家哲学は朝鮮李朝の建国理念（即ち李朝政府の哲学）まで上り詰めた。このことは、後に朝鮮化する朱子学の形成と発展のために、確かな理論的基礎と社会的基礎を定めた。

三　朱子学の朝鮮化の形成と発展

　李朝開国から百年あまりの後、朱子学の朝鮮における発展は全盛期に入った。この時期、朝廷の君主は比較的開明であり、集賢殿を置き、若い人材を大学士として採用し、書籍の編纂や典章制度の制定に従事させた。良好な社会環境は朱子学の朝鮮化の形成と発展の条件を整えた。統治者による唱導の下、朝鮮朱子学は長足な発展を遂げた。それぞれ独立した朱子学派が相次いで出現し、徐敬徳（字は可久、号は花潭、1489-1546）を代表とする主気派、李彦迪（字は復古、号は晦斎、1491-1553）を代表とする主理派を形成した。ほかにも曹植（字は楗仲、号は南冥、1501-1572）が開いた南冥学などがある。徐敬徳は終生宮仕えをすることはなく、講義開城し、晩年の著作には『原理気』、『理気説』、『太虚学』、『鬼神死生説』があり、内容は気を主としている。彼はこう考えた。「物質は気であり、始まりも終わりもなく、不生不滅、恒久不変である。宇宙現象の変化や生滅は、気が集合離散しているのである」（物質為気、無始無終、不生不滅、恒久普遍。宇宙現象的変化生滅、是一気的聚散）[①]。この物質不滅論は朱熹思想の中の唯物主義的傾向が継続し発展したものであり、彼にわずかに遅れた李退渓の思想に大きな影響を与えた。李彦迪は太極は理であり、太極がこの道の本体であり、万物の化育の要点であると強調した。彼は朱熹の理気一元論を堅持し、理と気は不可分である

---

　①　『花潭集』巻二『鬼神死生論』。

が、「理がまずあって、後に気が生じる」と考えた。文集のほかに、彼は『求仁録』、『大学或問』、『中庸九経衍義』を著した。曹植は誠意正心（誠実に心正しく）、篤実践履（篤実に行動し）、力避空談（空談を努めて避ける）の心性や天理を学び、それによって自ら修身した。その学説に内在する論理は、個人（体）を通じて集団にまで至る絶え間ない省察と、人格の段階的な完成への道である。修身、斉家から、治国、平天下までの道徳倫理の実践により、国家社会の調和にまで至るひとつなぎの思想である。先人の朱子学の研究の成果を総括した上に、李朝建国から150年あまり後に朝鮮朱子学を集大成した体系が生まれた。その代表的人物は、李退渓と李栗谷であり、彼らはそれぞれ朝鮮朱子学を集大成するという任務を完成させ、朝鮮朱子学を新しい高みへと導いた。

李滉（字は景浩、名は退渓、1501-1571）は、安東礼安出身である。彼は27歳で進士に合格し、弘文館修撰、経筵講説官、成均館大司成、弘文館大提学、知中枢府などの職に就いた。退渓は49歳で官を辞して帰郷し、慶尚道安東の陶山に隠居した。『朱子全書』を詳細に研究し、朱熹の書簡及び真徳秀（福建浦城出身、朱熹の門人）の『心経』を精読し、56歳のときに『朱子書節要』14巻を編集した。64歳のときに『聖学十図』を著し、すべての図にそれぞれ引用と説明を加えた。この図及びその評論は、李氏の朱子学思想を総括する形で反映した。中国社会科学院哲学所研究員である除遠和は言う。「李退渓は朱子学にもとづいて、理気二物説、四端七情理気互発説、敬学を内容の中心として、主理を特徴とする性理学の思想体系を創り出し、朝鮮朱子学発展の歴史に道程碑を建てた」[①]。李滉は朝鮮、日本の朱子学に非常に大きな影響を与え、日本と朝鮮の学者はそろって彼を「朱子以後の第一人物」[②]と称えた。

---

① 徐遠和『簡論朝鮮両種性理学説』、『孔子研究』、1991年第3期。
② 阿部言雄『儒教的変遷和現状』。

李珥（字は叔献、号は栗谷、1536-1584）は、京畿道出身である。彼は弘文館大提学を務めた、栗谷学派の創始者である。彼は理気非一非二説、四端七情気発理乗一途説、心境界説などを主要な内容とし、主気を特徴とした性理学の思想体系を創り出した。栗谷と退渓は同じく朱子学を片時も忘れず守り従ったが、彼らの学術における見解は完全に一致してはいなかった。例えば李栗谷は四端七情の発を主張し、「すべて情が発するのであり、情を発するのは気である、ゆえに発とは理である。気でなければ発することができず、理でなければ発することはない」（凡情之発也、発之者気也、所以発者理也。非気不能発、非理無所発）[①]とし、李退渓谷はこう主張する。「四端は、理が発するのであり、故にすべて善である。七情は、気が発するのであり、故に善悪がある」（四端、理之発、故無不善。七情、気之発、故有善悪）。栗谷は、四端七情はすべて理と気より発しており、理が善、気が悪などという区別はないと考えていた。主理論者である李滉と主気論者である李珥の両大学派が中心となって学術大弁論を展開すると同時に、李朝第三代大王世宗が組織した「集賢殿」の学者たちは、性理学を李朝の統治理念と教化原理へと変質させ、全力を挙げて朱子学を研究し、理学理論に対して多くの新しい見解を生み出していった。

　退渓、栗谷以後、領南（慶尚道、俗称は領南）の学派は多くが退渓の説に従った。その著名な学者には丁愚潭、李葛奄、李密奄、李大山、柳定斎、李寒洲、郭傲宇らがいる。畿湖（畿は京畿を指し、湖は忠清道などを指す）の学派はほとんどが栗谷の説に従った。その門人学統の発展には甚だ目を見張るものがある。著名な学者に金沙渓、金慎独斎、宋尤庵、権遂庵、韓南塘らがいる。このほかに、この時期には退渓、栗谷の二説を折衷した学派も現れた。主要な学者に張旅軒、金農岩、李陶庵、呉老洲、洪梅山、田艮斎らがいる。彼らは退渓、栗

---

　① 『栗谷全書』巻十一『聖学輯要』。

谷の「四七理気」の説を折衷し、これを朱子に融合させた。これらの学派は互いに論争し、朝鮮朱子学の発展をさらに一歩進めた。

　南宋末、朱子学が高麗に伝わってから、200年をかけて吸収消化し、16世紀の中葉には李退渓、李栗谷がそれぞれその詳細で深遠な学術で朝鮮朱子学の新時代を切り拓いた。それは朱子学を朝鮮民族自身の学術文化の中に溶け込ませた。これによって、朝鮮朱子学は遂に朝鮮の政治、教育、学術、社会価値観を500年の長きにわたって支配することになり、その影響は極めて深遠なものとなったのである。

四　朝鮮朱子学衰退の運命

　1894年、日清戦争の後、朝鮮の宗主権は清朝から日本へ移譲された。中国の明、清王朝を500年間推戴してきた朝鮮の社稷はここに滅亡した。この後、朝鮮は大韓帝国と名を改め、日本の植民地へと淪落し、韓国の朱子学もまたこのときより衰弱へ向かった。1945年8月第二次世界大戦が終結した後、韓国は日本の35年間にわたる植民統治を脱し、経済発展に力を注ぎ始めた。60年代になると経済は急速に発展のスピードを上げ、70年代からは日本の植民統治者によって強行に断ち切られた伝統儒教の研究にも力を入れ始め、自らの民族精神の再建を試みた。このような歴史背景の下、韓国朱子学は再び活気を取り戻した。韓国の学者は1978年3月ソウルにおいて退渓学研究院を立ち上げ、1988年6月には国際退渓学研究会が発足した。大量の朱子学研究の著作が翻訳出版され、起源から深く退渓学が研究された。また、東方から世界まで範囲を広げた文化の全局的な考察を実施し、豊かな学術的成果を生み出した。

　1976年5月から1995年10月まで、退渓学国際学術大会は韓国のソウル、日本の東京、中国の台湾、アメリカのボストン、ドイツのハンブ

ルグ、中国の香港、中国の北京、旧ソ連のモスクワなどの地で14回開催され、退溪学研究を次第に世界へと広め、また朱子学の国際的地位を高めた。

（宮田さつき　訳）

周敦颐的《太极图说》与佛教[*]

邢东风（日本爱媛大学）

一 引 言

"太极"是中国古代哲学概念，指宇宙万物的元始。这个词语最早见于《易传》："易有太极，是生两仪，两仪生四象，四象生八卦。"后来在儒、道等各种学说中都有运用。两汉时期一般指阴阳（或天地）未分的混沌元气，魏晋时期，玄学家根据道家学说解释为"无"。不知从何时开始，有人在"太极"概念的基础上做成《太极图》，描绘宇宙万物从无到有以及阴阳互动生成万物的过程。五代以后，此图始见流传，并对儒、道、佛各家思想都产生了影响。北宋理学家周敦颐（1016~1073）作《太极图说》，说明由"太极"的动静而分阴分阳以及天地四时、五行万物的生化过程，并认为"五行一阴阳也，阴阳一太极也，太极本无极也"，在"太极"之上设立"无极"，以此作为宇宙万物的根本，从而引起后来理学家关于"太极"之上有没有"无极"，以及"无极"与"太极"之关系的讨论。总之，自宋代以后，儒、道、佛各家都有关于《太极图》的解释，围绕着此图形成中国思想史上的一项话题。

关于《太极图》的来历，历史上一直有不同说法，至今尚无定论。从目前所见史料来看，《太极图》在五代以后始见流传，自周敦颐作

---

[*] 本文系日本学术振兴会（JSPS）科学研究补助金之资助成果（课题代码：23242009）。

《太极图说》以后，引起广泛的关注，关于此图的议论，也常常和周敦颐联系起来。围绕《太极图》的来历及周敦颐的学术渊源，宋代有三种意见：

第一种认为《太极图》出于周敦颐的原创。此说由北宋潘兴嗣（约1023~1100）提出，后为南宋朱熹（1130~1200）、张栻（1133~1180）、黄震（1213~1281）所继承。

第二种认为最初由道士陈抟传出、后来被周敦颐继承。此说由北宋的朱震（1072~1138）提出，他认为最初由道士陈抟（？~989）传授《先天图》，然后经过种放（？~1015）——穆修（979~1032）——李之才（980~1045）的传承，最后在邵雍（1011~1077）那里形成"先天象数学"；穆修有《太极图》，传给周敦颐，周又传给程颢（1032~1085）、程颐（1033~1107）兄弟二人[①]。后来南宋陆九渊（1139~1193）也赞同此说。

第三种认为源于僧人寿涯的传授。此说由北宋晁说之提出，他认为周敦颐曾师事润州鹤林寺僧人寿涯，然后又传给二程。后来晁公武指出周敦颐的易学与陈抟所传不同，并引晁说之的说法以为佐证[②]。

以上这些意见可以分别归纳为周敦颐自作说、陈抟传授说、寿涯传授说。宋代以后，黄宗炎、毛奇龄、朱彝尊等认为此图源于道教，影响甚大。最近，李申、吾妻重二等人一反清代学者的意见，主张《太极图》系周敦颐自作。关于寿涯传授说，除吾妻重二的研究略有涉及之外，宋道发对周敦颐与禅僧的交往做了考察，认为他的《太极图》是通过道教（陈抟）的图像而受到禅宗图像的影响。[③]总之，从宋代到现在，关于此问题的论考不胜枚举，但大致不出宋代以来三种说法的结论范围。

迄今为止，人们比较关注的是前两种说法，对寿涯传授说则较少

---

① 参见〔宋〕朱震《汉上易解》，《宋史》卷四三五《朱震传》。
② 参见〔宋〕晁公武《郡斋读书志》卷一上《程氏易十卷》，电子本《四库全书》。
③ 参见宋道发《周敦颐的佛教因缘》，《法音》，2000年第3期。

讨论。实际上，寿涯传授说不仅比陈抟传授说出现得更早，而且后来到了明清时期，其内容被继续扩充，结果有了国一禅师和东林常总禅师等人的登场。于是，《太极图》及《太极图说》与佛教的关系就不限于寿涯禅师一人，或佛教图像的一种参考资料，从佛教的角度来看，二者的关系实际上涉及更为宽广的范围。

本文虽然也涉及《太极图》的来源问题，但不以讨论此问题为目的。本文所要探讨的是寿涯传授说的内容在明代重新展开的情况，以及支持这种展开的背景原因，同时考察佛教徒对《太极图》和《太极图说》是怎样理解的。

二 唐代史料中的径山法钦

在明代的寿涯传授说中，有把国一禅师当作寿涯禅师的老师的说法。这位国一禅师，就是唐代中期的著名禅僧径山法钦（714~792）。法钦俗姓朱，吴郡昆山（今属江苏）人，生于儒学世家，出家以前曾勤读经史，28岁赴京参加科举，途经丹阳（今属江苏），拜谒鹤林玄素禅师（668~752），受到赏识，于是出家为僧。后往余杭径山（在今杭州），静坐修禅，逐渐名声远播，学者日众。大历初期，应代宗皇帝征召入长安，备受尊崇，赐号"国一"。然后返回杭州，先住径山寺，后住杭州龙兴寺，直到终老[①]。

关于法钦的禅学，史料记载不多。不过，禅宗史上一般认为他是牛头宗的重要传人。关于牛头宗以及法钦的学说，唐代宗密有如下记述：

> 二泯绝无寄宗者，说凡圣等法，皆如梦幻，都无所有，本来空寂，非今始无，即此达无之智，亦不可得。平等法界，无佛无众生，法界亦是假名。心既不有，谁言法界？无修不修，无佛不佛，设有一法胜过涅槃，我说亦如梦幻。无法可拘，无佛可作，

---

① 参见〔唐〕李吉甫《杭州径山寺大觉禅师碑铭并序》(《全唐文》卷五一二)、〔宋〕赞宁《宋高僧传》卷九。

凡有所作,皆是迷妄。如此了达,本来无事,心无所寄,方免颠倒,始名解脱。石头、牛头,下至径山,皆示此理。便令心行与此相应,不令滞情于一法上,日久功至,尘习自亡,则于怨亲苦乐一切无碍。……荷泽、江西、天台等门下亦说此理,然非所宗。[①]

言本无事者,是所悟理。谓心境本空,非今始寂,迷之谓有,所以生憎爱等情,情生诸苦所系,梦作梦受故,了达本来无等,即须丧己忘情,情忘即度苦厄,故以忘情为修行也。[②]

按照这些记述,当时禅林中有一种主张,亦即"泯绝无寄宗"。这种主张的要点是,一切都是空寂虚幻的,所谓佛与众生、心与法界等等都是假名,就连对事物的虚幻本性加以洞察的智慧亦不可得,所以"无法可拘,无佛可作",而各种求佛求解脱的努力,不过是对有相的执着,皆属"迷妄";若能透彻地了解这样的道理,那么只要"本来无事,心无所寄"就是解脱,具体地说,就是保持内心的虚静,"丧己忘情",对于一切怨亲苦乐不起爱憎。总之,只要做到心中无事、丧己忘情,那就与一切空寂的真理自然相合,因此无修无为才是真正的修行。把这种主张作为宗旨的有石头(希迁)、牛头(法融)以及后来的径山(法钦);另外还有荷泽(神会)、江西(道一)以及天台宗的传人也持这种主张,不过他们不以此说为根本宗旨。由此可见,"泯绝无寄"是当时禅林中广泛流行的观点,但以此说为宗旨的主要是石头希迁和牛头法融两个系统,而在宗密的时代,持此宗旨的代表人物就是法钦。

宗密记述的是"泯绝无寄宗"的基本观点,关于法钦本人的思想和实践,还可从李吉甫的《杭州径山寺大觉禅师碑铭并序》窥见一斑。根据李吉甫的记述来看,法钦不仅在思想观念上主张"泯绝无寄",而且把这种宗旨贯彻到自己的生活实践当中,正是因为这样,所以他很少发表议论,也很少回答人们的问题,而是经常以静默无言应对人们

---

① 〔唐〕宗密《禅源诸诠集都序》卷二,石峻等编《中国佛教思想资料选编》第二卷第二册,中华书局,1983年,第431页。

② 〔唐〕宗密《圆觉经大疏钞》卷三之下《卍续藏经》第十四册,第558页。

的参问，这种做法正是"泯绝无寄"的宗旨在他的实践及教学中的具体贯彻。

由于法钦是一个在理念和实践方面都能充分贯彻佛教空观的典型，所以被后人看出他与宋明理学中"无极"观念的共通性，于是到了明代，终于被说成是《太极图》的作者或最初传人。

三 明代史料中看到的《太极图说》的佛教渊源

关于《太极图》与佛教的关系，宋代已有寿涯传授说，到了明代，又在此说的基础上进一步扩充内容，把国一禅师（法钦）作为《太极图》传承系统的起点，另外还把东林常总禅师当作给周敦颐启发的人物。关于这种说法的最详细记载，见于明代僧人宗本的《归元直指集》卷下：

> 国一禅师以道学传于寿涯禅师，涯传麻衣，衣传陈抟，抟传种放，放传穆修，修传李挺之，李传康节邵子也。穆修又以所传《太极图》授于濂溪周子。已而周子扣问东林总禅师《太极图》之深旨，东林为之委曲剖论，周子广东林之语而为《太极图说》。……濂（指周敦颐——引者）问《太极图》之所由，总曰："竹林寿涯禅师得国一禅师之心传，其来远矣。非言事物，而言至理，当时建《图》之意，据吾教中依空立世界，以无为万有之祖[①]，以无为因（原注：无即所依之空），以有为果（原注：有即二气交运），以真为体（原注：真即一真至理），以假为用（原注：假即万物化生），故云：'无极之真，妙合而凝。'"[②]云云。……濂谕学者曰："吾此妙心，实得启迪于南老，发明于佛印。易道义

[①] "以无为万有之祖"，原文"之"作"为"，语义不通，疑为"之"字之误，今校改。

[②] "妙合而凝"的"凝"，原文误作"疑"，今校改。这两句出于周敦颐《太极图说》，周的原文是："无极之真，二五之精，妙合而凝。"

理廓达之说，若不得东林开遮拂拭，断不能表里洞然、该贯弘博矣。"（原注：出《尹氏家塾》并《性学指要》）……程子以《太极图》授之后山先生。后山曰：余观周、程推己教人之所以，及反观孔孟以来，实未尝有此寂默危坐做工夫、寻乐处以为斯文之穷究。信乎周、程体道之源，固有所别流矣！（原注：出晁说之《心学渊源后跋》）①

关于《归元直指集》的成书年代，根据该书序言，可以推测应完成于明代隆庆年间（1567~1572）。圣严法师根据李贽（1527~1602）的著作中已经提到《归元直指集》这一情况，认为此书的出现可能更早②。其实李贽就生活在嘉靖、隆庆、万历年间，此书在出版之后被李贽看到，并非不可能之事，所以这本书应当就是形成于明代中后期的隆庆年间。这段引文中提到的麻衣是指麻衣道者，传说为五代宋初时期亦道亦僧的高人，陈抟的老师，常披麻衣，通易经，善相术。东林总禅师是指东林常总（1025~1091），北宋临济宗僧人，黄龙慧南弟子，住庐山东林寺。竹林寿涯即宋代所说的鹤林寿涯，竹林指北固山竹林寺，也在镇江。南老是指黄龙慧南（1002~1069），北宋临济宗僧人，东林常总的老师。佛印是指佛印了元（1032~1098），北宋云门宗僧人，曾在庐山开先寺师从善暹禅师，后来又住江州（今江西九江）承天寺和镇江金山寺。后山先生是指陈师道（1053~1102），北宋诗人，号为后山居士。

宗本在这里首先说明道学的传承始于国一禅师，由此往下依次为寿涯、麻衣、陈抟、种放、穆修、李挺之、邵雍，同时指出周敦颐的《太极图》得自穆修的传授，而周的《太极图说》则是在东林常总的基础上发挥而成。在这个传承系统中，寿涯的位置被前移，置于国一禅师之后、麻衣道者之前，与宋代关于寿涯为周敦颐老师的说法又不一样。接下来据其他史料叙说《太极图》的由来和创作意图，即周敦颐

---

① 《卍续藏经》第一〇八册，第294~295页。
② 参见释圣严《明末佛教研究》，法鼓文化出版社，2000年，第117页。

曾向东林常总询问《太极图》的来历，常总认为寿涯禅师得到国一禅师的心传，其来甚久；当初《太极图》的创作是根据佛教的理念，把"空"、"无"作为世界万物的根本，即空无是因，万有是果，真理是体，假象是用，所以才说"无极"的真理通过阴阳五行的变化凝合而为各种各样的事物。然后又引周敦颐的自述，说明周的学术得到黄龙慧南、佛印了元、东林常总诸禅师的启发，特别是在易学方面，若无东林常总的启发，就不可能达到深邃广博的理解。最后根据晁说之的记载，说明程子把《太极图》传授给陈师道，陈也认为周、程关于静坐工夫、孔颜乐处的学说并非源于孔孟，而是从佛教中吸收得来。

宗本的记述可谓旁征博引，其要点可以归结为：第一，道学以及《太极图》的传承始于国一禅师。他在这里虽然没有明言《太极图》的作者就是国一禅师，但是穆修作为道学的传人，他的《太极图》应当来自前辈的传授，假如上溯到最早的源头，那就是国一禅师。第二，《太极图》是根据佛教的理念创作出来，当初的作者为国一禅师。按照宗本的记述，东林常总已经指出国一禅师是《太极图》的作者，《图》中表现的是佛教的世界观，后来被寿涯禅师所继承，于是才流传到周、程等儒家学者那里。这种说法实际上是把北宋的东林常总作为最早提出《太极图》源于国一禅师说的人物。第三，周敦颐的《太极图说》直接受到东林常总的影响，常总认为《太极图》的宗旨是"以无为因，以有为果，以真为体，以假为用"，所以周敦颐的《太极图说》才有"无极之真，二五之精，妙合而凝"之说。实际上，宗本记述的东林常总对《太极图》的解释，很难得到可靠的史料证明，但是这种说法的确可以代表佛教方面对《太极图》的理解，同时也明确揭示了周敦颐《太极图说》与佛教世界观的相通之处。

总之，这里提到的国一禅师并非他人，就是径山法钦。然而法钦是唐代人物，之后的传人寿涯禅师是北宋时期人物，二者时代相隔百年以上。对于这种跨越时空的传承授受，宗本解释为"心传"。心传者，精神传承也，无须口耳交接，不受时空限制。不过，话虽如此，

把国一禅师说成《太极图》的作者，实际上还是有许多现实条件的考虑。关于这一点，下面还要再叙。

还应指出的是，关于《太极图》来源于国一禅师的说法，虽然目前见到的最早记载是宗本的《归元直指集》，但是这种说法很可能在宗本的记载之前就已出现。《归元直指集》里引用的很多资料，在罗鹤的《应庵任意录》中已有引用，而且罗鹤也有相同的论旨。罗鹤是明代中期人物，他的《应庵任意录》比宗本的《归元直指集》早出，《归元直指集》有可能参照或沿袭了罗鹤的著作。如果真是这样的话，那么关于《太极图》来源于国一禅师的说法，很可能在明代中期就已出现。

到了明代晚期，临济宗僧人吹万广真（1582~1639）作《太极图说序》，其文云：

> 道学之所从来也，始自国一禅师传于寿涯禅师，涯传麻衣，衣传陈抟，抟传种放，放传穆修，修传李挺之，之传邵子，穆修又以所传《太极图》授之濂溪。已而濂溪初叩黄龙南教外别传之旨，南谕之曰："只消向你自家屋里打点。孔子谓'朝闻道，夕死可矣'，毕竟以何为道，夕死可耶？颜子'不改其乐'，所乐者何事？但于此究竟，久久自然有个契合处。"次扣佛印元禅师曰："毕竟以何为道？"元曰："满目青山一任看。"濂拟议，元呵呵笑而已，濂脱然有省。又扣东林总禅师《太极图》之所繇，总曰："寿涯禅师得国一禅师之心传，其来远矣。非言事物，而言至理，当时建图之意，据吾教中依空立世界，以无为万有之祖①，以无为因，以有为果，以真为体，以假为用。故曰：无极之真，妙合而凝。"濂溪谕学者曰："吾此妙心，实得启迪于南老，发明于佛印，易道义理廓达之说，若不得东林开遮拂拭，断不能表里洞然、该贯宏博矣。"陈后山曰：余观周、程推己教人，之所以反观孔孟以来，实未尝有此寂然危坐做工夫寻乐处，以为斯文之穷究。信乎周、程体道之源，盖有所别流矣！余以此而观之，自后世之学，

---

① "以无为万有之祖"，原文"之"作"为"，今校改。

信儒者谓释不如儒之正，崇释者谓儒不如释之尊，是皆未能了达本源，而互相憎爱也。如濂溪《太极图说》，虽得真传，不敢尽泄其所显者，惟指天地万物之阴阳动静而言，未尝说出天地万物之所以阴阳动静耳。余故特出《太极图说》，以为向上者知焉。①

这里首先说明道学的传承谱系：国一禅师——寿涯禅师——麻衣——陈抟——种放——穆修——李挺之——邵雍，同时说明周敦颐的《太极图》得自穆修的传授。接着列举周敦颐与黄龙慧南、佛印了元、东林常总的对话，说明《太极图》始于国一禅师，再由寿涯得其心传，当初的立意就是佛教以空为本的世界观，并说明周敦颐的学术来自佛教。最后说明儒、佛相通，周敦颐的《太极图说》得到佛教的真传，只是没有完全显露，所以广真要把它揭示出来。实际上，广真的意思前人已有表述，他在这里阐述的，是对明初心泰的《佛法金汤编》和后来宗本的《归元直指集》里相关说法的综合。通过这样的综合，关于《太极图》源于国一禅师的说法也大致定型。

四　何以是法钦

关于法钦禅师作《太极图》之事，在唐代的史料记载中没发现，而法钦与寿涯之间的传承关系，由于缺乏现实的时空条件，后人也只能说为"心传"。因此，这种说法并非信史，而是明代人们在以往穆修传授说的基础上推衍而成的传说。但是，这种传说并非随意杜撰而来，它的出现应当有其一定的理由和原因，无论如何，人们总归要在法钦与周敦颐的《太极图说》之间看到某种相近或一致之处，才有可能把二者联系起来。

从我们今天对相关历史背景的了解来看，二者之间的一致性和相

---

①　《吹万禅师语录》卷十五《禅宗全书》第五十四册，第159页，北京图书馆出版社，2004年。"当时建国之意"，"建"字原作"见"，今校改。"以为斯文之穷究"，原文脱"穷"字，今校补。

似点主要有以下几个方面：

　　首先是思想上的一致或近似，即周敦颐认为《太极图》表现了以"无极"为本的宗旨，而法钦及牛头宗也主张"泯绝无寄"、一切皆空。关于这一点，在明人引用的东林常总对《太极图》的解说里已经讲得非常清楚，那就是《太极图》源于法钦，其中表现了佛教空观的理念，周敦颐在此基础上又提出"无极而太极"，这就意味着从法钦到周敦颐，在以"空"、"无"为本的世界观上是一脉相承的。这种说法很可能并非东林常总本人所说，而是后人伪托，但不管它是出自谁的说法，都明确揭示了周敦颐《太极图说》与佛教空观的一致性，正是由于二者在思想观念上的一致或相通，后人才可能把他们联系起来，并进而把周的思想来源归结为佛教。

　　其次是时空条件上的相近。空观是佛教的基本理念之一，无论是讲万法皆空也好，还是主张"泯绝无寄"也好，都不是只有法钦一人，然而后人在思考周的思想在佛教方面的来源时，之所以把焦点集中于法钦，恐怕还有时空条件的考虑。从历史时代来说，尽管法钦与后来的寿涯以及周敦颐都相隔甚远，但是在"泯绝无寄"的提倡者或牛头宗的主要传人当中，法钦是离五代宋初最近的人物，因而通过"心传"的说法，至少可以和五代宋初的时代勉强衔接起来。再从地缘关系来看，这个传承系统中的寿涯禅师乃是镇江僧人，甚至据说连他住的寺院也和法钦的老师鹤林玄素一样是在镇江的鹤林寺，这个地方刚好是唐代禅宗中牛头宗或所谓"润州僧群"的根据地，而这个禅僧群体的特点之一就是崇尚"虚宗"[①]。无论是宋人把寿涯说成周敦颐的老师也好，还是明人把寿涯说成继承法钦心传的人物也好，其实都在有意无意地暗示这个传承系统中有润州（今镇江）禅僧的参与，而法钦虽然不在润州，但他曾从鹤林玄素学法，又是牛头宗的传人。这样的地缘关系可以补充时代隔阂的不足，使人相信这种师资传承的关系虽然有着时代的隔阂，然而由于共同的地缘关系而变成可能。尽管"心传"

---

① 参见杜继文、魏道儒《中国禅宗通史》，江苏古籍出版社，1993年，第75~80页。

可以不受时空限制，但授受的范围也不是漫无边际，后人在追溯这个法脉的源头时，还是尽可能寻找时空上最为接近的原点，结果把这个原点划定在唐代中后期以及与润州有关的地域这一时空范围之内，而法钦自然就在其中。

最后是个人的经历和资质。属于唐代"润州僧群"的并非法钦一人，然而唯独法钦被说成《太极图》的作者，这当然不是偶然随意的说法，而是经过思考和选择的结果。在考虑可能与这个传承系统搭上关系的佛教人物时，只有其经历和资质上具备兼通儒释的条件的人，才能成为最佳的人选。法钦禅师刚好符合这样的条件，因为他出身于儒学世家，而且青年时期曾饱读经史，这样的经历和资质，使他有可能熟悉佛教以外的思想学说，因而也有可能创作出《太极图》那样的东西。《太极图》虽然表现佛教的理念，但是"太极"的概念毕竟出自儒家经典，所以只有儒学出身的僧人才最适合作为《太极图》的原创者，而法钦刚好就是这样的僧人。正是因为这样，佛教信徒才最终把法钦当作《太极图》的作者以及道学源流的起点。因此，在《太极图》源于国一禅师说的形成过程中，法钦的经历实际上也是一个重要的参考项目，只是提出此说的人们自己不曾说破而已。

五　结　语

通过以上的考察可以判明，明代的佛教徒在宋代既有的寿涯传授说的基础上，进而把《太极图》的最初作者归结为法钦，又通过东林常总的《太极图》解说给了周敦颐《太极图说》以启发的说法，扩充了寿涯传授说的内容。在这个被扩充的寿涯传授说中，不单显示了《太极图》的传授系统，而且还考虑到各种关联事项，表达了佛教方面对《太极图》的看法。因此，通过这个说法，可以更清楚地看到佛教方面对《太极图说》与佛教之关系的理解。

总之，法钦有没有作过《太极图》，周敦颐是否受到过东林常总的启发，历史上是否真的有一个从法钦到周敦颐的师资授受传统，这些都不清楚。但是无论如何，通过与此传说相关的各种说法，可以判定这样的历史事实，那就是自宋代以来，已经有人指出周敦颐的学说受到佛教的影响，到了明代以后，又有人指出他的《太极图说》受到法钦的影响。这些说法实际上是以师资传承说的话语方式揭示了周敦颐思想与佛教之间的共通性，以及佛教对周敦颐思想的影响。反过来说，假如周敦颐的《太极图说》与佛教思想之间毫无共通性可言，那么也就很难激发后人关于此图源于佛教僧人的想象。从明代流行的三教合一的思潮背景来看，这种说法刚好可以说是佛教徒以禅僧为儒者之师的话语方式来融合宋明理学与佛教的一种思想动向。

周敦頤の『太極図説』と仏教[*]

邢東風（日本愛媛大学）

一　はじめに

　「太極」は中国古代哲学の概念であって、宇宙万物の終極・根元を意味する。この語は、最初『易伝』に見られ、「易に太極有り、これ両儀を生じ、両儀は四象を生じ、四象は八卦を生じ」たとある。その後、儒、道などの各種の学説に用いられ、漢代には、一般に陰陽（或いは天地）未分の混沌とした元気を指し、魏晋時代には、玄学家は道家の学説に基づいて、これを「無」と解説した。いつから始まったのかは不明だが、「太極」の概念に基づいて『太極図』が作成され[①]、宇宙万物の無から有まで、及び陰陽の相互運動によって宇宙万物が生成する過程が描かれた。北宋の儒学者である周敦頤（1016－1073）は『太極図説』をつくり、「太極」の動静によって陰陽が分かれること、及び天地四時と五行万物の生成・変化の過程を説明し、さらに、「五行は陰陽に統一され、陰陽は太極に統一され、太極は無極を本とする」（五行一陰陽也、陰陽一太極也、太極本無極也）と主張した。彼は、「太極」の上に「無極」を設置して、これを宇宙万物の終極的存在としたのである。これによって、後の理学者たちの間に、「太

---

[*]　本論文は日本学術振興（JSPS）科学研究補助金による研究成果（課題番号：23242009）の一部である。

[①]　『太極図』の最初の出現については、河上公による創作（黄宗炎）や唐代既に存在（朱彝尊）などの異説があるが、いずれも問題がある。

極」の上に「無極」が有るのか否か、また「太極」と「無極」との関係などをめぐって、種々の議論を引き起こした。要するに、宋代以降、儒・道・仏の各種の学説において、いずれも『太極図』に関する解釈があったのであり、この図をめぐる議論が、中国思想史における一つの大きな課題となったのである。

『太極図』の由来については、歴史上一貫して様々な異説があり、現在でも定論がない。これまでに筆者が見た資料によれば、『太極図』は五代以降になって、始めて伝承を確認できる。周敦頤が『太極図説』をつくり、広く注目を集めたことによって、この図に関する議論も、つねに周敦頤と関連させられるようになったのである。宋代には、『太極図』の由来及び周敦頤の学術の淵源をめぐって、次の三種類の意見があった。

第一は、『太極図』は周敦頤が創作したものであるという意見である。この説は、北宋の潘興嗣（約1023－1100）が始めて提出したもので[1]、その後、南宋の朱熹（1130－1200）・張栻（1133－1180）・黄震（1213－1281）などに継承された[2]。

第二は、最初は道士の陳摶によって伝えられ、後に周敦頤によって継承されたとする意見である。この説は、北宋の朱震（1072－1138）が提出したもので、彼によれば『太極図』は、最初は道士の陳摶（？－989）が『先天図』を伝授し、その後、種放（？－1015）――穆修（979－1032）――李之才（980-1045）の伝承を経て、最後は、邵雍（1011－1077）において「先天像数学」が形成されたという。また、穆修は『太極図』を以て周敦頤に伝え、周敦頤はこれを程顥（1032－1085）・程頤（1033－1107）の兄弟に授けたとしている[3]。後に、南宋

---

[1] 宋・潘興嗣『周茂叔墓誌銘』を参照。『周敦頤集』、岳麓書社、2002年、第89頁。
[2] 宋・朱熹『太極図通書総序』、宋・張栻『太極図解序』、宋・黄震『黄氏日抄』巻三十三などを参照。
[3] 宋・朱震『漢上易解』を参照。『宋史』巻四三五『朱震伝』。

の陸九淵（1139-1193）もこの説にほぼ賛同した①。

　第三は、禅僧の寿涯が伝授したという意見である。この説は、北宋の晁説之（1059－1129）が提出したものであり、彼は、周敦頤は曾て潤州鶴林寺の僧である寿涯に師事したことがあり、そこで伝授された図を、後に二程に授けたのだとしている。後に、晁公武（1105－1180）は、周敦頤の易学は陳摶とは違うと主張し、晁説之の説をその根拠として、周敦頤の学統を論じた②。

　以上の意見は、それぞれ周敦頤自作説・陳摶伝授説・寿涯伝授説として纏めることができる。宋代以降では、明清時代の黄宗炎（1616-1686）・毛奇齢（1623-1716）・朱彝尊（1629-1709）などが主張した、この「図」は道教に始まったとする意見が、最も大きな影響を与えてきた。最近、注目を集めている新しい研究として、李申氏や吾妻重二氏などは、『太極図』が道教から伝承されたという清代以来の結論を逆転させ、周敦頤の創作であると考証している③。また、寿涯伝授説については、吾妻重二氏の研究でも少し触れられているほか、宋道発氏は、周敦頤と禅僧との交際を考察し、彼の『太極図』は道教（陳摶）の図像を通じて禅宗の図像の影響を受け入れたものであると指摘している④。要するに、宋代から現代にかけて、この問題をめぐる論考は枚挙にいとまがないが、おおむね、宋代以来の三説の結論の範囲を超え出るものではない。

　これまで、周敦頤自作説および陳摶伝授説は比較的よく注目されてきたが、寿涯伝授説に関する検討は少ない。実は、寿涯伝授説は、陳摶伝授説よりも早く出現したのみならず、その後も明清時代に至る

---

①　宋・陸九淵『与朱元晦』を参照。『陸九淵集』、中華書局、1980年、第24頁。
②　宋・晁公武『郡斎読書誌』巻一上『程氏易十巻』を参照。
③　李申氏の研究は、『太極図淵源弁』（『周易研究』、1991年第3期）・『話説太極図』（知識出版社、1992年）・『易図考』（北京大学出版社、2001年）などを参照。吾妻重二の研究は、『朱子学の新研究』（創文社、2004年）を参照。
④　宋道発『周敦頤的仏教因縁』を参照。『法音』、2000年第3期。

まで、その内容は引き続き拡充してゆき、やがてそこから国一禅師や東林常総といった新しい人物が登場してきたのである。したがって、『太極図』及び『太極図説』と、仏教との関係は、単に寿涯禅師という一個の仏教者、或いは仏教図像の一参考資料といった局面に限定されるものではない。仏教側から見た場合、両者の関係は、さらなる広範囲に及ぶものなのである。

本論文では、『太極図』の由来問題にも触れるが、その検討が目的なのではない。本論文は、明代に新たに展開された寿涯伝授説の内容、及び、その展開を背後で支えた要因について考察し、併せて、『太極図』と『太極図説』について、仏教者がいかに考えたのかを明らかにしようとするものである。

二　唐代の史料に見える径山法欽

明代の仏教史料に見えた寿涯伝授説では、国一禅師を寿涯の師としている。この国一禅師とは、唐代中期の著名な禅僧・径山法欽のことである。法欽（714-792）の俗姓は朱で、呉郡昆山（現在江蘇省所属）の人、儒学の代々の名門の出身である。青年時代には、儒家の経典を勉強したことがあり、28才のとき、科挙受験のために上京する途中、丹陽（現在江蘇省所属）を経由した際に、鶴林玄素禅師（668－752）に拝謁し、玄素から褒められたため、そのまま出家した。後に、余杭（現在杭州市の一部）の径山に移住し、禅の修行によって知られた。大暦年間の初期、代宗皇帝の勅命に応じて長安に入り、「国一禅師」の尊号を賜わった。その後、また杭州に戻り、前後して径山寺および杭州市内の龍興寺に駐在した[①]。

法欽の禅学については、史料上の記載が少ない。しかし、禅宗史に

---

① 唐・李吉甫『杭州径山寺大覚禅師碑銘並序』（『全唐文』巻五一二）と宋・賛寧『宋高僧伝』巻九を参照。

おいて、一般には、彼は牛頭宗の重要な伝承人であると見なされている。牛頭宗及び法欽の学説について、唐代の宗密（780-841）は次のように記述している。

　　泯絶無寄宗者、説凡聖等法、皆如夢幻、都無所有、本来空寂、非今始無、即此達無之智、亦不可得。平等法界、無仏無衆生、法界亦是仮名。心既不有、誰言法界？無修不修、無仏不仏、設有一法勝過涅槃、我説亦如夢幻。無法可拘、無仏可作、凡有所作、皆是迷妄。如此了達、本来無事、心無所寄、方免顛倒、始名解脱。石頭・牛頭、下至径山、皆示此理。便令心行与此相応、不令滞情于一法上、日久功至、塵習自亡、則于怨親苦楽一切無碍。①

　　（泯絶無寄宗とは、凡なるものと聖なるものは、すべて夢幻のようなものであって、何れも夢幻のような存在しないものであり、本来空寂なのであり、今始めてなくなったのではない、すなわち、この「無」に通達した智慧すらもまた、得ることができないものである。平等の法界には、仏もなく衆生もない、法界も仮名である。心も存在しない以上、誰が法界と呼ぶだろうか。修行も修行せぬこともない、仏も仏ならぬものもない、仮に一つの、涅槃にまさるもの、があったとしても、それは夢幻のようなものだと私はいおう。拘るべき法は無く、なるべき仏はない、およそ作ったものがあれば、いずれも迷妄である。そうと分かれば、本来無事なのであり、心は寄せるところなく、まさに顛倒を免れて、はじめて解脱と名づけることができる。石頭希遷と牛頭法融、下っては径山法欽に至るまで、いずれもこの教理を示しているのである。仮に心の動きをこの教理に相応させ、どんな一つの物事にも停滞させることがなければ、日々久しくして功績が至り、汚れた習慣は自らなくなって、怨めしいもの、親しいもの、苦しいこと、楽

---

① 唐・宗密『禅源諸詮集都序』巻二、石峻他編『中国仏教思想資料選編』第二巻第二冊、中華書局、1983年、第431頁。

周敦頤の『太極図説』と仏教   247

しいこと、すべてに対して、自由自在に対応できるのである。）

　　言本無事者、是所悟理。謂心境本空、非今始寂、迷之謂有、所以生憎愛等情、情生諸苦所系、夢作夢受故、了達本来無等、即須喪己忘情、情忘即度苦厄、故以忘情為修行也。①

　　（いわゆる「本来無事」とは、悟る対象の真理である。というのは、心と対象とはそもそも空であり、今始めて空寂になったわけではない。この点を誤解して、有だと思うようになったので、愛憎などの感情が引き起こされたのである。感情が起きると、種々の苦に繋がれ、夢でつくったものは夢でその結果を受けることになる。それ故に、「本来無事」であることを徹底して了解するためには、己をなくし、感情を忘れなければならない。感情を忘れれば、即ち苦しい災厄を乗り越えることができる。故に、感情を忘れることを以て修行とするのである。）

　上記の記載は、宗密が石頭宗や牛頭宗の主張をまとめたものである。宗密によれば、石頭宗や牛頭宗は「泯絶無寄」を主張している。この主張の要点は、すべての物事は空寂・虚無的なものであり、いわゆる仏と衆生、心と法界などは、いずれも仮名であって、物事の虚無の本性を洞察する智慧すらも得られないものだ、という点にある。故に、「拘るべき法はなく、なるべき仏はない」（無法可拘、無仏可作）のであって、仏や解脱を求める各種の努力は、事象のあるものに対する執着にすぎず、いずれも「迷妄」である。仮に、こういった道理を徹底して了解するならば、「本来無事にして、心は寄せるところがない」（本来無事、心無所寄）ということになり、解脱に達したことになる。それを具体的にいえば、内心の虚無と安静を保ち、「自分自身をなくし、感情を忘れ」（喪己忘情）、あらゆる怨めしいもの、親しいもの、苦しいこと、楽しいことに対して、まったく愛憎の感情が起きないのである。要するに、心の中に何事も入れず、自分自身を

───────────
　①　唐・宗密『円覚経大疏抄』巻三之下『卍続蔵経』第十四冊、第558頁。

なくし、感情を忘れるということさえ実現すれば、自然に一切皆空の真理に符合できるのであり、故に、無修無為こそ真の修行なのである。宗密から見れば、こうした主張を自らの宗旨とするものは、主に石頭希遷と牛頭法融の二つの系統であった。宗密の時代においては、法欽こそはまさに牛頭宗の伝承人であり、この宗旨を持っていた代表的人物なのである。

宗密の記述した内容は、いわゆる「泯絶無寄宗」の基本的な観点であるが、一方、法欽自身の思想と実践については、詳しい説明はない。これに関する情報は、法欽とほぼ同時代の李吉甫（758-814）が書いた「杭州径山寺大覚禅師碑銘並序」に見える。

第一の資料は、碑文の冒頭に引用された法欽の話である。

　　法不外来、本同一性、惟仏与仏、転相証知。其伝也、無文字語言以為説、其入也、無門階経術以為漸。①

　　（仏法は外部から得たものではなく、本来は同一の仏性である。ただ仏と仏は代々互いに理解し合う。その伝えは、文字言語によって説明されるものではなく、その悟入は、段階的な経論の検討を通じて次第に積み重ねて得られる、というものではない。）

法欽は、仏法は外部から得たものではなく、人々が誰でも持っている同様の仏性に基づいたものであり、仏性は皆持っている以上、人々は自分自身の仏性を体験することができ、仏法の伝授は言語文字に頼らず、悟りも、階段を上るが如き経論の検討を少しずつ積み重ねる、といった必要はない、と説いている。法欽は禅師として、経論の検討を通じて修行を積み重ねる、ということを認めない。こうした見方は、当時の禅林で流行した「無修無為」の主張と一致するものなのであろう。

第二の資料は、法欽が長安滞在中に行った説法に関する記述である。

---

① 『全唐文』巻五一二。

周敦頤の『太極図説』と仏教　249

　　大暦初、代宗叡武皇帝高其名而徴之、授以肩輿、迎于内殿、……
　　問我（法欽──引者）所行、終無少法。……司徒楊公綰、情遊道
　　枢、行出人表、大師一見于衆、二三目之、過此黙然、吾無示説。①

　　（大暦の初期、代宗皇帝は法欽の名声を崇めて彼を徴し、肩輿を
　授けて宮殿内まで迎えた。……私は修行のことを聞かれたが、結
　局は（私には）少しの仏法もないと答えた。……司徒の楊綰は、
　心は仏教・道教の教えを遊び、行いは人の模範を超えていた。大
　師は衆人の中で出会うと、彼を二三回ほど見たが、黙然として、
　私はなんの指示もないといった。）

　この記述によれば、代宗皇帝は盛大なる礼儀で法欽を宮殿内まで出迎えて、仏法を教えてもらおうとしたが、法欽は果たして、「我には少しの仏法もない」と答えられた。おそらく法欽は、当時沈黙によって代宗皇帝の諮問に対応したために、教えを請う側にしてみれば、（彼からは）少しの仏法すら得られない、と感じさせたのであろう。楊綰は当時の高官であり、更に仏教と道教も好んだ。彼も法欽の名声を慕って、人々と共に拝見に来たが、しかし、法欽は彼をちょっと見ただけで、沈黙したまま通り過ぎ、「私はなんの指示（言うべきこと）もない」と告げた。したがって、法欽は長安に滞在するとき、つねに無言無説であったことが分かる。

　第三の資料は、法欽の普段の作法に関する記述である。

　　惟大師性和言簡、罕所論説、問者百千、対無一二。②

　　（ただ、大師は、人柄は和やかで、言葉数は少なく、質問が千百
　あっても、対応するものは一二もない。）

　要するに、法欽は、普段、言葉で議論することは少なく、いつも無言で、人々の質問に対応したのである。

　李吉甫の記述によれば、法欽は、思想・観念の側面において「泯絶

----

①　『全唐文』巻五一二。
②　同上。

無寄」を主張したのみならず、さらに、この宗旨を自分の生活実践においても貫徹していた。そのため、彼は議論を公表したり、人の質問に解答したりすることは少なかった。その代わり、常に黙然無言を以て人々の質問に対応した。このような作法は、まさに「泯絶無寄」の宗旨を、自らの実践及び教学において具体的に貫徹させた行為であったといえる。

したがって、法欽は理念と実践の両面において、仏教の空の観念を十分に貫徹した典型的人物であって、そのため、後世の人は、そこに宋明理学における「無極」の観念との共通性を見出し、明代になると、ついに彼を『太極図』の作者或いは最初の伝承者とするに至ったのである。

三　明代の史料に見える「太極図説」の仏教的淵源

『太極図』と仏教との関係については、宋代には既に寿涯伝授説があったが、明代以降、この説を踏まえて、その内容はさらに拡充され、国一禅師（法欽）を、『太極図』伝承系統の原点とする見方や、また、東林常総を、周敦頤にヒントを与えた人物と見る、新しい見方が生まれた。この説に関する最も詳細な記載は、明代の禅僧・宗本の、『帰元直指集』巻下に見える。

　　国一禅師以道学伝于寿涯禅師、涯伝麻衣、衣伝陳摶、摶伝種放、放伝穆修、修伝李挺之、李伝康節邵子也。穆修又以所伝『太極図』授于濂渓周子。已而周子扣問東林総禅師『太極図』之深旨、東林為之委曲剖論、周子広東林之語而為『太極図説』。……濂（周敦頤——引者）問『太極図』之所由、総曰、竹林寿涯禅師得国一禅師之心伝、其来遠矣。非言事物、而言至理、当時建『図』之意、据

周敦頤の『太極図説』と仏教　251

吾教中依空立世界、以無為万有之祖①、以無為因(無即所依之空)、以有為果(有即二気交運)、以真為体(真即一真至理)、以仮為用(仮即万物化生)、故云、「無極之真、妙合而凝」云云②。……濂諭学者曰、吾此妙心、実得啓迪于南老、発明于仏印。易道義理廓達之説、若不得東林開遮払拭、断不能表裡洞然、該貫弘博矣(出『尹氏家塾』并『性学指要』)。……程子以『太極図』授之後山先生。後山曰、余観周・程推己教人之所以、及反観孔・孟以来、実未嘗有此寂黙危坐做工夫、尋楽処以為斯文之窮究。信乎周・程体道之源、固有所別流矣(出晁説之『心学淵源後跋』)③。

（国一禅師は道学を用いて寿涯禅師に授け、寿涯は麻衣に伝え、麻衣は陳摶に伝え、陳摶は種放に伝え、種放は穆修に伝え、穆修は李挺之に伝え、李挺之は邵雍に伝えたのである。また、穆修は、伝えられた『太極図』を周濂溪に授けている。後に、周濂溪は東林常総に『太極図』の奥義を聞き、東林常総は彼のために細かに分析して説明し、周濂溪は東林常総の語ったものを展開させて『太極図説』をつくった。……周濂溪が『太極図』の由来を尋ねたところ、東林常総は「竹林寺の寿涯禅師は国一禅師から心伝を得たため、その由来は非常に古い。この図は具体的な物事を語るものではなく、最高の原理を語るものである。当時、この『図』をつくった意図は、我が仏教の、空によって世界が成立しているという見方に基づいて、無を万有の始祖とし、無を原因とし〔無とは、依拠すべき空である〕、有を結果とし〔有とは、陰陽二気の交運〕、真理を本体とし〔真理とは、唯一の最高原理〕、仮象を作用とする〔仮象とは、万物の変化と生成〕のである。故に、無極の真実

---

① 「以無為万有之祖」の「之」字は、原文には「為」とある。「之」字の誤写か。今改める。
② 「妙合而凝」の「凝」字は、原文は「疑」に作る。今改める。周敦頤『太極図説』の原文では「無極之真、二五之精，妙合而凝」という。
③ 『卍続蔵経』第一〇八冊、第294-295頁。

は、不可思議に結合して凝集する」というのだ、と答えた。……周濂渓は学生に「私のこの奇妙な心得は、実は慧南老師に啓発され、仏印禅師から明確に教わったものであり、『易』の説く義理や広く通達する説について、もし東林常総の教えと助けを得なければ、それを表裡共に洞察して、広く通達することは絶対にできなかった」と言った。……程頤は『太極図』を陳師道に授けた。陳師道は「私は、周敦頤と程頤の、自分自身のことを推し量って人に教える所以を考察し、孔子・孟子以来の伝統をさかのぼって観察するに、彼らのように黙って静坐して工夫を行ったことや、楽処の追求を儒家文化の最高の境地としたことは、実は未だかつてなかったことである。周敦頤と程頤の、道に対する体得には、確かにそもそも別の源流があったのである」と言った。)

『帰元直指集』の成立年代については、この本の序文によって、明の隆慶年間（1567-1572）に完成したものと推測できる。しかし、聖厳法師は、李贄（1527-1602）の著作において、既に『帰元直指集』への言及が見られることから、この本の出現はもっと早かったものと考えている[①]。しかし実際には、李贄は嘉靖・隆慶・万歴年間の人物であるから、この本が出版された後で、李贄がこれを見た可能性もある。したがって、この本はやはり、明代中後期の隆慶年間に形成されたものと判断できるのである。上記の引用文に登場する「麻衣」とは、麻衣道者のことである。五代宋初の時期に生きた、半僧半道の、不思議な優れた人物であった。陳搏の師であり、常に麻衣を着、『易経』に通じていて、面相の術に堪能であったという。「東林総禅師」とは、東林常総（1025-1091）のことである。北宋臨済宗の僧で、黄龍慧南の弟子。廬山の東林寺に駐在していた。「竹林寿涯」とは、即ち宋代の鶴林寿涯のことである。「竹林」は、北固山の竹林寺のことであり、鶴林寺と同じく現在の鎮江にある。「南老」とは、黄龍慧南

---

① 釈聖厳『明末仏教研究』を参照。法鼓文化出版社、2000年、第117頁。

（1002－1069）のことである。北宋臨済宗の僧で、東林常総の師である。「仏印」とは、仏印了元（1032－1098）のこと。北宋雲門宗の僧で、嘗て廬山の開先寺で善暹禅師に師事し、後に江州（現在江西九江）の承天寺と鎮江の金山寺に駐在した。「後山先生」とは、陳師道（1053－1102）のこと。北宋の詩人で、後山居士と号した。

　ここで、宗本は、まず道学の伝承が国一禅師から始まり、以下順に、寿涯、麻衣、陳摶、種放、穆修、李挺之、邵雍と伝承されたこと、同時に、周敦頤の『太極図』は穆修から伝授されたものであり、周の『太極図説』は、東林常総の解説に基づいてこれを拡張したものである、と述べている。この伝授の系統において、寿涯の位置は前に移され、国一禅師の次、麻衣道者の前に置かれた。そのため、宋代に出現した「寿涯が周敦頤の師である」という説と異なっている。続いて、『太極図』の創作意図が述べられている。即ち、周敦頤は嘗て東林常総に『太極図』の来歴を尋ねたところ、常総は、寿涯禅師は国一禅師の心伝を得たことがあり、『太極図』の来歴は非常に古いことを述べ、さらに、当時『太極図』の創作は仏教の理念に基づいて、「空」・「無」を世界万物の根本とした。つまり、空無は因であり、万有は果であり、真理は体であり、仮象は用であるので、故に『太極図説』には、「『無極』の真理は、不可思議に結合して凝集する」というのだ、と述べたという。そして、周敦頤の話を引用して、周の学術は、黄龍慧南・仏印了元・東林常総などの啓発を受けたものであり、特に易学の面では、東林常総の啓発がなければ、周がその後に示したような深く広い理解を獲得することはなかったであろう、と説明している。最後には、晁説之の記載によって、程子が『太極図』を陳師道に授けたこと、さらに陳も「周・程の静坐の工夫や、孔・顔の楽処などに関する説は、孔子・孟子から受け継いだものではなく、仏教から吸収したものである」と述べたことを説明している。

　宗本の記述のポイントは、以下のように集約することができるで

あろう。第一は、道学及び『太極図』の伝承は国一禅師から始まった、ということである。彼は、ここでは、『太極図』の作者が国一禅師である、とまでは言っていない。しかし、穆修は、道学の伝人であり、その『太極図』は、彼以前の人物から伝授されたもののはずであって、もしその伝授の源をさかのぼれば、確かにその淵源は国一禅師しかいない、ということになるであろう。第二は、『太極図』は仏教の理念に基づいてつくられたものであり、当初の作者は国一禅師である、ということである。宗本の記述によれば、国一禅師が『太極図』の作者であることは、既に東林常総によって指摘されており、『図』の中で表現されているのは、仏教の世界観であって、後に寿涯禅師に継承され、これによって、周・程などの儒学者にまで伝わった、という。こうした説によれば、実は北宋の東林常総こそが、『太極図』は国一禅師から伝授したものであると最初に主張した人物であったことになる。第三は、周敦頤の『太極図』は、直接、東林常総から影響を受けたものである、ということである。常総は、『太極図』の宗旨は「無を以て因とし、有を以て果とし、真を以て体とし、仮を以て用としている」（以無為因、以有為果、以真為体、以仮為用）ので、周敦頤の『太極図説』には、「無極の真実、陰陽と五行の精華が、巧みに結合し凝集している」（無極之真、二五之精、妙合而凝）と述べた。ここで、特に注意すべきは、東林常総の話である。仮に、東林常総の『太極図』に対する解説が、本当に史実であったならば、『太極図』が国一禅師によって始めて伝出されたという説は、宋代には既に伝わっていたもの、といえるであろう。明代初期の心泰（1327－1415）によれば、常総の弟子である弘益の『紀聞』には、性理の学は寿涯と常総から始めて起こり、常総はこれを周敦頤に授けた、と述べられているという[1]。あるいは、ここでの常総の解説は、弘益の『紀聞』に拠

---

[1] 明・心泰『仏法金湯編』巻十二に「総公門人弘益有書曰『紀聞』、云性理之学実起于東林涯・総二師、総以授周子」と。

るものであるかもしれないが、しかし、その『紀聞』は、現在では逸失しており、宗本の記述も根拠資料が示されていない。それ故、東林常総の『太極図』解説は、信憑性のある史料によっては証明を得難いのであり、さらに、これは誰かによって東林常総の名義に托してつくられた可能性もある。しかし、東林常総の話が、信憑性のある史実であるにせよ、誰かにつくられたものであるにせよ、このような説は、確かに、仏教側の『太極図』に対する理解の在り方を表したものであるし、また、周敦頤の『太極図説』と中国化した仏教、特に禅仏教の世界観との共通性を明示しているのである。

　ここで言われている国一禅師とは、径山法欽のことであるが、法欽は唐代の人物であり、その後の伝承人たる寿涯禅師は北宋の人であって、両者は、時代的には百年以上も隔たっている。このような時空を超えた伝授について、宗本はこれを「心伝」であると解釈している。心伝とは、精神的伝授のことであり、口耳による直接的な伝授ではないので、時空による制限を蒙らない。とはいえ、実は、国一禅師を『太極図』の作者と想定した背景には、明代に流行していた三教合一の考え方のほかに、やはり種々の現実的な顧慮があった。しかし、この点については、後に説明したい。

　ちなみに、『太極図』は国一禅師によって始めて伝出された、という説を最初に記載した資料として、現在確認できるものは、宗本の『帰元直指集』である。しかし、同様の説は、宗本以前に既に出現していた可能性がある。『帰元直指集』に引用された数多くの資料は、羅鶴の『応庵任意録』にも引用されており、さらに羅鶴も、東林常総の『易』をかたった議論を援引した上で、周・程などの儒学者がいずれも禅僧を師とした（周・程諸儒皆以僧為師）という論旨を述べているからである[1]。羅鶴は明代中期の人物であり、彼の『応庵任意録』は宗本の『帰元直指集』よりも早く出現している。したがって、『帰

---

[1]　清・紀昀『欽定四庫全書総目』を参照。中華書局、1997年、下冊、第1705頁。

元直指集』は羅鶴の著作を参照、或いは因襲した可能性があるのである。もし本当にそうであれば、『太極図』が国一禅師によって始めて伝出されたという説は、明代中期の文献には、すでに記されていた可能性があるのである。

明代晚期、臨済宗の僧であった吹万広真（1582－1639）は、『太極図説序』をつくったが、その中には、次のような一文がある。

道学之所従来也、始自国一禅師伝于寿涯禅師、涯伝麻衣、衣伝陳摶、摶伝種放、放伝穆修、修伝李挺之、之伝邵子、穆修又以所伝『太極図』授之濂渓。已而濂渓初叩黄龍南教外別伝之旨、南諭之曰、只消向你自家屋裡打点。孔子謂「朝聞道、夕死可矣」、畢竟以何為道，夕死可耶？顔子「不改其楽」、所楽者何事？但于此究竟、久久自然有個契合処。次扣仏印元禅師曰、畢竟以何為道？元曰、満目青山一任看。濂擬議、元呵呵笑而已、濂脱然有省。又扣東林総禅師『太極図』之所繇、総曰、寿涯禅師得国一禅師之心伝、其来遠矣。非言事物、而言至理、当時建図之意、据吾教中依空立世界、以無為万有之祖①、以無為因、以有為果、以真為体、以仮為用。故曰、無極之真、妙合而凝。濂渓諭学者曰、吾此妙心，実得啓迪于南老、発明于仏印、易道義理廓達之説、若不得東林開遮払拭、断不能表裡洞然、該貫宏博矣。陳後山曰、余観周・程推己教人之所以、反観孔・孟以来、実未嘗有此寂然危坐做工夫尋楽処、以為斯文之窮究。信乎周・程体道之源、蓋有所別流矣。余以此而観之、自後世之学、信儒者謂釈不如儒之正、崇釈者謂儒不如釈之尊、是皆未能了達本源、而互相憎愛也。如濂渓『太極図説』雖得真伝、不敢尽泄其所顕者、惟指天地万物之陰陽動静而言、未嘗説出天地万物之所以陰陽動静耳。余故特出『太極図説』、以為向上者

---

① 「以無為万有之祖」の「之」字は、原文では「為」に作る。今改める。

知焉。①

（道学の由来は、国一禅師が寿涯禅師に伝えたところから始まり、寿涯は麻衣に伝え、麻衣は陳摶に伝え、陳摶は種放に伝え、種放は穆修に伝え、穆修は李挺之に伝え、李挺之は邵雍に伝えた。穆修は、また伝わった『太極図』を周濂渓に伝えた。後に、周濂渓は始めて黄龍慧南に教外別伝の旨を聞き、慧南は彼に教えて、お前はただ自分自身の家の中で検討すれば十分であろう。孔子は「朝に、道を聞けば、夕方には死んでもよい」〔朝聞道、夕死可矣〕といっているが、一体、何を道として夕べに死んでもよい、なのか。顔淵は「その楽しみを改めない」〔不改其楽〕と言っているが、彼の楽しむところとは何のことだろうか。ただこの点だけを究明すれば、長い時間が経過した後には、自然とぴったり符合するところがあるはずである、と言った。次に、周濂渓は了元禅師に、一体、何を道とするのか、と聞いた。了元は、目に映るところは、全部青い山ばかりである、自由に見ろ、といった。周濂渓が考えていたところ、了元はハハと笑うばかりであったが、周濂渓は突然悟ったのであった。また、周濂渓は東林常総に『太極図』の由来を聞いたが、常総は「寿涯禅師は国一禅師の心伝を得たので、その由来は長い。この図は具体的物事を語るものではなく、最高の原理を語るものである。当時、この『図』をつくった意図は、我が仏教の、空によって世界が成立しているという見方に基づいて、無を万有の始祖とし、無を原因とし、有を結果とし、真理を本体とし、仮象を作用とするのである。故に、『無極の真実は、不可思議に結合し凝集する』というのだ」と答えた。周濂渓は学生に「私のこの奇妙な心得は、実は慧南老師に啓発され、仏印禅師

---

① 『吹万禅師語録』巻十五、『禅宗全書』第54冊、北京図書館出版社、2004年、第159頁。「当時建図之意」の「建」字は、原文は「見」に作る。今改める。「以為斯文之窮究」の「窮」字は、筆者の校補。

から明確に教わったものであり、『易』の説く義理や幅広く通達する説について、もし東林常総の教えと助けとを得なかったとすれば、それを表裡共に洞察し、広く通達することは絶対にできなかった」と言った。陳師道は「私は、周敦頤と程頤の、自分自身のことを推し量って人に教える所以を考察し、孔子・孟子以来の伝統をさかのぼって観察するに、彼らのように黙って静坐して工夫を行ったことや、楽処の追求を儒家文化の最高の境地としたことは、実は未だかつてなかったことである。周敦頤と程頤の、道に対する体得には、確かにそもそも別の源流があったのである」と言った。私がこれによって見るに、後世の学者は、儒教を信じる人は「仏教は儒教ほど純正ではない」といい、仏教を崇める人は「儒教は仏教ほど尊貴ではない」というが、これらは、いずれも根本的ものが分からないために、お互いに憎しみ合うようになったのである。周濂渓の『太極図説』のようなものは、真伝を得ているけれども、敢えてその奥義を完全には漏らさず、ただ天地万物の陰陽動静のみを述べるにとどめ、天地万物に陰陽動静があった所以については、言い出さなかったのである。故に、私は、特に『太極図説』を取り挙げて、徹底した解脱を求める人のために知らしめるのである。）

ここで説明されているのは、先ず、道学は国一禅師――寿涯禅師――麻衣――陳摶――種放――穆修――李挺之――邵雍という伝承の系譜を持ち、周敦頤の『太極図』は穆修の伝授を受けたものである、ということが説かれる。次に、周敦頤と黄龍慧南・仏印了元・東林常総との対話を取り挙げて、『太極図』は国一禅師から始まって寿涯はその心伝を得たのであって、当初の意図は、仏教の、空をすべての物事の根本とする世界観にあり、周敦頤の学術は仏教の影響を受けてできたものである、ということが説かれる。最後に、儒教と仏教には共通性があり、周敦頤の『太極図説』は仏教の真伝を得たものであるが、彼本

人はこうしたことを明言しなかったので、作者の広真はそれを明示したのだ、ということが説かれている。実際には、広真の所説は、前人が既に指摘したものであり、彼がここで述べた内容は、明代初期の心泰の『仏法金湯編』と、後の宗本の『帰元直指集』、それら双方における類似の説を総合したものにすぎない。このような総合を通じて、『太極図』が国一禅師から始まったという説もほぼ定着したのである。

四　なぜ法欽なのか

　法欽禅師が『太極図』をつくったということは、唐代の資料には記載が見えない。法欽と寿涯との伝承関係については、時空の現実的条件を欠いているために、後人はこれを「心伝」であるとしかいうことができない。したがって、こうした説は、信用できる史実ではなく、明代の人々が以前の「寿涯伝授説」に基づいて推測・演繹したものであった。しかし、この伝説は、単なる「随意な憶測」ではなく、その出現には、一定の理由と原因があったはずである。いずれにせよ、人々は、法欽と、周敦頤の『太極図説』との間に、何らかの近似、或いは一致点を見出したのであって、そうした近似や一致点を見出し得たからこそ、始めて両者をつなぐことができるようになったのである。
　現在、我々が理解し得ている歴史的背景から見た場合、両者の間には、次のような共通点或いは類似点を、指摘することができる。
　まず、思想上の一致、或いは類似である。即ち、周敦頤は、『太極図』は「無極」を本とする宗旨を示している、と考えており、一方、法欽は牛頭宗の伝承人として「泯絶無寄」、「一切皆空」を主張している。周敦頤は、儒学者であって、かならずしも自覚的に仏教

の「空」を認めたとは限らないし、また、彼の「無極」は、仏教の「空」、或いはこれを中国化した表現である「無」の概念と、全く同一だとも簡単には言えない。しかし、いずれにしても、「無極」は仏教の「空」・「無」との類似性を持ち、少なくとも、言葉の表現上、人々に、仏教の「空」・「無」を連想させやすい、と言わざるを得ない。この点については、すでに南宋の陸九淵が、「無極」は『老子』に出典があり、これを「形無くして理有り」（無形而有理）と解説した朱熹の所説は、禅宗からの影響を受けたものではないか、と指摘していた。また、清代の黄百家（1643-1709）も、周の『図説』は儒家の著作としては純粋なものではない、と評した[①]。明人が引用した東林常総の話は、むしろ仏教者が、仏教的視点から両者の共通点を見抜いたもの、と見た方がよいであろう。つまり、『太極図』は法欽から始まったものであり、『図』の中には仏教的「空」の理念が表わされていて、周敦頤はこれを踏まえてさらに「無極にして太極」（無極而太極）の観念を提出したのである。これは、「空」・「無」を本とする世界観という点において、法欽から周敦頤まで、一連のものとして繋がっており、互いに通じ合っていることを意味している。このような説は、東林常総本人が言い出したものではなく、後人が、彼の名義を借りてつくった話である可能性が高い。しかし、誰がつくった説にせよ、周敦頤の『太極図説』と仏教の空の思想との間の共通性を指摘した説であることに違いはない。両者の間に思想的一致・共通性があるからこそ、後人は始めてこの両者を結びつけ、さらには、周の思想の根源を仏教に帰結することができたのである。

次は、時空的条件が近接していることである。「空」は仏教の基本的理念の一つであって、「万法皆空」を講じるにせよ、「泯絶無寄」を主張するにせよ、何れも法欽一人だけの主張ではない。にもかかわらず、後人が、周の思想の仏教的淵源を考える際に、焦点を法欽のみ

[①] 『朱陸太極図説弁』を参照。『宗元学案』巻十二濂渓学案下。

に絞った背景には、恐らく時空的考慮もあったはずである。

歴史の年代から見れば、法欽は後の寿涯及び周敦頤とは、何れも著しく隔たっている。しかし、「泯絶無寄」の提唱者、或いは牛頭宗の主な伝承人の中では、法欽は、五代・宋初の時期に最も近い人物である。したがって、「心伝」であると解説するにせよ、少なくとも五代・宋初の時代とかろうじて接続させることができるのである。

また、地縁関係から見れば、この伝承系統における寿涯禅師は、鎮江の僧であり、また、彼の駐在した寺院も、法欽の師である鶴林玄素と同じ鎮江の鶴林寺であるという。この寺院の所在地は、まさに唐代禅宗の牛頭宗、或いは、いわゆる「潤州僧群」の根拠地であり、この禅僧集団の特徴の一つは、「虚宗」を崇めるところにあった[①]。宋代の人が寿涯を周敦頤の師と考え、また明代の人が寿涯を法欽の「心伝」を受けた人物と考えたのも、何れも半ばは故意に、半ばは無意識に、この伝承系統には、潤州（現在の鎮江）禅僧の参与があったことをヒントにしていたのである。法欽は潤州には居なかったが、しかし、彼は嘗て鶴林玄素の元で仏法を習ったことがあり、しかも、牛頭宗の伝承人でもあった。こうした地縁関係は、時代的な距離という欠点を補完することができるであろう。したがって、この師弟の伝承関係は時代的にはつながらない部分があるが、しかし、地縁関係的には共通部分がある、ということから、人々にその伝承関係を信じさせることもできるのである。要するに、「心伝」は時空による制限を受けないとはいうものの、授受の範囲を無際限に広げることはできない。そこで、後人がこの法脈の源をさかのぼる際には、やはりできるだけ時空の点で最も接近した原点を探すこととなり、その原点を「唐代中後期」及び「潤州と関係のある地域」という時空の範囲内において探求したのであるが、法欽は正にその範囲内に該当する人物であった。

---

① 杜継文・魏道儒『中国禅宗通史』を参照。江蘇古籍出版社、1993年、第75-80頁。

それゆえ、彼に的が絞られたものと推察されるのである。

　最後は、個人の経歴と資質である。唐代において「潤州僧群」に属したものは法欽一人だけではない。にもかかわらず、法欽だけが『太極図』の作者と見なされたのはなぜか。これは、当然ながら偶然に随意に説かれたことではなく、思考と選択を経た後の結果であるに相違ない。この伝承系統に関わった可能性のある、仏教関係の人物を考える際には、やはりその経歴と資質の点において、儒教と仏教の双方に通じた人物を選ぶのが至当な人選というものであろう。法欽禅師は、正にこのような条件にぴたりと叶う人物であった。なぜなら、彼は儒学の代々の名門の出身であって、青年期には儒家の経典を十分に読み込んだ経験がある。こうした経歴と資質を持っていることから、彼には仏教以外の思想や学説もよく理解できた可能性があり、よって、『太極図』のようなものを創出する可能性もあったことになるのである。『太極図』は仏教的な理念を示唆してはいるが、「太極」の概念はやはり儒家の経典から出てきたものであり、儒学出身の仏僧でなければ、『太極図』の最も相応しい作者であるとは考えられない。法欽は正にそのような仏僧である。それ故、仏教者は、最終的に法欽を『太極図』の作者とし、また道学の流れの源としたのである。つまり、『太極図』は国一禅師（法欽）によって作られたものである、という説が形成される過程において、実際には、法欽の経歴も一つの重要な参考項目とされたのであるが、この説を創出した人々は、その点を明言しなかった、というにすぎないのである。

五　終わりに

　以上の考察によって判明したことは、明代の仏教者は、宋代以来すでに言われていた寿涯伝授の可能性を認めた上で、さらに『太極図』

の最初の創作者を法欽であると帰結し、また、常総の『太極図』解説を周敦頤の『太極図説』に啓発を与えたものとすることを通じて、寿涯伝授説を拡充させた、ということである。この拡充された寿涯伝授説には、単に『太極図』伝承の系譜が示されているばかりでなく、いろいろな関連事項を考慮しながら、仏教側の『太極図』に対する見方が示されている。よって、そこから、仏教側が考えた『太極図説』と仏教との関係が、より一層具体的に見えてくるのである。

　要するに、法欽が『太極図』を作ったか否か、周敦頤が常総のヒントを受けた否か、歴史的事実として、確かに法欽から周敦頤までの伝授系統が存在したか否か、等については、不明というほかはない。しかし、何れにせよ、こうした伝授系統に関する諸説を通じて、明らかに見定めることができる、歴史的事実がある。それは、宋代以来、既に、周敦頤の学説は仏教の影響を受けたものである、ということが指摘されていたという点、また明代以降、周の『太極図説』は法欽の影響を受けたものである、ということが指摘されていた、という点である。このような指摘は、実際には、「師弟伝授」という言い方を借りながら、仏教と周敦頤との間に思想的な共通性が存在すること、及び、前者が後者に及ぼした影響があったこと、を示しているのである。明代に流行っていた三教合一の思潮背景から見れば、この説は、まさに、仏教者が儒学者の師であるという形で、宋明理学を仏教と融合させようとする、一つの思想的動向であったと見なすことができるであろう。

伊藤仁斋的"天下公共之道"与"民"之政治觉醒

高熙卓（韩国延世大学）

本研究旨在论证伊藤仁斋（1627~1705）创立"古义学"并力倡克服朱子学而回到孔孟原义，其主张意在对儒学进行重新定位，以促进在经济上和社会上日益成长的"民"的政治觉醒。

为此，尤须注意其"天下公共之道"的概念，并重点考察它所包含的思想革新性。因为这个概念是对彼时儒学与"民"之间的关系进行结构转变的象征。彼时为止一直被视为思想动员对象或消费者的"民"，开始作为生产、流通以人与社会、人与政治等为中心之言说的主体而出现，这个概念便是宣告此点的一种宣言。从儒学与"民"之关系的角度来看，从前大部分著述都具有意在促进民之忠诚的下向性质。但伊藤仁斋的"天下公共之道"则包含这样一种革新性，即它预见"民享（for the people）秩序"将转变为"民治（by the people）秩序"。因此，其学说虽在历史上不甚受重视，但他以孟子之"王道"为例，强调"仁政"，这并非经学传统的单纯反复，而是意欲使其成为在儒学与"民"之关系上克服朱子学框架、促进"民"之政治觉醒的动力。由此而言，可以说在思想史意义上"天下公共之道"具有与以往思想截然不同的特征，它代表了一种思想尝试。本文主旨即在阐明此点。

伊藤仁斋虽以彻底批判朱子学的立场而著称，但在其年轻时曾是十分热忱的朱子学者。按照社会风俗，他作为家中长子，理应继承家业，但来自家庭的强烈反对并未使其了断对学问的念想。伊藤仁斋曾

回忆道"初观《大学》之'治国平天下章',不禁感怀,近世可有知此之人?",① 此言是针对何种现象而发,虽已无法具体得知,但并不难看出他初次接触朱子学时所受触动颇大。作为商人长子的他,从制度上而言只能是身份社会的下层之民,但使其深深迷恋的或许正是朱子学"修己治人"命题里所包含的在公共主体、社会形成论方面的魅力。其后,他广泛阅读《近思录》、《朱子语类》和《性理大全》等朱子学书籍,乃至修习佛教之"白骨观法"以进行更深入的实际体证。后来虽然因此罹患精神疾病,他却尝试了诸多可能的方法,致力于修习无欲清净的高逸人格。② 但是,将青春贡献给朱子学的伊藤仁斋,却逐渐从朱子学里脱离出来,而形成了自身独特的儒学体系,即"古义学"。

那么,伊藤仁斋在深入体验朱子学的过程中,究竟发现了怎样的问题?按照他的观点,朱子学面临着双重陷阱:即从功能论角度而言朱子学存在的欺瞒与伪善的问题;从原理论角度来看朱子学的问题在于观念论的人类观和伦理观。③

一 功能论视角下的朱子学问题:欺瞒与伪善

首先,在功能论角度的问题上,伊藤仁斋发现了欺瞒和伪善的双重问题。第一,他把朱子学里万民平等思想逐渐空壳化、其普遍性不断受到侵蚀的问题理解为欺瞒。其主要根据在于朱子学里的"自我确

---

① 原文收录于其长子伊藤东涯所作之《先府君古学先生行状》(《古学先生文集》近世儒家文集集成一,ぺりかん社,1985年,第9页)。

② 关于伊藤仁斋的传奇,请参考石田一良《伊藤仁斋》(人物丛书39,吉川弘文馆,1960年)。另外,本文中与伊藤仁斋相关的部分,请参考拙稿《儒学构图的重编与公共论探求——以伊藤仁斋为中心》(《东洋政治思想史》Vol.8-2,2009年),是对拙著《日本近世的公共生活与伦理》(论衡,2009年)中相关内容的修改与完善。

③ 通过他对朱子学的批判的性质与形态,而分析和推测他眼中的朱子学形象,在此方面似乎尚无明确的研究成果。与此相关,在阿部吉雄《日本朱子学与朝鲜》(东京大学出版会,1965年)一书中,曾以"本来的"朱子学与日本朱子学之间的差异为分析基础,强调对日本近世朱子学者发挥了巨大影响的是朝鲜朱子学,尤其是李退溪学派"心学"倾向强烈的朱子学。或许有必要对此点进行考察。

立"偏向了一个难以内化于生活的方向。

> 若禅庄之理宋儒理性之学,其理隐微而难知,其道高妙而难行,远于人事,戾于风俗,推之于人伦日用,皆无所用,岂得谓之天下之达道德乎。
>
> (《童子问》上 27)

> 盖尽天理之极,非人人之所能,无一毫人欲之私,又非具形骸有人情者之所能为,圣人不以此自治,又不以此强人……少林曹溪之徒,可以当之,而若吾圣人,则不以此为道。
>
> (《童子问》中 9)

按照其观点,从"人情"的生活视角来看,朱子学所教导的"无欲"是难以实践的,作为其支撑原理之"理"甚至是难以认知的,这对于日常凡俗之人而言,是极"狭高之门"。因而,朱子学不仅未能成为促进生活世界道德化的学问,反而加速了自身从生活世界的脱离。伊藤仁斋实际上是主张朱子学不要变成只有少林、曹溪禅僧才可能实现的脱俗、宗教性形态。他反复对照高远与卑近,并对后者强调有加,也与此问题有着深刻联系。必须说这集中体现了他年轻时埋头于无欲清净修行时所曾经历的与生活世界的隔阂与矛盾。此亦体现了他这样一种看法,即朱子学通过"无欲"之觉醒与实践而形成不惑于私利的具有公共精神的主体,这样一种方法论只有在生活世界"外部"才可能实现。按照这种观点,若要彻底顺应朱子学的原理性要求,则主体必只能日益脱离生活世界而陷入宗教世界,这是朱子学所遭遇的悖论(paradox)。

伊藤仁斋认为这种悖论使朱子学的万民平等思想只能朝着空壳化的方向展开。朱子学在理念上标榜把"自天子以至于庶人"(《大学》经)的万民均视为道德主体的普遍主义。但这种倾向很容易掩盖其中所包含的万民主体化论的可能性。因此,他强调儒学之"道"不应是狭高之门,而应是平坦"大路"。

> 孟子曰,道,若大路,然,岂难知哉,所谓大路者,贵贱尊卑之所通行……上自王公大人,下至于贩夫马卒跛奚謦者,皆莫

> 不由此而行，唯王公大人得行，而匹夫匹妇不得行，则非道，贤知者得行，而愚不肖者不得行，则非道。　　（《语孟字义》道 3）

他举孟子之例，把道比喻为大路，认为大路的通行主体不可能有身份限制。无关乎贵贱尊卑，此路对所有人都是开放的。向来只被看作教化对象的匹夫匹妇与愚不肖者，亦不例外。伊藤仁斋通过大路之喻，将儒学之"道"重新建构为无关身份和秩序、向万民平等开放的具有公共性的存在。这是他为了把朱子学所包含的万民主体化论的可能性即普遍性从单纯概念层次转化至实际层次所采取的解释学战略。这种解释同时还凸显了朱子学主体化论与"狭高之门"精英主义无关的这样一种主张的欺瞒性。

其次，功能角度的伪善问题。这关乎对朱子学合理主义所极易伴生之严肃主义（rigorism）的批判。根据伊藤仁斋的观点，该问题破坏了朱子学的自发、自律的主体形成论。

> 凡事专依理断决，则残忍刻薄之心胜，而宽裕仁厚之心少，上德既菲薄，而下必多伤损，人亦不心服……有申韩刑名惨刻之严，而无圣人涵容仁厚之笃，持己甚坚，责人甚深。
>
> （《童子问》中 65）

伊藤仁斋所体认的朱子学，近乎"缺乏人情，偏于残忍刻薄之心"的法家。他认为，这根源于朱子学唯依理决断的合理主义。此点虽亦曾被丸山真男强调而广为人知[①]，但其思想史意义并不仅仅停留于使伊藤仁斋产生历史意识、认识到历史变迁。尤其需要注意的是，它唤起伊藤仁斋对宽以待己严以待人之伪善态度的注意，认为此种态度背后是接近于法家式的强制性秩序意识。而且，由于此种态度，不仅自律性规范的可能性被否定，还具有这样一种危险，即可能促使自外而内自上而下之强制性秩序的合理化和正当化。一方面是欺瞒性的自我绝对化和中心化，另一方面是对下人、他人的道德强制与批判，因而

---

① 丸山真男《日本政治思想史》（初版），东京大学出版会，1952年。

"损伤"了这些人,在伊藤仁斋眼里,这无异于由伪君子诱发的自暴自弃。

朱子学原本并不排斥一般人成为公共性主体的可能性,亦并不赞同他律性统制。朱子学提出包含理念性道德的"本然之性",意在不使规范行为和实践单纯地依靠外部强制或命令,而将其定位为内在"自然"的当然流露,并深化人们对此点的认识,使人们实现道德自律。伊藤仁斋对朱子学的这种可能性感触颇深,但如上所述,朱子学之主体化论所包含的欺瞒与伪善等悖论却使他对朱子学产生了根本的怀疑。

二 原理论视角下的朱子学问题:观念论的人类观与伦理观

伊藤仁斋虽创立了古义学,但并未以此主张复归传统,这其中包含了他力图克服此种悖论情况的思想努力。他采用文献学方法对孔孟著述进行仔细研读,由此读出儒学之"古义",通过《语孟字义》这一以概念定义为中心内容的辞典式著作,对核心概念"道德"进行了重新定义。

朱子学的"道德"在其终极意义上具有从个体到全体的延续性,但正因为修己和治人密切相关,很容易把问题原因还原到个体伦理层次。伊藤仁斋认为正是此种还原论思考方式使得朱子学朝着观念论方向发展。

> 仁义礼智四者,皆道德之名,而非性之名,道德者,以遍达于天下,而言非一人之所有也。　　(《语孟字义》仁义礼智3)

在伊藤仁斋看来,"道德"并非是通过寻求本然之性、沉潜内心等修养所能获得的。而且,亦并不局限于个体,而是超出个别范围,具

有向"天下"扩张性质的普遍性概念。① 当然，伊藤仁斋重新定义的"道"，一方面是"本来自有之物"（《童子问》上14），有着"自然而然"之物的微妙含义。自此意义而言，不得不说它具有意图使共同体之精神气质规范化的"事实规范"的色彩。但另一方面，他认为作为"道德"之核心要素"仁"，不能仅以"自然"性来看待，而具有"人为"课题的性质。对于此点，应加以留意。

存于此，而不行于彼，非仁也，施于一人，而不及于十人，非仁也。　　　　　　　　　　　　　　　　　　（《童子问》上43）

自亲亲充之，而至朋友乡党所识疏薄之人，慈爱之心，周遍浃洽，无所不底，而无一毫残忍忮害之念者，谓之仁。

（《童子问》中6）

伊藤仁斋视为道德之最核心要素的"仁"，虽是以父母子女之间最为自然流动之感情即"慈爱之心"为基础，但慈爱之心并不仅仅停留于近身关系之中，而是需要从近身关系延伸至朋友乡党，进而扩展至所识疏薄之他者的具有公共性质的实践规范。而且，在伊藤仁斋看来，道德虽要求深入生活世界，但却并非单纯的即自然存在。他的"道德"中包含了仅以生活世界本身无法敛纳的超越性契机，但此种契机至今仍未受到世人关注。但他的道德概念具有只有在与他人关系中才能获得价值评价的公共规范的强烈性质。因此，其"道"虽有"自然"性的微妙之处，"皆由人而显"（《童子问》上9）的"人为"契机却具有更为根本的意义。"道"有时从世间隐藏其面貌，有时又广泛显露，隐现

---

① 伊藤仁斋一般不对道与德进行区分使用，而是将道德放在一起作为整体使用。荻生徂徕（1666~1725）则与此不同，将道与德分开使用，前者指政治技术（art），后者指德性（virtue），荻生徂徕的这种区分可以说是很特异的。因此，若仅限于此点，或许可以说伊藤仁斋与其他朱子学者类似，在道德的用法上，道德仍处于暧昧的未分化状态。但是，与对"道德"所包含之存在"事实"和规范"当为"进行原理式同一化（自然），将现实中存在的二者之间的背离视为"不自然"的朱子学思考方式的观念性相比，伊藤仁斋则对"事实"与"当为"进行原理式区分，承认二者之间的根源性背离，对因这种背离而受挫折（自暴自弃）的对方，伸出鼓励之手，鼓励对方去努力（人为）弥补这种背离，伊藤仁斋的方式是经验性的，具有对方面貌清晰可见的具体性。环绕其周身的温暖气氛便根源于此。

之间，不断反复，在伊藤仁斋此种儒学史认识的根底处，"人为"的多少大小成为决定性契机。"道"之"隐现"本身绝非"自然"性，而是人应该花费心神去履行的"人为"课题，此点亦起因于伊藤仁斋对道德进行重新定义的公共论视角。①

伊藤仁斋对朱子学的批判，以及其古义学对儒学的重新构建，强调"人为"方向，要求从朱子学偏向个体内在世界的内向性中脱离出来，而直接面对自他关系交织融合的生活世界。其表征便是"天下"之认识论范围的扩展。他说"故读圣人之书，必有字眼，天下二字，圣人书中字眼"（《童子问》中13），强调"天下"之认识论范围的扩展，理由在于生活世界里的主体化并不仅仅停留于共同体精神气质之事实上的规范化，而应该指向慈爱之心从近身关系延伸至甚至素未谋面之他者的规范性。当然，我们需要注意的是，这并不是前面所指出的仅面向特定人群开放的"狭高之门"，而是对匹夫匹妇和愚不肖者等普通生活者也开放的儒学式万民主体化论。

"道也者，天下之公共，人心之所同然也。"（《孟子古义》梁惠王下）如伊藤仁斋此言所昭示，他所重新定义的儒学之"道"具有天下公共之事实和规范的双重意义。②伊藤仁斋的天下公共之道的命题，因是天下公共之物，并不局限于特定之人，而是对所有人"公共"之事实，以及"必须公共"之规范。因此，它并不意味着"作为事实的规范"。伊藤仁斋并不认为规范本身是某种固定的特定实体，而是以事实前提为基础的一个形成过程，他是从这种形成论观点来把握儒学之"道"的。与其他朱子学者或朱子学批判者相比，正是此点使其儒学论述具有了自身的独特性格。而且，他把意为"公有的"之"公"与意为"所有人共同"之"共"结合在一起，通过"天下公共"的命题，

---

① 特别是黑住真《伊藤仁斋的"道"》（佐藤正英等《日本伦理思想史研究》，ぺりかん社，1983年）一文，对此"人为"侧面所具有的意义进行了重点阐发。

② 对此事实和规范的双重意义，参考上安祥子《经世论的近世》第三章《从私情到至情的交通——古义学的"公共"概念》，青木书店，2005年。

而将其思想努力明确定位为同时代之公共论探索的意图略可窥见。①

一方面,对这种观点的全面调整与对以往人性论的思想转换,是硬币之一体两面的关系。尤其是他对人性的理解,具有浓厚的经验主义色彩。按照朱子学的思维方式,以"本然之性"为媒介,个体可以安逸地实现与"道德"的同一化,对于朱子学的此种观念论方法,伊藤仁斋持批判态度。这是因为那种"同一化"一方面导致"宽以待己,严以待人"的欺瞒性自我绝对化,另一方面则易导致由于对下层人、他者的道德强制与批判而损伤这些人的做法的正当化。朱子学的"道德"观念和倾向孕育了自我满足式的欺瞒和实践上的伪善。因此,他对人性论和人的新探索,是为了克服朱子学对人的理解的问题。

> 性生也,人其所生而无所加损者也,犹言梅子性酸,柿子性甜,某药性温,某药性寒也……非离于气质而言之也。
>
> (《语孟字义》性1)

他从经验层次,将先天之性和气质本身规定为"性",意图否定朱子学"本然之性即天理"的本来性。伊藤仁斋认为那种本来性助长了"道德"的观念论倾向和由此而起的个体的安逸的同一化。它未能超越共同体之精神气质而将开放的"慈爱"实践扩展至"外部"世界,将自身限定在"内部",结果导致对己宽大、对人严格的法家主义式悖论。以这种意义上的"本然之性"为媒介,将自我——世界——宇宙连为一体,将内在的自我革新等伦理命令视为"自然"的朱子学的人性论具有乐观主义的色彩。②

但朱子学难以从"独我论"框架里脱离出来。③此处所说"独我论"并不仅是指"只有我最重要"这种思想,而是指于我而言妥当者,于

---

① 此处,若将"公共"这个词本身解读为名词,则第二个字即"共"的含义便不能很好地体现出来。把该词解释为动词,以突出其意义,是比较合适的。

② 参考丸山真男对朱子学乐观主义与法家主义之间联系的分析。丸山真男《日本政治思想史》,第133~136页。

③ 关于"他者"的问题,主要参考了柄谷行人《探求1》,新水波,1998年;原著《探求1》,讲谈社,1986年。

他人而言亦不可能不妥当、必须妥当的思考方式。在这种认识论框架里，从结构上看，"他者"并没有进入及存在的余地。"他者"并不仅是指日常意义上的他人，而且也不仅是指今天我们所谙熟的民族、人种或阶级上的他者，而是这样一个认识论概念，它包含着对同一性极为分明的"我们"内部的"他者"亦须自觉的伦理动机。

正是因为此点，伊藤仁斋否定了朱子学的原理主义式人性论，认为那是观念的产物。他从"气质之性"即现实性的观点来看待人的自然本性。① 朱子学将异于经验之"性"的理念式"本然之性"视为人的内在的"自然"，由此导致如前所述之悖论，伊藤仁斋则通过这种努力奠定了对朱子学的这种认识论进行重新检讨的基础。它通过对经验、现实之人性的理解，而突出了朱子学人性论将人性归结为理念式本然性的逃避做法问题，与此同时呼吁重新认识一直被认为比本然之性劣等、不稳定的经验之性。对于朱子学将理念式本源性视为本来之"自然"的人性论的观念论倾向，伊藤仁斋将"自然"设定为随时随地都能经验到的"现实"，意图转变"自然"本身的意义，与此同时还试图把关心方向转到"或酸或甜，或温或凉"等多样化个性共同存在的生活现实里来。

"自然"之意的转变，以及对现实经验中的"人"的重新认识的要求，不能不继以对作为朱子学人性论之根据的孟子性善论的重新检讨。朱子学把"天理"视为所有存在的本质及运动法则，将内在于人的"天理"称为"性"。此处包含着通过内在的自我革新而成为具有公共性的主体的契机，其根据则是孟子性善论所依赖的恻隐之心、羞恶之心、辞让之心和是非之心等四端之心。

但在伊藤仁斋看来，对这四"端"意义的误解是将朱子学误导至观念论方向的一个原因。朱子学只是把"端"理解为"端绪"，仅将其视为"理"之本然性向外发端的"现象"，就像伊藤仁斋所说"后儒以

---

① 有关于此，参考荒木见悟《朱子学与阳明学》，《贝原益轩·室鸠巢》日本思想大系34，岩波书店，1970年。

孔子之言为论气质之性，孟子之言为论本然之性"(《语孟字义》性2)，朱子学通过对被认为普遍存在于人心之"理"的本质的把握和体现，而非向外发端之"现象"来完成自我革新。但正是此处，问题出现了。伊藤仁斋认为，对"理"的探求很容易倾斜为对存在本身之内在本性进行探求的形而上学的观念论。越是如此，其探求越容易陷入形而上学的争论，最终导致人们忽视对只不过是"现象"的"四端"所包含的道德性契机进行扩充的关系论可能性。伊藤仁斋年轻时为了追求无欲清净的高洁人格而埋头独修的经历正是此种思想倾向的结果。正是对此问题有着批判性认识，使他对性善论的解说具有了经验主义的倾向。

> 孟子之意，本非谓天下之性皆善而无恶也，就气质之中，而指其善而言之，非离气质而论其理也。（《童子问》下1）

伊藤仁斋的人性论，限于气质之性，是以经验主义的、盖然的"人"的现实为前提的"人学"思想的起点。伊藤仁斋体验了朱子学乐观主义态度所引发的法家主义悖论，他试图以经验主义方法来接近作为朱子学根据的性善论。

虽说如此，他并未否定性善论所包含的普遍性契机本身。相反，应该注意的是，他寻求普遍性契机的支点与朱子学不同。"知善为善，知恶为恶"与"好善恶恶，天下之同情也"是古今中外天下所有人的共同情绪（《语孟字义》情1）。而且，即使"未能善"（《语孟字义》性4）的盗贼亦"若人之情，虽若盗贼之至不仁，然誉之则悦，毁之则怒，知善善而恶恶"（《语孟字义》性2），分辨善恶的能力无论善恶贤愚都普遍具备。他根据孟子之学，认为对善恶的分辨力与偏好是将自己规范化的可能性的端绪，这是任何人都具备的。因此，他亦认为经验之"人"在道德上实现自律的所谓"道德感情"契机是原本就存在的。

但是"知善恶之区别，愿意成为善者"的契机最多不过是一种可能性。对善恶的分辨力及偏好虽是人性之"自然"，"人性虽善，然不充之，不足以事父母，则性之善，不可恃焉"（《语孟字义》学2），仅依托

于人性本身的现实里是不善与恶无休无止的地方。

> 夫人知己之所好恶甚明，而于人之好恶，泛然不知察焉，故人与我每隔胡阻越，或甚过恶之，或应之无节，见亲戚知旧之艰苦，犹秦人视越人之肥瘠，茫乎不知怜焉，其不至于不仁不义之甚者几希。（《语孟字义》忠恕1）

对他人漠不关心（apathy）、仅关注自我、与他人缺乏"沟通"的现实，即现实生活的实际情况是逃避并蜷缩于自我内部的所谓私生活主义，伊藤仁斋并未对这样的现实视而不见。现实世界并不是"爱"和"正义"扩散至他人的"仁义"世界。由此而言，他正视了生活世界之不仁不义的现实状态。在伊藤仁斋看来，一方面人性本身具有实现公共性主体化的可能性，但另一方面他又极为冷静地认为，"不自暴自弃者在千百人中仅有一两人而已"（《童子问》上15），除了极少数例外之人，现实世界里绝大多数人无法扩充其内在的"道德感情"契机。他亦注意到自我之生可能伴随着对他人之生的压制与排挤这样的事态。在此意义上，伊藤仁斋将"生"视为善，虽然如此，他并未单纯地肯定"欲望"，而且它也不是立足于单纯的母性主义或生命主义，此点亦很明确。[1] 伊藤仁斋虽以对生活世界的默默温情作为其学问基础，但另一方面他并未单纯地肯定普通生活者的实际形态。

他在对儒学进行重新构建的过程中，一方面强调对生活世界的共感，但另一方面又突出"知"或"明"等理性认识的契机。这是因为他对生活世界里自我中心主义和利他心共同存在的可能性及其问题同时进行了复合把握。他认为，"性之道德倾向，非所能期待者，故学乃最不能缺者"（《语孟字义》学2）。他极力强调"学"在主体形成过程中是不可或缺的根本性因素，而且在受到具有普通生活者主体形成论意义的阳明学影响的同时，却又对其加以批判，这些都是起因于此点。

---

[1] 请参考铃木贞美《用"生命"解读的日本近代——大正生命主义的诞生与展开》（NHK Books，日本放送出版协会，1996年），该著述通过对日本近代生命主义的分析，对以"生命"实感为根据的生命主义容易变质为极权主义的危险性进行了批判式考察。

三 自律主体化之路与活物观

当然此种视角与朱子学对现实的认识看起来似乎没有很大差别。朱子学把现实世界的消极面看作起因于"气质之性"的"人欲"的显露，认为若能返回原本存在于"存在"深处的"本然之性即天理"，则能从这些问题中解脱出来。因此朱子学强调不断修养，以完成内在人格。

但伊藤仁斋的想法与此不同。当然，他对"学"之作用及必要性的强调是与朱子学一致的。虽然如此，接近视角却是不同的。尤其是对于现实世界消极面的由来，他并不像朱子学那样以天理和人欲的二元对立构图为基础，仅将其视为"欲望"的结果。在伊藤仁斋看来，即使"自暴自弃"是相同的，但其背景和原因以及应对方案并不是千篇一律的，而是有着各自固有的脉络（context）。

> 苟待人忖度其所好恶如何，其所处所为如何，以其心为己心，以其身为己身，委曲体察，思之量之，则知人之过每出于其所不得已，或生于其所不能堪。　　　　　　　（《语孟字义》忠恕1）

伊藤仁斋强调要慎重对待各种不同脉络，原因即在于此。他的脉络论式的接近方法对朱子学中常被负面看待的"情"进行重新定义，突出朱子学认识论的盲点，为"灭私奉公"之公私观的结构改造提供了端绪。

> 宋儒每以公之字为学问之紧要，曰天理之公……夫父为子隐，子为父隐……而道之不可谓公，然人情之至，道之所存也……不可偏废也。　　　　　　　　　　　　　　（《论语古义》尧曰）

对于《论语》中有关因家人之情而发生的盗窃行为与亲亲互隐行为等违反社会规范之行为的片段（《论语·子路》），伊藤仁斋从新的解释学角度加以解读，表现出与朱子学不同的视角。在朱子学里，"情"是在光明正大的"本然之性"与伦理价值层面形成对比的一个概念。"情"包含着容易流向"人欲之私"的负面性，因而"必不至灭情无欲则不止"（《童子问》中12），朱子学对"情"的负面看法很严厉。而且

它被认为与日本传统的"公"(ohoyake)与"私"(watakusi)的关系相类似,总是处于"公"之从属地位的"私",其伦理上的负面性被凸显出来,"灭私奉公"的态度被正当化。

但对于此种对立结构,伊藤仁斋的解释包含了新的可能性。当然伊藤仁斋亦未一味地肯定家人之"情","偏私"并未被认为是值得赞赏的。由此看来,对伊藤仁斋而言,"公私"也仍是具有伦理价值色彩的概念。但是我们需要注意的是,伊藤仁斋认为,虽说容易"偏私",亦不能"偏废",即"偏公"亦是问题。[①] 他认为,"偏公"无视人情,因而违反了基于人情的"道"。朱子学对人情的不加区分的否定招致个人与日常世界的疏离,对朱子学的这种陷阱,伊藤仁斋给予了极大关注。

像这样,对于朱子学天理之公与人欲之私的对立构图,伊藤仁斋采取了新的解释学接近方法,凸显了围绕"人情"的尖锐的视角对立。

> 情者,性之欲也,以有所动而言……父子之亲,性也,父必欲其子之善,子必欲其父之寿考,情也。 (《语孟字义》情1)

伊藤仁斋认为"情"是源于欲割不断之关系的感情,使人想起作为共同体精神气质的"自然"性。他的视线紧跟朱子学容易忽视的生活世界。但需要注意的是,伊藤仁斋唤起人们对"情"之"自然"性的注意,并非单纯地为了使其关注点收敛于共同体精神气质。

> 以养其性则情自正,存其心则才自长也。(《语孟字义》情3)

他对"情"的观点,基于这样一种方法论视角,即通过理解其"自然"性,才能获取正确对待"情"的真正方法。从这个意义上来看,伊藤仁斋既未单纯地否定"情"本身,亦未对其全面肯定。他仅仅关注如何做才能使"情"朝着正确的方向迈出。换句话说,关注各自之"性"或"心"所期待者,人情之向背随着是否照顾其"期待"的方向而变化。当违反其"期待"时,人容易脱离正常轨道,将自身

---

① 此话见《近思录》一卷:"仁者天下之公,善之本也。"参考汤浅幸孙《近思录上》,《中国文明选》四,朝日新闻社,1972年。

抛于自暴自弃的欲望陷阱，而不是想要挽救"道德感情"的契机。而且，从这个角度而言，朱子学对人情的不加区分的原理式接近方法所导致的从日常世界脱离的陷阱，也被识破了。①正是从需要理解各自固有之背景情况的脉络论的方法论角度，此点才成为可能。

但虽然"人情"包含了"道德感情"的契机，就像伊藤仁斋本人所承认的那样，绝大多数人都容易陷入自暴自弃的欲望陷阱，这是现实世界的实际情况。在这种情况下，以"爱"来包容"人情"的做法，在多大程度上是有效的？而且，又如何保证可以获得人们的"理解"和"宽容"，并使其实现道德主体化？正是此处，与伊藤仁斋的独特世界观即"活物"思想有着密切联系。

> 问，先生谓天地一大活物，不可以理字尽之……凡天地间，皆一理耳，有动而无静，有善而无恶，盖静者，动之止，恶者，善之变……非两者相对而并生，皆一乎生故也。
>
> （《童子问》中69）

伊藤仁斋将万物之存在视为无休止地不停运动的"活物"。他拒绝那种将"善"与"恶"视为二元对立实体的世界观。相反，他把"恶"理解为"善"的变形，即"恶"只是一时的运动状态，不过是"不善"或"未善"的一种流动状态。与此同时，以"天地"之"生"为依据，把世界凸显为向着"善"这个一元本质运动的存在。

他从"圣人"之教导与实践中所读出的伟大之处正在于把世界和存在的本质视为"活物"。对于伊藤仁斋而言，唯有圣人才是充分把握了世界与存在所包含的可变运动性，并把向"善"之运动倾向视为世界和存在之本质，意欲使其成长壮大的存在。"故伏牺（编者注，指羲）之目无死物，孟轲之目无不善之人"（《童子问》中69），此亦伊藤仁斋从圣人实践中读出的"活物"思想的表达。因其以此种"活物"

---

① 参考丸谷晃一《伊藤仁斋的"情"的道德实践的构造》（《思想》第820期，岩波书店，1992年），该文考察了伊藤仁斋那里"情"的道德可能性与问题，认为伊藤仁斋的思想探索是立足于此而形成的对他者开放的主体形成论。

思想为根据,他认为目的在于实现公平与正义的公共主体的形成,只有在以"爱"为依据时,才能"自发地"发现其中契机。在生活世界里形成具有公共精神之主体的课题上,伊藤仁斋的学说表现出与朱子学的不同之处,这也正是由于他独特的活物世界观。①

虽说"活物"性里不仅有改善的可能性,亦伴有负面变化的可能性,但伊藤仁斋总是将关注焦点放在改善的可能性上。因其将可变运动视为"活物"之本质,对人时不时犯下的不善或错误不应执着,人必须在可变性所包含的紧张感中以前瞻眼光———地促进关系与事务的解决。②对这个过程的自觉,正是他通过"活物"观想要向人们传达的有关生活世界的讯息。正是此种自觉,才能使人不仅对自身错误,而且对他人错误都能报以宽容目光。

>枯草陈根,金石陶瓦之器,谓之死物,以其一定无增减也,人则不然,不进则退,不退必进,无一息之停,不能若死物然,故君子不贵无过,而以能改为贵焉。　　　　(《童子问》下25)

"诚"在伊藤仁斋那里,与朱子学解释不同,并不只是"无误"观念的性质。相反,他把"诚"解释为不受缚于"误","大度地"且"有韧性地"对待改善的可能性,有前瞻眼光及不断前进的探索姿态。

按照他的观点,对于由自暴自弃引起的蔓延于生活世界的不善与恶,即使加以"外在"的道德说教或进行道德强制,即使这种说教或强制一时发挥了力量,也无法使当事者"理解"并实现道德自律。对于伊藤仁斋而言,基于"爱"的"宽容"是产生"理解"的前提。而道德说教或强制也许反而会导致其感情上的反感。像这样,朱子学的

---

① S. H. Yamashita《德川期思想的悄然革命》(《季刊日本思想史》第31期,ペリかん社,1988年)一文对伊藤仁斋活物观的思想史意义有所关注,颇有启示。

② 对于"功利"倾向,伊藤仁斋亦批评其为"异端"。"不高不低平常不易之状态……中庸之极,圣人之宗旨。比此更高者中,最高状态乃虚无,佛老属此。比此更低者中,最低者乃功利,唯有申韩商鞅属此。纵然佛老传世以来,世代更替,地域相异,交互错杂,然而仍不过此两类异端也。(《童子问》下30)"这不仅仅是对法律强制之正当化的警戒,它对"官军只要胜利"、执着于结果如何的结果主义亦抱有抵抗之义。可以说伊藤仁斋最为重视的不是强制之下的同化,而是在自身主动干预过程中所获得的自发的充实感。

合理主义因其原理式思考方式,而使其不但无法实际达成目标,反而与自身目标渐行渐远。伊藤仁斋揭示了朱子学的这种悖论。

只是,此种具有公共精神之主体的形成,当然并不是一个"自然"过程。而且,他的活物观所包含的世界存在的变动性层面,在彼时为止被视为自然运行的原理以及被视为此原理之体现的"圣人"身上投下了阴影。

> 天地之化亦然,二十四节,七十二候,或进或退,寒热温凉。不能截然悉如其数,亦活物故也。　　　　　　　　(《童子问》下 25)

> 天地不能无过,况人乎,圣人亦人焉耳。(《论语古义》述而)

伊藤仁斋的活物观具有动态的两面性。它不仅关注肯定性即向"道"而进的可能性,亦关注否定性即现实里的各种差池与错误,它将肯定性与否定性同时收进自身的视野,具有动态性质。此处尤须强调的是包括圣人和天地在内的全部存在的有限性,以及与此相关的,存在的复杂性。在朱子学中,"天地"是正确秩序及其完整性的完美无缺的象征,具有强烈的观念性质。但伊藤仁斋所言之"天地"则脱离了此种完美无缺的观念性,而是经验性的。由此而言,这个概念还包含了相反的含义。于伊藤仁斋而言,"活物"之运动性与可变性也包含着悖理的含义,与此相应,作为活物的"人"亦同时包含了肯定性与否定性,而只能是一种动态的存在。

因此,不受缚于生活世界的"各种错误",以前瞻性眼光来大度地、有韧性地对待改善的可能性,这种探索过程如果考虑到上文所言生活世界的不仁不义之实际态势,则与其对人和社会的乐观看法相反,在生活世界里是必定需要一个先驱式主体来做动力,以推进那极难却又是长期的活动。他作为"民间"之"君子",以能动主体之姿态来选定人生目标,原因即在此。

在伊藤仁斋看来,学问的契机便源于对该问题的认识论觉醒。而且,通过这种觉醒,可以逐步实现自身的公共主体化。

> 学问视其所本者如何耳,所本少差,邪正相反,圣人以天地

为活物，异端以天地为死物，此处一差，千里之缪。

(《童子问》中 67）

将万物之存在视为不停运动的活物，还是视为固定不动的死物，在这样的对比中，浓缩了伊藤仁斋与朱子学在对主体和社会的理解上的决定性差异。如果没有慎重对待现象背后之脉络的努力，而仅针对该现象采取对症疗法式的处理方式，则不但无助于问题之解决，反而可能招致情绪上的反感和嘲弄。即如果对蔓延于生活世界的自暴自弃的原因及应对方案没有深度考察，学问就只能丧失其本来意义。伊藤仁斋的学问观，对存在之"活物"的肯定变化这一动态可能性抱有信任，这是遵循承接天地生生之心的圣人的"爱"的教导，在生活世界里一一地应对和处理各自不同的脉络，并使其"期待"得以实现，由此获得那些普通生活者的"理解"，并引导其走向公共主体形成之路的哲学依据。伊藤仁斋正是以其活物观超越了对革新持续性之坚定信念的缺位与不安。

四　政治觉醒的视线

伊藤仁斋重视脉络的方法论，是其实现从朱子学转向古义学的思想转换的主旋律，按照他的理解，其基调是在朱子学之冷静透彻上添加了些许温暖，这是一大特点。此点在其初期著述中有着充分的表露。

仁者，性情之美德，而人之本心也，盖天地之大德曰生，人之大德曰仁，而所谓仁者，又得夫天地生生之德，以具于心者也……盖尝以仁者之心观之，仁者其心以爱为体，故能与物同体，能与物同体，故其心自公，其心自公，故宽而能大……与物同体，则能恕，其心自公，则好正，宽而能大，则有容。

(《古学先生文集》卷 3)

他将儒学规范之核心概念"仁"的本质比喻为天地使万物生生不

息之"德"。他将此点理解为"人之本心",就此而言,仍有朱子学"本然之性"的影子,但其中并无观念论的痕迹。他已把它重新解读为被比喻为天地生生之心的"爱",使其有了具体意义。需要注意的是,他认为通过这种认识,"公"亦变得自然可能,"正"亦变得和蔼可亲。与此同时,还伴有宽大的气象,宽广的度量。他以一句话把"仁"化为"爱"这样一个具体概念,正是因为他对作为天地生生之心之象征的"爱"的认识。这种转化是这样一种认识的支撑基础,即通过"爱"一方面导出"宽大"和"度量",另一方面则导出"理解",因而能够使人自然地走向公平和正义。为了实现公平和正义,需要形成具有公共精神的主体,而具有公共精神之主体的形成只有以"爱"为依托时才能"自发地"找到其契机。

像这样,对于伊藤仁斋而言,"生生"象征着超越了人世秩序的"天地"的自我显现,就此而言,它是从天地得到"生"机并被养育成人的"人"所无法左右的规范。从这个意义上来看,对于伊藤仁斋而言,天或天地是使万物"生生"的巨大生命的源泉和养育者。"道"是"天"的"生生"之"德"在人间社会层面上具体实现的途径。他把圣人描述为一种"爱"的"化身",而他试图把学问方向转至"爱",亦是出于这种背景。

> 德莫大于爱人,莫不善于忮物,孔门以仁为学问宗旨,盖为此也。　　　　　　　　　　　　　　　(《童子问》上43)

> 圣人善善长,恶恶短……隐恶而扬善,成人之美,而不成人之恶,躬自笃而薄责人。　　　　　　　　(《童子问》中65)

> 自爱而出,则为实,不自爱而出,则伪而已,故君子莫大于慈爱之德,莫戚于残忍刻薄之心。　　　　(《童子问》上39)

他对朱子学严肃主义的批判是基于这样一种判断的,即朱子学合理主义可能变成对存在之"生"本身的否定。此点作为其思想转换的动机,充分地展现出来。在对待自身和他人时,是以对"善"的鼓励为中心,还是以对"恶"的批判为中心?他把这两种倾向的道德应对

方式普遍化，认为"圣人"对于他人是以前者为中心，对于自身则是以后者为中心，圣人的这种实践和教导，是极为伟大的。①

他把生活世界里共同体之精神气质作为"道德"基调的同时，又认为它不是局限于共同体内部的，而是应该扩展至共同体外部世界的开放规范。在此处，伴随着他对朱子学"道德"规范之观念性和由此而起之欺瞒与伪善问题，以及从生活世界的脱离等问题的省察。与此同时，为了形成意在实现公平与正义的具有共同精神的主体，要以体现天地"生生"理念的"圣人"的"爱"为依托，自发造就主体形成的契机。正是在这种逻辑背景下，与朱子学的观念式普遍性与超越性不同，他把"道德"重新定义为对他者亦开放的具有公共性质的普遍规范。

从这个逻辑背景来看，他的王道论与这样一种问题意识彼此相关，即政治权力的合法性是怎样形成的。他在谈及民本政治时，强调"公平"与"宽仁"，实际上他是在构想对于一直以来恣意彰显自我的政治权力进行评估的公共指标。其构想并未停留于经学层次的抽象论，而是反映了同时代的实际背景情况。

他所强调的"文治"，在当时的政治现实中，是包含"公平"和"宽仁"的王道论的另一表达。当然，纵然如此说，他并不是期望对武士统治体制进行根本性变革的革命家式思想家。就像他在书信中所言："兹及昭代，海宇载清，首敷右文之教，兼慕唐宋之政，反数百年陷涂炭之民，而一旦措之于衽席之安，可谓大幸矣。"② 他对德川体制确立

---

① 这种转换引出了他对儒学之历史展开的独特分类，颇为有趣。在序言中曾提到朱子学对主体卓越性的追求和对关系共感的追求，对于这两个层面的可能性，他以如下独特的论证方法进行了分类。"明道、希文乐仁，伊川、朱子恨不仁。"（《仁斋日札》）即分为"乐仁"与"恨不仁"两大支流，将程明道和程伊川这两位朱子学先驱视为两大支流的典型代表，暗示了朱子学本身包含两个侧面的可能性，此点在彼时之前未曾受到关注，是颇为有趣的部分。若称前者为积极，后者为消极，他认为称讲儒学及其教化的圣人，其立足点永远是积极的，只有如此才能不违反"天"之"生生"的规范命令，而且从效果层面来看亦能引导人们"自发地"走向公平和正义之路。

② 《古学先生文集》第一卷《送山口胜隆序》。此文收录于《伊藤仁斋·伊藤东涯》日本思想大系33，岩波书店，1971年。

所带来的太平气象并未不以为然。另一方面，不论是德川家康提拔朱子学者林罗山（1583~1657）为其幕僚，向其学习儒学统治理念及事例的事实，还是典型的武家诸法度逐渐改变为文武互补之形态的事实，都说明他或许对体制内改革的可能性抱有期待。

但是，虽说如此，他对于当时的"太平"并未盲目赞同。因为他的问题意识归根结底在于和平与稳定建立于何种基础之上，及其可能引发怎样的问题上。

> 盖国家将治，必右文而左武，其将乱也，必贵武而贱文……兹及昭代，海宇载清，首敷右文之教，兼慕唐宋之政，反数百年陷涂炭之民，而一旦措之于衽席之安，可谓大幸矣……但近世士大夫，类皆木强不知学……愿曰，非学无以成人，非文无以济武……可谓膺泰平之昌运，基无疆之鸿业，其国祚之永年，岂可复限量哉。①

按照伊藤仁斋的观点，"文胜其武，则国祚修，武胜其文，则国脉蹙"（《童子问》中31）。政治形态是文治还是武治，左右着国家的命运。像这样，文武之别虽是核心要素，但当时的统治阶层却仅仅满足于"重武"的独断统治，而没能觉悟到基于"学"的"文治"的重要性。即当下的状态虽或可称其为"太平"，但这种和平与稳定却缺乏长久持续下去的保障。他强调文治和王道的民本、民生性质，是与他对德川体制之和平与稳定建立于不安定基础之上的批判意识密切相关的。②从这个意义上也可以说，他对仁德天皇所施仁政的称颂或对朝廷文化表现出的亲和感并不是单纯地对天皇制秩序的期待的流露，而仅

---

① 《古学先生文集》第一卷《送山口胜隆序》。此文收录于《伊藤仁斋·伊藤东涯》日本思想大系33，岩波书店，1971年。

② 在凸显统治阶层之武断性格的同时，强调了"文"的价值，此点或许包含了启发荻生徂徕之政治论的契机。

仅是在强调文治和王道的脉络下而表达出的亲和感。①

前文曾提及，他曾连续两次拒绝武士领主的邀请，或可说他本人一直在回避直接干预政治世界。②虽然如此，却不能不考虑两点，即对政治世界的直接干预不仅因本人身份受到限制，而且它意味着对政治权力合法性的自"下"而上的议论。考虑到这两点，伊藤仁斋对王道论的积极姿态并不单纯是对以注释为中心的经学传统的继承。他虽谨慎地表达了自己对王道论的关心，但他对王道论的强调不仅体现了他对当时熟练于仅通过法律和处罚来统治的独断统治现实的批判，而且意在揭示这样一个政治课题，即引导作为统治阶层的武士阶层进入学问领域，为成为政治世界的真正担当者而进行自我革新。

从这个脉络来看，伊藤仁斋在瓦解朱子学核心文本"四书"的同时，却将其中的《孟子》提升到几乎与《论语》相同的级别，给予极高评价，并将其作为核心文本，此点颇具启示意义。作为"学问"方法，他强调对"血脉"和"意义"的区分意识，特别是"设欲去孟子，特据论语字面解之，则不惟不得其义，必至于大错道，从前注解不惬仁义礼智之义者，正以此也"（《童子问》上7），极力强调《孟子》的独特地位。后日曾被荻生徂徕批评为"以孟子解论语"③，由此足见孟子在他的思想探索过程中所占有的核心地位。或是因为从人性论到道德论，再到王道论，于他而言，作为生活世界里具有公共精神之主体的形成及其形成之必要条件的王道政治论，若无孟子之特有思想的展开，则难以自我确立。他的"血脉"论便象征性地体现了此点。

但是，竟有"载有《孟子》（驶向日本）之船必沉"一说，就像该俗谈所表明的那样，一般而言，孟子的论述在日本社会是最被视为禁

---

① 加藤仁平《伊藤仁斋的学问与教育》（目黑书店，1940年）书中，以称颂仁德天皇的诗为证，描画了一个与皇国思想亲近的伊藤仁斋形象，但是如果留意对仁德天皇进行称颂的根据，则可以发现该诗并未单纯地收敛于天皇制，因而不能以此简单结构来解读该诗。加藤仁平的此种论述发生于1940年，或与其时代背景不无相关。
② 吉川幸次郎《仁斋·徂徕·宣长》，岩波书店，1975年。
③ 荻生徂徕《弁道》第11条，《荻生徂徕》日本思想大系36，岩波书店，1973年。

忌的儒学理论。[①] 不难推测，最为忌讳的是其中的易姓革命论。但伊藤仁斋的思想探索与这种社会氛围无关。相反，作为王道政治论的一个契机，他对易姓革命进行了最为激进的解读。

> 先儒又谓，如汤武放伐，伊尹放太甲，是权，此亦不深考耳，若伊尹之放太甲，固是权，如汤武之放伐，可谓之道，不可谓之权，何哉，权者，一人之所能，而非天下之公共，道者，天下之公共，而非一人之私情，故为天下除残，谓之仁，为天下去贼，谓之义，当时藉令汤武不放伐桀纣，然其恶未悛焉，则必又有若汤武者诛之，不在上则必在下，一人不能之，则天下能之……盖以合于天下之所同欲也，唯汤武不徇己之私情，而能从天下之所同然，故谓之道，汉儒不知此理，故有反经合道之说，宋儒有权非圣人不能行之论，其他非议孟子之说者，皆不知道为天下公共之物，而漫为臆说耳，噫。　　　　　（《语孟字义》权4）

众所周知，易姓革命论是以"天命"之"民心"向背为依据而对古代中国王朝国家夏商周之王朝交替进行正当化的一种政治变动论。它也是《孟子》所创之民本主义王道论的一个构成要素。但在政治现实中，该理论是需要慎重对待的危险工具。特别是，甚至在强调士大夫主体实践的朱子学里，它也被定义为"权"，是一种若不能满足极为特别的一些前提条件，则断然不能实行的禁忌。

考虑到这个情况，必须说伊藤仁斋的解说极具独特性。在朱子学里，对实行恶政之桀纣的放伐，被定位为具有非常时期手段之性质的"权"，它在一般情况下是被排除在考虑之外的，对于此点，伊藤仁斋明若观火。但即使如此，他将其明确定义为具有普遍性和一般性意义的"道"，仅此事实便典型地体现了其激进性。而且，关于放伐之必然性和成功与否的问题，并未单纯停留于汤武之个别层面。举事若失败，则必有第二汤武出现，重新举事。似乎汤武被赋予了与黑格尔所

[①] 野口彦武《王道与革命之间——日本思想与孟子问题》，筑摩书房，1986年，第6页。

说"时代精神之傀儡"类似的地位。

但是他更进一步,认为问题若不能自"上"解决,则必自"下"出现豪杰;以豪杰之力,仍不足以成事时,则必举天下起而放伐之。这意味着对政治上的被统治阶层即"下"的地位规定的根本性转换。直至彼时,所谓"下人",在政治领域里一直仅被视为动员对象,不过是被动的、消极的存在。正因如此,历史上时而出现的这些人的政治举动,无论其动机如何,均被认为是不纯、不温之事,而只能被规定为"乱"。但伊藤仁斋试图消除一直以来的这种性质规定。而且"下人"之含义,与以往完全不同,按照伊藤仁斋的观点,它是根据自身意志,对"公共领域和公共问题"负责任的积极的行动主体。当然,即使如此,当与其王道政治论前提结合来看时,可知"下人"并不是企图政治革命或站在反权力立场上的政治集团。但毫无疑问的是,他把"下人"规定为能够根据自身之主体实践来干预天下"公共之事"的存在。正是在此脉络下,他提出了"天下公共之道"的命题,此可谓一个反证。可以说这一部分典型地体现了他的孟子解读或者更进一步说他的儒学解读在多大程度上是企图实现根源性思想的转换的。[1]

那么,使这种根源性转换变成为可能的,是怎样的思想刺激?正是战国时代以来流布于各种言论空间的"天下之天下"的公共理念。这典型地体现在他对三国时代英雄之一诸葛孔明的评价里。他说"先儒许孔明以王佐之才,吾未知其当与否……孔明厕乎三国鼎立之间,专急复汉业,而不有意安天下之民,夫天下者,天下之天下也,非长为汉氏之物",认为罔顾天下之和平与稳定,而仅忠诚于特定王朝的诸葛孔明并不算是忠实于真正王道理念的人物。[2] 他对诸葛孔明的这种评价,与我们平素所熟悉的诸葛形象差距极大。若此,他通过"天下之天下"这一命题,突出强调"天下"之主人不可能局限于某一特定统

---

[1] 对于伊藤仁斋的这种激进性,徂徕似乎抱有某种危机意识。在片冈龙《荻生徂徕的天命说》(《日本思想史学》第29期,1997年)一文中,片冈龙说"徂徕曾把伊藤仁斋比为荀子或王安石,批判其思想倾向的激进性"。

[2] 《古学先生文集》第二卷《论诸葛孔明非王佐之才》。

治者。为了生活世界的和平与稳定，"天下"本身必须成为主人，他的这种政治意识在此得到了充分体现。

　　由此看来，他把"道"重新定位至"天下公共"的层次，这象征了意味深长的思想转换的历史局面。他所谓的"公共"，并不是彼时为止指称一般共同目标本身或其实现实体的"公"。他所谓的"公"，与其确立方式彼此相关，意味着围绕公共性之重要的认识论的转变。与"天下"相关之"公者"的实现，附加以"皆共"之意的副词"共"而成为"天下皆共"。不由此，则无以实现。公共目标的设定与实现是向天下万民开放的，他的"公共"概念具有扩大此种实践主体之范围的意义。由此而言，伊藤仁斋的"天下公共之道"的命题象征了以近世日本社会为背景的公共性探索的正式发端。①

---

　　① 与伊藤仁斋几乎同时代的山鹿素行亦有围绕"公共"探求展开的论述。（上安祥子《从私利私欲向"公共心"的助走——山鹿素行的思想》，《奈良女子大学大学院人间文化研究科年报》，2002年第17期）。

伊藤仁斎の「天下公共の道」と「民」の政治的覚醒

高煕卓（韓国延世大学）

　本発表では、伊藤仁斎（1627-1705）の「古義学」の主唱、すなわち朱子学の克服のために力説された孔子と孟子の原義回復の作業が経済・社会的に成長した「民」の政治的覚醒を促す儒学のアイデンティティーの再定立のためのものであったことを明らかにしたい。

　そのために、とくに彼の「天下公共の道」という概念に注目し、そこに内包された思想的革新性を浮き彫りにする。なぜなら、この概念はそれまでの儒学と「民」との関係性をめぐる構造的転換を象徴していると思うからである。従来思想的動員対象か消費対象としてしか見なされてきた「民」が、人間と社会および人間と政治をめぐる言説の生産や流通の主体として本格的に台頭しはじめたことを告げる宣言のように思われる。儒学と「民」との関係性という側面から見るとき、従前のほとんどの言説は「民」の忠誠を調達するための下向的性格のものであった。しかし伊藤仁斎の「天下公共の道」には、「民のため」の秩序を、「民自ら」形成していくといった革新性を予見させるところが認められる。したがって、従来それほど注目されなかったが、仁斎が孟子の「王道」を論じ「仁政」を強調したのは、経学的伝統の単なる反復ではなく、まさに儒学と「民」との関係性をめぐる朱子学的な枠組みを越えることのできる、「民」の政治的覚醒につながる原動力として位置づけようとしたからではないだろうか。こうした意味において、仁斎の「天下公共の道」が思想史的には従来とは大きく異なる特徴を孕む試みであったことを明らかにしたい。

仁斎は徹底した朱子学批判者としてよく知られているが、若い時の彼はじつは熱烈な朱子学徒であった。長男の家業承継を当然視する社会的慣例を後にし、家族構成員の強力な反対にもかかわらず、彼は学問への志を貫き通した。「初めて大学を授かり、治国平天下章を読んで、今の世亦かくの如き事を知るもの有らんや」（「先府君古学先生行状」『古学先生文集』巻の首）という回顧にも示唆されているように[1]、元来は、朱子学における「修己治人」の公共的主体形成論の魅力に導かれたものではなかっただろうか。そのなかで、『近思録』『朱子語類』『性理大全』などの多くの朱子学的教養の必須書籍を読書するだけでなく、より深い実践的学問を目指して、仏教流の白骨観法まで修行したことが知られている。その後遺症のため、一種の精神的な患いも経験するが、当時の仁斎は可能な限りの方法を通じて「無欲清浄」の高邁な人格の形成に没頭したという[2]。しかし、青春の時期を熱烈な朱子学徒たらんとした仁斎は徐々に朱子学から離れて、彼自身の独特な儒学体系といえる「古義学」を樹立させていった。

　では、仁斎は朱子学に対する没入の体験から、いったいどのような問題を発見していたのだろうか。それを大きく分けていうと、朱子学は機能的側面からの欺瞞と偽善の問題と、原理的側面からの人間観および倫理観の問題といった二重の陥穽に陥っていたというのである[3]。

---

　[1]　『古学先生文集』近世儒家文集集成一、ぺりかん社、1985年、第9頁。
　[2]　仁斎の伝記的部分については主に、石田一良『伊藤仁斎』（人物叢書39,吉川弘文館、1960年)参照。一方、本発表において仁斎に関連した部分は、拙稿『儒学的構図の再編と公共論的探求-伊藤仁斎の場合』（『東洋政治思想史』Vol.8-2、2009年）。拙著『日本近世の公共的な生と倫理』（論衡、2009年）で扱った内容を修正・補完したものである。
　[3]　彼の朱子学批判の性格および様相を通じて、彼がイメージしていた朱子学がどんなものであったかを分析して類推する作業に対してはまだ明確な研究成果がないようである。これと関連して、阿部吉雄『日本朱子学と朝鮮』（東京大出版、1965年)では、「本来」の朱子学と日本朱子学との差を分析の底辺に敷きながら、日本近世の朱子学者などに大きい影響を及ぼしたものは、朝鮮朱子学、特に李退渓系列の「心学」的傾向が強い朱子学であったという点を強調している側面に対して、検討する必要があるかもしれない。

一　機能的側面からみた朱子学の問題──欺瞞と偽善

　まず、機能的側面からの問題だが、仁斎はこの問題もまた欺瞞と偽善という二重の問題を抱えているとみる。第一に、朱子学において体系された万民平等観が形骸化し、その普遍性が侵食されていることを欺瞞の問題として理解している。そしてその決定的根拠として朱子学の自己確立の方向が生活世界に内在化し難い道へと逸れている点から見出す。

　　禅荘の理、宋儒性理の学のごときは、その理隠微にして知り難く、その道妙高にして行ひ難く、人事に遠ざかり、風俗に戻る。これを人倫日用に推すに、みな用ゆる所なし。
　　　　　　　　　　　　　　　　　　　　　　　　（『童子問』上27）

　　天理の極を尽くすは、人人の能くする所に非ず。一毫人欲の私無きは、亦形骸を具へ人情有る者の能くする所に非ず。……小林曹渓の徒、以てこれに当つべくして、吾聖人の若きは、則此を以て道とせず。　　　　　　　　　　　　　　　　（『童子問』中9）

　仁斎によれば、「人情」として表象される生活世界の目線からみて、「無欲」を志向する朱子学の教えは行い難く、それを原理的に支える「理」は認識することさえ難しいほど、生活者には余りにも「狭き高き門」であるという。そのために、生活世界の道徳化を目指す学問になるどころか、かえって生活世界からの離脱を加速化させる。実質的にそれは「小林曹渓の徒」にしか可能ではない脱俗的・宗教的あり方と類似してしまう。彼が「高遠」と「卑近」の対照からの後者の強調もこの問題とかかわるものであった。こうした点は若い仁斎が「無欲清浄」に没入すればするほど深まった生活世界との葛藤の体験を端的に示唆している。これこそ「無欲」の自覚と実践を通じた私利私欲のない公共的主体の確立という朱子学の方法論が生活世界の「外部」でしか可能ではないといった仁斎の生活者視点を表わすものでも

ある。仁斎はここで、朱子学の原理的な要求に充実に応えていこうとすればするほど、その主体は生活世界から離れた宗教の世界に陥らざるをえないといった逆説を捉えていたのである。

一方で、こうした逆説は結局朱子学に内包された万民平等観を形骸化させる方向に働かざるをえないと彼は考える。朱子学は理念上では、「天子より以て庶人に至るまで」（『大学』経）というように、「万民」をその対象とする普遍的平等主義を標榜していた。しかしこうした逆説的傾向はそこに含まれていたいわば万民主体化論の可能性に蓋をしてしまう効果を生じさせる。そのために、彼は儒学の「道」は「狭き高き門」ではなく、「大路」であると強調しながら、その欺瞞的な帰結を批判していたのである。

　　孟子の曰く、道は大路のごとくしかり。あに知り難からんやと。いわゆる大路とは貴賤尊卑の通行するところ、……上王公大人より、下販夫馬卒跛奚贅者に至るまで、みなこれに由って行かずということ無し。ただ王公大人行くことを得て、匹夫匹婦行くことを得ざるときは、すなわち道にあらず。賢知者行くことを得て、愚不肖者行くことを得ざるときは、すなわち道にあらず。（『語孟字義』道3）

彼は孟子が「道」を「大路」に比喩したことを例にとり、その通行の主体に身分の差別があるはずがないという。「貴賤尊卑」にかかわらず、人間であれば誰にでもその道は開かれている。それまで教化の対象として扱われていた「匹夫匹婦・愚不肖者」のような生活者にも開かれている。彼はこの「大路」の比喩を通じて、特定の身分や地位に収斂しない、万人に水平的に開かれた公共的なものとして儒学の「道」を再構成しているのである。これによって、朱子学に内包されていた万民主体化の可能性という普遍性を、単に観念の次元ではなく、実質的なものへと転換させるための解釈学的な戦略をとっていた。そしてこうした解釈は朱子学の主体化論が「狭き高き門」を掲げ

たエリト主義と無関係ではないといった欺瞞性の問題を浮き彫りにする役割も果たしていたのである。

　第二に、機能的側面からの偽善の問題についてである。この問題は朱子学的合理主義に伴うリゴリズムに対する批判とかかわるが、それは仁斎によると、朱子学に内包された自発的・自律的な主体形成論の毀損といった結果を招いた問題としてある。

　　凡そ事専ら理に依って決断するときは、則残忍刻薄の心勝って、寛裕仁厚の心寡(すくな)し。上徳菲薄にして、下必ず傷損し、人亦心服せず。……申韓刑名の気象有って、聖人涵容の意味無し。己を持すること甚だ堅く、人を責むること甚だ深く。

　　　　　　　　　　　　　　　　　　　　　　　（『童子問』中65）

仁斎に認知された朱子学の風貌は結果的に「残忍刻薄」に傾く法家的なものにつながっている。それは自他関係において「事専ら理に依って決断する」という朱子学的合理主義による。こうした側面は丸山真男によって強調されよく知られているが[①]、その思想的意味は、丸山の強調する、歴史的変遷を認識させる歴史意識の喚起に留まるものではない。とくにここで注目したいのは、「己を持すること甚だ堅く、人を責むること甚だ深く」といった偽善的態度に注意を喚起しながら、その態度の根底に法家的な強制・他律的秩序意識を看取するところである。さらにそうした態度から結果的に自律的規範化の可能性が否定されるばかりでなく、「上・外」からの対立的強制・統制の合理化・正当化につながる危険性を読み取っている。一方では欺瞞的な自己絶対化・中心化、他方では下位者・他者に対する道徳的強制と非難によって彼らを「損傷」させる態度の問題が浮き彫りになっているのである。それは仁斎の目にまさに「偽君子」による「自暴自棄」（上15）の誘発に他ならなかったのである。

---

　①　丸山真男『日本政治思想史研究』（東京大学出版会、初版、1952年）第一章第二節「朱子学的思惟様式とその解体」4を参照。

朱子学はもともと一般の人々の公共的主体化の可能性を排除したり他律的統制を肯定したりするものではない。朱子学において理念的道徳性が内在された「本然の性」が重要だったのは、規範的行為および実践を、単に外部からの強制や命令によらず、内在的な「自然」の顕現として位置づけ、それに対する認識を深化させることによって、人々を道徳的自律化へと導こうとしていた。こうした朱子学の可能性に感激した仁斎だったにもかかわらず、上で見たように朱子学的主体化論にはらまれた欺瞞と偽善の逆説的状況は、彼をして朱子学に対して根元的な懐疑を抱かせていたのである。

二　原理的側面からの朱子学の問題——観念論的な人間観や倫理観

　仁斎が「古義学」を掲げてもっぱら古典そのものへの復帰を宣言せざるをえなかったのには、こうした逆説的な状況を突破するための思想的苦闘が横たわっている。そしてその苦闘の過程のなかで、彼が孔子と孟子の言葉の入ったテクストに依拠し文献学的な方法を通じて読み出した儒学の「古義」は、『語孟字義』という概念定義のための辞典的記述を通じて、その核心概念である「道徳」を再定義する局面に象徴的によく表われている。

　朱子学において道徳は、究極的な指向からみれば個体から全体につながるものだとしても、「修己治人」すなわち「修己」と「治人」が連動するものである以上、問題の原因をしばしば個々の倫理的な次元に還元させがちな性格を帯びる。しかし仁斎は、まさにこうした還元論的な思考が朱子学を観念論に化す問題の淵源だとみる。

　　仁義禮智はみな道徳にして、性にあらず。道徳は天下のものにして、一人のものにあらず。　　　　　（『語孟字義』仁義禮智3）

仁斎にとって道徳は、「本然の性」を求めて内面に沈潜する修養を通じて得られるものではない。さらにそれは個々人に局限されるものでもない。個別的次元に留まらず、その範囲を越えて「天下」に拡張された性格をもつ普遍的概念である[1]。もちろん、仁斎が再定義する「道」には、一方では「おのずから有る」（『童子問』上14）といった、「自然」のものとしてニュアンスが存在する。その意味で確かに共同体的エトスそれ自体を規範化しようとする「事実としての規範」の色彩がなくはない。しかし他方では、その「道徳」の核心である「仁」に対して、「自然」性だけでは成し遂げられない、「人為」的課題としての性格もまた強力に喚起させているということにも注意する必要がある。

　　一人に施して、十人に及ばざるは、仁に非ず。

（『童子問』上43）

　　親を親とするより之を充てて朋友郷党所識疎薄の人に至るまで、慈愛の心、周遍浹洽、いたらずといふ所無ふして、一毫残忍忮害の念無き者、之を仁と謂ふ。　　　　　（『童子問』中6）

　　仁斎が道徳として最も重視する「仁」は、最も自然的な感情としての親子関係の「自愛の心」を土台にしながら、それをただその関係内部だけに閉じるのでなく、身近な関係から「朋友郷党」に、さらには「所識疎薄の人」という他者にまで開かれるものとされている。仁斎

---

[1] 仁斎は一般的に道と徳を区分せず、道徳を一つとしてまとめて使う。これとは異なり、道を政治的技術（art）として、徳を徳性（virtue）で区分して使う荻生徂徠、1666-1725)こそ特異な場合といえる。したがってこの点に限定すれば朱子学者などの用例と似ているように、仁斎においても道と徳はまだ曖昧な未分化状態にあるということが適切かもしれない。しかし「道徳」に内包された存在的「事実」と規範的「当為」を原理的に同一化（「自然」）し、現実的に存在する両者間の乖離を「不自然」として処理する朱子学の考え方の観念性に比べて、仁斎のそれへの考え方は、「事実」と「当為」を原理的に区分し、その根源的乖離を認め、その乖離の前で直面する挫折（「自暴自棄」）に対して激励の手助けを差し出し、その乖離を埋めていこうと努力（「人為」としての「恕」）に対して鼓舞しようとする、経験的で相手の顔が見える具体的なものである。　彼に漂う暖かい雰囲気はこういう側面からもたらされるだろう。

は、生活世界における共同体的エトスを土台にしながら、それをその内部に回収するのではなく、それを乗り越え、あくまで他者の世界に開かれたものにしようとしている。そのような普遍性と超越性として「道」は定義されていたのである。これまで仁斎の道徳に内包された生活世界そのものに収斂されない意味での超越的な契機にはそれほど注目されてこなかった。しかし彼の道徳概念は、他者との関係においてはじめてその真価が問われる公共的規範といった性格を強くおびている。そのために、その「道」には「自然」のニュアンスが付いていながらも、「人によって顕われる」（『童子問』上9）といった「人為」性の契機がより根源的意味を担うことになる。だから、「道」の「隠見」それ自体は決して「自然」性でなく、人間が努力して行わなければならない「人為」の課題を要求しているということもまた、仁斎のこうした「道徳」の再定義をめぐる公共論的視点から起因するものであった[1]。

　以上でみたように、仁斎の朱子学の批判と「古義学」による儒学の再構成は、「人為」の方向を朱子学の個別的な内面世界への内向性から離れ、自他関係の交わる生活世界への直視を要求するものであった。そうした要請から出された注意が、「天下」への認識論的地平の拡張である。

　天下の同じく然る所に就いて道を見、（朱子学の）天下を離れて独り其の身を善することを欲せず。……その己を修め徳を立てる、将に以て天下の人を安ぜんとす。……聖人の書を読むに、必ず字眼有り。天下の二字、これ聖人の書中の字眼。（『童子問』中13）「天下」へと認識論的地平の拡張を強調するのは、生活世界での主体化が単なる共同体エトスの事実上の規範化にとどまらず、身近な関係から面識のない他者に至るまで自愛の心が「拡充する」といった過程を目指す

---

[1]　特に黒住真『伊藤仁斎の「道」』（佐藤正英ほか『日本倫理思想史究』、ぺりかん社、1983年）では、この「人為」的側面のもつ意味が強調された点は参考するに値する。

ところから由来する。もちろん、そこには前で指摘した、特定の人々だけに開かれた「狭き高き門」としてではなく、「匹夫匹婦・愚不肖者」のような生活者にも開かれた、儒学的万民主体化論を念頭においていたことも記憶すべきである。

　こうした脈絡からみると、「道は天下公共にして、人心同然のところ」（『孟子古義』　梁恵王下）というように、仁斎によって再定義された儒学の「道」は、「天下公共」の「事実」として、また「規範」としての二重的な意味をおびている。①「天下公共の道」は、「天下」のすべての人々によって「公共する」事実であると同時に「公共すべき」規範である。しかも「公的なもの」を意味する「公」に、「共に」という意味の副詞「共」を付けることによって、万人が参加して「公的なもの」を「公たらしめる」といった意味での、公共論的探求として自らの思想的営みを位置づけようとした。したがって、それは単に「事実としての規範」を意味するものではない。むしろ、規範そのものを、ある特定の実体として固定的に捉えるのではなく、事実の前提を基盤にしながら、そこから立ち上がる規範の形成といった過程を視野に入れた「生成論」的観点から儒学の道を捉えなおしている。この点こそ、ほかの儒学者や朱子学批判者と比較して、彼の議論を独特のものにさせる理由であろう。②

　一方、このような観点の全面的再調整は従来の人性論に対する発想の転換とコインの両面である。特に彼の人性に対する理解には経験主義的色彩が濃い。朱子学的考え方で見られように、「本然の性」を媒介として「道徳」との安易な個別的同一化ができると捉える観念論的接近に対して彼は批判的である。その同一化が、一方では「自分自身

---

　①　この事実と規範としての二重性については、上安祥子『経世論の近世』（青木書店、2005）第3章『私情から至情への交通──古義学の「公共」概念』からヒントを得た。
　②　ここで「公共」という言葉自体を名詞的に解釈すれば、二番目の音節の「共」の意味がうまく生きない。この言葉を「公共する」という意味をもつ動詞的活用と解釈することが、その意味を明らかにする上で適当だと考える。

には寛大で他者には厳格にする」といった欺瞞的自己絶対化を招き、他方では下位者・他者に対する道徳的強制と非難をもって彼らを「損傷」させる態度を正当化しがちになるとみたからである。「道徳」に対する朱子学の観念的傾向は、実際には自己満足的な欺瞞と実践上の偽善を胚胎しているということである。それだけに、彼の新しい人性論・人間観に対する摸索は朱子学的人間理解の問題性を克服するためのものであった。

　　性は生なり。人その生ずるところのままにして加損すること無し。……なお梅子は性酸し、柿子は性甜し、某の薬は性温、某の薬は性寒というが如きなり。　　　　　　　（『語孟字義』性1）

彼が経験的な次元での先天的性質・気質それ自体を「性」と規定するのは、朱子学的な「本然の性」＝「天理」のもつ本来性に対して否定しようと思ったからである。彼によればその本来性が「道徳」に対する観念的接近とそれによる安易な個別的同一化を助長し、共同体的エトスを越えてその「外部」の世界にまで開かれた「慈愛」の実践に向かわせず、自己の「内部」に閉じ込められ、結果的に「自分自身には寛大で他者には厳格な」リゴリズム的な逆説をもたらすということであった。そのような意味で「本来の性」を媒介として私‒世界‒宇宙が一つの原理（「理」）に繋がっているとみて、内面的自己革新という倫理的命令を「自然」的なこととして理解する朱子学的人性観は楽観主義的(optimistic)である。[1]

　しかしそれだけに、朱子学は「独我論」的枠組みから抜け出しにくい。[2] ここで「独我」とは、私だけが重要だという考えだけをいうすのではない。私に妥当なのは他のすべての人々にも妥当であるはずで、妥当しなければならないという考え方を指す。そういう認識論的

---

　　[1]　丸山による朱子学的楽観主義とリゴリズムの逆説的関連に対する分析は参考するに値する。丸山前掲書『日本政治思想史研究』、第133-136頁参照。
　　[2]　「他者」に対する問題に対しては、柄谷行人『探求Ⅰ』新しい波、1998年（原著、『探求Ⅰ』講談社、1986年）を主に参考にした。

枠組みでは、構造的に「他者」が入る余地がない。「他者」は単に日常的意味の他人を意味するのではない。そして今日の私たちがよく聞く、民族的、人種的、あるいは階級的他者だけを指すのでもない。同一性を極めて自明視する「われわれ」の「中」の他者に対しても自覚的でなくてはいけないという倫理的動機が内包された認識論的な概念である。

まさにその理由のため、仁斎が朱子学の原理主義的人性論を観念の所産だと否定し、人間の自然的本性を「気質の性」＝現実性の立場で照明を当てているわけである。[1]これを通じて朱子学が直面することになった問題、すなわち経験的な「性」とは次元を別にする、理念的な「本来の性」を人間に本来的に内在する「自然」として受け入れることによってもたらされた逆説的状況に対する認識論的再検討の基盤をつくっていたのである。それは経験的・現実的な人性の理解を通して、朱子学的人性論に内包された理念的な本来性への逃避という問題を浮上させ、それと同時にそういう「本然の性」に比べてはるかに劣等で不安定なものとして見なされてきた経験的な「性」の現実に対する再認識を促すことでもある。理念的本来性を本来の「自然」とみる朱子学的人性論の観念論的傾向に対して、仁斎はあくまでも経験できる「現実」に限定して人性の「自然」を設定することによって、「自然」それ自体の意味転換を図るとともに、その関心の方向を「酸っぱかったり甘かったり暖かかったり冷たかったり」する個性が多様に存在する多様性の生の現実をそのまま直視しようとするものであった。

このような「自然」の意味転換と経験的人間の「現実」の再認識に対する要求は、朱子学的人性論の根拠になった孟子の「性善説」に対する再検討にもつながらざるをえない。朱子学では、すべての存在の本質・運動法則としての「天理」を設定し、人間に内在した「天理」

---

[1] このような側面に対しては、荒木見悟『朱子学と陽明学』（『貝原益軒・室鳩巣』日本思想大系34、岩波書店、1970年）参照。

を「本然の性」と呼ぶ。そこに内面的自己革新を通して公的主体としての自己確立という契機が内包されていると見るが、その根拠は孟子の「性善説」の土台になる「惻隠之心・羞悪之心・辞譲之心・是非之心」という「四端の心」である。

　ところで仁斎によれば、この四つ「端」の意味に対する誤解が朱子学を観念論へと誤導する一つの契機だという。朱子学ではこの「端」をただ「端緒」という意味として解釈し、それを「理」の本来性が発現された「現象」としてだけ見なし、「後儒……孟子の言を「本然の性」を論ずとす」(『語孟字義』性2)というように、発現された「現象」よりは内面に普遍的に実在すると信じる「理」それ自体の「本質」を把握し体現することに自己革新の完成を目指す。しかしまさにそこから問題が生じているというのである。仁斎によれば、「理」に対する探求は存在それ自体の内面に対する探求へと傾き、形而上学的観念論になりやすい。そうなればなるほど、その探求は形而上学的論争にまきこまれることになって、結果的に「現象」に過ぎない「四端」に内包された道徳的契機の「拡充」という関係論的可能性は軽視されたり見過ごされてしまう。仁斎が朱子学徒だった若い時期に「無欲清浄」という高邁な内面的人格の完成のために自分の一人だけの修養に没頭したことはそういう思想的傾向の帰結だった。まさにこのような問題を批判的に意識して、彼の性善説に対する解釈もまた経験主義的傾向を帯びることになるのである。

　　孟子の意、本天下の性、みな善にして悪無しと謂ふには非ず。
　　気質の中に就いて、其の善を指して之を言ふ。気質を離れて其の
　　理を論ずるに非ず。　　　　　　　　　　　　（『童子問』下1）
彼の人性論は「気質の性」に限定して構成された、経験的で蓋然的な人間現実を前提とした人間学構想の出発点である。朱子学の楽観主義的態度が招くリゴリズムという逆説を体験した仁斎はその根拠としての「性善説」に経験主義的接近を試みる。

もちろん、それにしても、彼が「性善説」に内包された普遍的契機それ自体を否定しているということではない。むしろ注目しなければならないことは、彼が普遍的契機を捕捉する地点が朱子学のそれとは違ったところにあるという点である。「善を善とし、悪を悪として知る」ことと「善を好み、悪を悪む」のは、古今を問わず、天下のすべての人々に共通的な情緒だという(『語孟字義』情1)。さらに「善に至らぬ」盗賊でさえ「善を善とし、悪を悪とする」ことができるといい(『語孟字義』性2)、善悪の分別力は善人と悪人、賢人と愚人に関係なく、普遍的であるという。彼は孟子に基づいて自己を規範化できる可能性の端緒として、先天的な善悪に対する判別力と選好を誰でももつという。だから、現実の人間が道徳的に自律かできる、いわゆる「道徳感情」の契機は本来的に存在する。

しかし、その善悪への判別力や善への選好の契機はあくまでも可能性に過ぎない。仁斎は、「性の善、恃むべからず」(『語孟字義』学2)という。人性それ自体に任される現実は不善と悪が絶えないところとなる。

> それ人、己れを好悪するところを知ることは甚だ明らかにして、人の好悪においては、泛然として察することを知らず。故に人、われと毎に隔阻胡越、あるいは甚だ過ぎてこれを悪み、あるいはこれに応ずること節無く、親戚旧知の艱苦を見ること、なお秦人越人の肥瘠を視るがごとく、茫乎として憐れむことを知らず。その不仁不義の甚だしきに至らざる者はほとんど希(すくな)し。
>
> (『語孟字義』忠恕1)

彼は他人に対する無関心(apathy)で、ひたすら「自己」だけが闊歩し他人との「交通(communication)」が欠如した現実、いわゆる私生活主義的な自己の中への逃避で表象される、生活世界の実状から目を逸らさない。そこは「愛」と「正義」が他者に広がる「仁義」の世界ではない。そのような意味で生活世界の「不仁・不義」の現実態を見

ている。彼が、一方では人性それ自体に公共的主体化に向ける可能性を認めながらも、他方では「自暴自棄せざるものは千百の一二のみ」(『童子問』上15)といって、ごく少数の例外を除いては、現実世界の絶対多数の人々はその内面の「道徳感情」の契機を拡充・伸張させずにいるという冷静な認識もまた彼にある。彼は自らの生が他者の生の抑圧や排除を伴うこともあるといった事態に対しても注視していた。こういう意味で、仁斎が生を善だと見てはいたが、単純に「欲望」を肯定しているわけではない。また母性主義や生命主義にも立っていない。①生活世界に対する暖かい視線を彼の学問的基調とする仁斎といっても、彼は他方では生活者などの現実態を単純に肯定しているだけではない。

彼の儒学的構図の再編のなかで、一方では生活世界に対する共感を力説しながらも、他方では「知」や「明」という理性的認識の契機を浮上させるのは、このような生活世界に内在した自己中心主義と利他心の混在という可能性と問題を同時に複合的に把握するからである。彼が、「性の善、恃むべからず。学なかるべからず」(『語孟字義』学2)といって、「学」こそ主体形成過程のなかで見過ごされることができない根本的要素であることを力説したのも、そして生活自的主体形成論の意味を帯びる陽明学的傾向に影響を受けていながらも、それ自体に対して批判的だったのもそのためであった。

三　自律的主体化への道と活物観

もちろんこのような見解は朱子学的現実認識と大きく異ならないよ

---

①　「生命」の実感に基づいた生命主義が全体主義に変質する危険性を日本近代の生命主義の分析を通じて批判的に考察したつぎの著述は参考するに値する。鈴木貞美『「生命」で讀む日本近代——大正生命主義の誕生と展開』NHKブックス、日本放送出版協会、1996年。

うに見える。朱子学では現実世界の否定的側面を「気質の性」から由来する「人慾」として捉え、存在の奥深いところに本来存在する「本然の性」＝「天理」に帰ることによって、そういう問題から抜け出すことができると考えていた。内面的人格の完成のための修養が強調されるのはそのためであった。

　しかし仁斎はそういう見解とは考えを異にする。もちろん彼が「学」の役割とその必要性を力説するのは朱子学と同じである。しかしその接近視覚が違う。特に彼は、現実世界の否定的側面の由来に対して、朱子学のように「天理」対「人欲」という二分法的構図で一元化しそれを「欲望」に捕われた結果という次元だけで捉えない。彼は「自暴自棄」というあり方は同一だといっても、その背景や原因および対処方案に対しては、一律的に論断できない、それぞれの固有な脈絡（context）を持つという見解を中心に置く。

　　いやしくも人を待するその好悪するところ如何、その処るところなすところ如何と忖りはかって、その心をもっておのが心とし、その身をもっておのが身とし、委曲体察、これを思いこれを量るときは、すなわち人の過ち毎にその已むことを得ざるところに出で、あるいはその堪うること能わざるところに生じて、深くこれを疾み悪むべからざる者有ることを知り、油然靄として、毎事必ず寛宥を努めて、刻薄をもってこれを待するに至らず。（『語孟字義』忠恕１）

それぞれの脈絡に対する慎重な接近が強調されるのはそのためである。そしてこのような彼の脈絡論的接近から、朱子学では否定的表象で取り扱いされやすい「情」に対して再定義しながら、朱子学的認識論の盲点を浮上させて、いわゆる「滅私奉公」的な公私観の構造的革新に端緒を提供しているという点とも関わる。

　　宋儒毎に公の字を以て、学問の緊要とす。曰く、天理の公と。……少しも偏私する所無し。これ公と謂う。……かの父子の

ために隠し、子父のために隠す。……公と謂うべからず。然れども人情の至りにして、道の存する所なり。……偏廃すべからず。……いやしくも仁に居り義に由れば、すなわち公を言うを待たずして自ずから偏私する所無し。（『論語古義』堯曰篇）

この部分は家族の「情」により行われた窃盗行為と隠蔽行為という社会的逸脱を扱ったエピソード（『論語・子路』）に対して、仁斎が新しい解析学的接近で朱子学との見解の差を浮上させるところである。朱子学において「情」とは公明正大な「本然の性」と倫理的価値の側面で対比される概念である。しかもどちらといえば、「人慾の私」に流れやすい不正性を意味しやすい。したがって「必ず情を滅して無慾に達せずには止めず」（『童子問』中12）と仁斎が批判するほど、「情」に対する朱子学の否定的視線は厳格なものである。その上、それが日本の伝統的な「オオヤケ（公）」と「ワタクシ（私）」の関係と対比され、いつも「オオヤケ（公）」に対する下位的存在としての「ワタクシ（私）」には倫理的な不正性が刻印され、「滅私奉公」的な態度が正当化されてきた。

しかしこのような対立構図に対して、仁斎解釈は新しい可能性を孕んだものであった。もちろん仁斎も無条件的に家族の「情」を単に肯定しているわけではない。「私に偏る（偏私）」は望ましいとは見なされない。そのような意味で彼にも「公私」は依然として倫理的価値の表象を帯びる概念である。それにしても、「私」に偏りやすいといって「私をなくす（偏廃）」という行き過ぎ、すなわち「公」への偏向もまた仁斎は問題視していることに注目しなければならない。[①]彼はその偏向が「人情」を無視しており、その「人情」に基づく「道」からも離脱する危険性があることを指摘している。仁斎は人情に対する朱子学の無差別的で無条件な否定からもたらされる日常世界からの離脱

[①] 「仁は天下の公、善の本」。『近思録』一冊、道体篇。湯幸孫『近思録上』（『中国文明選』四、朝日新聞社、1972年）参照。

という陥穽に対して、そして「公を言うを待たずして自ずから偏私する所無し」といった可能性の局面に対して注目しているのである。

このように朱子学の「天理の公」と「人慾の私」の対立構図に対する仁斎の新しい解析学的接近は「人情」をめぐる視覚差を尖鋭に浮上させている。

　　　情とは、性の欲なり。動くところ有るをもっていう。……父子の親は、性なり。父は必ずその子の善を欲し、子は必ずその父の寿考を欲するは、情なり。　　　　　　（『語孟字義』情1）

彼はやむにやまれぬ最も自然的な感情として「情」を捉え、その共同体的エトスの「自然」性を喚起する。ここで注意すべきものは、仁斎の「情」の「自然」性への喚起が、人々の関心をその共同体的エトスに収斂するためではないということである。

　　　その性を養うときはすなわち情おのずから正しく、その心を存するときはすなわちおのずから長ずるをもってなり。

　　　　　　　　　　　　　　　　　　　　（『語孟字義』情3）

それは、「自然」的な「情」を捉えてこそ、それを「正しく」するための真の方法もそれによって生み出されるといった方法論的視点によるものだったということである。仁斎は「情」それ自体の否定でもなく、全肯定でもなく、その「情」の正しい発現をもたらそうとしていた。それは、翻って言えば、「性・心」の要求が満たされないとき、「情」は軌道を逸脱して「自暴自棄」といった欲望の暴走に自らを委ねてしまいかねないといった憂慮の裏返しでもある。そうした方法論的視点から、「情」に対する朱子学の無差別的・無条件的な否定からもたらされる日常世界からの離脱という陥穽を仁斎は読み取っていた。[①]また、そういう見解で認定に対する朱子学の無差別的であ

[①] 丸谷晃一『伊藤仁斎の「情」的道徳実践論の構造』（『思想』第820期、岩波書店、1992年）は、仁斎における「情」の道徳的可能性と問題性の両面を考察しながら、それに基づいて形成される他者に開かれた秩序・主体形成論として仁斎のそれを捉える。参考になった。

って無条件な原理的接近が招く日常世界からの離脱という艦艇が看破されていたのである。

ところで、いくら「道徳感情」の契機を内在した「人情」といっても、仁斎自身が認めるように「自暴自棄」という欲望の暴走に自分をすっかり任せやすい存在が絶対多数の状況が現実世界の実状である。そのような状況で「愛」で「人情」を抱き合わせるということがどれくらい効果的であろうか。そしてその結果が人々の「納得」と「寛大さ」を引き出し、道徳的主体化につながるといった保証はまたどこにあるということだろうか。まさにこの側面に仁斎独特の世界観としての「活物」思想が関わる。

> 天地は一大活物……凡そ天地の間は、みな一理のみ。動有って静無く、善有って悪無し。蓋し静とは動の止、悪とは善の変。……両の者相対して並び生ずるに非ず。みな生に一なるが故なり。
>
> （『童子問』中69）

彼は万物の存在について、生きて絶えず動く「活物」としてみる。さらに「善」と「悪」を二元的実体の対立として把握する世界観を拒否する。その代りに、「悪」を「善の変形」、すなわちそれをあくまでも一時的な運動の状態として「不善」または「未善」の流動的状態に過ぎないものと理解する。それと同時に「天地」の「生」を根拠として世界と存在は「善」という一元論的本質に向かって動く存在として浮き彫りにする。

彼が「聖人」の教えとその実践に偉大さを読みだしていたことは、世界と存在の本質をまさに「活物」として把握していたためである。彼には聖人こそ世界と存在に内在する可変的な運動性、しかも「善」を指向した動きの傾向を世界と存在の本質として把握し、それを育成して充実させる存在である。「伏犠の目に死物無く、孟軻の目に不善の人無し」（『童子問』中69）といのうも、彼が聖人の実践から読み出した「活物」思想の表現にほかならない。公平と正義の実現のための

公共的主体形成は「愛」による時こそ、「自発的に」その契機を発見できるとみたのは、彼がこのような「活物」思想に基づいていたからである。生活世界での公共的主体形成の課題において朱子学との差を作り出すのは、まさに彼の独特の「活物」的世界観によるものであった。①

たとえその「活物」性に現実的には改善の可能性だけでなく否定的変化の可能性も伴わないわけにはいかないといっても、仁斎はあくまでもその改善の可能性に関心の焦点を合わせていく。したがって彼はその可変的運動を「活物」の本質として把握しているから、人間が犯すその時その時の不善や誤りなどに対して執着せず、人間は可変性が内包された緊張感の中で一つずつ一つずつ関係や事を前向きに推進しなくてはいけない存在として把握されたことを意味する。この過程に対する自覚こそ、彼の「活物」思想に入れられた彼の生活世界に対するメッセージだったのである。このような有限性に対する自覚によってはじめて自分自身の誤りだけでなく、他者の誤りに対しても寛容的な目線で接することができる。だから、彼の「誠」も、朱子学的解釈のように単に「無誤謬」の観念的性格なものではない。むしろその「間違い」に腐らず、改善可能性を「大らかに」、しかも「根気よく」前向きに押し進める探求的姿勢を示す概念として再解釈されているのである。

彼によれば学問の契機はまさにこういう問題に対する認識論的覚醒から始まるという。そしてその覚醒から自分自身の公共的主体化という課題に接近することができると把握する。

　　学問はその本づく所の者如何と視るのみ。本づく所少しく差(たが)えば、邪正相反す。聖人は天地を以て活物とし、異端は天地を以て

---

① S. H. Yamashita『川期思想におけるかなる革命』(『季刊日本思想史』第31期、ぺりかん社、1988年)は仁斎の「活物」思想の思想史的意味についての議論であるが、良い示唆となった。

死物とす。ここの処一たび差えば、千里の繆りあり。

(『童子問』中67)

　万物という存在を生きて絶えず動くもの（「活物」）として見るか、それともただ固定されて動かない死んだもの（「死物」）として見るかの差異への対照に、仁斎自身と朱子学の主体や社会を理解する視点の決定的な差を凝縮させている。現状の背後に存在する脈絡に対して接近しようと思う慎重な努力なしに、単純にその現象に対して対症療法的な接近のあり方では解決のどころか、心情的反発と冷やかしだけを招かざるをえない。生活世界に蔓延した自暴自棄の原因とその対処方案に対する深い洞察なくては、学問は本来の意味を失うほかはない。彼の学問観は存在の「活物」としての肯定的変化のダイナミックな可能性に信頼を置いたものだが、それは「天地」の「生生」の心を受け継いだ「聖人」の「愛」の教えによって、生活世界の中で一つずつそれぞれの脈絡に接近して、それぞれの「希望」を成し遂げられるようにすることによって、彼らの「納得」を引き出し、彼ら自身を公共的主体形成の道に誘導するという構図の哲学的根拠であった。ややもすると漸進的革新につきやすい、革新の持続に対する確信の欠如、不安を彼はまさにこの「活物」思想から越えていたのである。

四　政治に対する目覚めの視線

　上から見たように、脈絡を重視する彼の方法論的視点は朱子学から「古義学」への思想的転換であったが、その基調は朱子学の冷徹さに温みを付け加える形で展開されていた。特にこの点は実際にその転換の初期著述によくあらわれている。

　　仁は、性情の美徳にして、人の本心なり。蓋し天地の大徳を生と曰い、人の大徳を仁と曰う。而していわゆる仁とは、またかの

天地生生の徳を得て、以て心に具うる者なり。蓋しかつて仁者の心を以てこれを観るに、仁者はその心、愛を以て体とす。故に能く物と体を同じゅうす。能く物と体を同じゅうす。故にその心自ずから公。その心自ずから公。故に寛にして能く大。寛にして能く大。……物と体を同じゅうすれば、すなわち能く恕す。その心自ずから公なれば、すなわち正を好む。寛にして能く大なれば、すなわち容るること有り。　　　　　　　　　（『古学先生文集』巻3）

ここでは儒学的規範の核心概念である「仁」の本質を「天地」が万物を「生生」する「徳」に比喩している。それを「人の本心」と把握しているところは、依然として朱子学的「本然の性」の影が見られるが、そこにはらまれやすい観念論的な跡は見られない。すでにそれを「天地」が万物を「生生」するという作用に比喩された「愛」という具体的意味に読みかえられている点でも知ることが出来る。ここで注目しなければならないことは、そのように認識することによって。「公」も「自ずから」可能になって、「正」にも親和的になると把握する点である。それと同時に「寛大なる」気象も、広い「度量」も伴われる。彼が「仁」を一言でいって「愛」だと具体的概念で言語化するのは、このように「天地」が万物を「生生」するという作用に比喩された「愛」という意識が根底にあるためだが、その言語化は「愛」によって片方の「寛大」と「度量」を引き出し、他方の「納得」を引き出したりもし、「自ずから」公平と正義に進ませるという認識を示唆するものであった。公平と正義の実現のための公共的主体形成は「愛」によってこそ「自発的に」その契機を発見することになるのである

こういう脈絡から見ると、彼の王道論への強調や当代権力への批判的言及は、生活世界からの公共的主体形成における大きな「条件づくり」といったものと関係している。それはまた政治権力の正統性（legitimacy）の問題ともつながる。彼が民本政治論において「公平」

と「寛仁」を浮き彫りにしているが、それは恣意的に振り回す政治権力に対する公共的指標を彼が構想していたことと関連していた。そしてその構想は経学的次元の抽象論に留まるのではなく実際に同時代的脈絡を持つものであった。

彼が強調する「文治」は当時の政治現実では「公平」と「寛仁」を内包した王道論のもうひとつの表現である。もちろんそれにしても、彼は武士支配体制に対する根本的変革を夢見る革命家的思想家ではない。彼の手紙のなかで、「ここ昭代に及び、海宇すなわち清く、首として右文の教えを敷き、兼ねて唐宋の政を慕い、数百年塗炭に陥るの民を反えして、大幸と謂うべし」と書いているように①、彼は実際に徳川体制の成立にともなう「泰平」の実感を決して軽く見ない。他方では典型的に武家諸法度がますます「武」だけでなく「文」の価値を補完した形で改正されていたという事実から、体制内的改革の可能性に期待をかけていたかもしれない。

しかしだからと言って、彼は同時代の「泰平」に盲目的でもない。彼の問題意識はあくまでもその平和と安定がいかなる基盤のうえに構築され、それがいかなる問題を孕んでいるかといった点に基づいているからである。

　　国家治まらんとする、必ず文を右にして武を左にす。そのまさに乱れんとするや、必ず武を貴んで文を賤しゅうす。……ただ近世士大夫、おおむねみな木強で学を知らず。……今顧みて曰く、学にあらざればもって人を成すこと無く、文にあらざればもって武を済すこと無しと。……泰平の昌運にあたり、無疆の鴻業に基し、その国祚の永年、あにまた限量すべけんや。②

仁斎によれば、「文その武に勝つときは、則ち国祚修(なが)かり。武その

---

　①　『古学先生文集』第一冊収録．この文章は『伊藤仁斎・伊藤東崖』日本思想大系33、岩波書店、1971年。
　②　同上。

文に勝つときは、則ち国脈ちぢまる」（『童子問』中31）。政治のあり方において「文治」なのか「武治」なのかは、国家の運命を左右するものである。それへの分別は核心的要素であるにもかかわらず、当代の為政者層には単に「木強」の武断的統治に満足して学問を通した「文治」の重要性を知らないと見ている。したがってその状態では、今が「泰平」であっても、その平和と安定が長く持続するという保障はない。彼が「文治」および「王道」の民本・民生的性格を強調していたことは、徳川体制の平和と安定がいかにも不安定な基盤のうえに構築されているかといった批判的意識とかかわる。①そのような意味でも「仁徳」天皇の仁政に対する称賛や朝廷文化に対する親近感の表現は単純に天皇制的秩序に対する期待の表現ではない。もっぱら「文治」および「王道」の強調という脈絡の中でその親和感が表現されているだけである。②

　よく研究者の間では指摘されてきたように、二度にかけて地方領主から招聘を受けたが、それに応じなかったゆえもあって、仁斎自ら政治世界に直接関与することは回避してきたといえるかもしれない。③それにしても政治世界に対する直接的関与が身分的に制限されただけでなく、政治権力の正統性問題に対する「下」からの発言だという点を勘案しなくてはならない。その点を考慮するならば、仁斎の王道に対する積極的な接近は単純に註釈中心の経学的伝統の踏襲でない。彼の王道論に対する関心は慎重に表現されてはいるが、それの強調を通じて、単純に法度や処罰だけで統治するところになじむ当代の武断的

---

　①　為政者層の武断敵性格を浮上させながら、それに対して「文」の価値を強調する点は、徂徠の政治論にひとつの刺激だったかもしれない。

　②　加藤仁平『伊藤仁斎の学問と教育』目黒書店、1940年では、仁徳天皇に対する称賛の詩をとりあげ、皇国思想と親和的な仁斎像を描いているが、その仁徳天皇に対する称賛の根拠に注目するならば、単純にその詩が天皇制へ収斂される性格のものと規定できる単純構造ではないことが明確になる。そういう解釈はその論著の著述時期が1940年であったという時代状況と無関係ではないだろう。

　③　吉川幸次『仁斎・徂徠・宣長』岩波書店、1975年参照。

統治の現実に対する批判を表明しているだけでなく、支配層としての武士層を「学問」に引き込んで、政治世界の真の担当者としての自覚を持った為政者として自己革新しなければならないといった政治的課題を彼らに提起していたと読めないこともない。

こういう脈絡から見ると、仁斎が朱子学の基本テキストの「四書」を解体しながらも、そのうち、とくに『孟子』を『論語』とほとんど同級において高く評価し、最も基本的テキストとするのは示唆的である。彼は「学問」という方法として「血脈」と「意味」の分別・認識を強調しながら、特に「もし孟子を去って特に論語の字面によって之を解せんと欲するときは、則惟其の義を得ざるのみにあらず、必ず大に道を錯る」（『童子問』上7）としながら、『孟子』の独特の位置を力説している。後で徂徠から「孟子をもって論語を論じ」ていると批判を受けているほど[1]、彼の思想的摸索のなかで孟子はテキストの基本骨格を成していた。人性論、道徳論、王道論に至るまで、生活世界での公共的主体形成とその形成の必要条件として力説する王道的政治論は孟子特有の議論の展開なくては、それほど簡単に確立できるものではなかったかも知れない。彼の「血脈」論はその事情を象徴的に表わていた。

ところで、「『孟子』をのせて（日本へ向かう）船は必ず沈没する」、という俗説さえ出回るほど、孟子の議論は一般的に日本社会で最もタブー視された儒学的理論だった。[2]特にその忌避の中心にあったのが易姓革命論であったのはいうまでもない。しかし仁斎の思想的摸索においてはそういう社会的雰囲気に左右されない。かえって王道的政治論の一つの契機としての易姓革命に対して最も急進的な解釈を提示してさえいる。

---

[1] 荻生徂徠『弁道』第11条、『荻生徂徠』日本思想大系36、岩波書店、1973年。
[2] 野口武彦『王道と革命の間──日本思想と孟子問題』筑摩書房、1986年、第6頁。

湯武の放伐のごとき、これを道と謂うべし。……道とは、天下
　　の公共にして、一人の私情に非ず。故に天下のために残を除く、
　　これを仁と謂う。天下のために賊を去る、これを義と謂う。当時
　　たとい湯・武をして桀・紂を放伐せざらしむるとも、然れどもそ
　　の悪いまだあらたまらざるときは、すなわち必ず又湯・武のごとき
　　者有ってこれを誅せん。上に在らざるときは、すなわち下に在り。
　　一人これを能くせざるときは、すなわち天下これを能くせん。

(『語孟字義』権4)

　　周知のように、易姓革命論は古代中国の王朝国家であった夏・殷・周の王朝交替を「天命」という「民心」の向背に基づいて正当化した一種の政治変動論だ。『孟子』で主唱された民本主義的王道論の一側面を構成する要素でもある。しかし、政治現実においてその理論は慎重に扱わなければならないと見るのが普通であろう。特に士大夫の主体的実践を強調する朱子学においてさえ、それは「権」として定義され、その実行は非常に特別な前提条件を満足させることができなければ試みられてはいけない一種のタブーであった。

　　このような事情を考慮すれば、仁斎の解釈は非常に急進的な性格なものといわざるをえない。朱子学においては、「放伐」を非常時手段としての意味をもつ「権」と位置付け、それを一般的な状況から排除していたということを仁斎自身よく知っていた。それにもかかわらず、彼がそれを普遍性・一般性の意味をもつ「道」として明確に定義しなおしているということだけでも、その急進性は典型的によくあらわれる。その上、「放伐」の必然性と成功可否を、単に歴史的な存在である湯王・武王の個別的次元におかない。万が一、それが当時失敗したとすれば、第二の湯王・武王が登場し、またそれを実行しただろうという。まるで湯王・武王とは、ヘーゲルのいう「時代精神の操り人形」に酷似した位置付けがなされている。

　　だが、そこにとどまらない。彼は一歩先に進んで、「上」で解決

伊藤仁斎の「天下公共の道」と「民」の政治的覚醒

できなかったとすれば「下」でそれができる豪傑が現れそれを成し遂げるはずだし、もし豪傑の力でも力不足だった時には「天下」が立ち上がって、それを実現しただろうとまで豪語する。その解釈に現れる「天下」の民は支配をそのまま受けるものではない。それまで「下民」は政治の場において動因対象としてみなされた受動的、消極的存在に過ぎなかった。そうであるから、歴史上時々登場する彼らの政治的動きはその動機如何を問わず、不純・不穏なものとして見なされて、その性格が「乱」としか規定されなかった。しかしここで仁斎は、従来の規定に対するそのような性格を払拭させようとしている。また「下民」が従来の意味とは全く異なり、自らの意志によって公的領域および公的問題に参加する積極的、行動的主体として表象されているのである。まさにこの脈絡で「天下公共の道」という命題が提起されていることはその反証である。この部分は彼の孟子解釈、さらには儒学の解釈がいかにも根源的発想の転換を図ったものであったのかが典型的に見られるところである。[1]

その根源的転換を可能にしたのは、日本においても戦国時代以来、各種の言説空間に広まった「天下の天下」といった公共的理念である。その典型的事例として、仁斎の諸葛孔明に対する独特な評価は興味深い。「(諸葛孔明は)もっぱら漢王朝の回復に汲々し、天下の安民に志はなかった。その天下とは天下の天下である。長く漢氏のものになるはずがない」。[2]仁斎は、諸葛孔明について、天下の平和と安定より特定の王朝への忠誠のみを考えるものとし、真なる王道の理念に忠実な人物ではないと見下す。こうした評価は、一般の馴染みの評価とはかけ離れたものである。仁斎は「天下の天下」という命題によって、「天下」の主体は特定の統治者に限定されるものではいという

---

[1] 徂徠は仁斎に見えるこのような急進性に対して危機意識を抱いていたようである。片岡龍『荻生徂徠の天命』(『日本思想史』第29期、1997年)参照。

[2] 『古学先生文集』巻二『論諸葛孔明非王佐之才』。

ことを浮き彫りにしているが、それは、生活世界の平和と安定のためには、「天下」そのものが主体として立つことが前提にならなければならないといった政治認識へとつながっている。

　こういう脈絡で仁斎が「道」を「天下公共」の次元で再定位する側面は、思想史的に意味深長な思想的転換の局面を象徴する。彼が「公共」と称するのは、それまで一般的な共同目標それ自体やその実現の実体を示す「公」そのものを意味しない。その「公」のあり方がその成立方式との関連の中で再認識されており、公共性をめぐる重要な認識論的転換ともいえるのではないだろうか。「天下」に関係する「公的なもの」の実現が「みんなと共に」という意味を持った副詞が付け加えられ、「天下」の皆が「共に」という作用を通じて成り立たなくてはいけないという認識が表明されたのである。彼の「公共」概念は共同目標の設定とその実現を天下の万民に開放する、その実践主体の地平を拡大する意味を持つものであった。そのような意味で、仁斎の「天下公共の道」という命題は日本近世社会を背景にした公共性探求の本格的胎動を象徴するものでもあったと思う。[1]

---

[1]　ほとんど同時代ということができる野馬が山鹿素行にも'公共'探求をめぐった議論が見える（上安祥子『私利私欲から〈公共心〉への助走——山鹿素行の思想』、『奈良女子大大院人間文化究科年報』2002年第17期。

近世日本的儒礼实践

田世民（中国台湾淡江大学）

一 前　言

　　一代大儒朱子（名熹，字元晦、仲晦，号晦庵、晦翁，1130~1200）毕生致力于集理学、经学之大成，在经学方面对礼特别重视。不但潜心研究古礼，编撰《仪礼经传通解》一书（朱子生前未竟其功，由弟子黄榦、杨复先后补修完成），传述先王的礼制，还为了顺应时代的要求，奠定冠昏丧祭的具体规范，编著了《家礼》一书。此书虽在朱子逝后以稿本出现，但经朱子之子朱在认定为乃父所著稿本无误。然而，由于此书非定本，故此后遂有《家礼》非朱子所作之论争，延续至今，一般认为《家礼》一书虽非定本，然确为朱子自己所作无疑。[①]

　　其实，议论《家礼》究竟是否为朱子所作的意义并不大，重点是《家礼》一书已经以《朱子家礼》或《文公家礼》（以下统称《家礼》）之名广为流传，普及于世。当然，明代丘濬的《文公家礼仪节》和《性理大全》本《家礼》帮助《家礼》普及与流传的事实更不容忽视。其流衍的范围不止限于中国境内，更及于韩国、日本、越南等东亚世界。所以，《家礼》是东亚各区域所共同拥有之礼仪实践文本，在这些区域的知识分子乃至一般民众的社会生活中有着举足轻重的地位，可

[①] 吾妻重二先生详细考证《家礼》的版本及其变迁，证明《家礼》虽非成书但确为朱熹所著，笔者也同意这个见解。详参氏著《朱熹〈家礼〉の版本と思想に関する実証的研究》，《平成12年度~平成14年度科学研究費補助金（基盤研究（Ｃ）（２）)研究成果报告书》，关西大学文学部，2003年。另参吾妻重二著，吴震编《朱熹〈家礼〉实证研究》，华东师范大学出版社，2012年。

谓东亚世界共有的文化资产。

在中国，《家礼》问世之后，为使人们能够更加理解《家礼》的内容，并且顺利地将其冠昏丧祭等礼仪具体地付诸实践，出版了许多有关《家礼》的解说书。何淑宜根据《家礼》研究巨擘伊佩霞（Patricia B.Ebrey）对元明清出版的家礼类书所做的调查结果（66种），进一步详细调查了有关家礼和丧祭礼同时期的书，得到总计近90种之结果。[①]其中，《性理大全》本《家礼》的杨复附注和丘濬的《文公家礼仪节》是解说《家礼》的代表著作。《性理大全》本《家礼》和《文公家礼仪节》不仅在中国受到重视，而且东传到韩国和日本等区域，成为儒家知识分子理解和实践《家礼》的主要依据。

朱子学原本于中世由禅僧传入日本，从属于日本佛教中的禅学。朱子学正式脱离禅学独立是在近世初期以后。[②]《家礼》传入日本可上推至室町时代，[③]但是开始受到重视、并由儒者据以实行丧祭礼，则是在进入江户时代以后。此外，德川幕府实施"寺请制度"之宗教政策，强制个人必须归属佛教特定的宗派和寺院。寺请制度极为重要的一点是，所有的丧葬和追祭法事皆由各户、各人所归属的菩提寺包办。

---

① 参见何淑宜《明代士绅与通俗文化：以丧葬礼俗为例的考察》，台湾师范大学历史研究所，2000年，第156页；以及卷末附录2"元明清三代出版之家礼类与丧葬类礼书一览"。

② 在这样的时代背景下，就连以辟佛闻名的林罗山初入幕府时，仍须剃发为僧，以"道春"为法号。由此可见，儒学在近世初期并不具备重大的影响力。儒学在近世获得一定程度的制度化是在18世纪末，幕府正视教育的重要性并推行宽政改革以后。举其重大的改革政策来说，幕府将原本属为林家（林罗山一族）私塾性格的昌平黉改为幕府直营，并改名为"（昌平坂）学问所"。此外，幕府更定朱子学为"正学"（正统教学），禁止在学问所里讲授朱子学以外如徂徕学等异学。有关以上日本近世儒学制度化的讨论，请参辻本雅史著，拙译《谈日本儒学的"制度化"：以近世（17~19世纪）为中心》，收入辻本雅史著，张崑将、田世民译《东亚文明研究丛书31：日本德川时代的教育思想与媒体》，台大出版中心，2005年，第213~230页。同文之后改题为《谈日本儒学的"制度化"——以十七至十九世纪为中心》，载于《台湾东亚文明研究学刊》，2006年第3卷第1期，第257~276页。

③ 参见吾妻重二《近世儒教の祭祀儀礼と木主・位牌——朱熹〈家礼〉の一展开》，收入吾妻重二主编、黄俊杰副主编《东アジア世界と儒教：国际シンポジウム》，东京东方书店，2005年，第195~196页。

值此，近世日本虽然尊崇儒家思想的知识分子颇众，在思想的开展上也大放异彩，然而在有关儒家思想重要的礼仪实践上，知识分子却面临了相当大的考验。尤其是知识分子在亟欲积极实践儒礼中的核心——丧祭礼时，更遭遇莫大的阻碍。如前所述，丧葬礼仪由菩提寺所包办执行，包括火葬等葬送仪式亦随之普遍传播。这对崇尚儒家孝敬思想的儒者来说，更是痛心疾首的问题。

但是，话说回来，近世日本没有儒者不关心深系儒家实践思想的礼，对于礼，尤其是家礼的讨论更是不容小觑。由于《家礼》正是这日常礼法实践之权威性的典范，故江户时期知识分子对丧祭礼仪的讨论便集中于此，并力求在社会生活当中具体地加以实践。

以下，将崎门派知识分子对《家礼》的实践作为一个具体的实例，来探讨近世日本的儒礼实践。

二　崎门派朱子学者对《家礼》丧祭礼的实践论述

《家礼》由"冠昏丧祭"四礼组成，其中如"慎终追远"（《论语·学而》）一语所示，以丧祭礼为首要。从"生事之以礼，死葬之以礼，祭之以礼"（《论语·为政》）之"孝"的思想观之，《家礼》当中丧祭礼作为核心内容自是理所当然。例如，浅见絅斋说："冠婚丧祭为人伦之莫大切务，尤其丧祭乃人死之大节，故为人子者不可不尽心。"（《家礼师说》丧礼）[1] 还有，《中庸》里言"事死如事生"，细腻地描写不忍亲死、如平生侍奉尽孝的孝子心情。朱子将这些思想都融入《家礼》之中。因此，儒者践行《家礼》也等于直接实践孝的思想。

崎门学者有关丧祭礼的实践论述当中，涉及"神主"、"棺椁"与

---

[1] 这里使用的文本为东京大学文学部藏文政七年（1824）橘唯一抄本（依狩野亨吉所藏原本复写制本）。

"坟墓"等问题的叙述最多。神主或"位牌"①是祖先灵魂的依附之所，亦是作为子孙祭祀的对象。棺椁（即内棺与外椁）与坟墓是收藏和长期保存死者遗骸的地方。对认真追求实践《家礼》的儒者来说，这些都是极为重要的东西。

以下，以浅见絅斋的《丧祭小记》②、《家礼师说》及若林强斋的《家礼训蒙疏》③中的言论，具体地来探讨崎门学者对神主、棺椁和坟墓的讨论。

（一）神主

《家礼》丧礼中，自为死者沐浴更衣（"袭"）开始，至灵柩下葬墓地、题神主为止，以白绢制"魂帛"为神灵依附之所。相对于此，崎门学者不制作魂帛而代之以"纸牌"或"牌子"。例如，絅斋于《丧祭小记》里言，"为纸牌、题姓某称某号某实名某，贴于柩上"（"敛"）。并且，自己明言："吾不为魂神（按，"帛"字之误）。"（《家礼师说》丧礼）④弟子若林强斋于《家礼训蒙疏》里言："此方（按，指日本）不及为魂帛，题称号于临时牌子上即可。"⑤

絅斋与强斋对魂帛一事并无做明确的说明。不过，可以推测他们主张尽速在"纸牌"或"牌子"上书写姓名、称号以立神主，有对抗佛教位牌（以白木制作，上书戒名）的意图。总之，以立神主为当务之急。絅斋以下之语清楚地表示了这样的想法，"以纸牌等尽速立主，

---

① "位牌"最早是中国儒教和禅宗所设计出来的。随着禅宗传入日本，位牌也在日本社会逐渐普及，现在甚至有提起位牌即联想到佛教的情形。根据絅斋之言，说到位牌就认为是僧侣的用语，是"误解"。然而，一般人竟然"不知道是活生生的语词流落到僧侣手上"，明确指出位牌一语的本家是儒教。（《家礼师说·通礼》）此外，有关近世日本之位牌的形态和变迁，以及过去和现在的实态，参看岩田重则《墓の民俗学》，东京吉川弘文馆，2003年。
② 这里使用的文本为京都大学附属图书馆藏《丧祭小记》抄本，抄写年不明，无页码。
③ 这里使用的文本为京都大学附属图书馆藏明治三年（1870）补刻活字本。
④ 因为《家礼师说》为抄本，无列页码，故以下为避免繁杂，若无特别标示，絅斋所言皆引自《家礼师说》，不另标注。
⑤ 《家礼训蒙疏》，卷三《丧礼》，第10页下~11页上。

将主置于死者右及左肩前方案上并于主前焚香,不使神灵飘荡。此等事皆切务焉"。

这里值得注意的是"不使神灵飘荡"一语。为了不使"神灵"飘荡而尽速以纸牌立"主"。反过来说,如尽速立主则神灵不致飘荡而安顿于主上。从这一点来看,虽有魂帛与纸牌的差别,但在尚未于墓地题神主前先为暂时的神灵安置依附之所这点上,与《家礼》并无二致。

此外,《家礼师说》乃是绚斋丁继母忧时对弟子们讲述《家礼》丧祭礼,由强斋记录的讲义录[①]。绚斋自己曾经历过数次近亲的丧礼,这个时期正值为继母服丧期间,切身之感更加强烈。

《家礼》中记载人死后,生者执死者生前穿过衣物,登上屋顶三呼死者名的"复"礼。对此,绚斋认为:"复"礼乃周代人不忍亲死所为"招魂"的古礼,在中国或许合乎"风俗",在日本则"没有必要"。接着他说:"非魂气脱之而出,亦非既散魂气复而凝聚。(中略)耗散而终致消尽、无复归之事,他国(按,指中国)之礼故如此。"人死而魂气消散不复返是朱子一贯的说法,当然绚斋也立足在这个说法之上。只不过他认为在日本无须行中国的古礼。

崎门学者尊重朱子《家礼》"爱礼存羊"(语出《论语·八佾》)的用意,但对不顾自国风俗习惯而恣意采用异国古俗或惯习的举动则持反对的立场。例如,强斋否定"饭含"之礼,他说:"饭含(中略)不仅无任何用处,更对死者有害。谓周礼过文者盖如此类也。朱子存此类者,盖以爱礼存羊之意,以略浮文务本实之言观之,恐晚年不至如此。"[②] 从这点来看,仔细检讨崎门认为何者为"浮文",何者为"本实",可以得知他们对《家礼》实践的基本立场。从积极面来说,绚斋师徒的看法是:欲在日本社会实践丧祭礼,但在尊重《家礼》基本

---

① 根据近藤启吾《浅见绚斋年谱》,绚斋继母喜佐殁于宝永二年(1705)8月11日。《家礼》讲述始于同月25日。见氏著《增订浅见绚斋の研究》,临川书店,1990年,第425页。另,《家礼师说》里有如下记载:"今兹八月十一日先生后母卒,先生从居丧读丧礼之意以讲家礼丧祭之篇焉。先生服白布帷子着粗布上下,彻见台而用书格。"

② 《家礼训蒙疏》,卷三《丧礼》,第10页上。

精神的同时，实际的仪式和细节仍必须从日本既有的习俗中去斟酌、考量。

先前提到为使神灵不致飘荡而尽速以纸牌立主之言，正是在叙述"复"礼的地方。但是，一方面认为死者魂气终会消散，一方面又主张尽速立主以使神灵不致飘荡而得到安顿，对崎门派这样的看法该如何思考呢？关于这一点，拟于后述。

前面提到《家礼·丧礼》于下葬后，在墓地题神主。此时神灵已移至正式的神主，故崎门派认为暂时依附之所的纸牌应即埋于墓地。相对于此，《家礼》记载题神主后魂帛不埋于墓地，而是纳于箱中携回。"反哭"时出魂帛置于主后，"虞祭"时始埋魂帛于屏处洁地。对此，䌷斋认为这样似有二主同时存在之疑，表示否定的意见："既题神主，则无二主。吾不为魂帛，将纸牌埋于墓地。"如同前面提到，䌷斋不为魂帛而以纸牌代之，题神主后将纸牌埋于墓地，说明䌷斋认为神灵的依附之所只能有一处。这里可以看出䌷斋追求"合理性"的态度。①

1. 神主式及其材料

神主是祖灵的依附之所，亦是后代子孙奉以祭祀的神圣对象，不能随意制作。《家礼》中所规定的神主式，基本上是程子（伊川）所定，经朱子加以整理而成的。崎门学者亦依据此式，例如暗斋摘录作主式："取法于时月日辰。趺方四寸象岁之四时。高尺有二寸象十二月。身博三十分象月之日。厚十二分象日之辰。"②又如䌷斋说"神主之制象天地四时以立尺寸，无须雕琢、纯洁之至"，认为神主乃"纯洁"之物且尺寸象征天地四时、月日。另外，䌷斋曾说："既谓之神，则与天地之神灵相贯通，故自然取诸于天地之象。虽圣人复起而不易吾言。"

---

① 这样看来，崎门派在采行《家礼》时追求"合理性"，看似从切合"理"的态度去挑战《家礼》内容的正当性。但如后所述，从崎门派认为"朱子晚年想必会这么做"的逻辑来看，与其说他们挑战《家礼》的正当性，不如说他们根据朱子学的理论，按照具体事项去穷理来得贴切。因此，或许可以说他们将朱子《家礼》的"理"予以细致化了。

② 山崎暗斋《文会笔录》二《近思录》，收入《山崎暗斋全集》上册，东京ぺりかん社，1978年，第155页。

强斋也表示同样的意见，肯定程伊川等先儒所定之神主式的普遍性和合理性。他说："神主之度数是天地阴阳自然之法象，故无所谓唐流之神主、日本流之神主。究竟此定式是伊川所立，然如卦画经伏羲之手绘出，是天地之原生神体象数，借伊川之手而已。斯无和汉彼此之异。"①

再者，有关木主的材料，《家礼·丧礼》中《作主》曰："程子曰：'作主用栗'。"明确说明适用栗木。若无栗木则代之以其他坚硬木材。绚斋在《家礼师说》中提及制作神主的经验，说："作主用栗，以周朝用栗云。总之以坚木为佳。曾以樱木试作，状若版木、流于俗气而不踏实。桑木亦不合适。栗则木理密而高雅，此木最佳。"认为比起其他木材，栗木是制作神主最好的材料。绚斋又说，若是没有栗木，或可以其他"洁白"且坚硬的木材取代。但是，山崎先生曾以栗木色泽佳等指示过木工师傅，使用良久，故材料仍以栗木最为理想。

事实上，如同近藤启吾所指出的，绚斋和强斋两人的神主皆以栗木制作，且两人神主的形式也都忠实地仿照程伊川的神主式。②

又，"陷中"（神主表面"粉面"取出后在神主内面中央凿一细长部分，书写死者本名）或神主两旁之"窍"（"神气"流通）皆依一定尺寸制之。如同暗斋所摘录："朱子曰，伊川木主制度其剡刻开窍处皆有阴阳之数存焉。信乎，其有制礼作乐之具也。"③天地自然之理具体呈现在神主式上。

在神主（"粉面"与"陷中"）文字的格式上，如以下所检讨的，崎门派非常仔细地推敲《家礼》本文与神主式诸图。

2. 粉面格式

首先举"粉面"（书写死者名号之神主表面的部分，随与奉祀者的关系，记载内容也会跟着改变）的例子。《家礼》本文里粉面的格

---

① 《家礼训蒙疏》，卷三《丧礼》，第16页上。
② 参见近藤启吾《儒葬と神葬》卷首所附之绚斋及强斋的神主照片和说明。
③ 《文会笔录》二《近思录》，《山崎暗斋全集》上册，第155页。

式是："(父则曰)考某官封谥府君神主"、"(母则曰)妣某封某氏神主"。但是，纲斋校订《家礼》时所使用之《性理大全》本《家礼》的附图里，神主式条有如下之备注："礼经及家礼旧本于高祖考上皆用皇字。大德年间省部禁止、回避皇字。今用显可也。"① 换言之，按照《性理大全》本《家礼》编纂者的说法，礼经与家礼旧本里载高祖考上皆题"皇"字，不过元大德年间（1297~1307）省部加以禁止，故不得使用皇字，今日可改用"显"字。对于这条记载，纲斋则认为无须加题"显"字，在日本书"祖考"即可。强斋也表示"只书氏号即可。无号则书假名亦可"，② 认为应该简洁书写。实际上，根据纲斋的杂谈记录《常话杂记》里所言，纲斋继母神主的粉面仅书"继妣松荣神主"。③

此外，纲斋指出：前述《性理大全》本《家礼》附图里的该条备注，恰恰暴露了《大全》本的问题。"大全版之癖，一有空白处即随意填写。"值此之故，纲斋在刊行《家礼》时，只留下朱子的本文与注，以繁杂之由将《大全》本《家礼》的杨复附注全数删去。④

这里值得留意的是，为何纲斋连一个"显"字都不妥协？朱子学的大前提是凡事（物）都有其个中之"理"存在。其"理"又对应着天地之理，亦即"天理"。如纲斋所言："非出自穷理，力行亦无益。"不合乎"理"的事物即便埋头致力也没有意义。另外，从纲斋在《读家礼》里所言"礼也者理而已矣"⑤一语看来，他的立场可以说非常明确。当然，"理"并非自明的，须学者自己仔细推敲事物始能领会。如此观之，崎门派朱子学者确实力求亲身实际理解"格物穷理"的道理。当然，这点与崎门学问的特质——"理"的"体认自得"是息息相关的。

---

① 引自"神主式"附图（京都大学附属图书馆藏浅见纲斋校订《家礼》，刊年不明）的说明。
② 《家礼训蒙疏》，卷三《丧礼》，第16页下。
③ 《常话杂记》，收入近藤启吾、金本正孝编《浅见纲斋集》，第567页。
④ 例如纲斋在《家礼师说》中言："杨氏附注即所谓《性理大全》中的附注。以《仪礼》考朱子之说，云《家礼》简略，附上杂烦诸注。"指出杨复附注的繁杂。
⑤ 《纲斋先生文集》，收入近藤启吾、金本正孝编《浅见纲斋集》，第438页。

3. 陷中格式

其次，检讨"陷中"的格式。《家礼》中的格式是："（父则曰）故某官某公讳某字某第几神主"、"（母则曰）故某封某氏讳某字某第几神主"。但是，䌹斋认为这样的格式在日本行不通。日本不用"公"和"讳"，于法无据，所以不写。为官者则"按照官位职阶之法"书之。还有，日本无"行第"之制，故不书"第几神主"。那么，陷中里该写什么呢？强斋指出："陷中具书姓氏假名实名。若有斋号庵号，则题于姓氏之下。姓不明，则仅书氏。"①实际上，䌹斋继母神主的陷中为"浅见氏松荣名几佐女神主"。②

此外，䌹斋等人在神主式上花了这么大的心力，有很大一部分原因是为了对抗佛式位牌。例如，一般佛式位牌会写上菩提寺所赐的戒名，䌹斋认为此举不值一谈；佛式位牌上常可见到之云型的雕饰，䌹斋亦以"绝无此理"斥之。

以上观之，我们可以得出这样的理解：崎门学者在神主上一方面掌握朱子学的"理"，一方面推敲《家礼》中的神主式以对抗佛式位牌，并提出日本的神主所应具备的形态。

（二）棺椁与坟墓

丧礼的整个过程当中，最重要的莫过于棺椁和坟墓。《孟子·公孙丑下》曰"无使土亲肤"，棺椁藏放亲人遗骸，不使其直接接触土地；坟墓是埋藏棺椁的地方，其重要性自是不在话下。如䌹斋所言，棺椁是"第一之急务"，墓穴则是"与棺椁同等之急务"。（《丧祭小记》）

棺椁最紧要之处在于制作时所使用的木材。关于䌹斋对棺椁木材仔细推敲的过程，《家礼师说》里有如下的记载：

---

① 《家礼训蒙疏》，卷三《丧礼》，第16页下。
② 《常话杂记》，收入近藤启吾、金本正孝编《浅见䌹斋集》，第567页。另，䌹斋继母之名于前引《浅见䌹斋年谱》中记为"喜佐"，与"几佐"同音（きさ）。

（评论油杉和柏木等之后）土杉是一般的杉木。在彼方（按，指中国）的土地，杉木入土后益强，此方（按，指日本）的杉木遇雨露、日光曝晒处则强，入土温热闷浸后则易朽。楠木等遇雨露如石，入土则弱。松木入水强，入土则弱。

随后，䌷斋指出日本没有其他木材入土后比罗汉松（日文汉字作"槙"）更强的。罗汉松以土佐（今四国高知县）产的品质最佳，日向（今九州宫崎县）产的次之。但是，目前两产地皆供不应求，若真的无法取得则以桧木替代。

再者，一般而言，棺木分为卧躺式的"卧棺"和坐姿式的"坐棺"。䌷斋认为，不论是卧棺或坐棺，"总之，浮饰之事无论如何一概不要。切记善待遗骸勿使其腐朽"。换言之，排除棺椁之一切无用的装饰，妥当地埋葬遗骸是首要之务。例如，䌷斋对防止棺椁腐朽，在其外侧均匀地涂上松脂一事，仔细地说明其中的要领。他说："（松）脂涂七分即可。脂以南方受日照地方所出为佳。此方以高野所出为佳。新的不好，愈陈愈佳。脂内夹杂松皮或土石，须仔细挑出。可以铁锤敲打剔除。"以根据经验事实的口吻娓娓道出。另外，密封棺木的钉子也一样。根据䌷斋之言，铜钉与木材质地不合，故不佳。铁钉会生锈，反而会深入木材当中，强度亦佳。钉子上方涂上漆并淋上松脂，所以表面不怕生锈。

䌷斋表示，这些都是"反复推敲，始能分明看出何者利、何者害"。反过来说，"只在理上考究，没有即物以推敲，故见不得利害"，并告诫弟子必须"格物"。对此，这里所举有关丧礼之具体的事项，证明䌷斋非仅以逻辑来思考《家礼》的礼文制度，而是确确实实地经由"格物"、根据实际经验仔细推敲所得而来的。

再者，《家礼》中记载柩内放置陪葬品"明器"一同下葬，䌷斋却否定这样的做法。《礼记·檀弓下》中孔子曰"为俑者不仁"，严厉非难作俑陪葬，䌷斋也据此主张不应埋置明器。他认为神灵已依附于神主，放置明器于柩中显然没有道理。接着指出："据闻朱子于父丧时曾

藏明器，母丧时不藏。《家礼》乃依《书仪》而作，草稿为一童子所窃，朱子身后始出而付梓，故与晚年之说不符。《语类》里言不用明器。"最后总结道："本或出于不忍之心，然犹如儿戏。"绚斋等人认为《家礼》是朱子初年之书，内容与朱子晚年之说相左。可以说这意味着他们综观朱子整个人生以理解朱子的思想，并力求探究丧礼的"本意"以实践《家礼》。

总的来说，正如"急务"之语所示，崎门学者视棺椁和坟墓是丧礼中最为切要之事，根据自身实际的经验与考究，试图提出学者据以实践之具体的礼仪范式。

以上就神主、棺椁和坟墓的问题检讨了崎门学者有关《家礼》的实践论述。他们对丧礼中这些具体事项的看法与其生死观和鬼神观有密切的关系。下节将对此进行探讨。

三　崎门学者的生死观与鬼神观

如前所述，儒家丧祭礼中"事死如事生"是一重要的关键词。至亲身后，人子如平生侍奉般尽诚敬以行丧祭礼。亦即死是生的延长，对父母生前的侍奉转为身后对鬼神的奉祀。换言之，儒家的生死观与鬼神观里，人伦社会中伦理规范的实践是置于首位的。

此外，丧祭礼中伦理规范的实践，亦同时扮演着缓和人们对死及死后世界之不安的重要角色。也就是说，儒家丧祭礼除了人伦的实践之外，亦具备宗教性的一面以满足人们心理上的需求。如同以下所检讨的，崎门学者凝视这样的宗教性，并在丧祭礼中发现它促发人心以遵循儒家人伦秩序规范的可能性。一般在指出日本儒学的特质时，常举其缺乏宗教性为例。但是在这当中，崎门学者的宗教性取向却值得我们瞩目。

（一）崎门学者的生死观

丧礼中要求人子郑重妥当地埋葬亡亲的遗骸。然而，人之遗骸入土后有若"草木之荣枯"，随天地之造化而"消息"（荣枯盛衰）。话虽如此，造化之理姑且不论，孝子之心总盼望亡亲遗骸能够久存于世。䌹斋做如上的阐述，认为孝子这样的心情亦与"造化之理并行而不悖"。有人认为遗骸终究将随造化消失殆尽，而对埋葬一事马虎草率，结果使得遗骸腐坏先于造化，䌹斋痛斥这种行为乃是不孝不义之极。尤有甚者，竟"演变成焚烧亲身而满不在乎的风俗"，䌹斋对火葬亡亲遗骸之丧葬习俗不免发出长叹。

如此看来，我们可以理解䌹斋等人尽心尽力于《家礼》丧祭礼的理由，亦即他们怀抱着儒家知识分子的使命感，并以所学致力去对抗他们眼中逐渐衰颓的丧葬习俗。《家礼》祭礼中明确规定"祠堂"[①]内奉祀高曾祖考四代神主。但是，世上一般的情况并非如此。对于这一点，䌹斋指出："后世仅于墓前视认祖先名号，持僧侣所取戒名之位牌立于佛堂。"如此一来，子孙们不可能知道"祖先之栋梁砥柱的根本"。䌹斋以为，不立神主就犹如房屋少了基础一般，并言如此下去系谱将变得紊乱、缺乏骨肉之情，甚至演变成薄丧风俗。儒家特别重视祖先祭祀，目的是将追慕祖先的心情化为日常家中具体的祭祀活动，借此以建立良善的人伦秩序。䌹斋亦道"人伦本于祖先，系存之道都在这里"，站在维持人伦秩序的立场极力阐述祖先祭祀的重要性。

在此可以窥见崎门学者的秩序意识。他们认为"礼"使人伦秩序得以成立，而其基础在于家礼，其中又以丧祭礼最为重要。

再者，朱子学以祖先和子孙之间"一气"相连的逻辑来说明祖先祭祀。《朱子语类》，特别是卷三的《鬼神》篇里，这类的叙述俯拾皆是。简言之，气之同类的子孙尽诚敬以祭祀，则祖先＝鬼神自然"来

[①] 崎门学者一贯主张，在日本无法兴建《家礼》所言的"祠堂"，而认为可代之以"祠室"。例如，若林强斋在《家礼训蒙疏》中说："今于此方士庶之家，无法建堂，故云祠室。图形可依家之有无、随地之广狭，有相应之体。"（卷一《通礼》，第3页下～4页上。）

格"。相反，若祭祀者不是具有相同气属之人，则鬼神没有来格受享的道理。所以，朱子学等儒家要求若无子承后，必须择同姓之人为养子。盖同姓具同气故也。崎门学者也坚持这一点，例如纲斋强调："无子者以同姓者为养子，血脉一致故如此。"换言之，为了延续保有一贯的"血脉"，则必须从同姓中挑选适当的人来当养子。①

纲斋著有《氏族辩证》一书，摘录群书中谈论异姓养子弊害的内容。他在自跋中写道："养子之弊尚矣。（中略）人伦之理，无往不然，而其不可以异族为己子，犹子之不可以变父，弟之不可以易兄。若混异为同，则又可离同为异，虽悖逆聚麀之恶，亦将莫忌惮矣。岂不大谬哉。"②明确否定以异姓为养子的做法。

总而言之，以崎门学者的生死观来看，以慎重埋葬为中心的丧礼，以及日常生活中由祖先祭祀活动组成的祭礼，是为人子孙者绝不能草率马虎的"切务"。

（二）崎门学者的鬼神观

首先，看崎门学者如何讨论"神灵"。纲斋在《家礼师说》中对神灵下的定义："神者，存乎万世神明之名也。灵者，初终而历历在目且盛，故谓灵。斯故，三年之丧期间谓之灵。"③认为三年服丧期间称为"灵"，"神"则是万世存在的"神明之名"。另外，他们同时使用"神灵"一语时，应是兼两者而言。

接着，看崎门学者如何讨论祭祀时的鬼神来格。纲斋对鬼神的来

---

① 强斋被问及现在世上之（异姓）养子若行祭祀的话，鬼神是否会来格时说"（不具同气）之今日的养子绝无此理。（中略）当然无所谓来格之理"，斩钉截铁地否定。《杂话笔记》，第14页。
② 京都大学附属图书馆藏版本《氏族辩证》（刊年不明），第11页下。前引《浅见纲斋集》，第487页。从跋文末尾载明"壬申之岁"推之，本书写于元禄五年（1692）。
③ 强斋在《家礼训蒙疏》中与纲斋有同样的说法，他说："神者存乎万世神明之名也。灵者，生动之灵而正盛，故丧中称灵。"（卷三《丧礼》，第10页上~10页下。）

格有如下之叙述：①

> 神依理之所感而聚。天地之理泛然有之，然无从依理而聚。犹如欲汲水必掘井之理。水皆天地之水，若不掘井则水气无以聚集。与此理相同。我心有感通的对象，依所感之理而有所聚。非既死之物遗留又复凝聚，亦非别有一物萌生。我以恭敬哀慕之理之至、诚意之至奉祀神之寄附之所，自然有气依理依诚而聚。立祠堂则气依祠堂、立神主则气依神主而聚，神灵存之。这个正是依理依心相感的妙用。

引文中绹斋指出神乃依理之所感而聚。但神虽有聚集之理，若无一契机相辅相成则无法"依理"而聚。他比喻那契机为"掘井"，掘了井后水气聚集、水源自然冒生。"掘井"在这里即等同于子孙立祠堂与神主，并尽诚敬之至以祭祀祖先的行为。

绹斋在文中说"非既死之物遗留又复凝聚，亦非别有一物萌生"，这句话该如何解释呢？不是消散的魂气遗留又形凝聚，也不是另外又有新的气滋生。他在这里似乎想要强调：子孙以诚敬之心祭祀的话，祖先的神灵（鬼神）自然会聚集至祠堂（来格），而达到"感格"的境界。

另外，强斋也有这样的说法："于该处立以天地自然之尺寸、洁净制作之神主，则其等同祖先之形体。和其血气相贯之子孙，诚敬以奉之、同气相感，其神明自无不来格至此的道理。"强斋接着说，这来格者绝非"游散"之物，而正是"赋予我生命的神明"。②

行文至此，并不是要探究绹斋和强斋关于鬼神及其祭祀的论述是否忠实地继承了朱子的学说，也不是要讨论他们的说法与朱子有何不同。主要是想厘清他们述说有关鬼神及其祭祀的主要目的到底何在。就以上两人的发言来看，他们有关鬼神的叙述，目的并不在追求鬼神

---

① 另外，强斋《家礼训蒙疏》中也有类似的叙述且较为简洁："鬼神之理存于天地，然泛然而不聚。依理之所存，立神之寄附之所，则神依此而存焉。正如掘井而水气依井聚集之事也。"（卷三《丧礼》，第10页下。）

② 《杂话笔记》，《神道大系论说编十三，垂加神道（下）》，第11~12页。

来格的理论根据，而着重在立神主与实际进行祭祀上面。然而同样在崎门内，三宅尚斋（1662~1741）的《祭祀来格说》正是追求鬼神来格的理论根据。①

回到絅斋和强斋来看，他们有关鬼神祭祀的论述是从儒家知识分子的立场，且为了对抗现实的佛教祭祀（供养）而发的。例如，从絅斋下面这段批判的言辞即可见一斑："后世浮屠之法盛行，此礼（按，指祭礼）衰坏，言地方守护神祭典而知庆祝，最要紧之吾家祖先神明竟不知祭祀。可叹哉。"还有，更根本的批判言辞由强斋的口中发出："谓此乃是祖先之神明，而立一刻着死后祖考毫不知情、法师所取戒名之如今所谓位牌的话，殊无神明来格之理。"②简言之，强斋肯定地说，即使立着刻有祖考无由得知、僧侣所取戒名的位牌，祖考的神灵是不可能来格的。

话说回来，如前引絅斋之言所示，近世日本社会"持僧侣所取戒名之位牌立于佛堂"反而是一般常见的情形。但是正因如此，他们更有必要拼命述说立神主、将"祖先之栋梁砥柱的根本"留在家中的必然性。还有，前述死后须尽速立主之絅斋师徒的言论也应该从这个观点来考量。子孙祭祀祖考不应以书有戒名的位牌，而应尽速立一神主（即使是纸牌或牌子也好），题上平生所称呼的姓名和称号加以奉祀才对。还有，不将神主立于家中（"不掘井"）而立于佛堂，神灵则无从来格（"水气无以聚集"）。

此外，诚如子安宣邦所言，朱子在祭祀上并不否定鬼神的存在，而让鬼神进入儒家正统的论述里，（对抗佛教异端的论述、将宗教性咒术性言辞予以解体）以自然哲学的语言来解释鬼神及其祭祀来格。③但

---

① 详参子安宣邦《"鬼神"と"理"——三宅尚斋〈祭祀来格说〉をめぐって》，《思想》809，1991年。之后收入氏著《江户思想史讲义》，东京岩波书店，1998年，改题为《"鬼神"と"理"——"祭祀来格"と朱子学派の言说》。
② 《杂话笔记》，《神道大系论说编十三，垂加神道（下）》，第11页。
③ 参看子安宣邦《鬼神论——神と祭祀のディスクール》（新版），东京白泽社，2002年。

是，即使利用理气论等逻辑性的语言来说明，终究还是会遇到一度消散之气如何于祭祀时复归来格这样的难题。朱子在《语类》卷三《鬼神》篇中，对此给了一个大致的答案。简言之，人死精神魂魄虽终归于散，但不是一口气散尽，乃逐渐消散且其消散亦有久速之异。由于祖先与子孙同为一气，有感通之理，子孙竭尽诚敬以祭祀祖先，祖先魂魄自然可致。

至此，不禁要问朱子的学说是否为崎门的䋄斋等人所践行？但是，在此并不准备涉及这个问题的讨论，而且恐怕对此钻研到底亦没有太大意义。盖崎门的儒者们必定认为自己最忠实地理解朱子的学说。在这里想要强调的是䋄斋等人在日常生活当中是如何来实践朱子学的这个问题。

他们对朱子的学说并不仅止于论述程度上的理解，他们致力于研究《家礼》，并力求在日常生活当中加以实践。随着寺请制度的实施，佛教的葬祭仪式普及于日本社会的现实当中，他们勇于与之对抗，钻研《家礼》并汲取朱子的"本意"，揭示丧祭礼所应落实的形态。为求实践于日常生活当中，他们根据朱子学的理论，谋求丧祭礼的合理性（"穷理"），在仪式细节的推敲上（"格物"）煞费苦心。䋄斋与强斋关于鬼神和祭祀的言论，目的不在阐发自我崭新的主张，亦不在追求鬼神来格的理论性根据，其真正目的是在身处现实社会之中断然实践合乎"理"的丧祭礼上面。[①]

四 浅见䋄斋的《家礼》实践

如前所述，《家礼师说》是䋄斋对门徒讲授朱子《家礼》的丧祭礼，由高徒若林强斋记录而成的讲义录。值得注意的是，《家礼师说》是䋄

[①] 此外，若与同为崎门的佐藤直方和三宅尚斋关于鬼神的论述做比较的话，更能看出两者在性质上的差异。有关佐藤直方和三宅尚斋的鬼神论，参前引《鬼神论——神と祭祀のディスクール》（新版）。

斋在为继母服丧期间所讲授的，因此本书的内容可以视为䌷斋以亲身体验对门徒揭示丧祭礼实践方法的重要记录。而且，若林强斋之后将《家礼师说》大部分的内容摘录在其所著的《家礼训蒙疏》之中，以供后人作为实践《家礼》时的参考依据。

（一）"墓参"与"墓祭"

䌷斋在元禄十二年（1699）48岁时，失去了妻子井口氏。在其逝后的第七年（宝永二年，1705，䌷斋54岁）的忌日，迎接了世俗所谓的"七年忌"。䌷斋虽然认为年忌于礼无据，但还是从俗，准备餐宴，招待那些在妻子卧病在床期间帮忙打理内外的人。然后，䌷斋在妻子忌日的6月4日前往"墓参"（展墓）。①

因为相关记录只有写到这里，䌷斋墓参的具体情形并不清楚。这里的问题是䌷斋对墓参的理解，因为《家礼·祭礼》中记载的是墓祭，而非展墓。根据䌷斋《家礼师说》，墓祭乃始于汉代，在中国，人们会在冬至后的"第七十五日"（正确应是百五日）的"寒食"上墓。但是归根究底，遗骸葬于墓中，神灵则依附神主而奉祀于自家，故应于家中行祭祀之礼。若是又行墓祭的话，如同神灵同时存在于墓地和神主，䌷斋认为这样于"理"有所矛盾，对此抱持着怀疑的态度。

不过话说回来，"墓是形骸所藏之处，故以不忍之情，一年一度欲迎神于墓以祭之"，亦是人之常情。但是，䌷斋说"此亦尝试为之，但事态难为。与彼方（指中国）风俗相异，墓地亦狭窄"，所以终究窒碍难行。那么他认为应该怎么做呢？䌷斋说"仅择日烧香，拜而献酒。若此亦难为，仅展墓示意亦可"。这里的叙述让我们不禁想象䌷斋在妻子忌日时展墓的情景。

其实，朱子亦是考量人情而将墓祭纳入祭礼之中。䌷斋也意识到这点，补充说："朱子本身也随俗展墓。"总而言之，䌷斋认为"墓祭"确实难以行之于日本社会，但是"墓参"却是人们追思先人而应该积

---

① 《常话杂记》，收入近藤启吾、金本正孝编《浅见䌷斋集》，第563~564页。

极去做的。

（二）继母之死与讲述《家礼》

絅斋在为妻子展墓后的两个多月后，继母喜佐（松荣）于宝永二年（1705）8月11日辞世，享年80岁。《常话杂记》中记载："（絅斋）先生返回锦陌，告于神主"，絅斋在继母逝后立即向奉祀于锦陌讲堂的神主报告此事。然后，至（京都）五条鸟边山延年寺墓地，"于十一日日中淋松脂于棺椁"。据载，其木棺是"坐棺"，椁为桧木。

12日午时送葬，絅斋身着"粗绢袴（上衣和裤裙的礼服）、白帷子（生绢、麻布制单衣）"的丧服参加送葬之仪。之后，在墓地絅斋对弟子若林强斋等人表示，欲在服丧期间编纂"葬祭记"并讲授《家礼》和其他礼书。其讲义录即是上述的《家礼师说》。

下窆后题神主，首先"置几于地面，将神主纳入暂时之椟，安置其上。前端摆放香炉、砚箱"，始题神主。先题陷中曰"浅井氏松荣名几佐女神主"，次题粉面曰"继妣松荣神主"。这里可以确认，神主粉面没有加冠"显"字。①

过了数日后的十五夜，丧母之哀犹未平复，絅斋"伏拜灵筵"，将感伤的心情托付于文字。絅斋写道："乙酉仲秋十一日，丧后母。封葬稍毕，慨息之怀，自不能措。至于望夜，月色清新，伏拜灵筵，哀感偶书：风树秋来感，兹宵切我身。八旬虽得岁，一梦忽非真。灵坐余新月，寿觞任旧尘。班衣无复见，藤绪泪痕亲。"②

絅斋于同年8月25日开始对门徒讲授《家礼》，实现了在墓地所做的决定。《常话杂记》记载："先生居丧，鉴于读礼乃古人之意，自八月廿五日读家礼，并兼而轮讲诸书。"③《礼记·曲礼下》曰"居丧，未葬，读丧礼；既葬，读祭礼；丧复常，读乐章"，《家礼·居丧杂仪》里

---

① 以上引自《常话杂记》，收入近藤启吾、金本正孝编《浅见絅斋集》，第566~567页。
② 《絅斋先生文集》，收入近藤启吾、金本正孝编《浅见絅斋集》，第404页。
③ 《浅见絅斋集》，第573页。

亦有明言。絅斋在《家礼师说·家礼序》中亦言"今丁（继母）忧，读丧祭礼，该着手编礼书"，并强调编纂礼书是"人道日用之急务"。

如前所述，絅斋讲授《家礼》的内容由弟子若林强斋记录为《家礼师说》。絅斋虽然表示有意编纂礼书，但是他在开讲《家礼》六年后即易箦，除了此前所著的《丧祭小记》，及另外名为《丧祭略记》等早期作品外，并没有留下较为完整的礼书。这项工作则由弟子若林强斋所承继，将自身的研究成果和师说友闻集大成为《家礼训蒙疏》。①

絅斋的《家礼》丧祭礼讲义是在为继母服丧期间开授的，我们可以从他的讲义录《家礼师说》中窥知他具体行礼的点点滴滴。更重要的是，他在《家礼师说》中鲜明地揭示了身为朱子学者该如何实践朱子的《家礼》：充分理解朱子制礼的思想与朱子《家礼》的"理"，并在日本社会的现实中具体行"礼"。絅斋作《丧祭小记》的目的，是希望人人能够从中理解朱子《家礼》的意义，进而在面对亲人逝世和日常的祖先祭祀时，能够参考《丧祭小记》，具体实践丧祭礼。而且，从相关记录当中，亦可看到絅斋化理论为实践，在继母逝后亲身践履丧祭礼的情形。

因此，絅斋在以《性理大全》本《家礼》为底本，校订、出版朱子《家礼》的时候，仅保留朱子本文和本注，将杨复等附注一律删除，务求从《家礼》本书及朱子平生讲礼的成说去理解和实践朱子《家礼》。絅斋在校订本《家礼》卷末，附录朱子年谱记《家礼》成书始末，并在引黄榦"朱子所辑家礼，其后亦多损益，未暇更定"之语后，加注说：

> 今按其所损益者，特体制品节之异，而序文所谓务本实从先进者，未尝以早晚而少变也。其后因家礼而著者，如杨氏附注、丘氏仪节，固不为无益而颇伤烦屑，辄违本意者或有之。读者宜据朱子本书、平生成说，折中之可也。若夫酌古今之变、从时俗

---

① 有关《丧祭略记》和《家礼训蒙疏》二书，参见近藤启吾《崎门学派に于ける朱子家礼の受容と超脱》，《儒葬と神葬》，第104~113页。

之宜、本国制而尽自分，则亦在其人审焉。①

绀斋在《家礼师说》中也说："杨氏附注是指《性理大全》里的附注，将朱子之说以《仪礼》考之，云《家礼》略而附上无益之事。朱子平生曾编修《仪礼》，故可用之礼朱子无有遗略，而省去今日无用者。（中略）甚者，云《仪节》详而《家礼》粗，大谬也。"

要言之，绀斋实践《家礼》所秉持的基本立场是：尊重朱子《家礼》的本旨和精神，具体的仪节器物则必须按照日本的风俗民情去落实。并且，据朱子《家礼》本书，及朱子文集、语类等平生成说，理解并具体实践《家礼》。

五 浅见绀斋的礼俗观——礼俗间的调和与纠葛

诚如吾妻重二先生所指出的，《家礼》是朱子对抗宋代世俗逐渐普及的佛道葬祭仪式，以儒家传统礼仪为基础，根据朱子学的理论所建构的以丧祭礼为主体的家礼书。②然而，值得注意的是，朱子在参照古礼以编纂丧祭礼时，虽对时下的佛道仪式有所对抗，仍无法漠视社会底层所普遍存在的丧葬习俗。事实上，朱子在《家礼》中亦消极地采用了民间惯行的俗礼。例如绀斋《家礼师说》中所指出的，子孙祭祀的对象照理是祠堂奉祀的神主，故"墓祭"应排除在祭礼之外。但是，民间习俗已惯行墓祭，且又无碍于祭礼本身，故朱子将其纳入祭礼之中。③

那么，绀斋如何看待朱子采用民间俗礼这件事呢？"祠堂"一项

---

① 京都大学附属图书馆所藏浅见绀斋校订《家礼》刊本，卷末。
② 参见吾妻重二《宋代の家庙と祖先祭祀》，小南一郎编《中国の礼制と礼学》，京都大学人文科学研究所研究报告，朋友书店，2001年。
③ 《性理大全》本《家礼·祭礼》《墓祭》项，引朱子的话曰："祭仪以墓祭节祠为不可。然二先生皆言墓祭不害义理，又节物，所尚古人未有，故止于时祭。今人时节随俗，燕饮各以其物，祖考生存之日，盖尝用之。今子孙不废此，而能恝然于祖宗乎？"《孔子文化大全·性理大全（二）》，山东友谊书社，1989年，第1459页。按，这句话出自《朱子文集》卷四十三《书二十知旧门人问答五》，《答林择之二》一文。

冠于《家礼·通礼》篇首。然而，古礼的祭祀场所称为"庙"，并无"祠堂"的制度。"祠堂"之制乃是朱子所创。朱子曰："然古之庙制不见于经，且今士庶人之贱亦有所不得为者，故特以祠堂名之，而其制度亦多用俗礼云。"绚斋对此表示："作礼乃非世俗无用之礼，风俗通礼须合于今之俗。凡《家礼》所立皆如此，不泥古、合于今日人情，又略非礼、不违义理。"认为朱子编纂《家礼》的旨意是不拘泥于古礼，重视人情，且符合"义理"而略去"非礼"。

这里重要的是绚斋"作礼乃非世俗无用之礼，风俗通礼须合于今之俗"这句话。当然，这是对朱子《家礼》所做出的评价，同时这也是绚斋对"作礼"这项工作的自我要求。因此，他接着说道："以此方（指日本）言，尊祖先、奉于祠堂是天地自然之理，唐（指中国）与日本莫有相异。但其立之制，此方应有不同。朱子若生于日本，亦为此方之家礼。"如果朱子生在日本的话，一定会考量日本的风俗，制作符合日本现实的家礼。这句话看起来似乎理所当然，但它可以理解为绚斋的自我宣言：绚斋自己已经如此实践，并且对自己的礼说和实践充满着自信。

确实，绚斋在《家礼师说》中不断强调：朱子《家礼》揭示的本旨（"谨名分、崇爱敬"等）在日本亦毫无改变，但是具体的仪节器物则必须依照日本的风俗和民情来付诸实行。而且，绚斋自《丧祭小记》以来，便不断用心于棺椁、神主等具体仪节器物的斟酌。即使是乃师暗斋亦没有如此详细、体系的整理，绚斋不禁有以下这样颇为自负的说法："今日能略知《家礼》者，山崎先生之功矣。接续其绪，吾等反复考察，终能斟酌出今日如此成绩。"对先师的赞颂之词仍不能免，但从这句话可以看出绚斋对具体仪节器物用心斟酌的努力。

上面提到绚斋效法朱子作礼的精神，力图考量风俗习惯，制作符合日本社会的家礼。然而在绚斋，并非所有的风俗习惯都可以纳入家礼。因此，这里有必要检讨绚斋对近世日本风俗的看法。例如，他说：

> 吾曾试作祠堂图。挂帘虽好，此方（按，指日本）不宜悬于上方的挂帘，粗竹帘亦不适悬挂。即使密闭，也易招尘埃。彼方（按，指中国）无有障子之设，故用挂帘；此方障子为宜，易于启闭也。众人进门时，宜卸下。挂帘易招夏虫，不佳，且汰旧换新不易；障子则重新糊贴即可。如此，以风俗之宜斟酌为之，须知此乃程朱之旨。
>
> （《家礼师说·通礼》）

简言之，在中国，祠堂习惯挂门帘。但在日本，如果使用门帘则夏虫容易侵入，且有诸多不便。因此，䌷斋认为宜使用"障子"（纸拉门）。

这虽然是个相当浅近的例子，但可明确看出䌷斋为了顺利将《家礼》的祠堂之制导入日本社会，极力从既存的风俗中想方设法，取其"宜"的积极态度。因为这样做正是合乎"程朱之旨"即程朱二夫子的旨意。这一点格外重要。

另外，䌷斋对"俗节"等的祭品也抱持着同样的看法。例如他说"三月草饼、五月粽芋（中略）七夕素面、九月栗子"，认为应配合日本的例行仪式和习惯来准备祭品。他并认为如此做是符合"（天）地自然鬼神的情状"。

以上是有关祭祀空间的设计和祭品的风俗，整体来说问题较小。但是，如果习俗本身与礼的本质相矛盾，甚或冲突的话，䌷斋如何看待呢？以结论来说，他有两种对应方式：（1）顺应风俗而行动，必要时量力而为，成全礼意；（2）以断然的态度对抗、排斥该风俗。

首先看第一种对应方式。如前所述，入殓使用的棺木主要分为"卧棺"和"坐棺"，而"卧棺"是最为理想的形态。不过，䌷斋这里最想强调的是，不管卧棺或坐棺，一律不使用无益的饰物，务将遗骸慎重入殓、下葬。他说这才是丧礼的本旨。《家礼师说·丧礼》曰："总之，装饰之物一律勿用。切记慎重对待遗骸，不使其腐坏为要。"亦是这个道理。

在近世日本，所谓的卧棺（寝棺）其实非常少见，多半是使用坐棺（座棺）。而且，棺材形体本身也因个人的身份或经济能力而有各种

形态。^①纲斋本人也体认到这点，认为卧棺虽是"本法"，"不行于风俗之故，骇人听闻总也未安，不得已而使用坐棺"。

再者，在服丧期间方面，纲斋也力求权衡世俗的惯行以成全礼意。朱子《家礼》服制规定为父斩衰三年、为母齐衰三年等，依照亲疏关系而有明确的丧服及丧期。反观近世日本，德川纲吉继任将军四年后的贞享元年（1684），制定颁布了"服忌令"，以规范服丧期间的服忌。但此令的适用对象主要是武士，对一般庶民并无强制要求。^②当然，服丧三年并不存在于近世日本的法令和习俗之中。那么，信奉儒家丧礼的学者应该如何成全服丧之礼呢？

纲斋在《家礼师说》中言及自著《丧祭小记》有关服丧的内容："吾《丧祭小记》亦立五十日之制，而力行一周忌第三年之礼。先依世俗服忌五十日，其后依各人生计能力所及而为。推本而言，三年之丧虽是不易之法，但无迫而强求之事。各人量力而为。"又说："随风俗而为之，若不得行则实以心丧之体、服足三年。"要言之，为父母虽服丧三年，但无法强制每个人都能做到。所以，纲斋提倡先从世俗服忌五十日，然后自发地力行三年"心丧"之礼。纲斋在与风俗妥协中力求成全礼意的态度可见一斑。

其次，检讨纲斋认为应该对抗与排斥的风俗。纲斋等崎门学者认为丧礼最不可行的是火葬。依纲斋之言，火化父母遗骸不仅是可叹的"愚俗"，更是极为"不孝不义"的行为。故火葬是应该断然加以谴责、排斥的风俗。纲斋说："愚俗之可悲者盖如是矣。虽是死骸，斩断亲首乃非义之举，此事任谁皆知；风俗成习，付诸火化竟不为意。"也就是说，虽然面对的一样是父母的遗骸，斩断首级这类残忍"非义"的事自不敢为。但是，纲斋担心的是，火化、毁损父母遗骸这件事一旦习以为"风俗"，将毫不为意、不感内疚。他认为，即使父母遗嘱吩咐火

---

① 参见古泉弘《近世墓研究の课题と展望——基调报告》，江户遗迹研究会《墓と埋葬と江户时代》，东京吉川弘文馆，2004年，第8页。

② 有关近世服忌令，参见林由纪子《近世服忌令の研究——幕藩制国家の丧と秽》，大阪清文堂，1998年。

葬，为人子者仍应勇敢抗拒，强调说："此乃一生之大事，故应奋发大勇气，无论如何亦不烧焚。"又，若是客死异乡，无法"归葬"故乡，则埋葬于客死之地。"旅葬虽不忍为，天地之地一脉相连，此与焚毁之举实属悬隔"，䌹斋拒斥火葬的态度自始至终都没有改变。

䌹斋认为应该拒斥的另外一个丧祭风俗是"每月忌日"（日文一般称"月命日"）。他说"生日既为一年一日，忌日亦止一日矣"，若是每月一"忌日"的话，"正规之心分散而不宜，每月勿可如此狎昵！"。很显然的，这些都是针对佛教的祭仪而发的。不过，这也是近世日本的知识分子在实践《家礼》丧祭礼时，一定会面临的困境和难题。䌹斋秉持的态度是：既然与朱子学的思想相抵触，就应该拒斥到底。

如前所述，崎门诸儒严厉批判"异姓养子"。但在近世日本，为了"家（イエ）"的存续，收养异姓养子以继承家业在市井之间已成惯行，亦是事实。如果说异姓养子亦属日本的风俗，那么它也是䌹斋等崎门诸儒所否定的对象。䌹斋说"父母之后由子继之是天地自然之理，虽无子嗣亦以同姓者为养子"，强调养子必须为同姓。正如"天地自然之理"之语所示，这与"天地生生之理"或"一气"、"血脉"相连等朱子学思想有很深的关联。而且，对崎门诸儒而言，收纳养子与否并非观念性的问题，而是切身迫切的问题。

也许是对奉朱子学为圭臬之崎门诸儒的试练，山崎暗斋、浅见䌹斋和若林强斋等师徒都没有继承衣钵的子嗣，但他们都没有收纳养子。[①]䌹斋与妻膝下无子，对兄长道哲的子女们百般疼爱。䌹斋易箦前，将其学统托付给侄儿胜太郎（号持斋），并遗命弟子强斋辅佐之。强斋亦无子嗣，其学统由弟子小野鹤山继承。对他们来说，收纳养子可以延续血脉，不收养子的话则血脉可能因此而断绝，他们对此必定有所

---

① 暗斋不收养子事，参见朴鸿圭《山崎暗斋の政治理念》，东京大学出版会，2002年，第35页。䌹斋和强斋则分别参见近藤启吾《增订浅见䌹斋の研究》，临川书店，1990年，第98~101页；近藤启吾《若林强斋の研究》，神道史学会，1979年，第120~123页。

逡巡。① 但是，为了贯彻学问的信念，他们宁可选择后者。绚斋等人毕生亟欲贯彻朱子学思想的态度，举此便可概其余。

总体来说，在绚斋礼与俗并非两相对立。绚斋完全认同朱子《家礼》所体现之本旨精神的普遍性和正当性，却也同时认为具体的仪节、器物应以日本的风俗习惯为前提，从中加以权衡和设法。换句话说，这是力求与世俗调和以实践朱子《家礼》的践履精神。

六 结 语

崎门学者重视《家礼》的程度非比寻常，他们透彻朱子的整个人生以理解其思想，并以此为前提积极地接纳《家礼》。崎门学者仿效《家礼》，致力编纂适合日本社会的丧祭礼仪书。在丧葬礼仪方面，他们不仅批判火葬，更具体而微地钻研摸索礼仪的细节，其不轻易妥协的态度跃然纸上。

在崎门学者，特别是浅见绚斋对《家礼》的思想实践中，值得大书特书的是校订出版《家礼》和讲释《家礼》。对朱子之学"述而不作"，并以此"体认自得"，是崎门一贯的学问态度。在绚斋，校订出版《家礼》是为了理解所需的必要工作。进一步说，那是一种企图仅依据朱子学说来理解儒教丧祭礼的思想态度。

绚斋开讲《家礼》是一种向门徒传达思想的方法。众所周知，"讲释"是崎门传授学问的主要方法。在绚斋，传达体现于《家礼》的朱子思想，讲释是最佳的方法。其成果凝聚为《家礼师说》一书，经弟子若林强斋发扬光大，集大成为《家礼训蒙疏》。

此外，崎门学者在《家礼》的实践上还有一个特色，那就是对后儒学说的批判和排斥。对于后儒不就朱子之说理解《家礼》，反而欲据

---

① 例如强斋在逝世前一年享保十六年（1731）11月甲子日留下的《让证文》中，言及血脉的断绝说："岛津若林血脉俱绝乎。我等心境可想而知。但愿此生无辱于此氏乎。"近藤启吾《若林强斋の研究》，神道史学会，1979年，第120页。

古礼以补强其不足的做法，崎门学者的批判相当猛烈。从他们的眼光来看，后儒不啻不想忠实理解朱子的思想。

浅见䌹斋强烈意识到日本与中国之自他社会原理的歧异，这一点从他的礼俗观可以看得出来。䌹斋曾说过"朱子若生于日本，一定也是这么做"之类的话，所以他设计了可行之于日本社会，且符合《家礼》的仪式器物。为了能够将丧祭礼落实于日本社会，他认为这么做是最合适的方法。这个方法可以说是努力调和"俗"以实践"礼"的方法。当然，䌹斋并非全面肯定日本的习俗。他痛骂火葬是"愚俗"，是"极尽不孝不义"之举，而且与《家礼》的中心思想互相抵触，所以他极力拒斥火葬。对于"异姓养子"，他也以同样的观点予以否定。

崎门学者将丧祭礼的问题看作是如何度过此生，更直接地说，看作是如何生、如何死之切身的问题。在对崎门学者礼仪实践的考察中，可以明确地看到他们希冀在社会生活中切切实实地体认朱子学。那是一种努力生存在礼俗纠葛之中的姿态，亦是努力在生命中体认朱子学的人生。换言之，我们可以说崎门学者透过体认朱子的思想，（虽然这里仅涉及崎门学者实践《家礼》思想的层面）来确认自己是一名朱子学者。

再者，崎门学者注意到儒教丧祭礼的人伦实践在人伦社会所扮演的重要角色。而且，他们注视丧祭礼当中鬼神祭祀的宗教性，以及其回应人类心理的需求，并借此达成儒教人伦秩序的可能性。当然，这并非他们所独创，而是来自于朱子学的思想。但是，崎门学者虽然身处近世日本社会，却正面接受《家礼》并发现丧祭礼中宗教性的意义，诚如子安宣邦所说，这是日本之朱子学的成立。[①] 但这绝不能看作"日

[①] 子安宣邦在叙述崎门学者有关朱子学的"敬说"之学问特质时，对于崎门之"日本朱子学"的成立有这样的说法："在崎门，他们借由在《心的主宰性》之工夫的'敬'中发现根源性的意义这样的方式，将朱子学加以重构。而且，将'自我把持主宰性的心'的工夫置于根底所得出的那种冲迫性的自我追求的模式，形成了崎门学问的课题和方法。崎门派之具有特异样貌的'日本朱子学'于焉成立。"参见氏著《江户思想史讲义》，东京岩波书店，1998年，第62页。这里所涉及的方面与本文稍有不符，不过在崎门派可以看到日本朱子学的成立这一点是不容否认的。

本式的朱子学",而应视之为东亚世界中一个实践朱子学的思想。

注:本文曾宣读于2013年1月25日至26日在日本爱媛大学所召开的"东亚朝鲜儒教的位相之研究"科研计划(主持人:岛根县立大学井上厚史教授)第二次研究会,主要节录修改自拙著《近世日本儒礼实践的研究:以儒家知识人对〈朱子家礼〉的思想实践为中心》(台湾大学出版中心,2012年)的第二章《崎门派朱子学者对〈朱子家礼〉的实践论述》及第三章《浅见纲斋的〈朱子家礼〉实践及其礼俗观》,并合为一文。在此,谨向邀请参加研究会的主办人井上厚史教授,以及与会期间给予宝贵意见的诸位先生,致上最诚挚的谢意。

近世日本における礼の受容

田世民（中国台湾淡江大学）

一　はじめに

　南宋の大儒朱子（名は熹、字は元晦・仲晦、号は晦庵・晦翁、1130-1200）は生涯にわたって性理学、経学の大成に精力を注いだ。経学においては朱子は礼学を特に重んじ、古礼の研鑽に取り組み、『儀礼経伝通解』（朱子の生前には完成を見ず、弟子の黄榦・楊復らによって補完された）を編纂して先王の礼制を伝えようとした。それだけではなく、士庶一般のために、『家礼』を著して冠婚喪祭に関する具体的規範を定めた。この書は稿本の形で朱子の亡き後に現れたが、その子の朱在によって朱子自身の稿本であると確認された。しかし、この書は定本ではないため、以後『家礼』偽作をめぐる論争が繰り広げられてきた。現在では、『家礼』一書は定本ではないながら、朱子本人の著作に間違いないとするのが通説となりつつある[①]。

　実は、『家礼』が果たして朱子の著作だったのかという議論自体は、さほど大きな意味があるとは思えない。重要なことは、『家礼』は既に『朱子家礼』や『文公家礼』（以下、『家礼』と略す）の名で広く流布し普及していた、という事実である。無論、明の丘濬の『文

　　[①] 吾妻重二は『家礼』の諸版本とその変遷について詳しく考証を行い、『家礼』は成書ではないながら、朱熹本人の著作に間違いないことを証明した。筆者もそれに同意する。詳しくは、吾妻重二「朱熹『家礼』の版本と思想に関する実証的研究」、『平成12年度～平成14年度科学研究費補助金（基盤研究(C)(2)）研究成果報告書』（関西大学文学部、2003年）を参照。

公家礼儀節』および『性理大全』版『家礼』が世に出て、『家礼』の普及と広がりに大きく寄与したことの意味も無視できない。『家礼』の広がりは非常に大きく、中国だけに止まらず、韓国、日本そしてベトナム、琉球など東アジアの諸地域にも伝わっていた。その意味で、『家礼』は東アジア諸地域において共有された儀礼実践のためのテキストであり、各地域の知識人層をはじめ民衆一般の社会生活に多大な影響を与えた。東アジア世界において共有された文化遺産と称して大過はない。

中国では、『家礼』が世に出た後、人々がより円滑に冠婚喪祭礼を実行できるように注釈書や解説書が次々と著され、『家礼』の類本がたくさん出版されていった。何淑宜は『家礼』研究の大家のパトリシア・B・イーブリ（Ebrey, PatriciaB.）が行った、元明清に出版された家礼類本に関する調査結果（66種類）をもとに、さらに家礼と喪祭礼に関する同時期の類本を詳しく調査した。それによれば、全部で90種類近く出版されていたことがわかる。[①]その膨大な類本の数から、人々が依拠すべき家庭儀礼書の需要がどれほど大きかったか、その一端を窺うことができよう。特に、『性理大全』版『家礼』の楊復の附註と丘濬『家礼儀節』は、『家礼』注釈書の中で最も代表的なものである。両書は中国本土において重視されたのみならず、東へは朝鮮半島や日本列島にも伝わり、当該地域の儒家知識人が『家礼』を理解し実践するための主要な拠りどころとなったのである。

ところで日本では、朱子学は中世に入宋した禅僧によって伝えられ、仏教の禅学の一環として学ばれていた。朱子学が明確に禅学から

[①] 何淑宜『明代士紳与通俗文化：以喪葬礼俗為例的考察』、台湾師範大学歴史研究所、2000年、第156頁および巻末附録2の「元明清三代出版之家礼類与喪葬類礼書一覧」を参照。

脱して、独立した学問として成立したのは近世以降のことである。①
『家礼』の日本伝来は室町時代にまで遡るが、②実践のモデルとして重視され、儒者によって喪祭礼が行われるようになったのは、やはり近世になってからのことである。ただし、徳川幕府は宗教政策として「寺請制度」を実施し、仏教の特定の宗派と菩提寺に所属することを庶民に義務付けた。この寺請制度に関してここで重要なことは、すべての葬祭儀式はおのおの所属の菩提寺によって執り行われる、すなわち仏式葬儀や追善供養をすることになっていた、ということである。

近世日本においては、儒教思想を尊崇した多くの知識人たちが活躍し、思想の展開においても異彩を放っていた。しかし、儒教思想に関わる重要な儀礼実践に関しては、知識人たちは大きな難問に直面していた。特に、儒礼の核心となる喪祭礼を実践しようとする時、大きな壁に逢着するのである。前述のように、近世日本では葬祭儀式はそれぞれの菩提寺に任され、火葬などを含めた仏式の葬送儀式が社会に普及していった。儒教の孝の思想を重んずる儒者にとっては、親の遺体を火葬にすることなどはあってはならない嘆かわしく痛恨事であった。

確かに近世日本において、儒学の実践に関わる礼に対して無関心な

---

① このような時代背景の下、排仏者として名高い林羅山でも、幕府に仕えるために僧形に剃髪して「道春」の法号を自称せねばならなかった。そのことからも、儒学は近世初期においてさほど重要な影響力を果たしていなかったことがわかる。近世において、儒学が一定の制度化を見たのは18世紀末、幕府が教育の重要性を認識し、寛政改革を断行してからのことである。その大きな改革政策として、幕府は元来林家の私塾だった昌平黌を直轄とし、「昌平坂学問所」と名称を変えたり、朱子学を「正学」（正統教学）とし、学問所で徂徠学など朱子学以外の異学の教授を禁止したりしたことが挙げられる。近世日本儒学の制度化については、辻本雅史著・田世民訳「談日本儒学的「制度化」——以近世（17-19世紀）為中心」、張崑将・田世民共訳『東亜文明研究叢書31：日本德川時代的教育思想与媒体』、台湾大学出版中心、2005年）、第213-230頁（同文は、後『談日本儒学的「制度化」——以十七至十九世紀為中心』と改題して、『台湾東亜文明研究学刊』、第3巻第1期、2006年、第257-276頁に掲載）を参照。

② 吾妻重二『近世儒教の祭祀儀礼と木主・位牌朱熹「家礼」の——展開』（吾妻重二・黄俊傑編『東アジア世界と儒教：国際シンポジウム』、東方書店、2005年）、第195-196頁。

儒者などいなかったし、礼に関する言及、なかでも家礼に関わるものも少なくなかった。朱子『家礼』はまさにこの日常的礼実践の権威的な規範書である。近世日本の知識人たちは『家礼』喪祭礼をめぐって議論を重ね、さらに社会生活において具体的に実践しようとした。

以下、近世日本における礼の受容について、崎門派知識人たちの『家礼』実践を一つの事例として取り上げて述べることにする。

二　崎門派の『家礼』受容

『家礼』は「冠昏喪祭」の四礼から成り立っている。中でも「終わりを慎み遠きを追う」（『論語』学而）とあるように、丁重な埋葬と服喪の喪礼ならびに祖先祭祀の祭礼を内容とする喪祭礼が最も重要視される。親が生きている間は礼をもって仕え、亡くなったら礼をもって埋葬し祭祀を行う（「生事之以礼、死葬之以礼、祭之以礼」、『論語』為政）という「孝」の思想からすると、家礼の中でも喪祭礼が中心におかれるのは、当然のことである。

浅見絅斎の言葉を借りれば、「冠婚喪祭ハ人倫ノ大切務ニシテ、別シテ喪祭ハ人ノ死ノ大節ユヘ、人子タルモノヽ心ヲ尽サデカナハヌコトゾ」（『家礼師説』喪礼）[1]ということになる。また、『中庸』に「死に事えること生に事えるが如し」とあるように、親の死を忍びず、生きていた通り孝行を尽くす孝子の心情が克明に描かれている。朱子の『家礼』にはそれらの思想が織り込まれていたのである。したがって、儒者たちが『家礼』を実行することは、まさにこうした孝の思想の実践に直接的に繋がるのである。

さて、喪祭礼に関する崎門派の実践的言説の中で、その精力的な取り組みが集約的に論じられているのは、「神主」と「棺槨」・「墳

---

[1]　東京大学文学部所蔵1824年（文政7）橘惟一写本（狩野亨吉蔵原本より複写製本）に拠った。

墓」をめぐる問題である。神主もしくは「位牌」[①]は、祖霊の依代であり、子孫による祭祀を受けつづける対象でもある。棺椁（「内棺」および「外椁」）と墳墓は、死者の遺体を納めるためのものであり、遺体を長く保つ役割を果たす。儒者たちにとって、それらの存在はいうまでもなく重要である。

以下、崎門派の神主と棺椁・墳墓をめぐる議論を、浅見絅斎（1652-1711。『喪祭小記』[②]〈以下『小記』〉、『家礼師説』〈以下『師説』〉）と若林強斎（1679-1732。『家礼訓蒙疏』[③]〈以下『訓蒙疏』〉）を中心に具体的に見ていこう。

（一）神主

『家礼』喪礼では、死者を沐浴させ衣服を着せる（「襲」）段階から、墓地で柩を埋葬し神主を題して立てるまで、白絹で「魂帛」をなして神霊の依代とする。一方、崎門派では魂帛を作らず、代わりに「紙牌」をこしらえる。たとえば、『小記』では「紙牌ヲコシラヘ姓某称某号某実名某ト書ツケ柩ニハリ」（「斂」）とあり、また絅斎自身は「手前ナドハ魂神（ママ）（帛——筆者注、以下同）ハセヌ」（『師説』喪礼）と言明している。『訓蒙疏』では「此方デハ魂帛ニモ不レ及、仮ノ牌子ニ称号ヲ書シテ立ベシ」[④]と強斎はいう。

[①] もと「位牌」というのは、中国の儒教と禅宗の中で考案されたものである。しかしそれは、禅宗の日本への伝播により徐々に日本社会の中で広まってゆき、今に至ってすっかり仏教との関係でしか連想されない現状になっているとされる。絅斎の言葉によれば、位牌といえば僧侶の言葉だと思うのは「トリチガイ」である。また、そもそも「生ノマ々ノコトバガ仏者ニナガレタヲ不レ知ゾ」とあるように、位牌の本家本元はやはり儒教だったと指摘されている（『師説』通礼）。なお、近世日本の位牌に関する形態とその変容、および過去と現在の実態について、岩田重則『墓の民俗学』（吉川弘文館、2003年）、第四章『位牌論』を参照。

[②] 京都大学附属図書館所蔵『喪祭小記』写本に拠った。

[③] 京都大学附属図書館所蔵1870年（明治3）補刻活字本に拠った。以下煩雑を避けるため、特に示さないかぎり、絅斎の言葉の引用は全て『師説』に、強斎のそれは全て『訓蒙疏』に拠る。『訓蒙疏』にかぎり、巻と丁数を括弧内に示す。

[④] 巻三『喪礼』、10丁裏-11丁表。

なぜ魂帛を作らないかということに関しては、絅斎と強斎は必ずしも明確な説明を与えていないが、早急に氏名や称号の書かれた「紙牌」や「牌子」を立てるのは、仏式の位牌（白木で作られ、その上に戒名が書かれる）に対抗する意図があったと推測される。とにかく、神霊の依代となる「主」を立てることを急務とする。絅斎の次の言葉はそのことを端的に言い表している。「サテ紙牌ナリトモ主ヲ早ク立テヽ、神ノタヽヨハヌヤウニ、主ハ死者ノ右ナラビ左ノ肩サキノ方ニ案上ニヲキ、前ニ香ヲタクベシ。カヤウナルコトガミナ切務ゾ」という。

　ここで「神ノタヽヨハヌヤウニ」という言葉に注目したい。「神」がただよわないように、早く紙牌で主を立てる。逆に言えば、主を早く立てれば、神がただよわずに主に落ち着くのである。その点で考えれば、魂帛と紙牌との違いはあるものの、墓地で死者の名や称号などを神主に題して立てるまで、神霊の仮の依代を作ることに相違ない。

　なお『師説』は、絅斎が継母の喪中に弟子たちに『家礼』喪祭礼を講義し、その高弟強斎によって記録されたものである。[1]絅斎自身は前から身内の喪礼に関わってきたが、この時期はちょうど継母の服喪中ということもあり、その切実さをより強く感じさせる。

　ところで『家礼』では、人が亡くなった直後に、その生前身につけた服を持ち屋敷の屋根に昇り、死者の霊を呼び戻す「復」の礼を行う。それに対し絅斎は、「復」は周の時に、人が親の死を忍び難いために為した「タマヨバイ」の古礼で、中国の「風俗」であるゆえ行うが、日本では「イラヌコト」であると言う。続けて以下のように語る。「魂気ガヌケテ出ルモノデモナシ。散タル魂気ノマタ集マルモノ

---

[1]　近藤啓吾『浅見絅斎年譜』によれば、絅斎の継母喜佐は宝永2年8月11日に歿した。『家礼』は同25日開講であった（『増訂浅見絅斎の研究』、臨川書店、1990年、第425頁）。なお、『師説』には次のようなことが記録されている。「今茲八月十一日、先生後母卒、先生従居喪読喪礼之意、以講家礼喪祭之篇焉、先生服白布帷子著粗布上下、徹見台而用書格」という。

モナイ。（中略）耗散シテ終ニ消ルユヘ、マー度カヘルト云コトハナケレドモ、アナタノ礼ニテカフアルコトゾ」という。人が亡くなると魂気が消散してゆき、いま一度返ることがないと見なすのは、朱子の説である。もちろん綱斎はそれを踏まえている。ただ、中国の古礼を日本で行うことはないと言う。

崎門は朱子『家礼』の「愛レ礼存レ羊」（『論語』八佾篇にある孔子と弟子子貢の対話による。古礼の面影を思わせるため形だけを残しておく意）の気持を尊重しつつも、自国の風俗習慣を顧みず、異国の古俗や習慣を安易に取り入れることに批判的な立場を取っている[1]。積極的に言えば、日本社会で喪祭礼をしっかりと実践するには、『家礼』の本旨を尊重しつつも、実際の礼式や細目では日本既存の風俗習慣から工夫していかねばならないと、綱斎らは考えているのである。

さきに、神がただよわないように早く紙牌で主を作ることに関する叙述は、まさに「復」礼の箇所である。しかし、死者の魂気が消散することを認める一方、一刻も早く主を作ることによって神がただよわずに落ち着かせる、とする崎門派の考えは、いかに捉えればよいのか。それについては後述する。

上に述べた如く、神主は墓地で柩を埋葬してから死者の名などをそれに題して立てる。この時点で、神霊が正式の神主に移る。それで、仮の依代たる紙牌はそのまま墓に埋めるべきであると、崎門派は考えている。他方、『家礼』では墓地で神主を立てた後でも、魂帛は埋めずに箱に入れて持ち帰る。「反哭」（埋葬後、帰途と自宅で声を上げて哭する礼）の時に出して神主の後ろに置き、「虞祭」（「反哭」の

---

[1] たとえば、強斎は「飯含」（死者の口に米や玉を含ませること）の礼に対して否定的な意見を次に述べている。「飯含ハ（中略）何ノ用ニタヽザルノミニ非ズ、死者ニ害アルゾ。周ノ礼ノ文ニ過ルト云ガ此類ナルベシ。朱子カヤウノ類ヲ存シタマヘルハ、蓋愛レ礼存レ羊ノ意ナルベケレドモ、略浮文務本実ノ言ニヨツテ見レバ、恐クハ晩年ハカクアルマジキゾ」（巻三『喪礼』、10丁表）という。その意味で、崎門では何が「浮文」で何が「本実」だとされるかを見ていくと、『家礼』に関する彼らの基本的な立場がわかってくるであろう。

近世日本における礼の受容

後、神霊を落ち着かせるために行う祭）を行う時点で初めて魂帛を埋めることになる。このように、同時に二つの依代（「二主」）が存在するとみられる状態に対して、絅斎は否定的な意見を述べる。「已ニ神主ニ題シテカラハ、二主ハナイユヘ、手前ナドハ魂神（帛）ハセヌガ、紙牌ヲ墓ニ埋ムルゾ」という。文中の「手前」は絅斎自身のことである。魂帛を使わず紙牌をこしらえ、神主成立後、紙牌を墓に埋めると先に見たように、神霊の依代は一つしか存することができないというのである。そこには、「合理性」を求める絅斎の姿勢が窺える。[①]

1. 神主の材料

『家礼』に規定された神主式は、基本的には北宋の程伊川（程頤、1033-1107）が考案したのを、朱子がまとめたものである。崎門派もそれに依拠している。

まず、神主の材料について検討しておこう。『家礼』では、「程子曰、作レ主用レ栗」（喪礼、「作主」）とあるように、栗で木主を作ることが規定される。もし栗がなければ、他の堅い木で作ることが求められる。[②]『師説』には、木主の材料をめぐる絅斎の試行錯誤が記録されている。「作主用栗、周ハ栗デ用（ル）ト云。ナンデモ堅木ガヨイト也。桜デシテミタガ、板木ノヤウデ俗ナモノ真ニナイ。桑ハタデヽニアハヌゾ。栗ガ木理密シテケタカフテ一ヨイゾ」（「喪礼」）という。要するに、他の木材と比べて栗がもっともよいという。どう

[①] このように、崎門派は『家礼』の受容において「合理性」を求める、つまり「理」にかなう姿勢から朱子『家礼』の正当性に挑戦しているようにみえる。しかし後に触れるように、「朱子は晩年こうなさるはずだ」という崎門派の論理からみれば、『家礼』の正当性に挑戦するというよりも、朱子学的理論に基づいて、具体的な事柄に即してその理を極めようとした。したがって、朱子『家礼』の「理」をより精緻化したと見たほうが妥当であろう。

[②] 山崎闇斎『文会筆録』二「近思録」に、「木主必ず栗を以てするは何ぞや。程子の曰く、周栗を用ゆ。土の産む所の木、其の堅きを取る也。今栗を用るは周制に従ふなり。若し四方栗無くんば、亦必ずしも用ひず。ただ其の木の堅き者を取て可なり」とある（原漢文。日本古典学会編『山崎闇斎全集』上、日本古典学会、1936-1937年、第155頁）。

しても栗がなければ、他に「潔白」で堅い木材でもよいと言うが、「山崎先生以来、細工人ニ云付ラレテ、栗カラガ色モヨク、スジノトヲリヲリタルヲ久シクカラシテ用ルゾ」（同）と述べられるように、やはり栗が最適だとされる。

強斎も次のように同様な意見を述べ、程伊川らが定めた神主式の普遍的妥当性を肯定している。「神主ノ度数ハ天地陰陽自然ノ法象ユエ、唐流ノ神主日本流ノ神主ト云コトナシ。勿論伊川ヨリ定式立トハイヘドモ、伏羲ノ手カラ卦画ノ生出スル如ク、天地生ノマゝノ神体ノ象数ニ、伊川ノ手ヲ仮ルノミナリ。コレニ和漢彼此ノ異ナルコトナシ」①という。

次に神主の書式について。そもそも神主は祖霊の依代であり、末永く子孫の奉祀を受けつづける神聖なるものであるため、無造作に作るわけにはいかない。つまり、神主はある法則性により成り立っているということである。朱子学では、神主の法則性を明示化したのは程伊川である。朱子は『家礼』の中でそれを継承し、崎門派もそれに依拠している。

たとえば、山崎闇斎（1618-1682）は神主の寸法について次のように記している。「法を時月日辰に取る。趺方四寸、歳の四時に象る。高さ尺有二寸、十二月に象る。身の博さ三十分、月の日に象る。厚さ十二分、日の辰に象る」という。また、「神主ノ制ハ天地四時ノナリニ、尺寸ガ立テ人ノ手ツカヌ潔白ナコト」と綱斎が語るように、神主は「潔白」なもので、なお且つその寸法はそれぞれ天地四時や月日を象って対応している。綱斎にはこのような言葉がある。「已ニ神ト云カラハ天地ノ神霊ト相貫通スルユヘ、自カラ天地ノ象ヲ取ルゾ。雖聖人復起而不レ易ニ吾言一」（「喪礼」）という。

現に、近藤啓吾が指摘するように、綱斎と強斎の神主はいずれも栗で作られている。また、二人の神主の形式は程伊川の神主式に忠実に

---

① 巻三『喪礼』、16丁表。

従っていることが指摘されている。①

また、「陥中」（神主の表の「粉面」を取った後の神主本体に細長く抉り込まれ、死者の実名などが書かれた部分）や神主の横の穴「竅」（「神気」流通のため）も決まった寸法で作られる。「朱子の曰く、伊川木主の制度、其の刻刻開竅の処皆陰陽の数有りて存す。信なるかな。其れ礼を制し楽を作るの具有り」②と闇斎が述べたように、天地自然の理が具現化して、神主式の法則として取り込まれている。

さて、神主（「粉面」と「陥中」）に書かれる文字の書式においては、以下検討する通り、崎門派は『家礼』本文と神主に関する諸図を吟味することに力を入れていた。

2. 粉面の書式

まず、「粉面」（奉祀される者の氏名などを記載する神主の表の部分で、奉祀者との関係によりその記載が異なる）について。『家礼』では、粉面の書式は「（父の場合）考某官封諡府君神主」や「（母の場合）妣某封某氏神主」になっている。しかし、絅斎が『家礼』の校訂に使用した『性理大全』版『家礼』の附図には、神主の書式に次のような注意書きが付されている。「礼経及家礼の旧本、高祖考の上に皆皇の字を用ゆ。大徳年間省部禁止し皇の字を回避す。今顕を用る可なり」③。すなわち、『性理大全』版『家礼』の編集者によれば、礼の経書（『儀礼』）と『家礼』の古いテキストでは、高祖考の上に「皇」の字を付け加えるが、元の大徳年間（1297-1307）に管轄省庁が禁止したので使えなくなった。今は「顕」を使うのがよいという。この記述に対して、絅斎は「顕」の字は不要と断じて、日本では「祖

---

① 近藤啓吾『儒葬と神葬』の巻頭にある絅斎と強斎のそれぞれの神主の写真およびその説明を参照。
② 『文会筆録』二「近思録」（『山崎闇斎全集』上）、第155頁。
③ 「神主式」図の説明、原漢文。引用は京都大学図書館所蔵の浅見絅斎校訂『家礼』（刊年不明）に拠った。

考」と書くのがよいという。強斎も「氏号バカリヲ書ベシ。号ナクンバ仮名ヲ書ク可也」①と、簡潔に書くべきであるとする。綱斎によれば、実際、綱斎の雑話記録『常話雑記』によれば、綱斎継母の神主の粉面は「継妣松栄神主」とだけになっている。②

ところで、先の『大全』版『家礼』の記述がまさにそれ自体の問題点を暴露していると綱斎は指摘する。「大全板ノクセデ、ドコゾ空イテアル処ガアレバ、ナニヤカヤ書キ込ムゾ」という。かくて、綱斎は『家礼』を校訂刊行する際に、朱子の本文と註だけを残し、煩わしいという理由で『大全』版『家礼』の楊復の附註をすべて削除した。③

ここで留意すべきは、なぜ綱斎は「顕」の一字すら譲らなかったのか。朱子学の大前提では、何事（物）にもそれなりの「理」がある。その「理」がまた天地の理、いわば「天理」に対応する。「窮理カラデナケレバ、力行ガヤクニタヽヌ」と綱斎が言うように、「理」に合致しないものであれば、たとえ一所懸命にそれに努めても無駄だという。また、「読家礼」という文章に「礼也者理而已矣」④とある綱斎の言葉から見ても、彼の立場は明確である。もちろん、「理」というのは必ずしも自明のものではなく、学者自身が物事をよく吟味したうえで始めて心得ることができるとされる。このように見てくれば、朱子学のいう「格物窮理」は、崎門派においては実地的実体験的に理解されていたといえる。それは崎門派の学問的性格、つまり「理」の「体認自得」に深く関係していることは言うまでもない。

3. 陥中の書式

次に、陥中の書式について検討する。『家礼』では「（父の場合）

---

① 巻三『喪礼』、16丁裏。
② 『常話雑記』（前掲近藤啓吾・金本正孝編『浅見絅斎集』）、第567頁。
③ たとえば『師説』の中で、「楊氏附注ハ『性理大全』ニアル附注ト云ガコレゾ。朱子ノ説ヲ『儀礼』デ考テ、『家礼』ガ略ナト云テ、ソヘテイヤコトガ附シテアルゾ」と、絅斎は楊復の附註についてその煩雑さを指摘している。
④ 『絅斎先生文集』（『浅見絅斎集』）、第438頁。相良亨編集・解説『近世儒家文集集成二絅斎先生文集』（ぺりかん社、1987年）、第172頁。

故某官某公諱某字某第幾神主」や「（母の場合）故某封某氏諱某字某第幾神主」と書くことになる。しかし、日本ではこのように書くことができないと絅斎はいう。「公」と「諱」は日本では用いないし法にないため、書かない。官のある者だけは「位署書ノ法ノトヲリニ」書くようにと、絅斎は指摘する。「第幾神主」も日本に「行第」の制がないため書かない。とすれば、陥中に何を書けばよいのか。強斎は次のように教えている。「陥中ニハ姓氏仮名実名ヲ具ベシ。斎号菴号ナドアラバ姓氏ノ下ニ題スベシ。姓シレザレバ氏バカリカクゾ」①。実際、絅斎継母の神主の陥中は「浅井氏松栄名幾佐女神主」となっている。②

なお、絅斎らが神主書式に多大の心力を注いだのは、仏式位牌への対抗に大きな理由があると考えられる。たとえば、檀那寺からもらった戒名などを神主に書くのは論外であり、仏式位牌によく見かける雲形の飾りも「決シテナイコト」と絅斎が批判したのである。

このように見てくれば、神主に関しては、崎門派は朱子学の「理」を体得しながら『家礼』にある神主の制を吟味し、仏式位牌に対抗して日本での神主のあるべき姿を提示しようとしたことが理解できる。

（二）棺槨と墳墓

棺槨と墳墓は、喪礼の全過程の中で最も肝要だと認められるところである。なぜなら、『孟子』公孫丑下に「土をして膚に親かしむるなし（無使土親膚）」とあるように、棺槨は親の遺体を納め、直接土に触れさせないようにする大事な役目を果たすのである。墳墓は棺槨を埋葬する場所なので、その重要さは言うに及ばない。絅斎が述べるように、棺槨は「第一ノ急務」で、墓穴は「棺槨同事ノ急務」である

---

① 巻三『喪礼』、16丁裏。
② 前掲『常話雑記』（『浅見絅斎集』）、第567頁。なお、絅斎継母の名は、前掲『浅見絅斎年譜』では「喜佐」となる。

(『喪祭小記』）。

　棺槨のいちばん肝心なところはそれを作る木材にある。棺槨の木材をめぐる絅斎の吟味は『師説』において、次のように記録されている。

　　　（油杉や柏などを論じて）土杉ハツネノ杉ゾ。アノ方（中国）ノ土地デハ、杉ガ土ニ入テ強キモノトミヘルガ、此方（日本）ノ杉ハ雨露ニアフテシヤレル処デハ強イモノ。土ニ入テ温熱デムセルト、朽ヤスイモノゾ。楠ナドモ雨露ニアフテハ石ニモナルガ、土ニ入テハ弱イモノ。松モ水ニ入テハ強イモ、土ニ入テハ弱イモノ。

　以下絅斎は日本では「槙」ほど土に入って強い木はないと語っていく。槙といえば土佐産の品質が最も良く、日向産がその次である。しかし現在両産地はいずれも供給困難で、本当に手に入らなければ檜で代替するしかないと述べる。

　ところで、一般には棺は遺体が横になる姿勢の「臥棺」（つまり「寝棺」のこと）と座る姿勢の「坐棺」（つまり「座棺」のこと）とに分けられる。絅斎の意見では、臥棺か坐棺かはともかく、「総ジテカザリタコトハナニヽヨラズセヌガヨイ。只骸ヲ大事ニシテクサラヌヤウニスルジヤト云旨ヲ合点スベシ」という。つまり、棺槨の無用の飾りを一切排除し、遺体を大事に埋葬することこそ合点すべき本旨であるとされる。たとえば、棺の腐朽を防ぎ、その外側に満遍なく松脂をかけることに関して、絅斎は事細かくその要領を教えている。「（松）脂ハ七分ホドカケバヨイゾ。脂ハ南方ノ日アタリヲウケル処ノ脂ガヨイ。此方デハ高野カラ出ルガヨイ。新ハヨクナイ。陳（古い）ホドヨイゾ。松皮カ土石カマジリテアルユヘ、ヨクエリ出タガヨイ。鉄椎デクタイテヨルガヨイゾ」とあるように、いかにも経験的事実を踏まえたような口吻で語られる。棺の上に打つ釘についてもそうである。絅斎によれば、銅の釘は木と肌が合わないためよくないが、鉄の釘は錆が付くから木によく食い込むので強いという。釘の上部に

漆を塗りさらに松脂をかけるため、錆びる心配はないという。

これらのことは「反復センギヲボシテ利カ害カ分明ニミヘテキタコト」である。逆に「ミナ理バカリギンミシテ、物ツカマイテ吟味セヌユヘ、利害ガミヘヌゾ」と、「格物」せねばならないと諭すのである。綱斎の上記の言葉に基づいて考えれば、ここで取り上げた喪礼にまつわる具体的で物理的な事柄は、綱斎が『家礼』を単に論理で考えるのではなく、実際に「格物」し実経験を踏まえて練り上げたものと見るべきであろう。

また、副葬品「明器」を柩とともに埋めることが『家礼』に記載されているが、綱斎らは否定的な態度を取っている。『礼記』檀弓に、孔子が「俑」を作ることに対し厳しく非難した一節があるが、綱斎もそれを踏まえ、明器を入れるべきではないと主張する。神霊は神主に宿っているので、柩に明器を入れるのは不当である。また、「朱子モ親父ノ時ハイレラレテ、母ノ時ハイレラレヌトアル。『家礼』ハ『書儀』ニ依テ作ラレテ、草稿デアツタヲ童子ガ窃テ後ニ板ニナリタトアルユヘ、晩年ノ説トハチガフゾ。『語類』ニハ用ヌ」と指摘する。最後に「モトヨリ忍ビヌ心デハアリナガラ、マヽゴトスルヤウナコトゾ」と締めくくった。綱斎らは、『家礼』を朱子初年の書として、その説は朱子晩年の説と違うと述べる。それは、彼らが朱子の思想をその人生全般に亘って理解し、喪礼の「真意」を突き止めて『家礼』を実践せんがためだったことを意味するものであろう。

要するに、崎門派は「急務」という言葉が示すように、棺槨と墳墓を喪礼の中のもっとも肝要な事柄と捉え、実地的経験を踏まえ具体的な礼式を提示して見せたのである。

以上、神主と棺槨と墳墓をめぐって、崎門派の実践的言説を見てきた。そうした具体的な事柄に関する理解は、彼らの死生観や鬼神観と深く関連している。次節は、それについて検討する。

三　崎門派の死生観と鬼神観

　儒教の喪祭礼では、「事死如事生」は重要なキーワードであることは先に述べた。親の亡き後、子が平生に仕えたように、誠敬の心を込めて喪祭礼を行う。つまり、死が生の延長と見なされ、生前父母に対する奉仕が死後鬼神に対する奉祀へと変わっていくのである。言い換えれば、儒教の死生観と鬼神観では、人倫社会における倫理的営為の実践が前面に出ているといえよう。

　なお、こうした喪祭礼をめぐる倫理的営為の実践は、死や死後に対する人々の不安を和らげる重要な役目を果たしている。つまり儒教の喪祭礼には、そうした人間の心理的な需要に応える、いわば宗教性の一面を具えていたと理解できる。以下見ていくように、崎門派はその宗教性を注視し、かつそれが人々に儒教的人倫秩序の軌道に乗るよう、働きかける可能性を、喪祭礼に見出しているのである。日本の儒学の特質として、宗教性が乏しいことがあげられることが多い。しかしその中で、崎門派の宗教志向性は、注目に値する。

（一）崎門派の死生観

　喪礼では、かけがえのない親の遺体を丁重に埋葬することが求められる。ところで、人の遺体は土に入ると「草木ノ栄枯」と同じように、天地の造化とともに「消息」（栄枯盛衰）する。しかし、造化の理はともあれ、孝子の心情からして、親の遺体はいつまでも存したいものである。また、その孝子の心情は「造化ノ理ト云モノ（ト）平行テ不悖」と綱斎は考える。そして、造化とともに変化し消えていくと思って、埋葬をおろそかにして、造化より早く遺体を腐敗させるのは、不孝不義極まりないと厳しく非難する。あげくの果てに「親ヲ火アブリニシテモナントモナイ風俗ニナリタルゾ」と、親の遺体を茶毘に付すなど、喪葬習俗の頽廃と嘆じられる。

してみれば、綱斎らが『家礼』の喪祭礼にあれほど精力を傾けた理由は理解されよう。すなわち、堕落とされる世俗に学問をもって立ち向かわねばならない儒家知識人の使命感、それに促されたと考えて誤りない。さて祭礼では、「祠堂」[①]の中に高曾祖考四代の神主を立てて奉祀することが規定されている。しかし、世間の現状はそうではなかった。この点、「後世ハ先祖ノ名ヲヤウヤウ墓デミルバカリデ、坊主ノツケタ改(ママ)（戒）名位牌ヲ持（チ）、仏堂ニ立テ」たりすると綱斎は指摘する。このようである限り、子孫たちが「先祖ノ大極柱ノ根本」を知るはずはない。綱斎からすれば、神主が立たないと家の礎が無いようなものである。系図が乱れ、骨肉の思いもなく、風俗の薄くなるのも、そこから始まるという。儒教で祖先祭祀を何よりも重視するのは、祖先を偲ぶ気持ちが一家の日常の祭祀活動に具体化して、それを通じてよりよい人倫秩序を目指すためである。綱斎も「人倫ハ先祖ニ本ツイテイル。ツナギガコヽニアルゾ」と述べ、人倫秩序を維持する立場から、祖先祭祀の重要性を説いてやまない。

　ここで崎門派の秩序意識が窺える。つまり、人倫秩序を成り立たせるのは「礼」であり、その根幹をなすのは家礼であり、なかでも喪祭礼であると考えられているのである。

　ところで、朱子学では祖先祭祀は、祖先と子孫の間に「一気」（『朱子語類』巻三『鬼神』）が繋がっているという論理で説明されている。つまり、気において同類たる子孫が誠敬を尽くして祭れば、祖先＝鬼神が祭祀に「来格」するのである。逆にいえば、もし祭祀を行う者が気を異にする他人であれば、鬼神がそれを享けに来格するわけはない。ゆえに朱子学において、家を継ぐべき嗣子がいなければ、必ず同姓の養子を迎えることが求められる。同姓は、気を同じくする

　[①]　日本では「祠堂」はなしえないが、代わりに「祠室」を設けるというのは崎門派の持論である。たとえば、強斎『訓蒙疏』に「今此方士庶ノ家ニ在テハ、堂ヅクリニハナラヌユエ祠室ト云ベシ。指図ハ家ノ有無ニ称ヒ、地ノ広狭ニ随テ、相応ノ体アルベシ」（巻一『通礼』、3丁裏-4丁表）とある。

からである。崎門派もその地点に踏ん張っていた。例えば、綱斎は「子ノナイモノハ同姓ノ者ヲ養子トスルゾ。血脈ハ一ユヘカヤウニ処スルコトゾ」と強調する。つまり、一筋の「血脈」を保ち続けるには、気を同じくする同姓の者を養子に迎えなくてはならないとされるのである①。

なお、綱斎には異姓養子の弊害を論じた諸書の抜書きを内容とした『氏族弁証』という著作がある。彼は自跋で「其の異族を以て己が子と為すべからざること、猶ほ子の以て父に変ずべからず、弟の以て兄に易ふべからざるがごとし」②と記して、異姓養子に対してはっきりと否定する。

いずれにせよ、崎門の死生観において、丁重な埋葬を中心とする喪礼と、日常生活にある祖先祭祀の活動からなる祭礼が、子孫たる者にとっては決してなおざりにすることのできない「切務」であった。

（二）崎門派の鬼神観

まず、崎門派が「神霊」のことをどう捉えるかを見ておく。綱斎は、『師説』の中で神霊のことをこう定義づける。「神ト云万世存スル神明ノ名ナリ。霊ト云只今マザマザシナレタスサマシカラ、霊ト云。ソレユヘ、三年ノ喪ノ間ハ霊ト云ゾ」という。強斎は『訓蒙疏』中で、「神ハ万世存スル神明ノ名ナリ。霊ト云ハ只今マデイキイキシタルミタマノマサシクスサマジイカラ云コトユエ、喪中ハ霊ト云」（巻三『喪礼』、10丁表～裏）といい、綱斎と同様なことを述べている。また、三年の服喪の間は「霊」というのに対して、「神」は万世

---

① いま世の中の養子が祭祀を行う場合、鬼神が来格するかと聞かれたところ、強斎は「（気を同じくしない）今ノ養子ト云コト、タエテ理ノナイコトニテ候。（中略）来格スルノ理、勿論無レ之候」ときっぱりとそれを否定する（『雑話筆記』、近藤啓吾校注『神道大系論説編十三垂加神道（下）』、神道大系編纂会、1978年、第14頁）。

② 京都大学附属図書館所蔵版本『氏族弁証』（刊年不明）、11丁裏。原漢文、読み下しは筆者による。巻末に「壬申之歳」とある識語によれば、本書は1692年（元禄5）に成立したことがわかる。

存在する「神明の名」であるという。なお、「神霊」という言葉も使われるので、両者を兼ねて言う時の用語であろう。

次に、祭祀に鬼神が来格することについて。絅斎は鬼神の来格について次のように述べている。[①]

　神ハ理ノ感ズルナリニ集マルモノ。汎然トシテハ天地ノ理ハアッテ、ソコニ理ナリニ集マルト云コトハナイ。水ヲ生セウトシテ、井ヲ掘ルヤウ（ナ）モノ。水ハミナ天地ノ水ナレドモ、井ヲホルデナケレバ、ソコヘ水気ハ集マラヌ。ソレト同ジコト。我心ノ相手アッテ感ズル理ナリニ集マルトコロアルゾ。死シタモノガ残ッテイテヌ集マルデモナク、別ノモノガ生ズルデモナイ。我ウヤマイカナシム理ノイタリ、誠ノ至リナリニ、神ノ寄トコロヲ奉スルト、理ナリ誠ナリニ自然ニ気ナリガ集マルゾ。祠堂ヲ立レバ祠堂ナリ、神主ヲ立レバ神主ナリニ気ガ集マリテ、神霊ハ存スルゾ。理ナリ心ナリニ相感スル妙用ゾ。

上の文章を若干敷衍して述べよう。まず、神は理の感ずるなりに集まるものだと絅斎は捉える。ところが、神が集まる理はあっても、何かのきっかけがないかぎり、「理ナリニ」集まることはないという。そのきっかけはまさに「井ヲ掘ル」と譬えられて、井戸を掘ればそこに水気が集まり、自ずと水が生まれてくるとされるのである。井戸を掘ることは上の文脈からすれば、祠堂と神主を立てて誠敬を尽くして奉祀することに当たる。

次に、既に死したものが残っていてまた集まるでもなく、別のものが生ずるでもないという絅斎の発言、これはどう捉えてよいのか。消散していった魂気が残りまた集まるのでもなく、また別のものが新たに生ずることでもない。そうではなく、子孫たる我が誠敬の心を込め

---

　① なお、強斎『訓蒙疏』にも類似の記述があるが、より簡潔に述べられている。「鬼神ノ理ハ天地ニ存スレドモ、汎然トシアツマラヌ。其理ノアルナリニ神ノ寄リ所ヲ立レバ、ソレナリニ神ハ存スルゾ。長度井ヲホレバ井ナリニ水気ノアツマルヤウナルモノナリ」という（巻三『喪礼』、10丁裏）。

て祭れば、先祖の神霊（鬼神）が自然に祠堂に集まり（来格し）、互いに「感格」する境地に至るのである。

なお、強斎も次のようなことを述べている。「ソコニ天地自然ノ寸尺ヲ用テ清浄ニ制シタ神主ヲ立レバ、即先祖ノ形体ニヒトシクテ、其ノ血気相貫タル子孫コレニ誠敬シテ向ヘバ、同気相感ジテ、コヽニ其神明来格セデ叶ハヌコトニテ候」という。そして、その来格するものは「遊散セル」ものでも何でもなく、「即我ヲ生ミ出シ来タ神明」であると、強斎は続けて言うのである。①

ここまで述べてきたのは、鬼神とその祭祀に関する綗斎と強斎の言説が朱子説をどこまで継承したか、或いはそれといかに違ったか、を見るためではない。むしろ、鬼神やその祭祀に関するこうした言説を発した彼らの意図はどこにあるかを探ってみたかったのである。二人の上の発言を見た限りでは、彼らの鬼神に関する議論は、鬼神が来格する理論的根拠を求めているのではなく、神主を立て祭祀を実際に行うことに力点が置かれていることが見て取れる。ところが同じ崎門においても、三宅尚斎の『祭祀来格説』はまさに鬼神が来格する理論的根拠を求めているものであった。このことは既に指摘されている。②

綗斎と強斎に戻って言えば、彼らの鬼神祭祀をめぐる言説は、儒家知識人の立場から現実の仏式祭祀（供養）に対抗して発せられたものである。例えば、「後世浮屠盛ニ行レテ此礼（祭礼）スタレ、所ノ氏神ハ祭トモ云テ祝ガ、肝心ノ我先祖ノ氏神ハ祝コトヲシラズ。可嘆コトゾ」とある綗斎の原則的な批判の言葉は、まさにそれである。また、さらに根本的な批判的言辞が強斎によって発せられた。「扨コレガ先祖ノ神明ヂヤト云テ、死後ニ祖考ノ知リモセヌ法師ノ付タ名ヲ離ツ

---

① 『雑話筆記』（『神道大系論説編十三、垂加神道（下）』）、第11-12頁。
② 詳しくは、子安宣邦『「鬼神」と「理」——三宅尚斎「祭祀来格説」をめぐって』（『思想』809、1991年。のち同『〈新版〉鬼神論神と祭祀のディスクール』、白澤社、2002年所収。また、同『江戸思想史講義』、岩波書店、1998年にも収録され、『「鬼神」と「理」——「祭祀来格」と朱子学派の言説』と改題）を参照。

タ、今ノ所謂位牌ニテハ、ドフモ神明ノ来格セフ様無レ之候」[1]という。つまり、祖考の知る由もない、僧侶の付けた戒名を彫った位牌を立てても、祖考の神霊が来格するはずはないと、強斎ははっきりと言うのである。

翻って考えれば、先に引いた綱斎の言葉が示したように、近世日本社会ではむしろ「坊主ノツケタ改（戒）（ママ）名位牌ヲ持（チ）、仏堂ニ立テ」ることが普通であった。しかし、だからこそ彼らは主を立て、「先祖ノ大極柱ノ根本」を家に残す必然性を、懸命に訴える必要があった。また、死後すみやかに主を立てるべし、とする先述の綱斎らの議論も、この視点から見るべきであろう。子孫は、祖先を祭るために、戒名の書かれた位牌ではなく、平生に称せられた氏名や称号を主（紙牌でも）に書き、立てて祭るべきである。また、主を家に立てない（「井戸を掘らない」）で仏堂に立てると、神霊が来格する（「水気が集まる」）すべはどこにもないのである。

さて、つとに指摘されているように、朱子学では祭祀において鬼神の存在を否定せず、儒家正統の言説に登場させ、（仏教的異端の言説に対抗し、宗教的・呪術的言辞を解体して）鬼神とその祭祀来格を、自然哲学的な言語で解釈してみせた。[2]しかし、たとえ理気論などの論理的な言葉を駆使して説明してみても、一度消散した気がどうやって戻り祭祀に来格するか、という難問についにぶつかってしまう。朱子はそれに対して一応の答えを与えた。つまり、人が亡くなると魂気が消散するが、一挙に消散してしまうのではなく、個別的な違いもあり徐々に消散していくという。気の同類たる子孫が誠敬を尽くして祖考を祭れば、祖考の魂魄はその同類気どうしの感応で祭祀の場に招き寄せられる、というのである（『朱子語類』巻三「鬼神」）。

しからば、朱子のこの議論は果たして崎門の綱斎らによって踏まえ

---

[1] 『雑話筆記』、第11頁。
[2] 詳しくは前掲子安宣邦『〈新版〉鬼神論——神と祭祀のディスクール』を参照。

られているのかと、つい聞きたくなる。しかし、ここでその議論に立ち入るつもりはなく、恐らくそれを詮索することに意味があるとは思えない。というのも、崎門の儒者たちは、自分自身こそ朱子説をまぎれもなく忠実に理解していると自認しているに違いないからである。ここでむしろ改めて強調したいのは、絅斎らが日々生活の中において、朱子学をいかに生きたか、ということである。

彼らは朱子学を単に言説的レベルで理解するのではなく、生活レベルで朱子学的な礼を実践すべく、『家礼』に取り組んでいた。寺請制度が定着し、仏式葬祭が日本社会に広まっていた現実の中、彼らはあえてそれに対抗して、朱子の「真意」を汲み『家礼』を研鑽し、喪祭礼のあるべき姿を提示してみせた。日々生活の中で実践していくために、朱子学的理論に基づいて喪祭礼の合理性を求め（「窮理」）、細事に至るまで工夫する（「格物」）ことに苦心していた。鬼神とその祭祀に関する絅斎と強斎の議論は、斬新な自己主張の展開でもなく、鬼神来格の理論的根拠の追求でもなく、現実社会の中で「理」に適った喪祭礼をひたすら敢行することに、その目的があったととらえることができる[①]。

四 浅見絅斎の『家礼』実践

先述のとおり、『家礼師説』は絅斎が門弟に『家礼』喪祭礼を講義し、高弟若林強斎がそれを聞書きした書である。そして、『師説』は絅斎が継母の服喪中に講義したものである。ゆえに、当書の内容は絅斎が実体験をもって、門弟に喪祭礼の実践方法を示した重要な記録であるといえる。また、弟子の若林強斎は当書の内容を自著の『家礼訓

[①] 同じ崎門の佐藤直方と三宅尚斎の鬼神に関する言説と比較することによって、よりその次元の相違がわかる。佐藤直方と三宅尚斎の鬼神論については、前掲子安宣邦『「鬼神」と「理」——三宅尚斎『祭祀来格説』をめぐって』を参照。

蒙疏』に節録し、後の人が『家礼』を実践するための参考としてまとめている。

（一）「墓参」と「墓祭」

　絅斎は1699年（元禄12）、48歳の時に妻井口氏を亡くしていた。その亡き7年目（1705年〈宝永2〉）の忌日に、世間でいう七年忌を迎えた。絅斎は年忌というものが礼にはないものとしたうえで、俗に従うとして妻の生前病床にいた時に内外手伝ってもらった人たちに料理を振舞ったという。そして、妻の忌日の6月4日に墓参りをしていた[①]。

　記録はそこまでしかなされていないため、絅斎の墓参の具体的な様子はわからない。それより問題なのは墓参をめぐる絅斎の理解である。というのは、『家礼』「祭礼」では「墓参」ではなく「墓祭」（墓を祭ること）というふうに記載されているからである。では、絅斎は「墓祭」に対してどう考えているのか。『師説』の叙述に即してそれを検討する。すなわち、「墓祭」は古にはなく、漢代より始められたものである。中国では、人々は冬至から「七十五日目」（正しくは百五日目である）の「寒食」に墓参りをする。しかし本を正せば、遺骸は墓に葬られ、神霊は神主のほうに移り家に奉祀されているゆえ、祭祀は家でせねばならない。もしまた墓祭を行うと、墓と神主と両方に神霊が存在するということになってしまう。それは「理」のないことであると、絅斎は疑問視する。

　だからといって、「墓ハ形ノ蔵テアル処ユヘ、忍ビヌ情デ一年ニ一度墓ニ勧請シテ祭」りたいと思うのも、また人の常である。しかし、「コレモシテミタガ、事体ガシガタイコト。アノ方ト風俗モチガフ。墓地モヒロ（広）フナイユヘ」といって、やはり墓祭は無理があると述べる。では、いかにすればよいのか。彼はこのように言う。「タヾ日ヲ択テ焼香拝シテ酒デモスヽムルガヨイゾ。ソレモシガタクバタヾ

---

　① 『常話雑記』（『浅見絅斎集』）、第563-564頁。

相々ミマイ大事ニカケルテヨイ」のである。『師説』のこの叙述を見ると、妻の忌日にあたり綱斎がそのために墓参をした時の様子を彷彿とさせよう。

ところで、おそらく朱子も人情の面を考えて墓祭を祭礼に取り入れたのであろう。綱斎はその点を認めたように、「朱子モ世間ナリニ墓マイリヲナサレタゾ」と付言をしている。要するに、綱斎において「墓祭」は日本社会ではなし得ぬとされる一方で、「墓参」は人がそれぞれ故人を偲ぶ気持ちで積極的にするべきことである（以上、『師説』祭礼）。

（二）継母の死と『家礼』の開講

綱斎が妻の墓参をした2か月余の後、1705年（宝永2）の8月11日に、継母の喜佐（松栄）は息を引き取った。享年80歳であった。「（先生は）錦陌へ御帰ナサレ、神主へ告ラレ」とあるように、綱斎は直ちに錦陌講堂に奉祀されている神主に継母死去の旨を報告した。そして、五条の鳥辺山延年寺墓地に出て「十一日ノ日中ニ棺槨へ松ヤニヲ」かけたという。その棺は「坐棺」で、槨は檜であった。

12日午時葬送。綱斎は「アラギヌノ上下、白キ帷子」の喪服を着て、「大小ノ柄鞘ヲ紙ニテツヽミ、足袋、草履、月代御ソリ」の格好で葬送の儀に臨んだ。そして、墓地で弟子の若林強斎らに、忌中に「葬祭記」を編纂するかたわら『家礼』とそれに関わる礼書を講義するつもりを伝えた。その講義録はいうまでもなく既述の『師説』のことである。

埋葬が終わり神主の書付が行われた。まず「牀ノ上ニ几ヲ置キ、其上ニカリ檀神主入テ置ク。前ニ香炉、硯箱」を整えて、そして書付。陥中に「浅井氏松栄名幾佐女神主」と、つぎに粉面に「継妣松栄神主」とそれぞれ書き付けられた[①]。ここで確認できるように、その神

---
① 以上引用は『常話雑記』、第566-567頁。

主の粉面に「顕」という字がなかった。

それから数日経った十五夜に、継母を喪った気持ちはいまだ整理できず、綱斎は「霊筵に伏拝」して、哀感を込めてその気持ちを文字に託した①。

以上、継母の死去にあたり、綱斎が神主に報告したことより以下、喪祭儀礼を執り行った様子の概略を述べた。次に、綱斎による『家礼』の開講についてみよう。

綱斎は同年の8月25日より『家礼』の講義を始めた。つまり、さきに見た綱斎が墓地でした約束は履行されたのである。『常話雑記』の別の箇所に次のような記録がある。「先生居レ喪、読レ礼ガ古人ノ意トアツテ、八月廿五日ヨリ家礼ヲ御ヨミナサレ、ソレヨリ帯テ諸書ヲ輪講アルゾ」②という。『礼記』曲礼下には服喪時に喪祭礼を読むべきであるという記述があり、それは朱子『家礼』においても明記されているところである。綱斎自身も『師説』「家礼序」で「今度ウレイニイリテ（継母の死去を指す）喪祭礼ヲヨムガ、ソロソロテニ礼をアマフト思ゾ」と述べている。そして、礼書の編纂は「人道日用ノ急務」であると意味づけられていた。

繰り返し述べたように、綱斎の『家礼』講義の内容は強斎によって『師説』として記録された。そして、自らが「礼を編もう」と表明したとおり、綱斎は礼書を編纂しようとしていた。しかし、彼は『家礼』開講の6年後に急逝した。既述の『喪祭小記』のほか、綱斎には『喪祭略記』という早年の著作が確認できる以外、まとまった形としての礼書は残っていない。その仕事は弟子の強斎が受け継ぎ、師説や

---

① 乙酉仲秋十一日、喪二後母一、封葬稍畢、慨息之懐、自不レ能レ措、至二于望夜一、月色清新、伏拝二霊筵一、哀感偶書風樹秋来感、茲宵切二我身一、八旬雖レ得レ歳、一夢忽非レ真、霊坐余二新月一、壽觴二任旧塵一、班衣無二復見一、藤緒涙痕親、古歌に、藤衣はつるゝ絲は君こふるなみたの玉の緒とやなるらん（『綱斎先生文集』、第404頁）。

② 『浅見綱斎集』、第573頁。

自らの研究成果を盛り込んで『家礼訓蒙疏』を大成した。[①]

絅斎の『家礼』喪祭礼講義は継母の服喪中になされていた。むろん、その講義録『師説』は彼の喪祭礼実践の様子を垣間見ることができる。それに止まらず、より重要なことは、朱子学者としての絅斎が考えた実践すべき喪祭礼のあり方が、『師説』の中に鮮明に示されているということである。それは一言でいえば、朱子学的な礼の思想と『家礼』の「理」を十分理解して、日本社会の現実を踏まえて「礼」を実践することである。

そこで、絅斎は『性理大全』版『家礼』を底本にして『家礼』を校訂出版するにあたって、朱子の手になる本文と注のみを残して、楊復の附註などを一切削除した。絅斎において、『家礼』本書と朱子平生の説を尊重し、そしてそれを十分理解した上で実践に移す、それはなにより重要なことである[②]。

絅斎は『師説』においても、このように述べる。「楊氏附注ハ『性理大全』ニアル附注ト云ガコレゾ。朱子ノ説ヲ『儀礼』デ考テ、『家礼』ガ略ナト云テ、ソヘテイヤコトガ附シテアルゾ。『儀礼』ハ朱子ノ平生ヲサ（修）メラレタコトユヘ、用テヨイコトナレバ朱子ノノコ（残）サルヽコトハナイガ、今日用ニタヽヌコトヲハブ（省）カレタゾ。（中略）アゲクニハ、『儀節』ハクハ（詳）シフテ『家礼』ハアライト云ハ大ナル謬ナリ」という。楊復の附註はもちろんのこと、明の丘濬の『文公家礼儀節』も排除されねばならない。要するに、『家礼』本書および『文集』や『語類』にある朱子平生の説のみを理解し

---

① 『喪祭略記』と『家礼訓蒙疏』の二書について、近藤啓吾『崎門学派に於ける朱子家礼の受容と超脱』（『儒葬と神葬』、国書刊行会、1990年）、第104-113頁。

② 絅斎は校訂本『家礼』の巻末に、『家礼』の成立事情をめぐる『朱子年譜』の記述を附録し、黄幹の「朱子所輯家礼、其後亦多損益、未暇更定」という言葉を引いた後、このような注をつけている。「今按其所損益者、特体制品節之異、而序文所謂務本実従先進者、未嘗以早晩而少変也。其後因礼而著者、如楊氏附註、丘氏儀節、固不為無益而頗傷煩屑。輒違本意者或有之。読者宜拠朱子本書、平生成説折衷之可也。若夫酌古今之変、従時俗之宜、本国制而尽自分則亦在其人審焉」という（前掲京都大学附属図書館蔵『家礼』巻末）。

て、喪祭礼を実践することは、絅斎の基本的な原則である。

五　絅斎の礼俗観──礼と俗の調和と葛藤

　朱子『家礼』は、宋に広まりつつあった道教や仏教の葬祭礼式に対抗しながら、儒家伝統の礼法をベースに朱子学的理論に基づいた、あるべき喪祭礼が構成された書である[①]。ただ注意したいのは、朱子が古礼を参照し喪祭礼を編纂していく際に、当時広まっていた道仏の葬祭風俗に対抗しながらも、社会の底辺に存在していた葬祭儀礼をめぐる風俗や習慣を無視することができなかったということである。実際、朱子は『家礼』において、消極的ではありながら世間の俗礼や習俗を取り入れている。一例を挙げれば、絅斎が『師説』においても述べたように、「祭礼」では祭祀の対象は祠堂にある神主であり、本来「墓祭」は否定さるべきものである。しかしすでに民間の習俗として墓祭が定着し、祭礼自体にも支障をきたさないという理由で、祭礼の一環として採用されている。

　では、朱子が『家礼』に俗礼を取り入れたことについて、絅斎はどう考えているのか。

　『家礼』「通礼」に「祠堂」という項が最初にあがっている。しかし、そもそも古礼では祭祀を行う場所は「廟」と呼ばれ、祠堂という名も制度も古礼にはない。それは朱子自身が考案したものである。朱子によれば、それは古の廟制が経書に記載されていないこと、そして今（朱子の時代）の士庶人の身分では廟を立てることが僭越にあたり、なし得ないからである。そして、祭祀場所をあえて「祠堂」とい

---

　①　吾妻重二『宋代の家廟と祖先祭祀』（小南一郎編『中國の禮制と禮學』、京都大学人文科学研究所研究報告、朋友書店、2001年）参照。

う名で呼び、その制度に俗礼を多く採用しているという[①]。

　それについて絅斎は次のように述べる。「作礼ハ世俗ノ用ニタヽヌ礼ノコトデハナイ。風俗通礼ノ今ノ俗ニカナフコトゾ。凡テ『家礼』ノ立ヤウガサウデ、（朱子が）古ニナツムコトナク、今日人情ニカナウテ、其上ニ非礼ヲハブキテ義理ニタガハヌヤウニナサレタル」（「通礼」）という。つまり、朱子が『家礼』を編纂する趣意は、古礼に拘泥しないこと、人情を重視すること、さらに「義理」に適うように「非礼」を省くことにあると、絅斎は理解している。

　ところで、上引の中でも重要な点は、「作礼ハ世俗ノ用ニタヽヌ礼ノコトデハナイ。風俗通礼ノ今ノ俗ニカナフコトゾ」という指摘である。もちろん、それは朱子『家礼』に対する評価ではあるが、それと同時に絅斎自身が礼を編纂する己に課する責務でもあるであろう。故に彼は「此方デイヘバ、先祖ヲ尊ビ祠堂ニ奉スルハ天地自然ノ理デ、唐モ日本モチガハヌガ、其立ヤウノ制ハ此方ナリニチガフゾ。朱子モ此方ニ生スレハ此方ナリニ家礼ガデケルゾ」（同上）と続けて言うのである。朱子が日本に生きていたら、日本の風俗をよく考えて日本社会に応じた家礼を作るに違いあるまいと、一見あたりまえのことを言っているようである。しかしこの発言は、絅斎が自らすでにそのように実践し、且つ己が礼説とその実践に確信を持っているとの宣言であるとも解釈できる。

　確かに絅斎は『師説』において、朱子が『家礼』で掲げた本旨は日本にも変わらないと主張しながら、具体的な礼式自体は日本の風俗や人情に沿って実行せねばならないと、絶えず強調する。加えて、ただそのように語るばかりでなく、『小記』以来、神主や棺槨や墳墓など喪祭礼をめぐる重要な礼式細目において、実地的経験と吟味を行って

[①] 「然るに古の廟制は経に見へず、且つ今の士庶人の賤はまた為すことを得ざる所の者あり。故に特に祠堂を以て之を名づけ、而して其の制度はまた多く俗礼を用ゐるという（然古之廟制不見於経、且今士庶人之賤亦有所不得為者、故特以祠堂名之、而其制度亦多用俗礼云。）」（『家礼』通礼）

きた。師の闇斎でも、『家礼』に関してこれほど体系的かつ実践的に説くことができなかっただけに、綱斎は思わず自慢めいた次のような言葉を発したのだろう。「今日家礼ヲ知ルモノヽホヾ出来タルモ山崎先生ノ功ゾ。其緒ヲウケテ、手前ナド反復センギヲイタシテ、今日コレホドニ吟味ガツイタコトゾ」（「喪礼」）。さすがに師闇斎へ賛辞を呈するのを惜しまなかった。他方で、実際の礼式づくりに綱斎がいかに心をくだいていたかを、うかがうことができる。

　さきに綱斎は、風俗をよく考えて日本なりの家礼に取り組んだことを見た。では、綱斎にとって、近世日本の風俗はすべて家礼に取り込むことができるのか。もちろん、そうではなかった。そこで、ここでは綱斎が近世日本の風俗をいかに捉えていたかを見ておく必要がある。たとえば、『師説』に次のような叙述がある。

　　嘗テ祠堂ノ図ヲイタシタガ、簾モヨイモノジヤガ、此方デハ上ツ方ノ御簾ノヤウデハナラヌコト。アライスダレモ掛ケニクシ。ナニホド密デモホコリガ入タガル。アノ方デハ障子ノタテアゲガナイユヘコレジヤガ、此方デハ障子ガヨイ。啓閉モシヨイ也。ヒロフ入ルトキハハヅシタガヨイ。簾デハ夏虫ガ入テアシヽ、フルヒテシカヘルモムツカシニ、障子ナレバ張カヘサヘスレバヨイゾ。カヤウニ風俗ノ宜デハカリテスルガ、程朱ノ旨ト合点セヨ（『通礼』）。

つまり、中国では祠堂の中に簾を掛けて埃を防ぐ習慣になっているが、日本では簾を使うと夏虫が入ったりして不便なところがある。だから、障子を用いたほうが良いという。かなり卑近な例ではあるが、綱斎が『家礼』にある祠堂の制を日本社会にスムーズに取り入れるために、既存の風俗から「宜」を図り、工夫していく姿勢を明確に示している。そして、そうすることこそ、むしろ「程朱ノ旨」に合致するととらえている。この点が重要である。

　また、「俗節」やそれに応じた供え物に関する綱斎の見方も同様で

ある。例えば、「三月ニ草餅、五月ニ粽芋（中略）七夕ニ索（ママ）麺、九月ニ栗」といったように、日本の年中行事に合わせてそれなりの供え物を用意して祭る。それは「（天）地自然鬼神ノ情状」に適うことである、と彼は言う（『通礼』）。

　以上は祭祀空間の設営や供え物をめぐる風俗である。そこでは比較的問題は少ない。しかし、もし風俗が礼の本質と矛盾し、ひいては相衝突する場合は、綱斎はいかに対処するのか。結論を先取りしていえば、彼には二通りの対処法があった。ひとつは風俗の通りで行動し、必要な時に自力を計りながら礼を全うするよう努力する。いまひとつは、断固たる態度で風俗と対抗し、それを排除する。

　まず一つ目。先述のように、遺骸を埋葬する際に使用する棺は主として「臥棺」と「坐棺」に分けられ、できれば「本棺」の臥棺を使いたいものであるとされる。しかしそれより綱斎が強調したのは、臥棺か坐棺に関わらず、無用の飾りを一切使わず、遺体を丁重に埋葬することである。それこそ喪礼の本旨であるという。『師説』喪礼に「総ジテカザリタコトハナニヽニヨラズセヌガヨイ。只骸ヲ大事ニシテクサラヌヤウニスルジヤト云旨ヲ合点スベシ」と述べたのは、まさにそのことである。

　実際、近世日本において、いわゆる臥棺（寝棺）は殆ど見られなく、坐棺（座棺）のほうが一般的であった。その具体的な形の面でも、身分や経済状況などにより種類がさまざまであったという[①]。綱斎自身はもちろんその事情を知っており、臥棺は「本法」であるが、「風俗ニ行レヌコトユヘ、人ノ観ヲヲドロカスモキノドクナレバ不得已シテ坐棺ニモスルコトゾ」（前出）と述べ、坐棺にせざるを得なかった。

　また服喪の期間においても、綱斎は社会の通念や習俗との妥協を図

[①] 古泉弘『近世墓研究の課題と展望──基調報告』（江戸遺跡研究会『墓と埋葬と江戸時代』、吉川弘文館、2004年）、第8頁。

りながら、礼を全うするのに腐心していた。『家礼』喪礼では、たとえば父に斬衰三年、母に斉衰三年と、死者との間柄によりその喪服と喪期は明確に決められていた。一方、近世日本において、綱吉が将軍に就任した4年後の1684年（貞享元）に服忌令が制定公布された。ただしこの令の適用対象は主に武士であり、庶民にはさほど要求されなかったという[①]。むろん、三年の服喪は日本の習俗にはなかった。では、服喪の礼を全うするにはいかにすべきか。

綱斎は『小記』の内容に言及してその対処法を次のように述べている。「手前ガ喪祭小記ニモ五十日ヲヤハリ立テ、一周忌第三年トツトムルゾ。マヅ五十日デ世間ヲスマシテヲイテ、其後ハメンメンハ業ノ立ヤウ次第ニツトムベシ。至極ヲイヘバ三年ノ喪ハウ（ゴ）カヌコトナレドモ、推ツケシタリ強イテシタリスルコトハナイ。メンメンノ力量次第ニツトムベシ」という。あるいは、「風俗ニ随テカナハズンバ、ソレナリニシテ実ハ心葬ノ体デ三年ツトムベシ」という。つまり、親の服喪は確かに三年であるが、それを無理に押し付け強いることはない。通常にしたがって50日間服喪し、その後は自発的に三年まで「心葬」（心の中で服喪する）を行いたい、というのである。可能な限り、風俗習慣と妥協した姿がみえる。

二つ目の対抗し排除すべき風俗について。綱斎ないし崎門派において、喪礼でもっともあるまじきことは火葬である。綱斎によれば、親の遺骸を火葬にすることは嘆くべき「愚俗」であるのみならず、それは「不孝不義」極まりない行為である。火葬は容赦なく非難し、断固として排除すべき風俗である。綱斎は次のように述べる。「（前略）愚俗ノカナシムベキハカヤウナルコトゾ。親ノ首ヲキルト云コトハ死骸デモ非義ジヤト云コトハダレモ知テオレドモ、風俗ニナレバ火ニク（焼）ベルコトハヲボヘヌゾ」という。つまり、亡き親の首を切るこ

---

① 近世服忌令については、林由紀子『近世服忌令の研究——幕藩制国家の喪と穢』（清文堂、1998年）を参照。

とが遺骸に対する「非義」であることは、自明の道理である。しかるに、火葬が一旦「風俗」になれば、遺骸を荼毘に付して毀損しても、平然としてなんとも思わなくなると心配するのである。

絅斎は、たとえ親が遺言で火葬と指定しても、子たる者が勇気を奮って火葬を拒否する心構えを論じて、「一生ノ大事ユへ、大勇気ヲハツテナンタルコトニモ焚ヌ筈ノコト」と念を押している。また、出稼ぎ先などで亡くなり、どうしても故郷に「帰葬」することができなければ、その客死先で埋葬してもよい。「旅葬ハ忍ビヌコトナレドモ、天地ノ地ハ一ツヽキユへ、焚テステルトハ懸隔ゾ」と、絅斎は火葬拒否の姿勢を終始崩すことはなかった（以上、『喪礼』）。

なお、絅斎がいま一つ排除すべき風俗と見なしたのは「毎月忌日」（月命日）である。彼によれば、「誕生日ガ一年ニ一日ナレバ忌日モ一日ゾ」と、「忌日」は年に一度で一日のみであると言う。さらに、もし「忌日」が毎月になると「本法ノ心ガワカレテヨクナク、毎月サヤウニナレナレシウスルコトハナイコトゾ」と、極言を発している（『祭礼』）。

ところで、既述の通り、崎門派において異姓養子は厳しく批判される。しかし近世日本では、イエ（家）を存続させるために、跡継ぎに異姓養子を迎えることはごく普通に行われていたこともまた事実であった。もし、異姓養子が日本の風俗とするならば、崎門にとってそれはまさに否定さるべき対象である。絅斎が「父母ノ後ハ子ガ継（グ）ガ天地自然ノ理ナレドモ、子ノナイモノハ同姓ノ者ヲ養子トスルゾ」（『喪礼』）と述べたように、養子はあくまで同姓の者でなくてはならない。もちろん、これは「天地自然ノ理」という言葉が示したように、「天地生生之理」あるいは「一気」「血脈」のつながりといった朱子学的思想と深く関連している。崎門派にとって、養子を取るか取らないかは観念的な問題ではなく、ごく身近で切実な問題であった。

敬虔な朱子学徒の崎門派儒者たちに与えられた試練と言うべきか、

闇斎、綱斎そして強斎は、いずれも跡を継ぐべき実子がいなかった。しかし、彼らはついに養子を取ることはなかった[①]。綱斎は妻との間に子宝に恵まれなかった分、兄道哲の子女たちを我が子のように可愛がっていたという。亡くなる前に、その学脈を甥勝太郎（号持斎）に託し、弟子の強斎にその後見になるように遺命したという。強斎も嗣子がいなかったため、学統を弟子の小野鶴山に継がせた。彼らにとっては、養子を取らなければ血脈が断絶するであろうと逡巡していたに違いないが[②]、学問の信念を貫きあえてその道を選んだ。生涯に亘って朱子学を生き通そうとした綱斎らの切実な姿勢は、そのことからも見て取ることができる。

六　おわりに

　崎門派、なかでも浅見綱斎の『家礼』をめぐる思想実践の中で特筆すべきは、『家礼』の校訂出版と『家礼』の講義（講釈）である。朱子の学を「述べて作らず」、そしてそれを「体認自得」することは、崎門の学問的姿勢である。その意味で、『家礼』の校訂出版は、それを理解するためにはなさねばならない作業であった。

　さらに、『家礼』の講義は、門下へ思想を伝達するための方法である。綱斎において、『家礼』に現れる朱子の思想を伝達するには、講義（講釈）はもっともよい方法であった。

　なお、崎門の『家礼』実践に特徴的だったのが、明儒の説に対す

---

　　①　闇斎が養子を取らなかったことについては、朴鴻圭『山崎闇斎の政治理念』（東京大学出版会、2002年）、第35頁。綱斎については近藤啓吾『増訂浅見綱斎の研究』（臨川書店、1990年）、第98-101頁を、強斎については同『若林強斎の研究』（神道史学会、1979年）、第120-123頁を参照。

　　②　たとえば強斎は亡くなる前の年、1731年（享保16）11月甲子日付の『譲証文』の中で、血脈の絶えることについて次のような言葉を記していると指摘される。「嶋津若林共に血脈絶候。我等心底、可レ被レ察候。せめて其名字なりともけがし失はぬ様に頼事に候」という（近藤啓吾前掲『若林強斎の研究』、第120頁）。

る批判と排除である。朱子の説にあきたらず、古礼などをもって『家礼』の不足を補おうとした明儒に対して、崎門の批判は苛烈であった。崎門からすれば、明儒は朱子の思想を忠実に理解しようとしなかったと映っていたのであろう。

浅見絅斎は社会原理の違いを強く意識していた。そのことは彼の礼俗観から見て取ることができる。「朱子が日本に生まれたら、きっと同じことをするに違いない」というような発言をした絅斎は、『家礼』の「礼意」にあった日本独自の礼式を考案した。喪祭礼を日本でしっかり実行するためには、それが最適の方法だと彼は考えたのであろう。その方法はいわば、俗と調和しながら礼の実践に努める方法である。

もちろん、絅斎は日本の俗を全面的に肯定したわけではない。「不孝不義極まりない」と痛罵した「愚俗」の火葬に対して、それが『家礼』の根幹的な思想と直接衝突する以上、絅斎はそれを排除せねばならなかった。「異姓養子」に関しても、同様な観点からそれを否定したのである。

崎門派は喪祭礼の実践を、いかなる人生を送るかという問題、端的にいえばいかに生きるか死ぬかという切実な問題と捉えていた。実践的な礼をめぐる崎門派の考察によって明確にみえてきたのは、彼らが社会生活レベルにおいて、朱子学を切実に生きようとした姿勢である。それはまさに礼をめぐる俗との葛藤の中を生きることに努力した姿であり、また朱子学を生きようとした人生であった。言い換えれば、崎門派は朱子学を生きることによって（ここでは崎門派における『家礼』思想実践のみを取り上げたのだが）、自ら朱子学者としての主体性を確かめたのである。

さらにいえば、崎門派は、儒教の喪祭礼における倫理的営為の実践が人倫社会に果たす重要な役割に注目していた。また、鬼神とその祭祀における宗教性を注視し、それが人間の心理的需要に応え、かつ

儒教的人倫秩序を成り立たせる可能性を、喪祭礼に見出した。もちろん、それらは独創的なものではなく、あくまで限りなく朱子学に基づくものであった。しかし、近世日本社会において『家礼』を正面から受け止め、かつ喪祭礼にその宗教性の意味を見出した崎門派に、子安宣邦のいうように、日本における朱子学の成立をみることができよう。①それは決して「日本的朱子学」ではない。東アジアにおける一つの朱子学を実践する思想であったと捉えるべきである。

【附記】本稿は、2013年1月25-26日に愛媛大学にて開催された、科研プロジェクト「東アジアにおける朝鮮儒教の位相に関する研究」(代表者：島根県立大学井上厚史教授)による第2回研究会において、報告するために作成したものである。主として拙著『近世日本における儒礼受容の研究』(東京：ぺりかん社、2012年)の第二章『崎門派の「文公家礼」に関する実践的言説』と第三章『浅見絅斎の「文公家礼」実践とその礼俗観』を短縮して、一文にしたものである。井上厚史先生から同研究会参加のお招きをいただき、多くの先生方にご指導を賜ることができた。井上先生はじめ諸先生方に厚く御礼申し上げる。

2013年1月25日于爱媛大学

---

① 子安宣邦は、朱子学の「敬説」をめぐる崎門派の学問的性格について述べる文脈の中で、崎門における「日本朱子学」の成立をこのように述べている。「崎門においては『心の主宰性』の工夫としての「敬」に根底的な意義を見出す形で朱子学は再構成されるのである。そして〈主宰的な心の自己把持〉としての工夫を根底に据えることからくる衝迫的な自己追求的なあり方が、この崎門の学の課題をなし方法をなしているのである。ここに特異な相貌をもった〈日本朱子学〉が崎門派において成立してくる」(子安著『江戸思想史講義』(岩波書店、1998年、第62頁。ここで述べられたことの趣旨は、本稿のそれとやや異なるが、崎門派において「日本朱子学」の成立が見られるのは否めない事実であろう。

近世日本"敬"说的容受与展开
——以中江藤树、山崎暗斋为中心

板东洋介（日本学术振兴会特别研究员PD、东京女子大学非常勤讲师）

一 绪 言

日本史所言"近世"，系指17世纪初至19世纪中叶的德川幕府时代，历时270年，以明治维新告以终焉[1]。这一时期的日本，"宋学"呈现繁荣发展的景象，涌现出一大批朱子学者。日本的儒学者们已经不能满足于对朱子学单纯地祖述，开始对朱子学说展开了种种修正和挑战。譬如以伊藤仁斋和荻生徂徕为代表的"古学"，推翻朱子的经典解释，试图通过对古代语义的解读去还原经典。再如"水户学"，尽管深受朱子学史观的影响，最终却衍生出了日本式的国家主义（nationalism）。这些均是日本近世儒学史上值得关注的独特的学派。

近世日本朱子学的独特发展，大多是从"穷理"的侧面展开。源了圆《德川合理思想之系谱》（1972年）具有一定代表性，其研究指出：随着市场经济带来的社会动态化发展以及科学技术的进步，让人们不能不对朱子学先验论般的"理"体系产生疑问。

除"穷理"以外，对于"居敬"，近世日本亦有独特的发展。在日

---

[1] 史学界对于"近世"起点的划分存在不同看法，但基本倾向于结束战国时代军阀割据而建立起了统一军事政权的16世纪后半叶。织田氏、丰臣氏之后，17世纪初德川氏最终确立了统一的世袭政权。

本特有的思想体系中，比如神道或武士道，自古以来也主张"敬"的精神，这对日本朱子学者们的"居敬"实践潜移默化地产生了影响。为了展示"敬"的学说在东亚各地的嬗变，本文从"居敬"的侧面来阐述朱子学在近世日本的独特发展轨迹及其意义。

二 近世日本的"敬"

"敬"之学说在近世日本的传入和接纳，大体经历了以下阶段。

（一）近世前期。与"穷理博学"相比，更加重视"实践体认"的中江藤树和山崎暗斋等儒学者们，对朱子学的"居敬"进行了深入的考究。对于"敬"，他们没有停留在文本上的解读，而是在现实生活中身体力行，时时处处践行着独自的"居敬"修为。其中，神道的自律精神和武士道的自敬精神发挥了巨大作用。

（二）近世中期。伊藤仁斋和荻生徂徕等古学派的儒学者们，否定朱子学的释义，主张对经典原义考究的回归。他们认为，"敬"原本是对他者（天、祖考、父母等）的敬意，而在朱子学里俨然失去了他者感觉，变成了实现自我满足的营为，修养、实践的核心由注重"敬"转移到了强调"忠信"、"至诚"。因此，古学派儒学者们将朱子学视为佛教的唯心论加以批判。

（三）近世后期。由于时代发生了剧烈变化，原本静谧、收敛的"敬"，逐渐被活跃的"诚"所取代，"至诚"愈发受到青睐。这一时期，作为用来超越封建等级关系（打破藩意识，以天下国家的观点思考和行动）的口号，"敬天"独立登场。但需要注意的是，"敬天"与作为修养的"居敬"有所不同。

朱子学就是在这个时期，作为正统的道义被广大社会普遍接受。但对于先觉的知识阶层而言，接受、修正、实践乃至批判朱子学的时间更早，应该说在近世前期和近世中期即已完成了思想受容的整个过

程。山崎暗斋指出，在近世前期和中期，谈到"居敬"，日本人往往联想起神道的祭神（kami）礼仪。伊藤仁斋和荻生徂徕则认为，"敬"的原义是对他者的虔敬，与其把"敬"（譬如"其心收敛"、"常惺惺法"）视为自我内部精神的凝聚，莫不如把它理解为对外部上级的他者的畏惧。

其实，从六经中的原本词义来看，"敬"具有微妙的双重意义，一是指严肃地端正自我内部，即"自敬"，一是指畏惧外部他者的"敬畏"。在日语里，这两个意思分别表示为"慎"（tsutsushimi）和"敬"（uyamai）①。如下表：

	释字	对象	和训读音	用例（六经）
自敬	肃·慎②	自己的内部	つつしみ（tsutsushimi）	"各敬尔身"（《诗经》）
敬畏	不慢·畏③	外部的他者	うやまひ（uyamai）	"敬天之怒"（《诗经》）

古代周天子和士大夫们对天都抱有"敬畏"之心，因而，作为履行天命之子，言行举止不敢恣意妄为，能够做到"自敬"。也就是说，按照六经的原义，对天的"敬畏"和统治者的"自敬"，二者是表里一体的。"天命靡常"（《诗·文王》），故君子畏之，天拥有对君子的取舍权，天根据治国政绩和为政者有无修德而对其正统性（"天命"）做出评判，决定予夺，不过，君子的这种对天的敬畏，在现实的政治中也赋予了另一种权利，著名的"武王伐纣"便是一例，周武王因敬畏天，而对上位者的殷纣王无所畏惧，毅然施行天命，"今予发，维恭行天之罚"（《书·牧誓》）。

宋代的程朱为存心工夫而从古典中发掘出"敬"，他们对绝对

---

① 《大汉和辞典》"敬"义有四："慎"、"戒"、"敬"、"恭"。前二相当于"自敬"，后二相当于"敬畏"。
② "敬，肃也。"（《说文》），"敬慎威仪。"（《诗·生民》）
③ "敬故，不慢旧也。"（《周礼·天官·大宰》注），"敬，只是一·畏字。"（《朱子语类》卷十二）

者——天的"敬畏"(如同仁斋和徂徕对宋学的敬所做的理解和批判那样)并未傲慢地忘却。甚至可以说,在宋代学者们的心中,充满了对"天理"强烈的震撼和紧张。由于这种紧张感,他们努力对自己的身心加以收敛,保持整齐和严肃,此即朱子学倡导的"居敬"。人们所敬畏的天,并非像以往那样君临于自己的外部,而是作为"天理"=本然之性,存在于每个人的内心,因此,比起古代的"敬",朱子学的"敬"更强调内向性,侧重于"自敬"。较之宗教式的、被动性的归依,"浑然天理"的人间主体的、能动性的独立,才是修为的终极目标。

接受了朱子学"敬"之学说的近世日本儒学者们,试图把朱子学"自敬"的另一层含义——"敬畏"发掘出来,他们不单单把"敬"理解为自立、独立,而是更倾向于理解为虔敬。这种倾向,如果做一俯瞰式的观察,正如黑住真所指出的那样:"与德川思想是一脉相通的虔敬主义(pietism)的问题……广义地说,是日本思想中所具有的泛神论的宗教性问题。"[①]日本对"敬"之学说的接受,是修正主义式的,正如下川玲子[②]所指出的那样:在中国和朝鲜,"敬"极其具有主体性,而传入日本则发生了质变,呈现的是一种"受容性的态度"[③],由此反映出日本思想风土的一般特质,即难以接受人的主体独立,以及支持其独立的普遍性的"理"。

就日本的思想风土而言,相对于自立,更加重视对他者的敬畏,故此,在近世的日本,朱子学的"自敬"通常被理解为"敬畏"。从思想史的系谱上做如此勾勒或许比较明了,但是不免又陷入了简单化。特别是在近世前期,足利政权末期以来持续了150余年的战乱终于平息,迎来了"太平之世",当人们呼唤着能够引领新时代的思想出现之时,儒学者们从朱子学中发现了"守心行身之道"[④],相信他们当初绝非未能理解朱子学所包含的自立、独立的意韵。相反,正是由于理解了

---

① 《近世日本社会と儒教》,ぺりかん社,2003年,第36页。
② 《朱子学的普遍と東アジア》,ぺりかん社,2011年,第98页。
③ 中江藤树引自《藤树先生全集》全五卷,岩波书店,1940年。
④ 中江藤树《翁问答》三,第57页。

朱子学的要领在于自立、独立,他们才认为,为了在近世的日本实现这种自立,"敬畏"的实践必不可少。中江藤树、山崎暗斋都处于近世的前期,本文从思想史的角度,通过对两人"敬"的实践的回顾,以论证他们并非缺乏对自立的领悟,而是为了自立只得选择"敬畏"①。

三 中江藤树——"敬畏"的恢复与祭祀的确立

宣告近世日本儒学之黎明者,一位当数中江藤树(1608~1648),另一位则是林罗山(1583~1657)。此二人学术志向虽然迥然,却每每被学界相提并论。罗山除了精通宋明儒学以外,对老庄思想、本草学、兵学、汉和古典文学、神道等多种学问造诣亦深,还以出仕德川政权、参与法度编纂的体制志向而闻名。与罗山相反,藤树致力学问的目的在于自我修养的提升,创造出独自的宗教性修为,另外,为孝养母亲放弃了大洲藩士的身份,脱藩之后以浪人(不仕官的武士)度过了余生。因此,二人通常被当作穷理博学的体制派和实践躬行的非体制派而加以对比。此后延续了藤树思想的还有山崎暗斋和伊藤仁斋。藤树的人格与德行,不仅被称颂于里巷,尊为"近江圣人",而且载入了近代日本的修身教科书,内村鉴三把他推举为《代表性的日本人》(1894年)之一,在日本的近世史上,藤树以"有德之儒者、道德之完人"的形象占有重要席位。

就是这样一位实践躬行派的藤树,对朱子的"居敬"投入了极大热情,进行了深入钻研,以至于最终他发现,自己不能以停留在朱子学说而感到满足。是年,藤树31岁。

> 或曰:"程子尝于此以'主一无适'、'整齐严肃'言之。谢氏又以'常惺惺法'言之。尹氏又以'其心收敛,不容一物'言之。朱子亦以此为说。然子不取其说,何也?"曰:"程子'主一无

---

① 本文据付梓拙稿《おそれとつつしみ——近世における'敬'説の受容と展開》(《日本思想史学》第44号,日本思想史学会,2012年)修订而成。

适'之说,最为亲切的当也。然其曰'无适之谓一',则一之义不亲切,而有立言太简奥,而意味不足者。是以初学不能晓其精蕴,而往往苦著实下手之艰焉。"①

在此段问答中,很显然,藤树所依据的乃是《大学或问》,即在朱子学框架内思考"敬"的根本典据。不过,藤树认为,《或问》中所列宋代诸儒"敬"之实践法却并不可取,"主一无适"、"整齐严肃"、"常惺惺法"、"其心收敛,不容一物"等等,这些对于"初学"的自己来说,"敬"的诠释过于清高,难以进行具体实践,因而是缺乏"工夫之准的"。

藤树居然提出了怀疑和批判,这让人感到意外。为何这么说呢?因为朱子学所言之"敬",就是为了达成存心(存养、操存),而作为"工夫之准的"②。作为担当天下国家之重任的士大夫,在修炼内心提高自我方面,此前往往被授之以"主静"、"无欲"等晦涩难懂之语。而程伊川在六经以来传统的意义理解之上,赋予"敬"来加以诠释,明确而具体地说明了学习者应当做什么和怎样做,在朱子看来,这正是程伊川的最大贡献③。然而,朱子认为明白易懂的"下手处"即是"敬",这却让藤树产生了莫大的困惑,认为它是缺乏"工夫之准的"。

笔者认为,对于程朱那样的宋代士大夫来说,"敬"之所以能够被认作存养工夫的"下手处",是因为这个词体现了他们作为科举官僚每天的工作态度,他们对这个词的内涵早已具有一定感悟和共鸣。

> 圣人相传,只是一个字。尧曰"钦明"(《书·尧典》),舜曰"温恭"(《书·舜典》)。"圣敬日跻"(《诗·长发》)。"君子笃恭而天下平"(《中庸》)。

---

① 《持敬图说》一,第684~685页。
② 在《大学或问》中有"用力之方",在《语类》卷十二中有"下手处"之语。参见《朱子全书》全二十七卷,上海古籍出版社,2002年。
③ "今说此话,却似险,难说。故周先生只说'一者,无欲也。'然这话头高,卒急难凑泊。寻常人如何便得无欲。故伊川只说'敬'字,教人只就这'敬'字上崖去,庶几执捉得定,有个下手处。"(《朱子语类》卷十二)

孔子告仲弓只是说"如见大宾，如承大祭"。此心常存得，便见得仁。
（《朱子语类》卷十二）

修身、齐家、治国、平天下，都少个敬不得。如汤之"圣敬日跻"（《诗·长发》），文王之"小心翼翼"（《诗·大明》）之类，皆是。
（《朱子语类》卷十二）

以上，朱子列举出了有关"敬"的经典出处，包括周天子及"股肱"士大夫们的仪礼、与仪礼一体的政治行为等。周代曾经作为古代政治的理想模式，周代的统治者在履行仪礼、政事时所持有的身心姿态，是在日常的坐卧行走之间修炼养成的，此即"敬"之工夫。此后，王朝虽然数度更迭，但是作为正典的六经将统治者应有的治国操守——"敬"记载了下来，至宋代，依然为程朱等人所尊崇和秉持。因此可以说，程朱等儒学者们是发乎直觉地将"敬"视为工夫之要谛。

与此相反，在近世日本，"敬"在统治者身上表现得并不突出。本来，理想主义的统治者能够顺应天命治理国家，对天始终抱有畏惧之心，对于违背道义的种种现实（后宫势力、军阀、皇帝恣意专权、自己的情欲等），能够毅然决然地加以处置，这种理想主义的统治者形象，早在古代律令国家建立之初即已传入日本，然而到了藤树的时代，统治者的形象发生了质的变化，嬗变为封闭式地、神秘主义式地传授繁琐仪礼知识（《有职故实》）的世袭贵族。藤树已不可能从当时的为政者中找到"敬"的化身，于是他从经典入手开始对"敬"进行重新思考。

苦于对"敬"的困惑，31岁的藤树把读书的主要对象从"四书"转到"五经"，据说从中有了"触发感得"（《藤树先生年谱》）。那么他在"五经"的哪个部分获得了启发呢？在他同年所著的《持敬图说》、《原人》二书里，提到了下列"五经"语句：

"悠悠昊天，曰父母且"（《诗·巧言》）　　（参见《原人》）
"荡荡上帝，下民之辟"（《诗·荡》）　　（参见《原人》）

"敬之敬之，天维显思，命不易哉"（《诗·敬之》）

（参见《原人》、《持敬图说》）

与朱子学中侧重"自敬"的敬有所不同，"五经"所言的敬，强调的是对天的"敬畏"。这一点给了藤树巨大启发。"五经"中对天的敬畏，藤树把它解释为"畏天命"，更进一步指出敬是"恭敬奉持上帝之命"[①]，由此他悟出"敬"是"工夫之准的"。

> 盖能畏天命尊德性，则自然"主一无适"，自然"整齐严肃"，自然"常惺惺法"，自然"其心收敛，不容一物"，此所谓"本立而道生"也。[②]

"主一无适"、"整齐严肃"等宋儒对于"敬"的诠释，藤树也好，仁斋和徂徕也好，都未予以否定，但不同的是，藤树认为"主一无适"、"整齐严肃"不是工夫的直接目的，而是通过对成就人格的绝对者——"天"（即"昊天上帝"）的敬畏和皈依而达成的自然结果。在"畏天命"中，藤树找到了实践"敬"的"下手处"。因此，藤树的"敬"实践，与其说是"自敬"，不如说是"敬畏"更为准确。

此外，藤树所说的"畏天命"，并不是指内心的状态，而是指具体的仪礼实践。自此以后，直到41岁辞世为止，始终持续着各种形式的祭天活动。例如：

33岁（1640年）祭祀大乙神。执笔写作《灵符疑解》。

每晨诵经《孝经》，践行"诵经威仪"。（持续到39岁，1646年）

34岁（1641年）前往伊势神宫，参拜"我朝开辟之元祖"。

35岁（1642年）完成《孝经启蒙》(附有"诵经威仪")。

藤树及其门人实践的这种祭祀，与当时的社会环境和宗教状况格格不入，被视为"异端"[③]。中江藤树却认为，不该将这些祭祀与祈祷吉

---

① 《明德图说》一，第681页。
② 《持敬图说》一，第687页。
③ 藤树的高足熊泽蕃山曾谈到，藤树弟子们的这种宗教的实践遭到了当时人们的嘲笑，其"志"可嘉，但是自己却惮于被当作"异端"而未能那样去做。《集义和书》卷十，《蕃山全集》第一册，蕃山全集刊行会，1941，248页。

凶祸福的低俗的民间信仰混为一谈。在日本，这些祭祀完全是"初学之所由以资持敬"①，是实践"敬"的必由之路。

藤树这种对上帝的敬畏，始自33岁，他从《孝经》里受到启发，更加重视对昊天上帝的"孝"，因为上帝是万物之源，如同生身父母一般。不过，藤树的"人间主体"说，主张的并不单单是顺从和被动，藤树作为日本阳明学鼻祖，一方面坚持实践"敬畏"，另一方面不遗余力地强调具有"良知"的人类乃"万物之灵"，对待外部世界应该保持自由和主宰。尽管生活在幕藩制和身份制的社会里，但是藤树不畏权势，秉持独立不羁的态度。早年便毅然脱离藩主，到了晚年他实现了内心的独立，以"士"自居，提倡不要拘于旧的规矩礼法，要审时度势地灵活应对"权"力。可以说，在近世的日本，对天表现出最为虔诚的非藤树莫属，同时对个体独立最为重视的思想家也非藤树莫属。不过，藤树所重视的人的主体独立性，完全是基于人乃"太虚神明的分身变化"②这种观念。在藤树看来，所谓人的主体独立，也首先是在承认世界的绝对者——太乙神、昊天上帝、太虚——存在的前提下，人才作为绝对者的"分身变化"而赋予了存在。这既是言之必循的顺序，同时也是价值的主次。这与朱子学的"天人合一"有些相近。在藤树看来，人的主宰性和独立性（"自敬"），只有通过对绝对的他者（"上帝"）早晚祭祀（"敬畏"）这样的具体行为才能够得到体现和保障③。

朱子学所提倡的"持敬"，以及士大夫所追求的独立，离不开当时的社会氛围对它的支持和宽容。而在近世的日本，却缺乏那种传统士大夫的"敬"之气质，更没有科举那样相对独立于皇权的文化制度。因此可以说，藤树是一位坚定的探索者，为了实现每个个人的独立，他从生活实感的次元入手，反复实践，探索实现"敬畏"的具体路径。

---

① 《太乙神经序》一，第140页。
② 《翁问答》三，第67页。
③ 祭天=郊祀，本来是天子的专利，而藤树则主张"下至士、庶民"（《年谱》）的所有人都拥有祭天的权利和义务。

四　山崎暗斋——武士性之扬弃

　　山崎暗斋（1618~1682）是江户时代最为苛刻尖锐的朱子学者。山鹿素行、伊藤仁斋、荻生徂徕等古学派对朱子学的"敬"说进行批判，甚至否定整个朱子学，其原因不单单是出于对程朱的"敬"说的不满，而更多的是因为他们不赞同山崎暗斋弟子们的那种过度严苛的"敬"之实践。山崎暗斋取"敬义"为字（出自《易·文言》的"敬以直内，义以方外"），以《敬斋箴》为题作序出版，围绕着"敬义内外"的解释展开激烈的争论，甚至还引发了门派的分裂。由此可见，暗斋的思考核心也和藤树一样，都聚焦在"敬"的实践上。暗斋的思想形成于藤树的卒年（1648）之后，两人之间没有发生过直接的思想影响，但巧合的是，两人都对博学且有体制志向的林罗山进行了抨击。他们主张身心之"道"的实现，必须是把致学的目的锁定于自身，这一点上两人具有很强的共通性[①]。

　　与藤树不同，暗斋从人格上终生归依朱子，暗斋的"敬"说，基本上忠实于朱子的"敬"说。当然，暗斋的"敬"之实践，以"垂加神道"为主要特征，即摄取了过去日本神道的用语和仪礼。但那基本上还是"去人欲、存天理"的朱子"居敬"说的翻版，只不过是用"祓"、"清净"等神道的语言去重新阐释而已。因此，暗斋的"敬"之实践，有别于藤树那样把对物理上存于外部的绝对他者——天的敬畏和侍奉作为核心，而是在阐释方面以《大学或问》为依据，具体则以《敬斋箴》为基准，完全忠实于朱子的居敬说。另外，值得注意的是，在《敬斋箴》中出现的"上帝"（"潜心以居，对越上帝"），暗斋把它解释为"天理"（《敬斋箴讲义》八七[②]），而不是藤树所指的人格上的绝对者。

[①] 暗斋与藤树有所不同的是，暗斋积极靠近权力中枢，担任幕府重臣保科正之的师傅，在幕府的思想政策制定上发挥了主导作用。譬如，在他的策动下，山鹿素行被驱逐出江户。

[②] 参见《山崎暗斋全集》全五卷，ぺりかん社，1978年。

从理论框架上看，毫无疑问，暗斋的"敬"说是忠实于朱子的，但在具体实践上，则明显地倾向于"自敬"而非"敬畏"。朱子学的居敬当然是充满了紧张感的修为，但不是始终都"战战兢兢"，而是应该不时地表现为"胸中洒脱"那样的与天理浑然一体，自己有一种被解放到更宏大世界的充实感（"全体大用"和"万物一体之仁"的感觉）。因为苛刻的"死敬"被生动活泼的"活敬"所取代，"敬"开始出现了区分。但是，此种解放感或充实感，在暗斋眼里算不上治学的主体。在他看来，在某种可畏的东西面前"恂栗"、"战战"，让自己时时处处都严肃恭谨，只有这样人才能进入"敬"的境界，才可能存"天理"。据说，在京都的暗斋学塾里，学徒只要稍有放肆而不合威仪，就会遭到暗斋的训斥，就连高足弟子上他的课都觉得"如下地狱"（《先达遗事》）。笔者认为，他那严苛的学风，与其说是由于暗斋生性暴戾偏激，不如说是由于他认为人只有在恐惧战栗的时候才能心生"敬"念，为了教育弟子们保持敬畏的姿态，他故意采取了这种严厉的教育方式。暗斋在《文会笔录》中也引述了《大学》中"恂栗者敬之存乎中也，威仪者敬之著乎外也"①，但是对于"中"、"外"，暗斋认为身体即是"敬"之外，如《敬斋箴》里所说的那样，就必须保持整齐严肃的"威仪"，而"中"即是指身体的内面，就必须保持"恂栗"。

在暗斋的学塾里，实行的是一种斯巴达克式的教育，以暴力的手段击碎学徒的"慢心"②，强制要求他们时刻保持"恂栗"的状态。暗斋学塾的如此学风，与朱子白鹿洞书院的风格简直是大相径庭，白鹿洞书院聚集的是一批忧国忧民的君子士大夫，他们平等相处，师徒关系亲密无间。暗斋比谁都忠实于朱子，对于这一点，暗斋本人和其他人都是承认的，可是唯有在"敬"的具体实践上，他没有忠实地继承朱子的"自敬"，而是走向了"敬畏"，为何出现了这种变化呢？

若先说结论的话，那么，这是因为在暗斋的观念里，实践的主体

---

① 参见《文会笔录》三、一，第176页。
② 《风叶集》五，第238页。

（即"敬"的实践主体）不是文官士大夫，在近世的日本，武士担负着社会体制的主要角色。

暗斋把"敬"的日语读音"つつしみ（tsutsushimi）"，分解为前后两个，把"つつ（tsutsu）"→"つち（tsuchi）"即"土"、把"しみ（shimi）"→"しまる（shimaru）"（硬化、金属化）即"金"的谐音加以活用，从而"敬"＝"つつ·しみ"就相当于五行说中的土德和金德（参见《神代卷讲义》）。这看似是一种语言游戏，但暗斋的目的是想从武的方面来诠释"敬"。在暗斋看来，后者的"金"，往往表现为刀剑等武器，属武力（＝暴力）德性。作为金德本身，含"残害之气"，无善恶之别。它不单可以循理而发，也可循恶而发，是一种容易失控、危险的所在。而"金"又受"土"的制约，由"土"而发（五行相生的"土生金"）。总之，暗斋把"敬"＝"つつしみ"解释为土和金，就是为了给"敬"＝"つつしみ"的意义重新定位，强调道义应该对武力加以约束，武力是从道义而发（而且只能从道义而发）。本来，朱子学里的"敬"所要克服的是自然的惰性、情欲，如"怠"、"放逸"、"人欲"等词所指的那样。因此，所谓"敬"的工夫，即是为了让那些具有"怠"、"人欲"的卑微小民修炼成圣人君子的工夫。然而暗斋以"土"、"金"所诠释的"敬"，所要克服的则是不符合道义的赤裸裸的武力，所以，在暗斋的眼里，"敬"的实践主体，是那些掌握武力的武士。

暗斋还把土、金的关系，从敬、义，内、外，修己、治人，体、用等角度进行对比。如下：

| 土 | 敬 | 内 | 修己 | 文 | 敬之体 | 恂慄 | 文王（祀） |
| 金 | 义 | 外 | 治人 | 武 | 敬之用 | 威仪 | 武王（戎） |

对照表的第二行，体现的是作为统治阶级的武士所具有的特质，而上段所体现的则是武士们所不拥有的、值得他们敬慕的价值。暗斋

以"土"、"金"的属性来诠释"敬",大概就是由此得来。此外,日本神话中也有"金德武力平天下"的故事,讲的是大己贵神(与德川家康以武力统一天下的故事类似),凭借"生太刀"、"生弓矢"等神力武器,一举平定了天下,但不久就开始骄傲自满,渐生"慢心",这时,一道神奇的光芒投射到他的身上,唤醒了他内心的"奇魂、幸魂"(即所谓的灵魂,暗斋将之解释为"本然之性"、"明德"),于是,他开始恭敬地对它祭拜和遵从。暗斋认为,在这样的神话故事里,就体现出了"敬"的全部含义。武力在道义和普遍真理面前低头,武力=武士性便得到了扬弃("止扬"),暗斋将此定义为"敬"的具体内涵。

由上可见,暗斋关于"敬"的探讨,针对的是近世日本武士阶级的存在[1],这与中国、朝鲜的社会情况完全不同,因此,暗斋的"敬",与"自敬"相比,它更强调"敬畏"的一面。暗斋所追寻的依天理而独立,与大陆的朱子学在目标上是一致的,但是于此之外,暗斋认为,在武士执掌政权的近世日本,为了实现这一目标,必要的(也是宋儒们的重要课题)不是每个人建立起内在的独立,相反,对于那些武士们提出了更高的要求,即学会尊重实力(=武力)之外的另一价值评判体系的存在。

坦率地讲,武士们的"自敬"和独立的姿态,随处可见,即便没有接触朱子学之前,已经有十足的表现了。因此,暗斋才提出,武士们所缺乏的不是"自敬",而是"敬畏"。战后从事日本武士道研究的著名学者相良亨把武士的坐卧行住描述为"封闭于自家城郭",山鹿素行把这种精神称之为"超然的独立"[2]。也就是说,无论战时还是平时,都要始终保持身心的整洁严肃;遇事要有定力,不能被欲望和惰性所裹挟,实事求是地去直面应对;自己的独立和名誉受到侵犯时,即使来自于主人,也能挺身而战,坚决维护,等等。这些与宋学中"自敬"

---

[1] 笔者基本上同意朴鸿圭的研究,即:暗斋敬说及神道说的目的,并非在于宣扬民族主义,而是在于推动近世日本的"武俗"变革。参见《山崎暗斋的政治理念》,东大出版会,2002年。

[2] 参见《武士道》第四章,讲谈社学术文库,2010年(1968年第一版)。

的内涵极为相近，经过长期的战乱，在武士中间已经自发地形成了风气，并上升为他们的理想。

不过，武士们的"自敬"，好比独居自家城池，无论如何都摆脱不了"私"的自我属性，与"理"、"公共"等普遍价值体系难以相融。这种"私"有其历史因缘，武士最初都是一些律令制下的公地公民体制解体而发展起来的私有领主，因而他们不可避免地具有了这种"私"的性格。在"金德武力平天下"的神话故事中，暗斋多次提到大己贵神的内心，称之为"慢心"（《神代卷讲义》）、"自负之心"（《风叶集》）等等，言里言外都表达了对武士的"私"应克服的否定态度。暗斋主张，如今的武士应该力克"私"性，打破"慢心"、"自负之心"，身心皈依于与天理浑然一体的"本心"。巧合的是，暗斋的这一主张与当时的日本历史条件相吻合，当时德川氏政权的建立，结束了武力厮杀的战乱局面，相对和平的时代呼唤武力之外的统治原理的出现。暗斋冀望武士们能够对"私"性加以扬弃，成为具有道义性的为政主体，因此，他所主张的"敬"，重点不在于武士们已经具备的"自敬"，而是在于对新的普世价值的"敬畏"。

综上所述，暗斋在"敬"的理解上强调"敬畏"，绝不是对朱子学"自敬"的误解，更不可能是曲解，其实他是鉴于日本近世社会的历史现状而对"敬畏"做了有意的选择。

那么，如何界定武士敬畏的对象？在标准的设定或对象的区分上，暗斋却没有给出清晰的说明，这也为后世留下了一个具有争议的命题。譬如，在大己贵神那里，敬畏的对象是存于内心的天理＝本心，而在素戈鸣尊、猿田彦神那里，敬畏的对象又变成了皇祖神和天皇，诸如此类微妙且本质迥异的任意指定，暴露出暗斋"敬"之学说缺乏严谨性的弱点。暗斋把思想的全部力量倾注于对敬畏本身的强调，而对到底敬畏于何种对象，譬如，是尊奉于理念（天理）呢，还是尊奉于某一现实人物（天皇），暗斋则不大视为问题。他认为，天理存于内和对京都朝廷的尊奉，二者是同等性质的一回事，只是理念层面和现实

层面的区别而已。他认为，一方是以军事力量为政治资源，掌控着现实行政权的幕府，另一方是手无权力但拥有超越它们的仪礼和文化的京都朝廷，双方都是合理性的存在。尽管如此，暗斋虽一味强调"敬畏"，但是在解释上往往表现出随意性，正如他在《敬斋箴讲义》所言，"虽触千变万化之事……而依道理明裁"的仁义之士为其根本目标，却还是希望去改造和扬弃在"慢心"中过于独立的武士。一般认为，暗斋门下的弟子，大多是那种受《拘幽操》教化的人，他们传承暗斋学派的精髓，即：对上级统治者的绝对顺从和对皇室的强烈尊崇。笔者认为，用预设前提的方法来看待暗斋，再把上述印象套在对武士的认识上，是在文本解读上陷入了误区。不过，之所以会陷入这样的误区，也是由于暗斋思想本身在理念和现实上实在难以区分，二者交融在一起，必然招致这样的结果[1]。

五 结 语

以上概述了活跃于日本近世初期和中期的两位儒学者——中江藤树和山崎暗斋对于"敬"的研究及实践的历程。由此可见，近世日本儒学者对"敬"的领悟，与"自敬"相比，他们更倾向解读为"敬畏"。不过，这种情况的出现，笔者认为，既不能简单地看作是对朱子学思想的误读，也不能认为是他们在理解上犯了某种低级错误。如果能够兼顾每一儒学者所处的政治地位或思想环境去考察，就会发现他们其实是有意图地做出了"敬畏"之意的选择。此外，通过上述回顾，是否还可以进一步探讨日本在儒学受容上具有怎样的地域性特点？它们在历史上乃至思想上又归结于何处？等等，针于这些疑问，相信此次出版的这部论文集中给出了一定的答案。

---

[1] 在对朱子学的理解上，暗斋的一个显著特点是，他把朱子学的诸多属于形而上学范畴的概念（例如"理"、"大极"、"神"），当作物理性实体去解释。参见高岛元洋《山崎暗斋——日本朱子学と垂加神道》，ペリカン社，1992年。

注：朱熹、中江藤树、山崎暗斋的原文，分别引自《朱子全书》全27卷（上海古籍出版社，2002年）、《藤书先生全集》（岩波书店，1940年）、《山崎暗斋全集》（ぺりかん社，1968年）。引文之后标注卷数、页码。

（曲明　译）

近世日本における「敬」説の受容と展開
——中江藤樹と山崎闇斎を中心として

板東洋介（日本学術振興会特別研究員ＰＤ・東京女子大学非常勤講師）

一　論の目的

　日本史における「近世」とは、17世紀初頭の徳川氏による統一軍事政権の確立から、19世紀半ばの明治維新による軍政打倒と近代化までの、徳川将軍の治下にあった約270年間を中心とする期間である[①]。日本において積極的に宋学が学ばれ、〝朱子学者〟とよびうる人々が輩出したのは、この近世である。
　この近世において、日本の儒者たちは朱子学の受動的な祖述者に留まっていたわけではない。むしろ、近世日本思想史は、朱子学に対する積極的な改訂と批判とを中心に展開した。朱子の合理的な経典解釈を否定し、経典そのものの古代的意味を捉え直そうとした、伊藤仁斎や荻生徂徠の古学。あるいは、朱子学の史論に甚大な影響を受けながらも、最終的には日本的なナショナリズムの母体となった水戸学。これらが、日本近世儒学史のうえで特筆される独自の学派なのである。近世日本における朱子学の独自な展開のうち、従来の研究で注目され

　[①]　「近世」の開始時点については学説が分かれるが、戦国時代の軍閥割拠状態の中から、統一的な軍事政権が成立した16世紀後半をその開始時点とするのが大勢である。織田氏、豊臣氏と統一政権内で指導者の交代が続き、17世紀初めに、最終的に世襲の支配権を確立したのが徳川氏である。

てきたのは、その「窮理」的側面における展開であった。その代表的な研究である源了圓『徳川合理思想の系譜』（1972）が指摘するように、市場経済の進展による社会の動態化や、経験的な自然科学の発展に従って、朱子学の先験的な理の体系に対する疑念が生じてきたのである。

しかし、朱子学において「窮理」とならぶもう一つの修為である「居敬」についても、実は近世日本においては独自の展開が見られる。その展開が独特なものになるのは、日本特有の思想体系である神道や武士道が、この「居敬」に重なる〝敬〟的なプラクティスを保持しており、それが日本朱子学者たちの「居敬」実践に陰に陽に影響を及ぼしたためである。本稿は、この近世日本における「居敬」の側の独自的展開の過程と、その意義とを通観することで、東アジア各地におけるそれぞれの地域での「敬」説の展開の実態を解明するための一翼を担わんとするものである。

二　近世日本における「敬」説・概観

私見では、近世日本における「敬」説受容の大勢は次のようである。

（一）近世前期。窮理博学よりも実践体認を重んじる中江藤樹や山崎闇斎といった儒者たちによって、積極的に朱子学の居敬が考究される。彼らはブッキッシュな「敬」の理解にとどまらず、それぞれの現実の心身・状況（時・処・位）において居敬を実践しようとしたため、そこに独自な実践が簇出した。そのさいに影響した、神道のつつしみや武士の自敬の気風などの在来のプラクティスの存在感には多大なものがあった。

（二）近世中期。朱子学の解釈を排して経典の原義に帰ろうとす

る伊藤仁斎や荻生徂徠ら古学派の儒者たちが、もともと他者（天、祖考、親など）への敬意を中心的な意味としていた「敬」が、朱子学では他者の感覚を喪失した自己完結的な営為になってしまっているといい、そこに仏教的唯心論の付会を見出して批判。修養・実践の中心は、「敬」よりも「忠信」や「誠」にうつる。

（三）近世後期。時代の激しい変動の中で、静的・収斂的な「敬」よりも動的な「誠」（「至誠」）がさらに重んじられた。この時期、独立した主体として封建的上下関係を越える（藩意識を越え、天下国家の視点で思考し行為する）ためのスローガンとして「敬天」が叫ばれるが、修養としての居敬とは区別されよう。

朱子学が正統性を認められた道徳教説として広汎な社会層に普及し、ポピュラリティを獲得したのは近世後期のことであるが、先鋭的な知識人層が朱子学を理解し、実践し、そしてそれぞれの観点から朱子学への修正ないし批判をはかるに至るという一連の思想受容の過程は、近世前・中期において、すでに一サイクルを終えていたとみるべきである。そしてこの近世前・中期における近世日本人の「敬」説受容の一般的な傾向としてよく指摘されるのは、闇斎が居敬を神道のカミの祭祀と結びつけ、仁斎や徂徠が「敬」の原義は他者へのうやまいであったと主張したように、「敬」を（「其心収斂」「常惺惺法」というような）自己の内部における精神の集中としてよりも、自己の外部に存在する上位の他者への畏怖として理解する傾向である。

もともと、「敬」は六経中の原・用例から、自己の内部を厳粛に正す、いわば「自敬」と、外部の他者を畏れる「敬畏」との、微妙に分裂した二義性をもったことばであった。日本においては、この両義をそれぞれ、「つつしみ」と「うやまひ」と訓じ分けてきた[①]。対比的

---

① 『大漢和辞典』は、「敬」の訓として「つつしむ」「いましめる」「うやまふ」「うやうやしい」の四を挙げている。前二つが「自敬」に、後ろ二つが「敬畏」に相当する。

に図示すると、下のようになる。

釈字	対象	和訓	用例（六経）	
「自敬」	粛・慎①	自己の内部	つつしみ	「各敬爾身」（『詩経』）
「敬畏」	不慢・畏②	外部の他者	うやまひ	「敬天之怒」（『詩経』）

　古代周の天子や士大夫たちは天を「敬畏」するがゆえに、天命の実行者としての自己の心身が放逸に流れないよう「自敬」した。つまり、六経の原義においては、天への「敬畏」と為政者としての「自敬」とは表裏一体のものであった。国家の具体的な治績や為政者の修徳の有無によって政治的正統性（「天命」）を自在に付与も剥奪もする「靡常」（『詩・文王』）なる天を君子はつねに畏れるが、この天への敬畏は現実の政治状況においては逆に、政治主体の毅然とした独立としてあらわれる。周の武王は天を畏れるがゆえに、現実的上位者である殷の紂王の政治的権威を畏れず、天命を実行したのがその例である（「今予發、維恭行天之罰」『書・牧誓』）。

　宋代の程朱は存心の工夫のためにこの「敬」を古典から取り出したわけだが、彼らは（仁斎や徂徠が宋学の敬をそういうものと理解し、批判したように）絶対者としての天への「敬畏」を傲慢に忘却してしまったわけではない。むしろ宋学者たちには、自己の内部に天が「天理」としてやどっていることへの強い驚きと緊張感とがある。その緊張感のもとに、自己の心身を収斂させ、整斉厳粛に保とうとしたのが、朱子学の居敬説であった。とはいえ、敬畏されるべき天が、従来のように自己の外部に君臨しているのではなく、「天理」＝本然の性として人間ひとりひとりの内部に内在するという強力な論理によって、朱子学の「敬」は古代の「敬」よりも内面性への、つまり「自敬」への傾斜をつよめ、宗教的・受動的な帰依のさまというよりは、

---

　①　「敬、粛也。」（『説文』）「敬慎威儀。」（『詩・生民』）
　②　「「敬故」、不慢旧也。」（『周礼・天官・大宰』注）、「敬、只是一箇畏字。」（『朱子語類』巻十二）

「天理と渾然」となった人間主体の能動的な独立を目指す修為としての側面を強調されるに至ったといえよう。

こうした朱子学の「敬」説を受容した近世日本の儒者たちは、朱子学においては「自敬」のかげに隠れていた「敬畏」の側面を回復しようとしたのであった。「敬」を自立・独立よりは敬虔の意味に傾斜して受容したのである。この傾向は、俯瞰的に見れば、黒住真が指摘する「徳川思想に通底する敬虔主義（ピエティズム）の問題…、また広く、日本思想におけるアニミスティックな宗教性の問題」[①]である。そしてこの日本における「敬」説の修正主義的な受容に、たしかに、中国・朝鮮では「きわめて主体的な態度」であった「敬」が、日本では「受容的な態度」[②]に「変質」したと下川玲子が指摘する[③]ような、人間の主体的独立と、その独立を支える普遍的な「理」という観念との受け入れられにくさという日本の思想風土一般の特質を見ることも一定の範囲においては妥当である。

しかし、自立よりは他者への敬畏を重んじる日本の思想風土のつよい磁場によって、近世日本においては朱子学の「自敬」が「敬畏」へと読み換えられたというこの通説的理解は、思想史的な見取り図としては明快であるが、やや図式的である。とくに近世前期において、足利政権末期以来百五十年間のながい戦乱の終息と、「太平の世」の到来とともに、その新時代を表現し牽引するべき新思想が希求されたときに、朱子学に自己の「心をまもり身におこなふべき道」[④]を見出した儒者たちは、決して朱子学の自立・独立のセンスを理解しなかったわけではなかった。むしろ、朱子学の本領が自立・独立にあることを

---

① 「徳川前期儒教の性格」『近世日本社会と儒教』、ぺりかん社、2003年、第36頁。
② 中江藤樹からの引用は、『藤樹先生全集』全五巻、岩波書店、1940年から。引用後に巻数-頁数を表記する。以下、山崎闇斎からの引用も同形式とする。
③ 『朱子学的普遍と東アジア』、ぺりかん社、2011年、第98頁。
④ 中江藤樹『翁問答』三、第57頁。

理解したからこそ、彼らは近世日本においてかかる自立を実現するためには—逆説的だが—敬畏の実践が必要だと考えたのであった。本稿では、思想史上近世前期に属する中江藤樹・山崎闇斎の二人の「敬」の実践のありようを通覧し、そこに自立のセンスの欠如をではなく、むしろいわば〝自立のために選び取られた敬畏〟ともいうべき実践のさまを、みてゆく[1]。

三　中江藤樹——「敬畏」の回復と祭祀の確立

　中江藤樹（1608-1648）は、多くの場合、近世日本儒教の黎明を告げる二人の儒者として、林羅山（1583-1657）と対として語られる。たしかに対照的な二人であった。羅山が宋明儒学はもちろん、老荘思想、本草学、兵学、和漢の古典文学、神道などにわたる異様なまでの博識と、徳川家に仕えて諸法度の編纂などに携わった体制志向的な態度とで知られるのに対し、藤樹は学的関心を自己修養の一点へと集中させて独特な宗教的修為を編み出し、また母への孝養のために大洲藩士の身分を捨てて脱藩したあとは、一生を浪人（仕官しない武士）として暮らした。両者は、窮理博学・体制派と、実践躬行・非体制派と対比されるのが常である。後者の系譜は、次に取り上げる山崎闇斎や、さらに伊藤仁斎へとつづくことになる。藤樹の人格と徳行とは巷間で評判をよび、「近江聖人」とよばれて称揚されたのみならず、近代日本の修身教科書で取り上げられたり、内村鑑三が『代表的日本人』（1894）のひとりとして挙げたりと、藤樹は近代にいたるまで日本人の〝有徳の儒者・道徳的完成者〟のイメージを独占し続けている。

---

　[1]　本稿は、すでに上梓された拙稿『おそれとつつしみ——近世における「敬」説の受容と展開』、『日本思想史学』44号（日本思想史学会、2012年）をもとにして、大幅に改稿したものである。こうした性格上、前掲論文と内容や引用文の重複が多いことを、あらかじめお断りしておく。

こうした実践躬行派の藤樹は最初、朱子の説く居敬を熱心に考究し、実践した。しかし、やがて藤樹は、この朱子学の居敬説に飽き足らないものを感じるようになる。藤樹三十一歳のときのことである。

　或曰、「程子嘗於此以「主一無適」「整斉厳粛」言之。謝氏又以「常惺々法」言之。尹氏又以「其心収斂、不容一物」言之。朱子亦以此為説。然子不取其説、何也。」曰、「程子「主一無適」之説、最為親切的當也。然其曰「無適之謂一」、則一之義不親切、而有立言太簡奥、而意味不足者。是以初学不能暁其精蘊、而往々苦著實下手之艱焉。…」。①

この問答において藤樹が踏まえているのはもちろん、朱子学の枠内で「敬」を考える際の根本典拠となる『大学或問』の敬説である。しかし藤樹は、『或問』で挙げられた諸宋儒による「主一無適」「整斉厳粛」「常惺々法」「其心収斂、不容一物」といった敬の実践法を、「取」らないのだという。「初学」である自分には、そうした敬の語り方は高踏に過ぎて、具体的に実践することが困難だというのである。「工夫之準的」（同頁）がないとも後にいう。

この藤樹の困惑は奇妙である。なぜなら、朱子学の敬は存心（存養・操存）を達成するための、まさに「工夫之準的」として（「用力之方」『大学或問』、「下手處」『語類』十二②）説きだされた語であったはずだからである。天下国家を担う士大夫としての自己形成のための心的修養が、それまでは「主静」や「無欲」といった晦渋な言い方で語られていてわかりにくかったところに、「敬」という（前節でみた如き）六経以来の伝統的意味了解が重層した語をあてがい、具体的に学習者が何をどのように行えばよいのかを明確に提示したこと

---

① 『持敬図説』一、第684-685頁。
② 朱熹からの引用は、『朱子全書』全二十七巻、上海古籍出版社、2002年。

こそ、朱子によれば、程伊川の大發明であった[①]。しかし、朱子にとってはわかりやすい「下手處」であった敬に、藤樹は逆に「工夫之準的」のなさを感じるのである。

おそらく、程朱のような宋代の士大夫たちにとって「敬」が工夫の「下手處」となりえたのは、「敬」が、科挙官僚である彼らの日頃の勤務態度を示す語にほかならず、一定の共通了解をすでにもっていたためではないかと思われる。

聖人相伝、只是一個字。堯曰「欽明」(『書・堯典』)、舜曰「温恭」(『舜典』)。「聖敬日躋」(『詩・長発』)。「君子篤恭而天下平」(『中庸』)。

孔子告仲弓只是説「如見大賓、如承大祭」。此心常存得、便見得仁。（『朱子語類』巻十二）

修身・齊家・治國・平天下、都少個敬不得。如湯之「聖敬日躋」(前出)、文王之「小心翼翼」(『詩・大明』)之類、皆是。
（『朱子語類』巻十二）

「敬」のさまを示す語として朱子が列挙しているのは、周の天子や、その「股肱」である士大夫が儀礼や、儀礼と一体となった政事行為を行うさまを表現した経文である。このように理想的古代としての周代の為政者たちが儀礼＝政事を執り行うときに持った心身の緊張を、自己の日常の行住坐臥において持続し続けること、それが「敬」の工夫であった。王朝交代を経つつも、正典である六経に記されたあるべき為政者の勤務態度としての「敬」が、宋代の為政者である程朱たちにまで引き継がれていたがゆえに、「敬」は彼らにとって直感的に了解しうる工夫の標語となりえたのではなかろうか。

反して、近世日本においては理想主義的為政者の勤務態度としての

[①] 「今説此話、却似險、難説。故周先生只説「一者、無欲也。」然這話頭高、卒急難湊泊。尋常人如何便得無欲。故伊川只説「敬」字、教人只就這「敬」字上崖去、庶幾執捉得定、有個下手處。」(『朱子語類』巻十二)

「敬」は、自明さをもっていなかったといえる。国家に天命を下した天を畏れつつ、しかし天を畏れるがゆえに道理に背く諸現実（後宮勢力、軍閥、皇帝の恣意専権、自己の情欲など）に対しては毅然とした態度で処する理想主義的為政者の像は、古代における律令国家の編成時に輸入されたけれども、藤樹の同時代には、それは閉鎖的・秘伝的に儀礼の煩瑣な知識（「有職故実」）を伝える世襲貴族へと変質していた。そこで藤樹は、「敬」するということの具体的なイメージを身近にもちえないまま、みずから「敬」の型を求めることになったのである。

こうして「敬」に蹉跌を感じた三十一歳の藤樹は、読書の主要対象を四書から五経へと移した。そこに「触発感得」があったという（『藤樹先生年譜』）。五経のどのような部分に、藤樹は啓発されたのか。同年に著された『持敬図説』『原人』の二著に引かれ、考究されているのは、次のような五経の経文である。

「悠々昊天、曰父母且」（『詩・巧言』）　　　　　（『原人』）
「蕩蕩上帝、下民之辟」（『詩・蕩』）　　　　　　（『原人』）
「敬之敬之、天維顕思、命不易哉」（『詩・敬之』）
　　　　　　　　　　　　　　　　　　（『原人』・『持敬図説』）

藤樹を啓発したのは、朱子学における「自敬」的な敬とは異なる、五経における天への「敬畏」的な「敬」の語り方であった。この五経における天への敬畏を、藤樹は「畏天命」、さらに詳しくは「恭敬奉持上帝之命」①と名指し、そこに「敬」の「工夫之準的」を見出した。

蓋能畏天命尊徳性、則自然「主一無適」、自然「整斉厳粛」、自然「常惺々法」、自然「其心収斂、不容一物」、此所謂「本立而道生」也。②

---

① 『明徳図説』一、第681頁。
② 『持敬図説』一、第687頁。

近世日本における「敬」説の受容と展開

藤樹は、「主一無適」「整斉厳粛」ほかの宋儒による「敬」の説明を、（のちの仁斎や徂徠のように）否定したわけではない。ただ、それら「主一無適」「整斉厳粛」などを直接工夫の目当てとするのではなく、人格的絶対者としての天＝「昊天上帝」に敬畏し、帰依するとき、「自然」とそれらは達成されるのだという。藤樹において、みずから確信をもって実践しうる「敬」の「下手處」は、「畏天命」に見出されたのである。それは明らかに、「自敬」よりも「敬畏」へと強く傾斜した「敬」の実践であった。

そして藤樹の「畏天命」とは、内面の心構えではなく、あくまで具体的な儀礼の実践をさす言葉であった。藤樹はこの敬説をめぐる啓発以降、四十一歳でその短い生涯を竟えるまで、形式は変遷してゆくものの、ほぼ一貫して上帝への祭祀を継続した。以降の藤樹の年譜から、「敬」に関する事項を抜き出すと、下のようになる。

　三十三歳（1640）　大乙神祭祀。『霊符疑解』執筆。
　毎朝、『孝経』誦経威儀の実践。（※三十九歳（1646）まで継続）
　三十四歳（1641）「我朝開闢ノ元祖」伊勢神宮への参拝。
　三十五歳（1642）「誦経威儀」を付した『孝経啓蒙』が完成。

藤樹とその門人たちが実践したかかる祭祀は、同時代の社会・宗教状況の中では浮いたものであった。「異端」の薫りすらそこには漂っていた[1]。しかし藤樹によれば、こうした祭祀は、庶人が吉凶禍福を祈る猥雑な民間信仰と混同されるべきではなく、あくまで「初学之所由以資持敬」[2]、すなわち日本において「敬」を実践するための手がかりなのであった。

藤樹のこの上帝への敬畏は、三十三歳のときの『孝経』からの啓

---

　[1]　藤樹の高弟である熊澤蕃山は、藤樹門下のこうした宗教的実践が、同時代の衆人の嘲笑を買っているといい、藤樹の「志」は認めるものの自身は「異端」と混同されるため行じないのだと述べる（『集義和書』巻十、『蕃山全集』第一冊、蕃山全集刊行会、1941年、第248頁）。

　[2]　『大乙神経序』一、第140頁。

発以降、万物の根源・父母である上帝への「孝」としてより強調されることになるが、しかし、藤樹学における人間主体は単に随順的・受動的なのではない。むしろ日本における陽明学の祖とも位置づけられるとおり、藤樹は「敬畏」の実践を継続する一方で、「良知」をもつ人間の「万物の霊」としての外界に対する自由や主宰性を熱烈に説いた。藤樹はその政治的・社会的所与である幕藩制や身分社会に対して、終生独立不羈な態度を持した。若年のころの脱藩は藩主からの武力制裁も覚悟の上での行動であったし、後年には内的独立を果たした「士」が、既存の格式や礼法に泥まず、時・処・位に応じて柔軟に「権」を駆使することを提唱した。つまり、近世日本において天をもっとも敬虔に敬畏した藤樹は、同時にもっとも個々の人間の主体的独立を重視した思想家であった。ただ、藤樹学におけるそうした人間の主体的独立は、あくまで人間が「太虚神明の、分身変化」[①]であるということを根拠としていた。藤樹の述作においては、人間の独立とは、まず世界の根源的絶対者（太乙神・昊天上帝・太虚）の存在を確認し、そのうえでその絶対者から「分身変化」として権能を分与されるという順序でのみ語られる。それは議論の順序であるとともに、価値的序列でもある。朱子学の「天人合一」にも近いが、藤樹の場合、人間の主宰性・独立性（「自敬」）は、畏怖すべき絶対他者としての上帝を朝晩祭祀するという具体的行為（「敬畏」）によって保障され、実感されるのである[②]。

　朱子学の持敬と、その目標である士君子の自立とを言説やテキストの外部から支えていた現実的基体——士大夫の伝統的な「敬」のエートス・科挙制度・皇帝権力から相対的に独立した固有の家産など——の存在しない近世日本において、藤樹は持敬を実践し、個々人の独立を達

[①] 『翁問答』三、第67頁。
[②] 天の祭祀＝郊祀は本来天子の専管であるが、藤樹は「士・庶人ニ至ルマデ」（『年譜』）あらゆる人が天を祀る権利と義務とを持つと説く。

成するために、それらを生活実感の次元から支えるプラクティスとして、「敬畏」の具体的な型を模索したのだといえよう。

四　山崎闇斎——武士性の止揚

　山崎闇斎（1618-1682）は、江戸時代を通じてその学風の激しさ・厳しさが世に鳴り渡った、もっとも厳格な朱子学者であった。山鹿素行・伊藤仁斎・荻生徂徠といった古学派の人びとが朱子学の「敬」説の、さらには朱子学総体の批判を行うに至ったのは、程朱の「敬」説への不満というよりも多く、彼らの同時代における山崎闇斎門下のあまりにも峻厳な「敬」の実践に対する違和感に基づくものであった。「敬義」と字し（もちろん「敬以直内、義以方外」（『易・文言』）による）、「敬斎箴」に序を付して出版し、「敬義内外」の解釈をめぐる激しい論争によって一門が分裂したように、闇斎の考究の中心も、藤樹と同じく、「敬」の実践にあった。闇斎は奇しくも藤樹の没年（1648）に相続いて思想的キャリアを開始したが、両者の間には直接の思想的影響関係はない。ただ、博学で体制志向的な林羅山をともに攻撃し、あくまで自己の心身における「道」の実現に学の目的を自己限定する点で、両者は強い共通性をもっていた[①]。

　藤樹とは異なり、朱子に終生変わらぬ人格的帰依をささげた闇斎の「敬」説は、基本的に朱子の「敬」説に忠実だったといってよい。もちろん、闇斎の「敬」の実践として有名なのは在来の神道の語彙と儀礼とをとりこんだ垂加神道であるが、それも基本的には心身の厳整によって人欲を去り、天理を存すという朱子学の居敬説を、「祓」や「清浄」といった神道の意匠によって語り直したものである。それゆ

---

　①　ただし、闇斎は藤樹と違い、積極的に権力中枢に接近した。闇斎は当時の幕府の実質的指導者であった保科正之の賓師となり、山鹿素行の江戸放逐などの、幕府の思想政策に主導的な役割を果たしたとされている。

え、闇斎の「敬」の実践は、藤樹のような、自己の外部に物理的に実在する絶対他者としての天への敬畏と奉仕とを中核とするものではなく、あくまで説明としては『大学或問』を、具体的準則としては「敬斎箴」を、それぞれ基準としており、朱子の居敬説に忠実である。なお、「敬斎箴」の「上帝」（「潜心以居、対越上帝」）を闇斎は「天理」と解しており（「敬斎箴講義」87①）、それは藤樹におけるような人格的な絶対者を意味しない。

しかし、闇斎の「敬」説の理論的枠組みは朱子に忠実であったとはいえ、その具体的実践は強烈に「自敬」よりも「敬畏」にかたむくものであった。朱子学における居敬はもちろん緊張感に満ちた修為であるが、「戦々兢々」な緊張に終始するのではなく、ときに「胸中洒脱」などと表現されるような、正しく天理と合致することで、自己が世界大へと解放されてゆく充実感（「全体大用」や「万物一体之仁」の感覚）をもつものでもあろう。峻厳に過ぎる「死敬」から、洒渕とした「活敬」が不断に区別され続けたゆえんである。しかし闇斎は、かかる解放感・充実感をほとんど学的主体に認めなかった。闇斎においては、畏るべき何ものかの前に「恂慄」・「戦々」として震え上がり、自己をどこまでも委縮させてゆくそのときにのみ、人は「敬」を達成し、「天理」を存しうるのであった。京都の闇斎の塾では、少しでも威儀に外れると闇斎の怒罵がとび、高弟たちでさえ講義ごとに「獄に下るが如き」思いがしたという（『先達遺事』）。その峻厳な学風は、闇斎その人の生質の矯激さというより、人は慄いているときにのみ「敬」を存し得るという信念のもと、門弟たちに敬畏の構えを持続させるための作為された峻厳さであったように思われる。闇斎は『大学』の表現を用いて、「「恂慄」者敬之存乎中也、「威儀」者敬之著乎外也」②と述べているが、闇斎において「敬」する主体の身体

---

① 山崎闇斎からの引用は、『山崎闇斎全集』全五巻、ぺりかん社、1978年。
② 『文会筆録』三、一、第176頁。

（「外」）はもちろん「敬斎箴」のとおりの整斉厳粛な「威儀」を持たなくてはならないが、その主体の内面（「中」）はひたすらに「恂慄」であるべきと考えられていたのである。

　学人の「慢心」[①]を暴力的に打ち砕き、常に「恂慄」せしめるというこの闇斎塾のスパルタ式の「敬」の学風は、天下国家を憂う士君子としての朋友意識によって師弟が隔てなく結ばれた朱子の白鹿洞の気風とは、別物と見ざるをえないであろう。誰よりも朱子に忠実であることをもって自他ともに認めた闇斎の「敬」の具体的実践が、しかし、「自敬」よりも「敬畏」へとかたむくのは一体なぜか。

　結論からいえばそれは、闇斎において、「敬」を実践する主体が文官である士大夫ではなく、日本近世における実際の秩序の担い手である武士として想定されているためである。

　闇斎は「敬」の和訓である「つつしみ」を取り上げ、「つつ」→「つち」→「土」、「しみ」→「しまる」（硬化する、金属化する）→「金」というように和語の音通を生かして、「敬」＝「つつ・しみ」を五行における土徳と金徳とに配当している（以下「神代巻講義」）。この一見単なる言葉遊びのような作業で闇斎が目指しているのは、「敬」を武力との相関において捉え直すことである。闇斎の見るところでは、後者の「金」が、刀剣等の武器のイメージによって、武力＝暴力を象徴する徳である。金徳は、それ自体としては善悪無記な単なる「残害ノ気」であって、理にしたがってのみ発動するわけではなく、悪しき発動もありうる、過剰・危険なものである。ここではその「金」が別の原理である「土」によって規制され、「土」から発することになる（五行相生の「土生金」の理）。つまり、闇斎が「敬」＝「つつしみ」を土・金と解釈するのは、「敬」＝「つつしみ」を、武力を道理のもとに規制すること、またさらに武力が道理から——そして道理からのみ——発することとして、意味づけ直すためな

　[①]　『風葉集』五、第238頁。

のである。本来の朱子学における「敬」が克服せんとしていたのは「怠」「放逸」「人欲」といった言葉で名指される自然的な惰性・情欲であり、それゆえ「敬」は、それら「怠」や「人欲」によって特徴づけられる小人ないし民が、それらを克服して君子・聖人となってゆくための工夫だったといえよう。しかるに、闇斎の土・金としての「敬」が克服しようとしているのは、道義化されていないむき出しの武力であり、それゆえその「敬」を実践するべき主体は、武力を管掌する身分である武士として想定されているのである。

闇斎はこの土／金をさらに、敬／義、内／外、修己／治人、体／用といった既存の概念対に対応させてゆく。そこには次のような一対の観念連合が形成されている。

| 土 | 敬 | 内 | 修己 | 文 | 敬之体 | 恂慄 | 文王（祀） |
| 金 | 義 | 外 | 治人 | 武 | 敬之用 | 威儀 | 武王（戎） |

後者の系列を体現している現実の為政者階級としての武士が、その拠って立つところの実力・武力とは異なる前者の価値を見出し、その前に敬伏すること。闇斎が土・金としての「敬」によって想定しているのは、この過程である。日本神話において「生太刀」・「生弓矢」を用いて、つまり金徳の武力で国を平定した大己貴神（そこには徳川家康の武力による天下統一が重ねられている）が自己の実力に「慢心」していたところに、彼自身の「奇魂・幸魂」（いわゆる霊魂、闇斎の解釈では「本然の性」・「明徳」に相当する）が光り輝いて到来し、それを彼が敬虔に祭祀したという一連の物語に、闇斎は「敬」の全容が象徴的に示されているという。武力主体が道義ないし普遍の前に頭を垂れ、その武力＝武士性を止揚することを、闇斎は「敬」の具体的内実と観念しているのである。

以上見てきたように、闇斎の「敬」の議論は、中国・朝鮮と近世日本との社会の端的な相違であるところの武士階級の、まさに武士とし

ての性格に焦点を当てたものであった[1]。だからこそ闇斎の「敬」の実践は、「自敬」よりも「敬畏」にアクセントが置かれるのである。その目指すところは天理のもとに独立した主体となることであって大陸の朱子学と同一であるが、闇斎の診断では、武士が政柄を握っている近世の日本においてその目標を達成するために必要なのは、（宋儒らの喫緊の課題であったような）ひとりひとりのうちに内的独立を打ち立てることではなく、逆に、自己の実力への自負によってすでに強烈に自立している武士たちが、実力＝武力とは異質な普遍的審級の存在を認め、その前に敬伏する構えを学ぶことなのであった。

　端的にいえば、武士に「自敬」と独立との構えは、朱子学を俟たずとも、すでにありすぎるほどにあった。闇斎が武士に対して「自敬」ではなく「敬畏」を説いた所以である。戦後日本における武士道（武士の思想）研究の第一人者であった相良亨は、武士の根本的なエートスを、武士ひとりひとりが〝自分の城郭に立てこもる〟精神とよび、また山鹿素行の常用表現を用いて、その理想を「卓爾とした独立」と規定している[2]。戦時はもちろん、平時においても自己の心身を清潔・厳粛に保つこと。外界の事案が心に到来したとき、欲望や惰性に流されずにありのままに認識し、対処すること。たとえ主君によってであっても、自己の独立と名誉とが侵犯されたなら、すぐさま立ち上がり、実力によってその回復をはかること。これら、宋学における「自敬」的な敬の内実にきわめて接近したありようは、長い戦乱の中で武士たちのあいだに自生的に結晶してきた気風として、すでに彼らの理想であった。

　ただし、武士が城郭にも譬えられる「自敬」の構えによって守っているものは、どこまでいっても「理」や「公共」といった普遍的審

---

　[1]　闇斎の敬説や神道説の狙いを、従来そう目されてきたようなナショナリズムの高唱にではなく、彼の現実的与件である近世日本の「武俗」の変革に見出す朴鴻圭の議論（『山崎闇斎の政治理念』、東大出版会、2002年）に、本稿も大筋で同意する。
　[2]　『武士道』、講談社学術文庫、2010年、第四章を参照（初出、1968年）。

級と融けあうことのない自己自身、「私」なのであった。この「私」性は、武士がもともと、律令下の公地公民制の破綻から台頭してきた私領領主であったという歴史的経緯からして、避けられない性格である。闇斎が武力で国を平定した大己貴神の内心を繰り返し取り上げ、そのありようを「慢心」（「神代巻講義」前引）「自負之心」（『風葉集』前引）などと名指しているのは、この武士の「私」性を否定的に言い表し、その克服をはかったものにほかならない。闇斎によれば、こうした武士の「私」性たる「慢心」・「自負之心」は、今や破砕され、その武力を行使する心身は天理と渾然となった「本心」の支配に新しく服さなくてはならないのであった。それはちょうど、実力だけがものをいう戦乱の世が徳川氏の覇権とともに終わり、相対的に平和な社会の中で、実力＝武力とは別のなにか普遍的な統治原理の確立を必要とするに至った、時代の要請でもあった。闇斎が目指していたのは武士がその「私」性を止揚し、道義的な為政主体となることなのであり、それゆえ彼における「敬」の実践は、すでに「自敬」の気風を存する武士たちに、新たに、普遍性の前への敬伏という「敬畏」の構えを教えることに力点が置かれていたのである。

以上でみてきたように、闇斎の場合も、独立を目指す朱子学の「自敬」を、随順的な「敬畏」へと誤解ないし曲解して受容したとはいえない。それは現状を顧みての「敬畏」の意図的な選択なのであった。

ただし、実力によって自立した武的主体が敬伏する対象が、先に見た大己貴神の場合のように自己の内なる天理＝本心である場合と、素戔嗚尊・猿田彦神の場合のように皇祖神－天皇である場合との―微妙だが、しかし決定的な―相違への闇斎の無頓着は、後代に禍根を残したといわざるをえない。闇斎当人にとっては敬伏することそのものの強調に思想の全力量がそそがれていたのであって、何ものに敬伏するのか、すなわち理念（天理）に敬伏するのか、それとも実在（天皇）に敬伏するのかは、あまり問題にならなかった。天理を内に存すると

いうことと、京都の朝廷を奉戴するということとは、同一事の、理念的なレベルと現実的なレベルとの二様の語り方と捉えられていた。軍事力を政治資源とし、現実の行政を司っている幕府のうえに、物理的実力をもたず、ただ儀礼的・文化的権威のみに拠って（形式上）超越していた当時の京都の朝廷が、闇斎の目に普遍の体現者とうつる妥当性は十分にあった。ただ、闇斎が「敬畏」を説いたのは、あくまで「千変万化ノ事触レ来タレドモ、…道理ノママニ明ラカニサバク」（「敬斎箴講義」）仁義の士となることを根本目標としつつも、しかし（闇斎の診断によれば）あまりにも「慢心」のもとに自立しすぎた武士たちの、その自立のありようを変容し止揚するための、いわば〝応機説法〟的な語りだったはずである。しかるに、闇斎の門弟たちの多くが「拘幽操」的な上位者への絶対随順と、熱烈な皇室尊崇とを闇斎学の神髄として伝えたのは、闇斎の議論の根本前提である、この武士に対する語りであるという応機性（文脈依存性）を汲み損ねたものであると思われてならない。しかしこのことは、闇斎自身の思想においてすでに理念と実在とが分かちがたく混融しているということの、必然的帰結であったともいわれねばならないであろう[1]。

五　まとめ

以上、近世初・前期に属する中江藤樹・山崎闇斎という二人の儒者の「敬」の議論と実践とに即して通覧したように、近世日本の儒者の「敬」には、「自敬」よりも「敬畏」へと傾斜する傾向が明確に見られた。しかし同時にそれが、朱子学思想の初歩的な誤解によるものというよりは、それぞれの儒者が置かれた思想的・政治的事情を鑑みて

---

[1]　闇斎の朱子学理解の一つの顕著な特徴として、「理」「大極」「神」といった、形而上の範疇と解されることが多い朱子学の諸概念を、あくまで物理的実体として解する傾向が挙げられている（高島元洋『山崎闇斎――日本朱子学と垂加神道』、ぺりかん社、1992年）。

の、意図的な「敬畏」の選択であったということも、すでに明らかになったと考える。こうした近世日本人の「敬」説受容のありようが、いかにその地域的特殊性を示しているか、またこの傾向の歴史的ないし思想的帰結はいかなるものであったか。これらの残る問題については、本論集の全体が、すでにその解明のための端緒を指し示しているはずである。

朱熹・中江藤樹・山崎闇斎からの引用は、それぞれ『朱子全書』全二十七巻、上海古籍出版社、2002年、『藤樹先生全集』岩波書店、1940年、『山崎闇斎全集』ぺりかん社、1968年から。引用後に巻数-頁数を表記。